Who is MAYAMA Seika?

真山青果とは何者か?

星槎グループ[監修]×飯倉洋一×日置貴之×真山蘭里[編]

図書出版 文学通信

監修者まえがき

星槎《せいさ》グループ会長
宮澤保夫

私たち日本人の心には、広く自然に根付いている歴史上の人物や出来事の印象がありま す。そこには、日本人としていかに生きるべきかを悩みぬいた人々の、時代ごとの共感の連鎖があるように思います。その共感の一つひとつが、つながり合い、絡み合いながら、今を生きる私たちの深層心理にさまざまに醸成されてきたように思います。

真山青果も、悩みぬいた一人であり、研究よりも追求あるいは探求という言葉が的確なのかもしれません。その生涯をかけた日本人の生き方の探求は、事実の一つひとつを想いでつなぎつつ、真実を探りながら、日本人にはなじみの『坂本龍馬』あるいは『元禄忠臣蔵』などの大作となり、今を生きる私たちの心に、脈々と息づいています。

縁あって、私たち星槎は、真山美保を始祖とする劇団新制作座と出会い、長く守られてきたその父、真山青果の蔵書を受け継ぐこととなりました。その想いを学び、これからを生きる人々に伝えていかなければなりません。それが、この出会いが意味する使命であると考えています。

おれは何日《いつ》も、自分の議論が、流動し漂うてゐなければ不安でならない。議論が一に決定し固着する時、最も恐ろしい時と思ってゐる。天文《てんもん》に見ても、地球は自らを回転させつゝ、太陽の周囲を公《こう》転《てん》してゐる。時候に見れば、春に向ふ冬は、三寒四温の順序を繰り返しつゝ、その節《せつ》に進んでゐる。ものはみな流動のなかに進歩をとってゐる。

『坂本龍馬』第一幕・その二（『真山青果全集』第7巻）より

第一人者は何時も美しい犠牲者ぢゃ。

『第一人者』（『真山青果全集』第14巻）より

恐れても恐るべきものは、人間、自分を赦しあまやかすと云ふ感情だ。年月《としつき》を経る……、人は忘れる……、おれのやうな弱い者は、時に自分の過失を赦し、忘れようとする……場合がないとも限らん。おれは終生自分と戦ひ、自分を苦しめ、自分を虐《しひた》げ、自己心中の賊《ぞく》を退治しなければならない。それがおれの一生の修行だ、おれが一生の……練習なのだ。

『乃木将軍』初篇第一幕その二（『真山青果全集』第14巻）より

が、父の潔癖な心は、ただ世の父のごとく、その着物を着飾る娘の姿を目を補足してみてゐることを許さず。こんな文章を残したのである。父の言はんと欲したのは次の言葉であつた。それを私はなるべく父の言葉通りに記していつてみよう——。

「……と云ふ訳で、お前だちに此の晴着を作つた。お前だちにしてみればうれしいに違ひない。お前だちが喜べば私もうれしい。しかし、お父さんは矢張り心に一つの怖れがあるのだ。それを聞いてくれ。人間といふものは弱いものだ。その欲望はかぎりのないものだ。今までお前だちは着物に対して諦めてゐるか、或は全然無頓着であつたか、とにかくそれを気にしたことはなかつたに違ひないが、この着物を着てから、却つてその欲望が大きくなるのぢやなからうか。第一、晴着を着てゐることを意識するやうになるだらう。貧しいものを着てゐる人々は、お前だちをふりむくかも知れない。そんな時、お前だちは何気なくしてゐられるだらうか。人間の弱さでは、なかなか平気ではゐられないものなのだ。そんな時のお前だちの心を、お父さんは深く怖れるのだよ。しかもその心は、次に、もつとよい着物を着た人に向つてどういふ働きをするだらう。

お前だちは、自分だちの作つてもらつた着物をこの上ないものに思つてゐるかもしれないが、実はまことに貧しい着物なのだ。銀座や劇場の廊下を歩けば、みすぼらしいくらゐかも知れぬ。お前だちの眼にも、いづれはそれがわかるだらう。その時、もしお前だちが自分よりよい着物を着た人とすれちがつて、うらやましげな顔をしてその人をふり返つたりなどされたら、私は実につらい。女の、あの自分よりよい着物を着た人間をふりむく眼くらゐいやしいものはない。それだけはお前だちにして貰ひたくないのだ。」

真山美保「父・真山青果」(『真山青果全集』別巻1)より

学者と申すものは、いつも西に落ちる夕日を見ながら、その夜の泊りをいそぐ旅人のやうな、慌しい心持の者でございます。これも命あるうちに、あれも命あるうちにと、ただもう気のみせ、、せ、、は致して、一日としてゆッくりと、大空の青きを眺むる日もございませぬ。

『元禄忠臣蔵』「御浜御殿綱豊卿」中の巻・一（『真山青果全集』第1巻）より

はじめに――真山青果とは何者か？

今日では、真山青果という名は、歌舞伎を頻繁に見ることのない人にとっては耳慣れないものかもしれない。歌舞伎の観客にとっては、薄暗い舞台で演じられる、登場人物の多くが大量の台詞を熱っぽく語る芝居の作者として知られているだろう。その理屈っぽい台詞に退屈を感じ、青果作品を敬遠しがちな方もあろう。一方で、その細やかな考証に基づいたリアルな描写を好む人もいるに違いない。

しかしながら、生前の青果は、劇作家以外に小説家、近世文学研究者などの顔を持っていた。はじめ、自然主義小説の書き手として世に出た彼は、井原西鶴《いはらさいかく》を中心とした近世文学の研究においても大きな足跡を残している。もちろん、彼の仕事のなかで最大の分量を占《し》めるのは劇作であるが、劇作家としても、青果はけっして歌舞伎というジャンルの内側にのみ留まる存在ではなかった（これは青果に限らず、当時の多くの劇作家に当てはまることではあるのだが）。また、今日では正確な考証に基づいたものという印象の強い、青果の歴史劇や井原西鶴作品の脚色は、綿密な研究や該博な知識に裏打ちされつつも、観客を喜ばせる「ウソ」や、原作からの飛躍に満ちている。

そのような、多岐にわたる青果の仕事が、後世に大きな影響を与えたことも、指摘しておかねばならない。近世文学研究者としての青果の元からは、暉峻康隆《てるおかやすたか》（早稲田大学教授）、野間光辰《のまこうしん》（京都大学教授）という戦後の西鶴研究を牽引した二人の学者が輩出している。二人は青果が計画に加わりつつも、生前に目にすることのできなかった、厳密な校訂に基づく西鶴全集という企画を、『定本西鶴全集』（中央公論社）として世に出した。作家・綿谷雪《わたたにきよし》（戸伏太兵《とぶしたへい》）や坂道研究で知られる横関英一《よこぜきひでいち》なども、青果の助手を務めながら、彼から多くを吸収した人々である。

劇作家としての青果も、たとえば三島由紀夫が影響を受けたことについては、本書のなかでも言及される。他にも、井上ひさしによる忠臣蔵劇『イヌの仇討』は、一見して青果の『元禄忠臣蔵《げんろくちゅうしんぐら》』『御浜御殿綱豊卿《おはまごてんつなとよきょう》』にヒントを得たものであることがわかるし、綿密な調査・考証の成果を踏まえつつも、巧みな「ウソ」で観客を魅了する井上のスタイルは、まさしく青果の後継者と言えるのではないだろうか。三島と井上という、戦後日本で最高の劇作家二人にも青果からの影響を見いだすことができるのである。

こうした多方面での活躍、大きな存在感の一方で、青果の作品には、寂しさや暗さがつきまとう。青果戯曲の登場人物の多くは、深い孤独を抱えている。それは、『荒川《あらかわ》の佐吉《さきち》』の佐吉や『浅草寺境内《せんそうじけいだい》』に描かれる浅草の人々のような市井の人物、あるいは、『頼朝《よりとも》の死《し》』の源頼家のように、悲劇的な人生を歩んだことが広く知られている歴史上の人物だけではない。『元禄忠臣蔵』の大石内蔵助《おおいしくらのすけ》のような「英雄」にしても、「伏見撞木町《ふしみしゅもくちょう》」では、実の息子でさえ自分の本当の心の内を理解してくれないことへの苛立ちを見せるし、討ち入りを果たしたかと思うと、自分や同志の者たちに対する世間からの賞賛に心を悩ませ始める。初期の大作『平将門《たいらのまさかど》』では、都の貴族を震撼させ、ついには周囲の人々から「新皇」と立てられる平将門が、常に心の中に孤独な苦しみを抱き続ける青年として描かれている。そうした描写の根底には、人間は本質的に孤独なものであり、「世間」からどんなに華々しい評価を受けようと、「本当の自分」が理解されないという苦悩から逃れられないのだという認識があるように見える。

あまりに理屈っぽく長大な台詞、こうした「暗い」人間認識は、今日の観客からは敬遠されるのかもしれない。しかし、こうした苦悩を描いた点にこそ、青果が昭和初期の大劇場を代表する劇作家として広く支持された理由があったのではないか。また、そのような孤独感や人生のままならなさは、現代の人間にとってもけっして無縁のものではなかろう。私自身の経験でいえば、故中村富十郎の井関徳兵衛《いせきとくべえ》（『元禄忠臣蔵』「最後の大評定《だいひょうじょう》」）が赤穂城《あこうじょう》を臨みつつ死んでいく姿からは、まだ人生の機微もろくに知らない頃ではあったが、わからないなりに、そうした人間の持つ寂しさを教えられたように思うし、年を追うごとに青果の書く人物や台詞が、少しはわかるようになってきた気はする。

本書の構成

本書は、青果の多彩な活動を捉え直すことを目指して行われた学術シンポジウムの内容に、座談会・コラム・主要作品を取り上げた小事典などを加えたものである（監修者である星槎《せいさ》グループと真山青果および新制作座との縁や、シンポジウム開催の経緯については、飯倉洋一氏による「本書成立の経緯――あとがきに代えて」をご参照いただきたい）。

「**Ⅰ 交友関係**」の、青木稔弥氏の論考は、青果の人脈の広がりを、青果旧蔵資料をもとに明らかにしていく。さまざまな分野で活躍した人々の名前が次々と登場し、青果の活動の広さと深さが体感される。

「**Ⅱ 小説家・研究者**」では、今日では忘れられかけている、小説家・研究者としての青果に注目する。高野純子氏のコラムは、作家・国木田独歩《くにきだどっぽ》の最期に立ち会うという青果の経験について記す。「原稿二重売り事件」、劇作家としての復活以前の青果は、独歩との短い交流で何を感じたのだろうか。広嶋進氏の論考は、今日の西鶴研究をリードする立場から、「先達」たる真山青果の仕事をいかに評価することができるかが明快に示される。そこには、西鶴研究の水準を大きく引き上げつつも、創作者としての視点を持ち続けた研究者としての青果像が浮かび上がる。大橋幸泰氏のコラムも、青果の研究者としての業績に光をあてる。「切支丹屋敷《きりしたんやしき》」に関する青果の研究姿勢は、今日の歴史学にも一定の示唆を与えるものであった。

「**Ⅲ 劇作家**」では、まず神山彰氏の論考で、青果が昨今の一般的なイメージよりもずっと幅広く、多面的な劇作家であることが説かれる。すでに述べたように、現在の青果の印象は、正確な考証に基づく歴史劇のレパートリーを歌舞伎に書き与えた作家、というものであり、過剰に生真面目な雰囲気を纏《まと》わされているように見える。だが、歌舞伎・新派・新国劇等に跨がる活動範囲の広さ、多くの観客の要求に応える娯楽性を持った青果の作品は、まさしく「面白くてタメになる」ものだった。井上泰至氏のコラムは、代表作『元禄忠臣蔵』連作で最初に書かれた「大石最後の一日」を「サムライの文学」の伝統のなかに位置付ける。一方、宮本圭造氏のコラムは、同じ『元禄忠臣蔵』のなかから「御浜御殿綱豊卿」に注目し、史実における徳川綱豊（六代将軍家宣《いえのぶ》）と能のかかわりについて述べている。いずれも青果作品が史実や従来の文学的伝統を強く意識しつつも、他にない魅力を発揮していることを示すものであろう。『元禄忠臣蔵』とともに青果の作品中で、現在しばしば上演されるのが、明治維新期を描いた一連の作品である。青果を最大の「明治維新劇作家」とすることに反対はなかろう。では、彼以前にはどのような明治維新劇の流れがあったのだろうか。日置によるコラムでは明治初期から青果に至る「水脈」をたどる。これに対して、後世への繋がりに触れたのが山中剛史氏のコラムである。自身も、極めて構築的で優れた戯曲を多数残した三島由紀夫は青果をどのように見ていたのだろうか。

座談会「青果劇の上演をめぐって」では、今日の歌舞伎を支える大幹部のお一人である中村梅玉《ばいぎょく》丈と、劇場の制作スタッフ・批評・研究といった立場から青果に接してきた方々に、今日の青果劇の上演や、今後に対する提言などを語っていただいた。青果作品上演に大きな足跡を残した三代目市川寿海《じゅかい》、梅玉丈のお父上である六代目中村歌右衛門《うたえもん》といった名優たちの話題も興味深い。

青果の娘・真山美保は歌舞伎座、国立劇場等で青果作品の演出に携わった一方で、自ら旗揚げした新制作座でも父の作品の上演をはじめとする活動を行った。真山蘭里氏（新制作座代表）・桑原寿紀氏（星槎グループ副本部長）への**インタビュー「真山家と新制作座の現在《いま》」**では、その新制作座の現在や星槎グループとの縁、真山家に関するエピソードなどが語られる。

「Ⅳ 青果作品小事典」では、青果の主要作品について解説を加えた。執筆者の専門領域が演劇学・近世文学・近代文学・国語学とさまざまなのは多彩な活動をした青果らしいが、いずれも活躍中の若手研究者に、可能な限り「今・ここ」において青果をどう観るか／読むか、「これから」どのように上演していくか／読み直していくか、といった点を意識して各作品を語ってもらった。

「Ⅴ ビジュアルガイド」は、先述のシンポジウムと同時期に、国文学研究資料館で開催された展覧会の図録を一部修正の上、収録したものである。

再三記してきたように、青果は劇作家としてだけでも、容易には捉えきれない複雑な顔を持っている。本書もその全貌を語り尽くしているとは到底言えないが、これが一つのきっかけとなって、今日青果作品上演の主たる場となっている歌舞伎だけでなく、元来そうした人間の寂しさを描くことを得意としてきた新派、さらにはジャンルや劇場の規模を問わず、私たちに寄り添ってくれるものとして青果の劇が上演されることを願う。また、彼の劇作家以外の側面にも改めて光が当たれば幸いである。

二〇一九年五月

日置貴之

目次

Ⅲ 劇作家

＊＊＊

Ⅳ 青果作品小事典――戯曲・小説・評論・研究

※原文の引用に際しては、原文を損なわない範囲で表記を変更し、振り仮名および句読点を加除し、清濁を整えた場合がある。

I 交友関係

今日では「新歌舞伎の作者」として知られる真山青果。
しかし、その活動は極めて幅の広いものだった。
その交友関係も、文壇・劇壇・学界と多様な広がりを見せている。

真山青果の交友関係見取り図

文壇

徳田《とくだ》秋声《しゅうせい》

一八七二〜一九四三。小説家。石川・金沢に生まれ、尾崎紅葉の門人となる。明治末期には、自然主義文学の代表的作家と目される。青果とは小栗風葉を介して知り合った。「湯河原日記」は二人の旅を描いたものであり、小説『檻《おり》』にもその経験が反映している。代表作に『あらくれ』など。

Wikipedia

横関《よこぜき》英一《ひでいち》

一九〇〇〜一九七六。考証家。早稲田大学卒業。高校の事務長などのかたわら、青果の助手をつとめる。著書に『江戸の坂・東京の坂』。

真山

山口《やまぐち》　剛《たけし》

一八八四〜一九三二。国文学者・中国文学者。茨城に生まれ、東京専門学校（のちの早稲田大学）に学ぶ。早稲田大学教授。日本の近世（江戸時代）文学研究の先駆者の一人。青果、藤井乙男《おとお》（京都帝国大学教授）とともに刊行を目指した『定本西鶴全集』は、戦後に門人の暉峻康隆、野間光辰らにより実現。

綿谷《わたたに》　雪《きよし》

一九〇三〜一九八三。作家。和歌山に生まれ、早稲田大学に学ぶ。山口剛の紹介で青果の助手となる。松竹で演出家などを務めたのち、多数の著述を残す。『真山青果全集』（旧版・新版とも）の編集を担当。戸伏《とぶし》太平《たへい》の筆名でも知られる。

近世文学・文化研究

暉峻康隆《てるおかやすたか》

一九〇八〜二〇〇一。国文学者。鹿児島生まれ。早稲田大学で山口剛に学び、青果の助手となる。早稲田大学教授。井原西鶴研究で知られ、一般向けの著書も多い。

野間《のま》光辰《こうしん》

一九〇九〜一九八七。国文学者。大阪出身。京都帝国大学に学び、のち京都大学教授。井原西鶴を中心に近世文学を研究。一時、暉峻康隆とともに青果の助手を務めた。

前進座《ぜんしんざ》

歌舞伎界の封建的な体制に異を唱えた四代目河原崎長十郎、三代目中村翫右衛門《かんえもん》、五代目河原崎国太郎らによって昭和6年（一九三一）に設立された劇団。草創期に『元禄忠臣蔵』の連続上演で評価を高め、『新門辰五郎《しんもんたつごろう》』を初演するなど、青果との関係が深い。

独立

青果

一八七八〜一九四八

国木田《くにきだ》独歩《どっぽ》

一八七一〜一九〇八。詩人、小説家。千葉生まれ。随筆『武蔵野』などで知られ、自然主義文学の先駆者とされる。青果はその最晩年に知り合い、「国木田独歩氏の病状を報ずるの書」を『読売新聞』に連載した。

Wikipedia

小栗《おぐり》風葉《ふうよう》

一八七五〜一九二六。小説家。愛知出身。尾崎紅葉門下となり、『寝白粉《ねおしろい》』『亀甲鶴《きっこうづる》』などで注目される。晩年は通俗小説を多数執筆したが、門人による代作も多い。小説家を志した青果は、明治38年（一九〇五）に風葉の門人となった。

Wikipedia

【新派】初代　喜多村緑郎《きたむらろくろう》

一八七一〜一九六一。俳優。東京生まれ。新派女形の第一人者。泉鏡花《いずみきょうか》原作の『滝の白糸』『婦系図《おんなけいず》』などを初演。戦後、新派初の人間国宝となる。青果は明治41年（一九〇八）に喜多村による『不如帰《ほととぎす》』（徳富蘆花《とくとみろか》原作）上演を見て評論「喜多村緑郎」を執筆。その後、新派座付作者となって多くの作品を提供した。

Wikipedia

劇壇

【新国劇】沢田《さわだ》正二郎《しょうじろう》

一八九二〜一九二九。俳優。滋賀に生まれ、早稲田大学文科予科に学ぶ。坪内逍遥《しょうよう》の文芸協会附属演劇研究所に入り、のち島村抱月《ほうげつ》らの芸術座に加わるが、脱退。大正6年（一九一七）に芸術性と大衆性を併せ持つ「半歩前進主義」を唱えて劇団新国劇を結成。リアルで激しい殺陣を取り入れた『国定忠治《くにさだちゅうじ》』『月形半平太《つきがたはんぺいた》』などで人気を博す。青果作品では『坂本龍馬』『富岡先生』などを初演。昭和4年（一九二九）の急逝後は、辰巳柳太郎《たつみりゅうたろう》と島田正吾《しょうご》がその芸を継承して劇団を支えた。

Wikipedia

【新制作座】真山美保《まやまみほ》

一九二二〜二〇〇六。劇作家、演出家。青果の長女。日本女子大学を卒業し、前進座に加わる。のち、新制作座を旗揚げ。多くの青果作品の演出に携わる。劇作家としては『泥かぶら』『野盗《やとう》風の中を走る』などの作品がある。

新制作座 HP

【歌舞伎】巌谷槇一《いわやしんいち》

一九〇〇〜一九七五。劇作家・演出家。本名・三一《さんいち》。作家・巌谷小波《さざなみ》の長男。松竹社員として『残菊物語』などを脚色した他、青果作品を多数演出。歌舞伎座幹事室長を務めた。

【歌舞伎】二代目　市川左団次《いちかわさだんじ》

一八八〇〜一九四〇。歌舞伎俳優。初代市川左団次の長男。旧来の興行方法の改良や、小山内《おさない》薫とともに旗揚げした自由劇場での翻訳劇上演などを試みるとともに、岡本綺堂《きどう》、青果らの新作の上演に力を入れた。『元禄忠臣蔵』を始め数多くの青果作品を初演。

Wikipedia

ひとびと

青果の多彩なる人脈

❖青木稔弥

真山青果には、大きく分けて、小説家、演劇作家、江戸文学研究者、仙台出身者の四つの顔があります。それぞれに関係者がいて、多彩な人脈を形成しているのです。*1

第一の顔の小説家時代は、大正十五年（一九二六）、師匠小栗風葉《ふうよう》*2の死によって完全に終わりを告げたようですが、第二の顔、第三の顔については、昭和四年（一九二九）が節目の年になったようです。

1　鳥羽・禁酒旅行

昭和四年四月六日付の大谷《おおたに》竹次郎*3あて真山青果書簡（架蔵）を紹介します。便箋二枚。「志州鳥羽浦　旅館　待月楼《たいげつろう》　電話　本店　長二二番／一一二番／駅前待合　五九番」と裏に印刷された封筒の表に「東京京橋区新富町　松竹合名社事務所／大谷竹次郎様」、裏に「真山　彬」とペン書きされています。消印は一部判読不能ですが、「4．4．7／前6―9」です。

拝啓　先夜は格別なる御款待に預り難有く存申候　例によりて放酔いたし或は過言など有之候こと、後にて恐縮仕居候　其際秘かに御話のこと承知いたし申候　小生も少々舞台のために働いて見たくなり居り候場合ゆゑ　是非一番奮発して働いてみたく存候間　何分宜敷願上申候　たゞそれについても酒をやめねば健康の上よりも仕事の上よりも駄目と存じ申候に付　急に思立ちて悴《せがれ》をつれて禁酒

＊1　冒頭に「昭和十九年五月於静浦《しずうら》寓居改訂」とある青果の住所録が、星槎グループ・星槎ラボラトリー・真山青果文庫に所蔵されています。戦時下、疎開時の住所録で、小説家、劇作家、評論家、俳優、興業関係者、出版関係者、研究者、画家、政治家など多士済々です。訪問者自らが記したと思われる住所カードもあり、筆跡見本帳的な側面からも貴重です。紙幅の許す限り紹介します。

＊2　前掲住所録に小栗儀造と加藤籌子《かずこ》の名があります。風葉の実弟と未亡人です。「三十年前の真山さん」（「真山青果全集月報」第十一号）で青果を「同門の先輩」と回想する中村武羅夫《むらお》の名もあります。ちなみに、「真山青果全集月報」第十一号は昭和十六年十二月八日の発行ですが、本体の『真山青果全集』第十一巻の奥付には「昭和十七年一月六日発行」とあります。

旅行を企て今晩にて三晩　いさゝかの酒気もなく暮し申候　この上に四五日も辛抱すれば東京へ帰りても大丈夫と存じ申候に付　十日前後には帰京　拝眉の上にて万事御打合せ致度存居申候
先は過日の御礼迄如斯御座候　不具
四月六日　真山　彬
大谷尊台侍曹

便箋の欄外上に「伊勢御参宮カラ鉄道デ二十分天下ノ絶勝」、欄外下に「志州鳥羽浦　旅館 待月楼　電話／駅前待合　長二二番／一一二番／五九番」と印刷されています。待月楼は鳥羽の高級旅館だったようで、例えば、坪内逍遙の日記、大正十二年八月十八日の条に「一時二十七分発の電車にて桑名に向ひ、孝彦を伴ひて鳥羽に向ふ、六時十八分同地着、待月楼ニ投宿す、待月楼の支店は港口にあり、対神館といふ、この方がステーシヨンに近くして便利なりき」[*4]とあります。『鉄道沿線 ポケツト旅館案内』（昭和六年〈一九三一〉初版、昭和十年〈一九三五〉再版）では、「●鳥羽駅（とば）三重県志摩郡鳥羽町」の項のトップに待月楼が記載されていて、対神館はそれに次ぎ、以下、錦浦館《きんぽかん》、長門館《ながとかん》、海目、鳥羽ホテル、角卯館、四方館、二見館《ふたみかん》と続きます。宿泊料は、長門館までが特等が五円、一等が四円で、海目以下は特等が四円、一等が三円です。待月楼には二等の設定がなく、三等は三円五十銭、対神館は二等と三等が三円、錦浦館と長門館は二等が三円、三等は二円五十銭、海目以下は二等が二円五十銭、三等は一円五十銭です。待月楼には「赤崎海岸眺望雄大東洋遊園地会社経営、中流以上向」との説明が付されます。最大収容人員は待月楼が百、対神館は四十、錦浦館が百五十、長門館が八十、海目が百、鳥羽ホテルが百六十、角卯館が百五十、四方館が百二十、二見館が百です。

書簡の中身を吟味していきます。

「例によりて放酔いたし或は過言など有之候こと、後にて恐縮仕居候」は、まさに「例によりて」で、

＊3　前掲住所録に「大谷竹次郎　麹町区四番町五ノ五　九段七六」とあります。「城戸四郎　神奈川県大船　松竹キネマ撮影所」「松竹合名社　大阪市南区久左衛門町八」「白井松次郎　大阪市南区笠屋町三六」「白井信太郎　京都市東山区今熊野北日吉町五二五六　祇園五二四」も登載されています。

＊4　『未刊・坪内逍遙資料集』三（財団法人逍遙協会、二〇〇一年十一月）

例えば、『演劇界』6−7（昭和二十三年〈一九四八〉七月）に掲載された座談会「真山青果を語る」には、「青果氏未亡人、令息零一《れいいち》氏、長谷川伸[*5]、巌谷《いわや》真一[*6]、中村翫右衛門《かんえもん》、暉峻《てるおか》康隆[*7]、河竹繁俊[*8]」が出席していますが、暉峻は「酔つてクダを巻かれると、その翌朝、先生は速達を出す。『昨夜は酩酊致し恐縮』とね。」と述べ、それを受けて、長谷川伸は「速達か。さう〱。水守亀之助《みずもりかめのすけ》[*9]のところにもその速達がある筈だ。水守のところへ速達を出すのにね、気になつて自分で速達を持つて、そつと置いて来た話もあるんです。」と回想します。暉峻が「西鶴注釈の助手として」「青果宅へ通った」「約五年間[*10]」は後年のことですから、酒癖の悪さは以後も続いていたことになります。大江良太郎「喜多村緑　郎《ろくろう》[*11]聞書」（劇団新派編『新派　百年への前進』大手町出版社、昭和五十三年〈一九七八〉）によると「飲まないと東北人らしく無口で重厚なのに、杯をふくんだとなると、猫が虎に一変、万丈の気焔をあげるのが常であった」。

「酒をやめねば健康の上よりも仕事の上よりも駄目」と記すのは至極当然のことでしょう。野村喬《たかし》作成の「真山青果年譜」（『評伝 真山青果』リブロポート、平成六年〈一九九四〉）を抜粋します。

昭和四年（一九二九）五十二歳

研究随筆『井原西鶴の江戸居住時代』を『中央公論』三月号に発表、国文学界に一石を投ず。戯曲『乃木《のぎ》将軍』を『朝日』四月号に発表、連載二回。三月四日、沢田正二郎《しょうじろう》死去、享年三十八歳。六月、『乃木将軍』を新橋演舞場で新国劇が上演。七月、『血笑記《けつしょうき》』を歌舞伎座で六世尾上菊五郎らが上演。八月、『唐人《とうじん》お吉』を歌舞伎座で二世市川松蔦《しょうちょう》らが上演して九月も続演の成功。戯曲『江藤新平』を『新潮』十二月号に掲載。戯曲『首斬代千両』を『講談倶楽部』を一月号に掲載。

昭和五年（一九三〇）五十三歳

一月、帝大病院稲田内科に入院、約一カ月。稲田博士によって、多年の心臓の持病を〝心臓ブロック兼アダムストーク症状群〟と診断され、特殊な鎮静薬を調合される。

＊5　前掲住所録に「長谷川伸　芝区二本榎町三」とあります。

＊6　巌谷槇一。本名は巌谷三一。前掲住所録に「巌谷三一　川崎市今井南町四三七」とあります。

＊7　前掲住所録に「暉峻康隆　世田ヶ谷区大原町一三七〇」とあります。

＊8　前掲住所録に「河竹繁俊　世田谷区成城町四八五」とあります。

＊9　前掲住所録に「水守亀之助　牛込区弁天町六〇」とあります。

＊10　暉峻康隆「西鶴と現代文学」（初出は一九七〇年）に「真山青果は、昭和四、五年ごろからわたしの恩師山口剛教授と共同で西鶴研究を続けていたのだが、山口教授が昭和七年に亡くなられた後、わたくしも西鶴注釈の助手として約五年間、青果宅へ通った」（『西鶴新論』中央公論社、一九八一年）とあります。

昭和六年（一九三一）五十四歳

前年より病臥生活が続くようになった。このころ、綿谷《わたたに》 雪《きよし》[*12]が助手となる。

「健康」方面への不安は、一年もたたないうちに的中してしまいました。

2　演劇作家としての青果

もう一方の「仕事」については、大谷竹次郎の発言を聞いてみるべきでしょう。

『演芸画報』23-2（昭和四年二月）所載の「小山内《おさない》さんの思ひ出」は「小山内さんが亡くなられたと云ふことを知つたのは旧臘二十六日の朝も十時過ぎでした。」に始まり、「来年は築地に東京劇場が建ち、いさゝかでも新しい意味の芝居をやらうと思つてゐた矢先、氏の訃は、大切な相談相手を失つたやうな感じがして残念で残念でたまりません。」に終わります。歌舞伎座内歌舞伎出版部から発行された『歌舞伎』5-2[*13]所載の「小山内さんを悼む」もほぼ同内容で、「小山内さんの訃を知つたのは、旧臘二十六日の朝でした。」が冒頭、「来年は築地に東京劇場が建ちまして、歌舞伎座とは又異つた芝居をやらうと思つて居りました矢先、同氏の死は、大切な相談相手を失つたやうで唯々遺憾に堪へません。」が末尾です。

東京劇場は、『東京朝日新聞』の昭和五年三月八日夕刊二面に「出来上つた東京劇場　華麗を極めたその内部」との見出しの下、「歌舞伎座の筋向ふ築地河岸に臨んで新築中であつた松竹系の東京劇場はアメリカン・スパーニツシユ式のスタイルもがつちりと漸く完工し　この月末に開場式を行ひ来月一日から華々しく興行のふたをあける事になつた」とあります。「構造は将来オペラの上演を考慮してつくられた」ようで、『元禄忠臣蔵』全十篇の過半が東京劇場で初演されました。

昭和四年に話を戻します。「昭和三年十二月、小山内薫の訃報を耳にして、「先駆者が一人倒れた。こん

＊11　前掲住所録に「喜多村緑郎　麻布区龍土町五五」とあります。

＊12　前掲住所録に「綿谷雪　神戸市須磨区天神町一丁目八十七」とあります。

＊13　表紙に「昭和四年二月一日発行」とありますが、奥付は「昭和四年二月十日発行」です。

どはおれの番だな……」と思わずつぶやいた。それから三カ月後に沢田正二郎は急逝した」と述べる島田正吾《しょうご》『ふり蛙』[*14]は「小僧め、俺の脚本を演れるものなら演ってみろ!・」は「真山先生の沢田正二郎に対する挑発のつぶやき」で、二人の間には「作家と俳優との羨ましい戦い」があったと言います。『東京朝日新聞』の昭和四年三月十日二面には「沢正の心残り　名脚本・乃木将軍」との見出しの下、「病気が全快したら、上演し、甦生の意気で劇界に一代革命を起さんと画策してゐた真山青果氏の戯曲『乃木将軍』は、今迄の乃木将軍劇と異なり、情の将軍、熱の将軍愛の将軍を如実に描いた神品で、情熱の沢田がやつたら、どんなに人間乃木将軍の面目が躍動することだつたらう、此沢正心残りの名脚本が新雑誌『朝日』四月号に掲載」とあります。「三月四日、沢田正二郎死去、享年三十八歳」が青果にとっても痛手であったはずで、前掲の座談会「真山青果を語る」で、巌谷真一は、青果との関係は「昭和六年からです。その時は先生はもう新派ぢやありません」と発言しています。ちなみに、昭和六年は二世河原崎長十郎[*15]や三世中村専右衛門らが松竹を脱退して前進座[*16]を創立した年で、前進座と青果とは数年後には提携し、「今回は拙宅疎開につき、一方ならぬ御配慮を煩はし、一座諸君に種々御尽力をおかけ致し、千万感謝仕居候」との「長十郎様」「翫右衛門様」並記の昭和十九年五月二日付書簡[*17]を出すような関係にまで発展します。

昭和四年七月の『歌舞伎』5–7[*18]に、権九郎「芝居見たまゝ　第一番目　落城秘聞 血笑記　二幕」と丸岡勇二郎「血笑記の事ども」の掲載があります。前者は目次に「真山青果作　田中良舞台装置」とあり、後者は青果の「私の大伯父は、大変に薩長の暴虐を憎んでゐたのです、そして会津を助けたい、事を平和のうちに解決したいと考えてゐたと云ひますので、ある時、其後《ご》会津の立場をあやまり伝へる参謀の許《もと》へおどり込み、それを斬つたさうです」との証言を記録しています。

八月の『歌舞伎』5–8[*19]に権九郎「芝居見たまゝ　第一番目　唐人お吉　四幕」と十一谷《じゅういちや》義三郎「略説唐人お吉」の掲載があり、前者は目次に「真山青果作　伊藤熹朔《きさく》[*20]舞台装置」、後者の冒頭には「お吉伝は伊豆下田町村松春水氏[*21]の研究に尽きてゐる。此篇亦、同氏が先に、本年一月号文芸春秋誌上に発表され、

＊14　一九七八年青蛙房初刊ですが、引用は朝日文庫（一九八八年）に依ります。

＊15　前掲住所録に「河原崎しづ江　長野県諏訪郡北山村蓼科高原水明荘」とあります。しづ江は長十郎の妻です。

＊16　前掲住所録に「前進座研究所　東京都下、武蔵野町吉祥寺二五四六　吉祥寺二三二一。二八四二。」とあります。前進座関係では、他に鳥居清言、平田弘一、宮川雅青の名があります。

＊17　小池章太郎「真山青果晩年の書翰一束、及び略註」（『演劇研究』23、早稲田大学坪内博士記念 演劇博物館、二〇〇〇年三月）

＊18　表紙に「昭和四年七月一日発行」とありますが、奥付は「昭和四年七月十日発行」です。

＊19　表紙に「昭和四年八月一日発行」とありますが、奥付は「昭和四年八月十日発行」です。

拙著『唐人お吉』に収載の栄を許されたるものを要約再掲するにとゞまる」とあります。九月の『歌舞伎』5‐9[*22]にも、ほぼ同様に、賢三「芝居見たまゝ　一番目　唐人お吉　三幕」と十一谷義三郎「略説唐人お吉」の掲載があります。「略説唐人お吉」は冒頭の写真に、「お吉之墓」とのキャプションが追加されているだけで、八月号と全く同じ文章です。九月号掲載の編輯部「勝手ながらお断り迄」によれば、「猿之助、友右衛門によつて未曾有の大当りを占めた木曾街道膝栗毛は連日満員続きの為め、遂に五十二日間打ち続けると言ふ最近例のない大好評を博したので、去る三日より『唐人お吉』は後日譚とも言ふべき『お吉』の後半生を演じ」「本誌も『続演紀念号』として口絵等も、新規の場面を加へ、特別読物等も稿を新にせしも考証等は狂言の名題に変りなき為め、其の儘《まま》に掲載した」からです。十月の『歌舞伎』5‐10[*23]掲載の川尻清潭[*24]「楽屋風呂」には以下のようにあります。

> 『唐人お吉』の作者真山青果氏は、其事跡を調べる為に幾度《いくど》か下田へ行かれたと云ふ事ですが、此脚本の上演が決定した時、舞台装置を担任した伊藤熹朔も亦、直《ただ》ちに下田を訪れて古老に事実を糺《ただ》し、且つ下田の建築にはナマコ壁《かべ》の多い特長等を見聞し、尚下田の景色をスケツチ帳に納めて立帰り、それを舞台に応用したゞけ、下田を知つて居る人の目には其写生が大受けであつた。

3　長男・零一

そろそろ、このあたりで、演劇作家としての青果についての記述を切り上げますが、「急に思立ちて悴をつれて」の「悴」、零一について確認しておきます。前掲『評伝　真山青果』「真山青果年譜」には昭和九年「三月、長男零一が早稲田大学を卒業、松竹に入社した」とあり、「野村喬「評伝　真山青果」（「真山青果全集別巻一」昭和53・7）を参照させていただいた」という『近代文学研究叢書』第六十四巻（昭和女子

＊20　前掲住所録に「伊藤熹朔　四谷区西信濃町一番地」とあります。
＊21　前掲住所録に「村松円之助　豊島区巣鴨一ノ一四」「村松春水同前」とあります。
＊22　表紙に「昭和四年九月一日発行」とありますが、奥付は「昭和四年九月十日発行」です。
＊23　前掲住所録に「川尻清潭　芝区芝公園廿一号外七」とあります。
＊24　表紙に「昭和四年十月一日発行」とありますが、奥付は「昭和四年十月十日発行」です。

大学近代文化研究所、平成三年〈一九九一〉）の「真山青果」の「生涯」にも「昭和九年三月には、長男零一が早稲田大学を卒業して松竹株式会社に入社した」（筆者 平井法）とあります。尾崎久弥《きゅうや》[*25]は「古畳の話」（初出は昭和二十三年）で「昭和初めから東京で親しくしてゐた真山青果氏が、当時中学三年くらゐの今の零一《レイイチ》君同伴、寄って下されたのは、昭和十年頃だったか」（尾崎千代野編『久弥の横顔』愛知県郷土資料刊行会、昭和五十年）と回想しています。

早稲田大学校友会の『会員名簿　昭和十二年用』（早稲田学報臨時増刊、昭和十一年〈一九三六〉）によりますと「真山零一　昭11商学　宮城　松竹洋画興行社　小石川区第六天町四八（電大塚六一〇〇）」です。宮城が本籍で、昭和十一年に商学部を卒業、松竹洋画興行社勤務ということで、「昭和九年三月」の卒業ではありません。前年、前々年の『会員名簿』に「真山零一」の名が無く、翌年以降も「昭11商学」とあるので、昭和十一年卒業に間違いはありません。[*26]

4　青果の江戸文学研究

さて、ここから、青果の第三の顔、江戸文学研究者について考えます。

「星槎《せいさ》グループ・星槎ラボラトリーに収蔵された資料」は九千冊余、[*27] 青果の著書、原稿、草稿の類以外にも数多くの関連資料があります。それらの一つが長谷川伸「真山青果の死」の新聞切り抜き（掲載紙、掲載年月日は、残念ながら不明）です。

> 彼はいつたことがある。世間は真山青果は劇作家だとする、劇作はおれの余技に過ぎない、余技に名を覆われることは悲劇だと。私などは彼がいうが如く劇作を彼の余技だとは認めない、しかし彼の西鶴究明も、日本地誌の大成も、庶民の経済史も決して余技ではない、不幸にして地誌と経済史

＊25　前掲住所録に「尾崎久弥　名古屋市中区車道東町一五六」とあります。「中区」は「東」を消して朱で「中」と訂正したものです。ちなみに、綿谷雪は久弥の門下生です。

＊26　昭和十三年用は「松竹洋画興行社」のままですが、昭和十四年用と昭和十五年用は「牛込館支配人」となっています。

＊27　二〇一六年十二月に実施した国文学研究資料館での「真山青果旧蔵資料展—その人、その仕事—」展示目録での公称です（筆者は青田寿美）。星槎ラボラトリーに収蔵される旧蔵書ならびに「青果の広範な仕事と交友関係を裏づける厖大な原稿・メモ類」の調査は未完了で、どのように数えるかの問題はありますが、実際の点数は倍程度にはなると推測しています。

は未定稿か、あるいは未定稿の半ばにしかいつていないかも知れないが、頭の中では確かに完成していた、こう思つてくると損失は一に大劇場の作者としてのみではなかつたのだ。そうして彼は彼の好まざりし劇作家として後代永く記念されることになるのではあるまいか、幸いに世の篤志家が西鶴究明に関する物の刊行をしてくれるならば、その方面での真山青果が残るだろうが。

青果が没した昭和二十三年三月二十五日直後のものでしょう。長谷川伸は「劇作」「西鶴究明」「日本地誌」「庶民の経済史」を「決して余技ではない」ものとして対等に並べます。「幸いに世の篤志家が西鶴究明に関する物の刊行をしてくれるならば」は、具体的な動きは把握していないものの、二ヵ月ほど前の一月十五日刊行『西鶴語彙考証　第一』あたりの動きを察知してのものかもしれません。『西鶴語彙考証　第一』には「昭和二十二年八月二十五日編輯委員」の「跋にかへて」があります。

「日本地誌」については、江戸時代の地図だけでも数百枚は星槎ラボラトリーに残されていて、昭和十九年、「畳一杯に江戸時代の下町地図をひろげて、先生は何か書き物をしていた。「面白いんだ。一人で江戸の街々を歩いているとね。」と微笑した」（前掲「喜多村緑郎聞書」）とのことです。地図考証家として著名な横関英一《よこぜきひでいち》*28との交流も確実ですが、「不幸にして地誌と経済史は未定稿か、あるいは未定稿の半ば」であることは間違いありません。紙幅が限られていますので、比較的成果が出ている西鶴研究に話を絞ります。

5　西鶴研究者としての青果

頴原退蔵《えばらたいぞう》*29は「真山氏の西鶴研究（一）」（「真山青果全集月報」第三号、昭和十五年〈一九四〇〉十二月十九日*30）で、

「十数年前私は西鶴に関する註釈的な小著を公にした事がある。当時先輩佐藤鶴吉君もまた同じやうな研

＊28　「横関英一　渋谷区原宿三ノ三〇三」「留守宅　細君　のぶ子」とあります。

＊29　前掲住所録に「頴原退蔵　京都市上京区大将軍西町三六」とあります。「頴」はママです。

＊30　「真山青果全集月報」第三号を付する『真山青果全集』第三巻の奥付には「昭和十五年十二月十七日発行」とあります。

究に従つて居たので、同窓のことではあるし、自然私は佐藤君と交渉を持つことが多くなつた。その頃佐藤君と会ふ度に真山氏の話が出る。『一度きみ会つて見給へ。そりや教へられる所が多いよ』と佐藤君は言ふのである」と述べ、「佐藤君を介して、真山氏を訪ねることになつた」「氏は屢々《しばしば》『僕の本業は西鶴研究だよ。お芝居の方はありやアたゞ稼ぎさ。折角稼いで悪銭――氏はかういふのである。――でも少し出来たら西鶴につぎこむのさ』と述懐めいた口吻《こうふん》を洩ら」したと言います。「十数年前」の穎原の「西鶴に関する註釈的な小著」と青果の「研究随筆『井原西鶴の江戸居住時代』を『中央公論』三月号に発表」(前掲)とは相前後しています。

山口剛[*31]は『西鶴名作集』下(日本名著全集 江戸文芸之部第二巻、昭和四年)の「解説」で「この頃、西鶴江戸居住の推定説が公にされた。真山青果氏の『井原西鶴の江戸居住時代』、本年三月の『中央公論』所載のものこれである」「西鶴晩年の健康状態、江戸移住の目的、帰坂事情の説を具してはじめて尽さるべきものであらう。その詳説を聴くの日のはやきを念とする」「氏が挙げた証左を証左としない。しかし、自分は氏の説に案内されて、なほ一段と、この問題を考へるであらう」と述べました。

「井原西鶴の江戸居住時代」への言及は他にもありますが、西鶴研究史上に意味のあるものの第二は野間光辰のものでしょう。『西鶴新新攷』(岩波書店、昭和五十六年〈一九八一〉)の「後記」に「最初の『西鶴の晩年と江戸居住時代』は、真山青果先生の『井原西鶴の江戸居住時代』(『中央公論』昭和四年三月号)に対して異見を述べたもので、西鶴について書いた最初である。当時まだ京都帝国大学文学部二回生に在籍中、幼稚かつ未熟の筆致見るに堪へず、旧著にも収めなかつたものであるが、論旨においては今も改むる必要はないと思ふので、敢へてこれを巻末に収めた」とあります。「旧著」の『西鶴新攷』(筑摩書房、昭和二十三年)は青果没後の発行ですが、穎原の「序」は青果生前の「昭和二十三年二月」です。

暉峻康隆「旧友 野間光辰を送る」(『国文学』32-8、昭和六十二年〈一九八七〉七月)には以下のようにあります。

*31 前掲住所録には、山口剛の従弟、高田保の名があります。「高田保 大森区新井宿一丁目二三〇〇」。

さて昭和九年に野間君と出会った事情を語らねばなるまい。昭和七年に私の恩師の山口剛先生が亡くなられた時は、当時西鶴研究の第一人者であった真山青果先生と提携された矢先であった。その縁で同九年から私は真山研究室の助手となり、藤井門下の野間君も年に何回か上京する通い助手、つまり同僚となったのである。それからまもなく日支事変がはじまり、私が十八年に歩兵二等兵として中支に出兵するまでの九年間、西鶴関係資料を中心に近世小説の発掘と採集のために、二人で全国の公私の図書館図書を歴訪した歳月は記憶に新しい。

「藤井」は藤井乙男《おとお》です。[＊32] 暉峻は「西鶴研究と私（暉峻対談）」（『国文学解釈と鑑賞』58-8、平成五年〈一九九三〉八月）では「真山先生の助手になった昭和八年ごろ」「昭和八年ぐらいから野間君も真山さんのところに来て」と話します。発言内容が異なっていて、記憶は当てにならないと言ってしまえばそれまでなのですが、前掲『評伝 真山青果』「真山青果年譜」では、「昭和七年（一九三二）五十五歳」に「暉峻康隆が山口剛を仲介として研究助手になる」、「昭和九年（一九三四）五十七歳」に「この年、野間光辰が研究助手となる」、「昭和十一年（一九三六）五十九歳」に「この年、野間光辰が研究助手を辞して帰阪」とあります。『近代文学研究叢書』第六十四巻の「真山青果」は少し異なり「潁原退蔵の弟子であった野間光辰も、昭和九年から西鶴注釈作業に関わり、翌十年の帰阪まで青果を助けた」とします。さらに『近代文学と西鶴』（新典社、昭和五十五年）の著書がある竹野静雄《たけのせいお》にいたっては『西鶴物語』（浅野晃・谷脇理史編、有斐閣、昭和五十三年）の「72 大正期の西鶴」で「大正も終り近くになって、まだ学生であった暉峻康隆氏や野間光辰氏が青果の下に出入りし、語彙考証の作業に加わり」と述べます。大きな違いです。

＊32 前掲住所録に「藤井乙男 京都市上京区大宮田尻町五三」とあります。

6　昭和十二年の書簡

その差異を完全に、というのは無理でも、いくらかは解消できる資料が星槎ラボラトリーにあります。昭和十二年の書簡の写しを集めた小冊子がそれで、複数あるうち、表紙に「暉峻康隆一件」とあるものの内容は以下の通りです。

①真山彬書簡　暉峻康隆あて　昭和十二年七月一日
②暉峻康隆書簡　真山彬あて　昭和十二年七月二日
③真山彬書簡　暉峻康隆あて　昭和十二年七月二日
④暉峻康隆書簡　真山彬あて　昭和十二年七月三日
⑤真山彬書簡　暉峻康隆あて　昭和十二年七月四日
⑥暉峻康隆書簡　真山彬あて　昭和十二年七月五日
⑦真山彬書簡　暉峻康隆あて　昭和十二年七月六日
⑧清水省三[*33]書簡　暉峻康隆あて　昭和十二年七月十二日
⑨暉峻康隆書簡　清水省三あて　昭和十二年七月十四日
⑩清水省三書簡　暉峻康隆あて　昭和十二年七月十六日
⑪清水省三書簡　綿谷雪あて　昭和十二年七月十六日
⑫綿谷雪書簡　清水省三あて　昭和十二年七月十九日
⑬野間光辰書簡　真山彬あて　昭和十二年十月十八日
⑭真山彬書簡　野間光辰あて　昭和十二年十月十九日
⑮野間光辰書簡　真山彬あて　昭和十二年十月二十一日午後

＊33　前掲住所録に「清水省三　彦根市芹橋町十三丁目三十三」とあります。
＊34　前掲住所録に「山本有三　東京府三鷹村連雀九一」とあります。
＊35　「真山青果と元禄忠臣蔵」（国立劇場「第二十九回＝十二月歌舞伎公演」パンフ、一九六九年）
＊36　前掲住所録に「真山勝　小倉市上富野菊ヶ丘三四九」「内ケ《うちが》崎作三郎《さきさくさぶろう》　豊島区巣鴨六丁目一四七〇　大塚（八六）一八七七」「金山活牛　仙台市新寺小路 松音寺」「崇禅寺　仙台市外長町」とあります。真山勝は弟、内ヶ崎作三郎は幼なじみ、松音寺は真山家の菩提寺で、崇禅寺には父、寛の墓がありました。
＊37　前掲住所録に「林次郎（林子平後裔）　樺太 豊原市東五条南三丁目十四号」とあります。
＊38　例えば、青果の日記です。前掲『評伝真山青果』の「追記」に綿谷雪が青果の日記を「黙って持ち出した」

⑯真山彬書簡　野間光辰あて　昭和十二年十月二十三日
⑰真山彬書簡　山本有三[*34]あて　昭和十二年十月二十五日
⑱野間光辰書簡　真山彬あて　昭和十二年十月二十六日朝
⑲真山彬書簡　野間光辰あて　昭和十二年十月二十七日
⑳真山彬書簡　頴原退蔵あて　昭和十二年十月二十八日

「真山先生より御手紙差上べき筈にて、一昨日来いろ〲試みられたのですが、あいにくとまた昨朝発作あり、起きて執筆するのは苦痛ゆゑ」「真山様方にて　綿谷雪」⑫、「いつも〲代筆ゆゑ今度は自分にて差上げたく、荏苒《じんぜん》日を遣るうち今日に及び」⑳、とあるように、青果書簡の大半は代筆です。綿谷雪が『大石最後の一日』以外の諸作は、すべて私が口述筆記したものである[*35]」と述べていることからすると、この小冊子は綿谷が整理したものによるのでしょう。

⑮に「私が先生の御殊遇を忝《かたじけの》うするに至つたのは、実に昭和七年以来のこと」「昭和七年夏御招きによつて上京」とありますので、野間光辰が助手になったのは「昭和七年夏」です。暉峻康隆が助手となった時期は判然としませんが、青果は「五七年以来の貴下との友誼」①、「五七年間も呈して貴下を教へ導く」⑦と述べています。

紙数が尽きました。仙台出身者としての四つめの顔について述べる余裕は全くありませんので、親戚縁者[*36]以外に『仙台方言考』や林子平[*37]関係の著作関連の人脈にも目を向ける必要があることだけ言明して終わりとします。まだまだ手付かずのままになっている資料[*38]が数多くあります。粘り強く探求していくしかないのでしょう。

とあります。「堆く積まれた帳面」と形容される日記は、昭和十二年の分を含んでいて、綿谷が代筆した部分が多いと推測していますが、所在先は不明です。星槎ラボラトリーには、「明治四十三年　当用日記　博文館発行」に記載したものなどがありますが、調査は端緒についたばかりです。

自然主義の書き手として登場しつつも、
「原稿二重売り事件」で文壇を追われた小説家。
特に井原西鶴《いはらさいかく》研究に足跡を残し、多くの後進に影響を与えた
近世文学・文化研究者。大劇作家・真山青果の別の顔とは。

II 小説家・研究者

小説家

青果と国木田独歩

❖高野純子

青果が田山花袋《かたい》の紹介で、茅ヶ崎《ちがさき》の南湖院《なんこいん》に入院していた国木田独歩に面会したのは明治四十一年（一九〇八）五月二日のことでした。独歩は、詩人、小説家として、また記者、編集者として優れた才能を有し、第三文集『運命』（左久良書房、明治三十九年〈一九〇六〉）によって世評が高まったにも関わらず、その後、経営する独歩社破産、結核の病状悪化と相次ぐ困難に見舞われました。治療費支援の目的で刊行された小栗風葉《ふうよう》、田山花袋編『二十八人集』（新潮社、明治四十一年）に青果の作品「敵」が収録されていますが、直接独歩に会うのは、これが初めてでした。

南湖院は明治三十二年（一八九九）、医師高田畊安《たかたこうあん》によって設立された、当時最先端の医療設備を備えたサナトリウムです。入院の時点で、既に両肺が冒された重度の結核患者であったため、医師から安静を求められていたのですが、独歩は来訪者との談話を楽しむことを止めようとはしませんでした。

青果がこれからも話し相手になると申し出ると、独歩は大変喜びました。花袋も青果の厚意に感謝し、世間に独歩の容体を公表するよう勧めました。こうして後に「国木田独歩氏の病状を報ずる書」と題される通信文（全十信。第一、二、四〜八信は『読売新聞』明治四十一年五月十一日〜六月二十三日まで分載。原題は「独歩氏の近況を報ずるの書」。第三信は原題「独歩氏の近状を報ずるの書」で同年五月十五日『新潮』に掲載。第九、十信を加え、単行本『病牀録《びょうしょうろく》』に「附録」として収録。）が発表されるようになったのです。

独歩が芸術や人生について熱意を込め、真摯に語る姿に青果は心動かされ、新潮社の佐藤義亮《ぎりょう》（橘香）にその話をします。これが『病牀録』（新潮社、明治四十一年）刊行につながりました。「死生観」「人物観」「恋愛観」「芸術観」「雑観」「独歩手記」で構成された同書の筆録・編さんは青果、筆録の助手は中村武羅夫が担いました。口述筆記による記録は、談話の名手として知られた独歩の様子をよく伝えています。しかし、七月の刊行以前に独歩は亡くなりました。

大量の喀血をし、独歩が逝去したのは明治四十一年六月二十三日のことでした。芽ヶ崎六本松火葬場で遺骸を荼毘《だび》に附した後、人々が集った芽ヶ崎館にて、酒気を帯びた青果の行動がとがめられ、花袋をはじめとする独歩の旧友たちから彼は疎んじられるようになります。

翌年（明治四十二年〈一九〇九〉）四月、『中央公論』に発表された青果の小説『枝』では「『酒だよ。常は誠に好《い》い男だ。』と云《い》ふ或《あ》る人の声も聞える。総《すべ》ての注意が自分に向いて居る事も知つた。……突然《いきなり》、パチ〳〵と小気味よき拍手の響《ひびき》が鎮《しづま》り返つた座敷中に沸立つた。それは、自分が相手に鋭く遣込《やりこ》められた痛快さを迎ふる人々の拍手であつた。血がカツと頭に上《のぼ》つた。立上《たちあが》つた。（中略）三人四人、周囲《まわり》を取廻《とりま》いた。その隙間〳〵から侮蔑、嫌忌《けんき》、苦々しさの一座の目《め》がこと〳〵く自分に降注《ふりそゝ》がれてるのを見た。」という、ある晩の様子が描かれています。そして、小栗風葉をモデルとする「木澤」から「要するに君は調子に乗り過ぎたんだ。」と、故人の旧友や親戚にとって「自分一人で万事を切廻《きりま》はすやうに見える」行動が憎しみを招くのだと諭される場面もあります。

一方、花袋の側からの記述には、『東京の三十年』（博文館、大正六年〈一九一七〉）の「その夜の茅ヶ崎館の光景は、中村星《せい》湖《こ》氏の『かれ等は踊る』の中に書いてあつた。何故、私がさうした乱暴の態度をしたかと言ふに、それは矢張、小栗君、真山君等の不真面目《ふまじめ》な執《しつ》つこい態度に激したためである。もう一つは余りに周囲が煩《うる》さく私を困めたからである。私はかへすがへすも、真山君を国木田君に逢はせたことを悔ゐた。」という一節があります。中村星湖の「彼等は踊る」は『太陽』九月秋季大附録（大正五年〈一九一六〉）に掲載された作品です。

このように当事者によって書かれた小説や回想記、明治四十一年六月二十六日『読売新聞』の記事「一昨夜の芽ヶ崎館」などが現存するものの、実際に起きた出来事は正確には分からないのですが、独歩の没後、花袋らとの感情的対立が顕在化し、文学者間での青果の孤立が深まっていったことは事実でした。その後、原稿の二重売り事件の影響もあり、青果は小説を書くことから遠ざかり、劇作家として再起を図ることになります。

青果の脚本には、大正八年（一九一九）の『酒中《しゅちゅう》日記』、大正十四年（一九二五）の『富岡先生』など独歩の小説を原作とする作品があります。原作を忠実に再現するのではなく、「脚色も一種の創作でなければならぬ」（「『酒中日記』の脚色につきて」、『脚本　酒中日記』新潮社、大正八年所収）という信念のもと書き下ろされたものですが、『酒中日記』上演の売り上げの一部を未亡人国木田治子に贈るなど、劇化することは独歩の遺族への支援にもつながりました。

生前の独歩と親交があり、その弟収二の招きで『神戸新聞』

に入社した経歴を持つ齋藤弔《ちょう》花《か》は、昭和十八年（一九四三）、小学館から刊行された『国木田独歩と其周囲』の中で、病床にあった独歩が半生を回顧して多くを語り、それを書き表す才能を持った青果に期待したことを認め、改めて評価しています。「国木田独歩氏の病状を報ずる書」第一信の中で「待つて居た、待つて居た」と繰り返し独歩が言い、それに対して青果が人に待たれたことの少ない自分が、国木田独歩氏という「待たるゝ」「他の一人を得た」と述懐していることに対して「青果の正直な告白」であると弔花は述べています。また青果の風貌や態度を「大躯のがつしりしたところに愛嬌がなく。剛い髯を剃り立ての青い地が、悪侍のやうに、分の厚い角な頤を彩つてゐた唇を反らし、人を睨むやうにして物を言ふ癖があつた。」と描いた上で「彼のこの擬勢（自然的）に当面し得るものは、これも剃刀のやうな警句を以て肉薄する独歩の外はなかつた。」「今日青果の有つ劇作家としての成功は当時彼といへども考へ及ばなかつたことだらう。独歩は偉大であつた。（中略）すぐ何者か一癖ある漢と看破した。」との見方も提示されています。人々に容易には受け入れられない青果が実は秘めた天賦《てんぷ》の才の持ち主であることを、独歩は鋭く見抜いたのだと齋藤弔花は説くのです。

この評価は、劇作家として青果が成功した後に与えられたものです。青果と独歩との出会いは南湖院における面会に始まり、わずか一ヵ月余りで独歩の死により交際は終わりましたが、「芸術の上に修養の上に多大の賜物ありしを信じたればなり」（『病牀録』序文）という感化は大きなものでした。周囲からの反感を招き、紆《う》余《よ》曲折《きょくせつ》を経ながらも、青果は独歩を崇拝し続け、演劇史に残る脚本を書き表したのでした。

参考文献

・高田畊安・中村愛子「病院における独歩氏」『新潮』国木田独歩号、一九〇八年。
・大山功『真山青果　人と作品』木耳社、一九七八年。
・野村喬『評伝 真山青果』リブロポート、一九九四年。
・田辺明雄『真山青果　大いなる魂』沖積舎、一九九九年。

研究者

青果の西鶴研究

❖広嶋 進

青果は「自分の本業は西鶴研究である。芝居書きは稼ぎのためにやっていて、それを西鶴研究につぎ込んでいる」と、知人によく話していたそうであります。青果の西鶴に対する関わりは、まず作家デビューした年の三年後の明治四十三年（一九一〇）、数え三十三歳の時の『好色五人女《こうしょくごにんおんな》』の口語訳に始まります。そして、亡くなった年の昭和二十三年（一九四八）七十一歳の時の『西鶴語彙考証《さいかくごいこうしょう》』の刊行に至るまで続いています。この間約四十年の長きにわたって、彼は西鶴作品と関わり、作品研究を続けました。

青果の西鶴研究のあらましについて、「語彙研究と伝記研究」「『好色五人女』の翻案」「『西鶴置土産《おきみやげ》』の翻案」という、三つの視点から述べてみたいと思います。

1　語彙研究と伝記研究

青果の西鶴研究は、まず個々の作品の注釈と伝記調査から行われました。その注釈作業は、作品中に意味の不明な言葉があると、用例を探し集め、語義を推定していくという帰納的な方法で行われました。これらの語彙研究や伝記研究において、現在でもその考証結果が生きているものを、さらに

A　研究成果が今日でも生かされているもの

B　修正されて生かされているもの

C　現在では否定されているもの

と分けて、いくつかを紹介してみます。[*1]

まず、A「研究成果が今日でも生かされているもの」ですが、A1「鶴字法度《かくじはつと》」についての考証があります。これは伝記研究に関する事柄です。

西鶴は元禄元年（一六八八）十一月刊『新可笑記《しんかしょうき》』から元禄四年（一六九一）三月刊『元禄百人一句』まで「西鵬《さいほう》」と名乗っておりました。青果は、この間に元禄元年と同三年の鶴字・鶴紋の禁止の法度が二度発令されていることを調べ上げ、西鶴の改号の背景を指摘しました。すなわち、改名の原因となった幕府の法令の時期と回数を、初めて資料によって明らかにしました。この調査結果は今日でも通説とされています。

A2は青果が好んだ、地理・地誌に関する言葉です。『好色五人女』巻二の三の章で、主人公おせんたちが大坂から伊勢神宮に出掛ける場面があります。旅の途中、おせんが夜の寝物語に「北野の不動堂の御弟子になりて、すへ〴〵は出家の望み」とつぶやきます。

この「北野の不動堂」について、昭和二年（一九二七）から昭和十年（一九三五）までの注釈書は、「語注なし」か、あるいは「京都の北野の不動堂」と解していました。それを「大坂の北野の不動堂」のことであると指摘し、かつそれが尼寺であることを青果が明確に示しました。

A2「北野の不動堂」（地誌）

昭和十年　藤井乙男《おとお》『西鶴名作集』大日本雄弁会講談社

「北野の天満宮の東二町の地にあつた釈迦堂（一名遺教釈堂）をいふのであらうか。坊内護摩堂の本尊明王は慈悲作と伝へてゐる。」

＊1　青果の西鶴に関する「語彙研究と伝記研究」を論じた論文として、既に浅野晃「青果と西鶴」（『西鶴論攷』勉誠社、一九九〇年）、前田金五郎「真山青果の『一目玉鉾』研究資料」「真山青果の西鶴研究」（『近世文学雑考』勉誠出版、二〇〇五年）があります。

昭和二十三年　真山青果『西鶴語彙考証第一』中央公論社

「大阪北野大融寺の西なる不動寺を云つたのである。（略）当時に有名なる比丘尼寺であつたのだ。」

戦後の『五人女』の注釈書は二十点ほどありますが、青果の指摘をそのまま踏襲しています。

A3「なんのことはない」――『世間胸算用《せけんむねざんよう》』巻二の二に「一つ二つ物言ひしが、何んの事はない、これが顔の見納め、十四、五匁の事に身を投げるといふ」とあります。

この「なんのことはない」ですが、青果が昭和十八年（一九四三）に問題にするまで、明治二十六年（一八九三）から昭和十一年（一九三六）までの辞書は、「立項なし」か、左に引きましたように「何彼と論ずるまでもなし」などと解説するのみでした。青果は仙台方言から類推して、ここでの意味は「一言にして言えば」の意味であり、さらに「意外であったり」「期待はずれであったり」する場合に言う言葉だと述べました。青果のこの考証が採用されたのは、彼が亡くなった後の昭和二十四年（一九四九）の『小言林』、昭和五十年（一九七五）の『日本国語大辞典』からであります。

A3「なんのことはない」（語義）

昭和十一年『大辞典』平凡社

「**ナンノコトワナイ**　何の事はない　①何事もなし。普通なり。無事なり。②何彼といふほどのことはなし。なんでもなし。わけもなし。容易なり。たやすし。③何彼と論ずるまでもなし。取りもなほさず。あだかも。ちゃうど。ほとんど。」

昭和十八年　真山青果「続　西鶴語彙考証」（『西鶴研究』三）

昭和五十年『日本国語大辞典』小学館

「**なんのことはない**　①大したことではなく、簡単だ。（例文略）②あれこれ論ずることはない。言ってみればつまり。多く、あっけなかったり、意外であったりする状態についていう。

続いてB「修正・増補されて青果の考証が生かされているもの」を二つ紹介いたします。まずB1「角《すみ》前髪」という風俗用語です。

この言葉は額のスミに剃りが入った髪型を言いますが、昭和十年の『西鶴名作集』の藤井乙男の注釈(『日本永代蔵』巻一の三)は髪の形を説明するのみでした。このことに対して青果は「年季奉公中の如何なる段階に属し、如何なる種類の店務従事してゐるものか」、その文化的な意味について記しておらず、解説が不十分であるとします。すなわち、奉公人は「丁稚《でっち》—手代—番頭」と昇進していき、丁稚が終わり手代になる前の二、三年間、半元服して前髪の額にスミを入れる時期がある。「角前髪」はこの時期のものであり、奉公人の階梯という「大事な点」を一つも説明していないと非難します(「角前髪」『中央演劇』昭和十二年〈一九三七〉十月)。

この青果の批判は青果の助手であった野間光辰に継承され、昭和三十五年(一九六〇)刊の岩波書店の日本古典文学大系『西鶴集』では右が注記されています。

同じく、その研究成果が今日でも生かされているものとして、B2青果の『一目《ひとめ》玉鉾《たまぼこ》』の成立過程論があります。

『一目玉鉾』という作品は、西鶴が元禄二年(一六八九)に出版した、日本全国の地理案内書です。青果は、城下町の説明の際に記された、大名の名前に時間的なズレがあることに着目し、「その原稿はその頃(=元禄二年頃)一時に書かれたものではない。(略)同書の制作時代は少くとも三次に区分して考へなければならない。」(「宮城野の萩」「続　西鶴語彙考証」『西鶴研究』三、昭和十八年〈一九四三〉十一月)と推定しました。

その青果の『大名調査ノート』が、平成二十八年(二〇一六)十二月の国文学研究資料館の展示で、初めて一般に公開されました。大変精密な調査ノートで、今日でもその価値は減じておりません。この三段階成立説は、その後、青果の助手であった暉峻《てるおか》康隆によって追証されました（暉峻康隆「西鶴著作考」「一目玉鉾」の項『西鶴　評論と研究』下、中央公論社、昭和二十五年〈一九五〇〉）。

一方、C「現在ではその説が否定されているもの」もあります。青果は「西鶴は貞享三年（一六八六）から、元禄二年（一六八九）までの四、五年間江戸に居住していた」と主張しておりました（「井原西鶴の江戸居住時代」『中央公論』昭和四年〈一九二九〉三月）。

しかし、真山説の発表の二年後、野間光辰は青果の挙げる三つの論拠を否定し、今日では真山説を支持する研究者はおりません（野間光辰「西鶴の晩年と江戸居住時代」『上方』昭和六年〈一九三一〉八月）。

しかしながら、西鶴の諸作品を読むと感じることですが、江戸の市中の描写が詳しく、生き生きとしており、西鶴が大坂にいて想像だけでこれらの記事を書いているとは、とても考えられません。西鶴自身が江戸市内をかつて歩き回った経験があるか、江戸に住む誰かから話材の提供を受けていると考えざるを得ないように思われます。したがって私は、西鶴の江戸居住説あるいは江戸滞在説は、今日でも十分検討に値する仮説だと思っております。

2　『好色五人女』の翻案（現代語訳など）――その影響

次に青果の現代語訳が、今日の西鶴の作品解釈に大きな影響を与えていることを指摘したいと思います。その一例として『好色五人女』（貞享三年二月刊）の青果の口語訳を紹介いたします。『五人女』巻四の二で、八百屋《やおや》お七《しち》と恋人の吉三郎が初めて一夜を共にする場面があります。まず西鶴の原文を引用します。

（お七）吉三郎寝姿に寄り添ひて、何とも言葉なく、しどけなくもたれかゝれば、吉三郎夢覚めて、なほ身をふるはし、小夜着《こよぎ》の袂を引きかぶりしを引きのけ、「髪に用捨もなき事や」といへば、吉三郎せつなく、「わたくしは十六になります」といへば、お七、「わたくしも十六になります」といへば、吉三郎かさねて、「長老さまがこはや」といふ。「おれも長老さまはこはし」といふ。何とも、この恋はじめもどかし。

（『好色五人女』巻四の二「虫出しの神鳴もふんどしかきたる君さま」）

この場面を戦後の多くの『五人女』の解説書は、「清純」で「純一」で、「可憐」なシーンと読解しています。代表的な例を挙げます。

二人のもどかしい恋は、いかにも近世の若い男女のそれらしい。……吉三郎の首筋に食いつくお七。それは強さ、積極性というより、幼さ、初々しさだろう。

（江本裕『好色五人女』講談社学術文庫、昭和五十九年〈一九八四〉）

しかし、本文を注意深く読み返してみますと、右以前のところで、お七はいわゆる「いたづら女」「好色な女」として描かれ、吉三郎を探して長老の部屋に行くなど、かなり大胆な行動をとっています。また、吉三郎は寺の長老の寵愛を受けている寺小姓です。お七が吉三郎の「前髪」の乱れを気遣っているのは、「前髪」が若衆の象徴であり、命だからと考えられます。そもそも、当時の結婚年齢は、女が数えで十三、四歳、男が十六、七歳頃が通例でした。つまり、お七は婚期を三、四年すぎておりますし、十六歳の男性である吉三郎は、立派な大人であります。

そうしますと、先ほどの引用箇所にあります「この恋はじめ、もどかし」という一文は、幼い少年少女の「初恋」の「もどかしさ」を述べたものではなく、現代風に言うならば、ヘテロセクシャル、異性愛者の「いたづら女」と、ホモセクシュアル、同性愛者の「寺小姓」のすれ違いの「もどかしさ」を述べた言葉と解すべきであろうと思われます。

このように、この場面を喜劇的な場面と解する読み方があります。私を含む何人かの研究者は、右の場面だけではなく『五人女』の全体をそのように読解していますが、『五人女』を喜劇や笑劇として捉える見方は、現在のところ少数派の読み方であります。

そして、先の場面を「可憐」で「清純」な場面とする、現代の多数派の読解の大きな源流に、青果の現代語訳があります。

雨が降る。

二人は言葉が無かった。吉三郎は経机《きやうづくえ》にもたれて、肱の間に頭を深く固く埋《うづ》めて居た。お七はその肱を引つ奪《た》くるやうに荒々しく外して、

「まア、髪がほぐれるのに。」と云ふ。

吉三郎は切なげに顔を机から離した。息の乾いた声で、

「私《わし》は十六になります。」と俯向《うつむ》いて云つた。

「わたしも十六になります。」

吉三郎は又云ふ。

「私《わし》は長老様が畏《こは》い。」

お七又云ふ。

「俺も長老様が畏い。」

そして二人ながら、俯向いて涙をホロ〳〵零《こぼ》して居た。

雨は又はげしく降りそゝいで、神鳴が轟くやうに鳴り騒いだ。蒼白く射す稲妻は濡れた雨繁吹《あましぶき》の中に、硫黄《いわう》臭い匂を残して過ぎた。

夜が明けた。

（『五人女』新潮社、明治四十三年、振り仮名適宜省略）

この現代語による翻案は、青果が明治四十三年に発表したものです。これは西鶴作品の現代日本語訳としても最初のものであります。青果はさらに、「八百屋お七」と題して昭和四年に小説を、昭和八年（一九三三）には戯曲を発表しています。この二つにおいても、「お七」と吉三郎の密会の場面は「初々しく」「可憐に」つづられています。

しかし、「可憐」で「純情」な「お七」像というのは、必ずしも青果の独創ではありません。西鶴の『五人女』の後、十八世紀の初め、紀海音《きのかいおん》の人形浄瑠璃『八百屋お七』（正徳五年〈一七一五〉～享保初年〈一七一六～〉初演）の「お七」像は「初々しい」少女として造形されております。

また（青果の明治四十三年現代語訳以前に）明治三十八年（一九〇五）には、平井晩村という詩人が「お七」と「吉三郎」の恋愛を「吉祥寺」という詩で、ロマンチックな「乙女の初恋」として引用しています。

鐘に恨の数もれぬ
われも乙女の初恋に
いでそよ君を忘れめや
親は情か、籠《こ》の鳥を
翼もきらであくがれの
かなしき節になかしむる。

名にのみのこる駒込の

こゝは花なる吉祥寺
寺の門なる春草に
御僧の姿、わかければ
呼びかけてんか、吉三とて
それは昔の寺小性《ママ》。
……

（平井晩村「吉祥寺」『新潮』明治三十八年五月）

これらのことから、青果は、十八世紀以来の「お七」像を小説や戯曲の形でまとめ上げ、戦後の『好色五人女』の「お七」像の原像を作り上げたと言えます。現在の多くの西鶴研究者は、その影響下にあるということになります。

3 『西鶴置土産』の翻案（戯曲）——無視された青果の解釈

右の「二」では青果の西鶴作品解釈が、今日まで大きな影響を与えていることを述べましたが、「三」ではその反対の例を指摘したいと思います。

西鶴の最晩年の作品に『西鶴置土産』という遺作（元禄六年〈一六九三〉刊）があります。この作品の一章の巻二の二「人には棒振《ぼうふ》り虫同前《ママ》におもはれ」を、青果は大正十二年（一九二三）に戯曲として発表し、昭和十二年五月には東京劇場で上演されています。ところが、発表当時から青果のこの翻案劇は着目されず、正当な評価も受けずに今日に至っております。

西鶴の「人には棒振り虫同前におもはれ」は、次のような話です。

ある冬の日、三人の金持ちが、上野の池之端の金魚屋に立ち寄ります。そこで彼らは、かつての遊び仲間の「月夜の利左衛門」に出会います。彼は金魚のえさのボウフラを売りに来ていたのでした。三人が落ちぶれた利左に援助を申し出ると、「女郎買いの行く末、かくなれるならい」と断り、ボウフラの代金で三人に酒をおごります。その後、三人は利左の家に行き、身請けされた遊女・吉州と子供との貧しい生活ぶりを見ます。こっそりと金を置いて帰ろうとすると、「いわれのない金は受け取れぬ」と、利左は投げ返してきました。二、三日後、利左一家は行方知れずになっていました。

大正十二、三年頃は、「心境小説」という言葉が作られ、「小説とは作者の心境を吐露したものが最上である」とする考えが一般的になった時期でした。片岡良一は「心境小説こそ真の小説であり、文学である」とする価値観に基づいて、一冊の本格的な西鶴論をまとめています（原著は本文計四三六頁）。

深い心境に徹し得た西鶴は、やがてその心境から人生を眺め返して、広く長い宇宙と人生との間に、奔走し動揺し漂蕩している人間の相を、「棒振虫同然」と観じたのである。

（片岡良一「置土産と名残の友に示された晩年の心境」『井原西鶴』至文堂、大正十五年〈一九二六〉）

右の評論では、最晩年の西鶴は『置土産』という作品において「深い心境に徹し得た」とされています。この書物の影響は大きく、戦前の『置土産』の解説から平成の批評まで、同様の読みが繰り返されていきます。

昭和二年　「西鶴は『置土産』に於て、どん詰りそのまゝで、そのどん詰りのうちに自から安立してゐる心境を見せてゐる。」「西鶴は……芭蕉の如く、悟道の域に達した」

昭和十一年『置土産』や『織留《おりどめ》』『文反古《ふみほうぐ》』などに見られた晩年の西鶴のあの澄み切つた深い心境、

(正宗白鳥「西鶴について」、片岡『井原西鶴』の引用がある)

……老荘的得脱の一言を以て評し去るにはあまりにも深いものがある」

(野間光辰「近代艶隠者の考察」)

昭和十二年 青果『西鶴置土産』上演

昭和十七年「月夜の利左衛門が傾城買の身の果はかくなるものと観じた一種の悟りすました心境に、我々は深い感動を覚えずには居れない」

(頴原《えばら》退蔵「江戸時代前期の小説」)

戦後および現在の多数派の「読み」も、片岡良一の読解を反復しています。

平成元年「仏教の諦観にも似た晩年の西鶴の心境を看取することが出来る。……遊蕩の末の悟りとも言うべき透徹した枯れた境地が『置土産』の世界であるといえよう。」

(冨士昭雄「解説」新日本古典文学大系、岩波書店)

平成二十二年『置土産』を代表する咄には……極貧を恥じることなく生きる、ある種のすがすがしさが感得され、作家西鶴の到り得た境地を示す傑作として、高く評価されている。」

(江本裕「解説」『はじめて学ぶ日本文学史』ミネルヴァ書房)

すなわち、本作読解のキーワードとして「心境」「境地」「諦観」「悟り」といった言葉が共通して用いられています。

しかし、こうした潮流とは異なる見方をして、青果は「人には棒振り虫同前に思はれ」を戯曲にしています。例えば、身請けされた遊女(「きわ」)と主人公は、互いに「見栄」や「嘘」の語を発し、なじり合います。

きわ　い、え、それでも私は、貧の見栄に云ひはせぬ。嘘じゃない〳〵。

利左　いや嘘だ、嘘だ。みんな……嘘だ。

（略）

利左　俺はな、俺は、さつきお前が伊豆屋を捌《さば》いた時に、嬉しかつたが又憎かつた。どうで金で買はれた身体で、太夫の位が何になる。またその意地を、この貧乏のなかに立て、からが何になる。

きわ　それよりお前がお三人に云つた言葉、いさぎよいと思ふより、私は結局さう云ふお前が浅間しかつた。お前の言葉はみな嘘だ。貧を飾る……みな見栄だ。

（青果『西鶴置土産』大正十二年四月）

青果は、零落しても「見栄」を張り、「嘘」をついて生きて行かざるを得ない人間のありようを赤裸々に描いております。しかし、昭和十二年における上演は、残念ながら、不評でした。当時のある劇評家は、利左とその妻が「心境人の風格を破ってしま」っており、利左が「幕切に自分の気持が皆嘘だ、とやたらに泣き叫ぶ」[＊2]として批判しました。

「棒振虫」の話および『置土産』全体を、西鶴晩年の「諦観」や「澄み切った悟りの境地」に基づく作品とする見方は、平成の解説まで続きますが、これに対して、青果と同様に、登場人物は見栄や「からぜい」で行動しているとする批評は、昭和四十年代になって登場します。[＊3]私はこうした読解に賛成する者ですが、現在のところ少数派の見解でもあります。

＊2　関口次郎「真山氏の西鶴もの／「置土産」に異議／東劇の左団次一座」『東京朝日新聞』一九三七年五月八日夕刊記事。

＊3　青果の『置土産』解釈の影響の例外として、太宰治「遊興戒」（『満州良男』一九四四年八月、のち『新釈諸国噺』生活社、一九四五年所収）があります。太宰は右で『置土産』巻二の二を原拠として利用しつつ、利左衛門の行為を「つまらぬ意地と見栄」による行為と記しています。

その人物達は白鳥のいうごとくどんづまりに「安んじて」などいず、むしろ、からぜい（傍点原文）と現実との隔りに苦しめられたり、見果てぬ夢をすて切れずに彷徨する存在

（高橋俊夫「正宗白鳥と西鶴―その『置土産』論を中心に―」『西鶴論考』笠間書院、昭和四十六年〈一九七一〉）

これらの人物には、ありきたりの虚無感や観照はない。それぞれの人物の姿態や意志や当為も多様であり、そこからは作者の「諦悟」や自省の心象は抽象されない。

（水田潤「『西鶴置土産』と散文精神」『西鶴論序説』桜楓社、昭和四十八年〈一九七三〉）

すなわち、『置土産』の解釈においては、青果の読み方は『五人女』の場合と違って、主流にはなりませんでした。

では、なぜ、青果の『置土産』解釈は、今日に至るまで人々に受け入れられず、孤立してきたのでしょうか――

その理由として私は、青果の翻案が「虚栄」を描くセリフ劇であったこと、平成の現代においても、多くの評論家や研究者が実は「作家の悟りきった心境を描く小説こそが最上のものである」という文学観の影響下にあることが、その原因なのではないかと推定しております。

戦後の西鶴研究は、暉峻康隆・野間光辰およびその門下生などを中心として、飛躍的に進展しました。注目すべきことは、暉峻・野間はともに昭和十年前後に、数年間青果の助手をし、注釈の仕事に携わっていることです。また『定本西鶴全集』は頭注が付され、厳密な校訂を経て、昭和二十四年から刊行されていきますが（編者は潁原退蔵・暉峻・野間、全十四巻十五冊、昭和五十年に完結、中央公論社）、この全集はもともと青果が企画・発案したもので、当初は藤井乙男・潁原・青果の三人を編者として中央公論社から出版する予定でした。

青果は昭和二十三年に亡くなっていますが、彼の西鶴に対する「執心」（野間光辰の言葉）が、戦後の西鶴研究の隆盛や『定本西鶴全集』の刊行を陰で支えていたと言っても過言ではありません。

以上、真山青果が生涯にわたって精力を注いだ西鶴研究について、「語彙研究と伝記研究」「『好色五人女』の翻案」「『西鶴置土産』の翻案」という、三つの角度から紹介いたしました。

研究者

真山青果の「切支丹屋敷」研究とシドッチ

❖大橋幸泰

歴史学を専門とする筆者は、劇作家である真山青果の作品について論評することはできません。しかし、過去の歴史的事件や人物を題材に著作活動を展開した青果には、江戸時代、文京区小日向に存在した「切支丹屋敷」についての研究があり、興味をそそられます。昭和二十七年（一九五二）刊行の『真山青果随筆選集』第三巻（大日本雄弁会講談社）に収められた「切支丹屋敷研究」は、その解説（綿谷雪《わたたにきよし》執筆）によれば、一九三〇年代後半に少しずつ書きためたものをまとめた論文だといいます。青果はこの論文で、彼の時代の「切支丹屋敷」研究——とりわけその位置や範囲の変遷など——について批判し、江戸時代当時の史料に基づいた精緻な実証を試みています。その特徴は、当時の史料的制約の中にあって史料批判を怠らず、できる限り江戸時代当時の姿に近づこうとしたところにあるといえます。

現段階では、これに関する最も緻密な研究は、平成二十八年（二〇一六）にまとめられた渋谷葉子「「切支丹屋敷」の変遷―その土地利用を中心に―」[*1]です。近年この「切支丹屋敷」に関して歴史的な「発見」があり、これまでキリシタン禁制をめぐる問題を追究してきた筆者も、この「発見」ついてコメントを求められました。[*2]そこでここでは、青果の「切支丹屋敷」研究を手がかりに近年の「発見」の意味について考えてみましょう。

その近年の「発見」とは、宝永五年（一七〇八）に屋久島に単身で上陸し、翌年、幕府要人の新井白石に江戸の「切支丹屋敷」で尋問を受けたローマ教皇庁のイタリア人宣教師ジョヴァンニ・バティスタ・シドッチの人骨が、この「切支丹屋敷」跡地で見つかったということです。三体の人骨が発掘されたのが平成二十六年（二〇一四）七月、その鑑定を経てその内の一体がシドッチの人骨であることが正式にプレス発表されたのが平成二十八年四月のことでした。

「切支丹屋敷」跡地内にシドッチとその世話をした獄卒長助・はるの墓が存在することは、江戸時代から言い伝えがありました。『新編武蔵風土記稿』などいくつもの地誌の編さんに関わった旗本の間宮士信《これのぶ》が、文政七年（一八二四）に書き上げた『小日向志』には、「伴天連《ばてれん》墓」の説明として「ヨアンハッテイスか《（ヨハン・バッティスタが）》墓」の「印に榎をうへ《（植え）》たりしか、これも今ハきりはら《（伐り払）》」ってしまったとあります。また、その記述のすぐ後に、「長助夫婦墓」として、「おなし《（同じ）》ならひ《（並び）》にあり。これも墓木ありしか、今ハはらひてなし」とあります。[*3] 同書の「ヨアンハッテイスタシロフテ伝」の箇所には、シドッチの遺骸は「山屋敷（「切支丹屋敷」のこと）裏門の側へ葬れり」とあり、[*4] その場所に「ヨアン榎」と書き込まれている挿絵も存在します。[*5] さらに、『小日向志』に掲載されている「切支丹屋敷」の挿絵[*6]にはその裏門脇に描かれている塚に「長助・はる夫婦ノ墓」との文字があります。

前掲の渋谷論文および池田悦夫「シドッチと判断された根拠について」[*7]、同「ジョヴァンニ・バティスタ・シドッチの墓と判断された経緯と根拠について」[*8]によれば、平成二十六年に発掘された三体の人骨が埋葬されていた場所は、右の地点にほぼ一致します。そして、国立科学博物館によるＤＮＡ分析は、この三体の内の一体がイタリア人であることを突き止めました。[*9] こうして、考古学・歴史学・人類学の学際的検討を通じた総合的判断により、これがシドッチの人骨であることが確認されたのです。他の二体の人骨についてはＤＮＡ分析に十分な残存状況ではなく、残念ながら長助・はるのものとは断定できません。しかし、右の文献的根拠からその可能性は十分にあり、長助・はるの人骨として差し支えないものと考えます。そうだとすれば、「切支丹屋敷」裏門脇の場所に、西側から死亡順に長助・シドッチ・はるが埋葬されたことになります。[*10]

「伴天連墓」を差し示す「ヨアン榎」や長助・はるの墓を表す塚は、あくまで江戸時代以来の伝承です。シドッチや長助・はる夫婦が亡くなった当時、そこに埋葬されたと書かれている史料はありません。青果と同時代の川村恒喜は『史蹟切支丹屋敷研究』の中で「彼等の屍骸《しがい》が此の構内に葬られ、墓標に木を植ゑて置いたといふ説には到底左袒《さたん》するを得ない」と書いています。[*11] これに対して青果は、シドッチの墓の場所について直接言及していないものの、「切支丹屋敷」の崖下の個人宅で発見されたという「十字碑」（残念ながら、戦後、行方不明になったようです）について重要な提起をしています。すなわち、この十字が刻まれている石碑は「舊ヨハン榎の下に立つてゐた」といい、「この十字碑こそ、あのヨハン・シローテ（シドッチ）墓石そのものではないか」と推測しています。[*12] この見解について、青果と同時代に「切支丹屋敷」について調べていたサレジオ会宣教師クロドヴェオ・タシナリも、その著書『殉教者シドッティ』の中で同じことを書いています。[*13]

ちなみに「切支丹屋敷」研究の青果の論敵であった在野の歴史研究者、後藤粛堂《しゅくどう》（川村恒喜の協力者）も前掲の川村著作の中で、右の川村の見解とは異なり、シドッチと長助・はる夫婦の墓が「切支丹屋敷」内にあったと見ています。[*14] 青果とタシナリが接触した形跡は見いだせませんが、シドッチと長助・はる夫婦の墓の場所についての彼らの推定は正しかったし、「十字碑」についてもシドッチの遺骸を埋葬した地点を示した石であった蓋然性は高いでしょう。

以上のことから、「切支丹屋敷」跡地における平成二十六年の「発見」は、次の二つのことを私たちに考えさせる出来事だったといえます。一つは、伝承の持つ意味です。「切支丹屋敷」の最後の囚人であったシドッチと獄卒長助・はるの墓の位置について、青果らの「切支丹屋敷」研究を導いた江戸時代以来の伝承が正しかったことになります。実際のところ、歴史研究において伝承が重く受け取られることはあまりありません。改めて、伝承という史料の価値を再認識することが必要だと思います。

もう一つは、歴史は必然であると考えられがちですが、そうではない可能性があるということです。これは、厳しいキリシタン禁制のもとにあって、シドッチへは一定の敬意が払われていたという事実に関わります。シドッチのものと特定された人骨は、長持ちで代用されたひつぎに半伸展葬という形で土葬されていました。[*15] シドッチ以前に「切支丹屋敷」に収容された者たちが仏教式に葬られたと考えられるのと比べると、キリスト教式に近い形で葬られたシドッチには一定の敬意が払われていたように思えます。これが、江戸時代に生きた人々のキリシタンへの理解が進んだことを意味しないことは、前稿で記した通りですが、[*16] 当時一般に流布していた「切支丹」嫌悪感という常識が覆される可能性があったということに注意を払いたいと思います。歴史は宿命ではなく、そのときそのときの人々の判断によって右にも左にも行く可能性があることを、シドッチの埋葬方法から理解できるのではないでしょうか。シドッチの扱われ方や、シドッチへの敬意が表れている白石の『西洋紀聞』が当時、一般には公表されなかったのは、キリシタン禁制という幕府の宗教政策に矛盾するという理由からだったのでしょう。あのとき白石や幕府にもう少し勇気があれば、キリシタン禁制をめぐるその後の不幸な歴史は変わっていた可能性があったのです。

注

＊1　テイケイトレード株式会社埋蔵文化財事業部編『東京都文京

区 切支丹屋敷跡—文京区小日向一丁目東遺跡・集合住宅建設に伴う埋蔵文化財発掘調査報告書—［遺稿・遺物・自然科学分析（1）・考察編］』（三菱地所レジデンス株式会社発行、二〇一六年、以下『切支丹屋敷跡』と略します）第2章「文献調査」第1節。

＊2 大橋幸泰「「切支丹屋敷」跡で発見された人骨から考える近世人のキリシタン／「切支丹」観」（『切支丹屋敷跡』第2章第2節）。なお、「切支丹屋敷」跡地発掘の意義については、文京区文化財保護審議会会長の谷川章雄による「総括—「切支丹屋敷」とシドッチの墓の調査—」（『切支丹屋敷跡』第5章）が簡潔にまとめています。

＊3 『東京市史稿 市街篇第六』東京市役所、一九二九年、二一六頁。

＊4 『東京市史稿 市街篇第六』二三二頁。

＊5 中山興「東京小日向切支丹坂ノ名義」『東洋学芸雑誌』5-83、一八八一年、山本秀煌『江戸切支丹屋敷の史蹟』イデア書院、一九二四年所収の「江戸切支丹屋敷の図」。

＊6 『東京市史稿 市街篇第六』二二三頁。

＊7 『切支丹屋敷跡』第4章第2節。

＊8 『キリシタン文化研究会会報』150、二〇一七年。

＊9 『切支丹屋敷跡』第3章第1節〜第3節。

＊10 『切支丹屋敷跡』では、それぞれ172号遺構・169号遺構・170号遺構。

＊11 川村恒喜『史蹟切支丹屋敷研究』郷土研究社、一九三〇年、三三頁。

＊12 『真山青果随筆選集』第三巻、八七頁。

＊13 クロドヴェオ・タシナリ『殉教者シドッティ』ドン・ボスコ社、一九四一年初版、二〇一二年改訂版、六六〜七三頁。

＊14 『史蹟切支丹屋敷研究』三五頁。なお、タシナリは彼の著書の中で川村と後藤の見解を取り違えているようです。

＊15 石井たま子「「切支丹屋敷」跡の調査の成果と課題」（『切支丹屋敷跡』第4章第1節）。

＊16 同注＊2。

III 劇作家

近世から現代に至る日本の演劇史のなかに大きな位置を占《し》め、
歌舞伎のみならず新派・新国劇等のジャンルに跨がって、
多彩な活動を行なった劇作家・真山青果。
さまざまな観点からその仕事に迫る。

総説

多面的劇作家としての青果——多彩な人物像

❖神山 彰

1 青果の大衆性——逸脱と零落と

劇作家としての真山青果は極めて多面的な作家であるにも拘らず、近年はその一部しか上演されず、また評価される作品も見方も偏っています。

真山青果が、現在では、「新歌舞伎」で、やたらに立派で英雄的な「人間像」を描いた、つまり私などにとってはおよそ無縁の劇作家に奉られた感あるのは、悲しく味気なく思えます。例えば、正宗白鳥の以下のような思いに共感するところが多くあります。

「「江戸城総攻」には、氏の作物にいつも見られる気込みがあるが、山岡と勝との対照が、「玄朴《げんぼく》と長《ちょう》英《えい》」ほどに心理的深みを有つてゐない。勝といふ人物が（略）何もかも分つてゐて、人の心や将来を見透してゐるやうなので、却つて人間的生気がない」*1

現在の上演を見ても、あまりに人物が堂々として肉感性がなく、観念が衣裳を着て喋っていて「却って人間的生気がない」感がします。しかし、青果の戯曲には元来、現在一般に「新歌舞伎」といわれる枠組みから逸脱するものがあまりに多いのです。ここでは、あまりに硬派的で壮大な英雄像や歴史に名を残す立派な人物を描いた劇作家のように捉えられがちな青果の、忘れられた側面を再考したいと思い

*1 正宗白鳥「人形芝居など」『文芸評論』改造社、一九二七年。

ます。
　実際、青果の作品の半数以上は、論理的な弁舌を振るう歴史上の立派な人物よりも、世間や社会という規範から逸脱する、落魄した人間を描いたものです。

「しかし、正史にのこる《偉人》のみが立派であると青果は思っていない。『桃中軒雲右衛門《とうちゅうけんくもえもん》』という浪曲家も劇のヒーローとなる。「一人の芸術家が完成するまでに――青果は「芸人とは書かぬ。――何人の魂を食ってきたか？　そこに仆れ、ここに仆れる…幾人かの屍を踏みこえて、やっと。…」こう、雲右衛門は述懐している。庶民の世界より脱落した無法者たちもまた、たとえば『初袷《はつあわせ》秋間《あきま》祭《まつり》』の安中草三《あんなかそうざ》と妙義《みょうぎ》の四郎蔵《しろぞう》は世の不正不義に敢然と立ち向かう。『荒川の佐吉』は、捨て身の一心、千人力と知る。しかも、彼等はやくざ稼業のむなしさをさとって、真に男らしく身の始末をつける。《偉人》と《やくざ》と同じ視点でながめる青果の戯曲には、それ故、ひとり立ちの人間像として、男も女も差別せずに描こうとする傾向が認められる。彼の戯曲に出てくる女性たちは、きわめて男性的なのである」＊2

まさに青果が大正期に得意としたのは、『荒川《あらかわ》の佐吉《さきち》』や『仮名屋小梅《かなやこうめ》』のような浅墓な人間の、あっけない人生を描くことでした。そういう情動性に目を向けなければ、大正・昭和の歌舞伎や演劇の客席の体温に触れることはできません。左団次も菊五郎も、現在演じられているような声を震わせ絶叫して「人間性を描いた」という一点張りの詰まらない一面的な役者ではないのです。
　私にとっては、人生の道を踏み外し、屈託を抱いて生きる人間の姿を味わうところにこそ、青果が活躍した新派、新国劇から新歌舞伎の時代の醍醐味があります。そうでなければ、大正から昭和年間を生きた観客の欲望に、あの作品群が迎えられたわけがありません。国や時代が期待する「幸福な家庭」や「健

＊2　桑原経重「真山青果の戯曲」国立劇場筋書、一九六九年十二月。

全な生活」から、逸脱する存在——そういう人々の身に沿い、その思いを潤わせ、零《こぼ》れ落ちる存在の強烈な生き方の圧倒的魅力を描いたのが、それらの「商業演劇」の世界でした。その世界にこそ生きた青果に、「立派なテーマ」ばかりを探ってはいけないのです。そのよって立つところは、以下の諸家も書くようにもっと大衆的な磁場でした。

「青果の大衆性についてであるが、わたしは、それのよってきたるところを（略）テーマでなく、題材を、大衆演芸の世界からみいだしてきた点に求めたいとおもう。（略）講談や浪花節を取り上げ、一つ一つ、かれの戯曲とつきあわせてみる必要がある。たとえば「坂本竜馬」のような戯曲は、わたしのみるところでは、断じて科学的研究だけからはうまれはしない。たぶん、かれは、維新史の文献を調査しつくすと共に、政治講談のようなものからも大きな示唆をうけたにちがいない。かれが、ロゴスと共に、ミュートスを尊重していたことに疑問の余地はないのである[*3]」

「「坂本龍馬」という戯曲は科学的研究からだけではうまれなかったであろう。そして、同じように「国定忠治《くにさだちゅうじ》」や「鼠小僧次郎吉」もまたうまれていなかったことであろう。青果が講談や浪花節や落語から水をすくいあげていることは確かである。「江戸城総攻」のなかで（略）なんども維新思想を語らせながら、次郎吉や忠治から目を離すことができなかった。それが青果戯曲の近代性である。（略）「颶風《ぐふう》時代」の—引用者」転換期の活気は、序曲に講談が絵になったようにあらわれている。（略）青果はそういう面白さを既存の大衆芸能からはぎとって、自作にはりつけた[*4]」

「作品の発表された雑誌はその後半ほとんど、大衆誌であった。講談社の『講談倶楽部』『キング』『富士《ふじ》』博文館の『朝日』新潮社の『日の出』というような雑誌に[*5]」

*3　花田清輝「真山青果の大衆性」『文学』一九六〇年六月。
*4　尾崎宏次「幕末人のロゴスと情熱」『文学』一九六〇年六月。
*5　戸板康二「私見・真山青果」『季刊歌舞伎』13、一九七一年七月。

『元禄忠臣蔵』は「面白くてタメになる」講談社の大衆雑誌『キング』に挿絵入り総ルビで、「語るも涙、聞くも涙」というコピーで大衆向けに発表されました。つまり、当時の読者は現在論じられるような難解で堅苦しいものでなく、もっと肉感的で生動感あるものとして受け止めていたのです。青果は「第二の使者」での内匠頭《たくみのかみ》の辞世や、「南部坂雪の別れ」という事実としては疑わしい挿話も入れ、時代考証家としてでなく、劇作家として、大衆の欲求に食い入り、その浪曲や講談的な俗流想像力の魅力を活用しています。一方、大衆好みの敵役吉良上野介や、チャンバラシーンの討ち入りを見せず、討ち入り後を重視する独自の構成を見せてもいます。

また、『傀儡船《くぐつぶね》』をめぐる中里介山への反論でも、「有力なる伝説を題材として構想するに何の憚るところがあるだろう」（歴史小説の本領）と言っているのも、それに共通する発想なのです。

現在の上演では内蔵助《くらのすけ》に、当時ソ連、イタリアを歴訪し、「大統領」と掛け声がかかったほど立派になりすぎた二代目左団次のイメージが投影されるのかもしれませんが、左団次には岡本綺堂や青果の他の作品にもあるような「孤影悄然」というべき、孤独な風格やオーラがあったことを忘れてはいけません。青果の大石は、力んだ台詞で同士に連帯を求め組織化しる有能な存在ではないように思います。大石は、藩中の四十数人以外の同士には見限られてしまった人間なのですから。

青果だけではなく、当時の新歌舞伎、新派、新国劇には、うつろな心の揺らぎや屈託を表現するものが多いのです。そこにある失意や落魄は、新劇よりも、それらのジャンルの俳優がよく表現したのです。演劇だけでなく、当時の映画、文学、歌謡曲にまで通底する「故郷喪失感」や「鬱憤」や「充たされない心」の表象は、魅力的に思えます。時に逸脱し、時には敗走していく人々の描き方にこそ、大衆からインテリまでを共鳴させた、青果をはじめとするこの時代の商業演劇の世界の力量を見るべきなのです。

青果の戯曲を絶叫芝居にしてはいけません。私の見た三代目寿海のそれは、体中に染みとおるような声を通して、不思議な喪失感と、安易な拍手などする隙を与えない強度の切迫感があり、客席はしんとした沈黙に充たされていました。そこにこそ、青果が生涯を通して、その底に湛え、かつての役者たちが体現し、観客も共有していた、何ものによって「充たされない心」や「鬱憤」のひそやかな振動があったのです。

新派の題材は花柳界ばかりではなく、人生の夜のひそやかな快楽と危険な情感を、幸福で健全な家庭からはじき出される人々を、古い秩序や価値観から抜けきれず、時代の流れから取りこぼされる人間の命運を対比的に存分に描いています。その対立的劇作法は、分かりやすいと同時に、情動性を刺激するのに優れた効果を生み、大正期の新派の人気を継続するのに、大いに力となりました。またこの対立的劇作法は、後の新歌舞伎の名作で多大な効果を挙げています。見過ごされがちですが、青果にとっても新派にとっても、この時期の意味は重要なのです。

新国劇では、仁侠《にんきょう》という、健全な家庭から排除される裏切りと敗北を描きます。いずれも、多くは「無用の存在」が主役です。いずれも、幸福な家庭を築けない、居場所のない人々を描くことで、逆説的に、大正から昭和のモダニズムの時代の「家庭」の成立や変貌を実感させる、あの時代の不定愁訴ともいうべき気分を表現しています。

そういう現在では顧みられない、庶民の心性に寄り添う青果の新派や新国劇の作品を通して、その劇作法の一面に触れたいと思います。

2　松竹時代と新派——脚色という創作

そのために、まず大正期の松竹時代の新派の人脈やそこから導かれた劇作術に触れていきます。

この時期、青果は、観客の気持ちをつかむ芝居作りの要諦を学びました。演劇は小説のように人間関係も気持ちも説明できず、作者の思いを、役者の声を通してしか伝えられません。それを、装置や衣裳、小道具によって鮮やかに表現する新派の真髄は、喜多村緑郎《ろくろう》や河合武雄の最も得意とするところでした。また、座付作者として、喜多村や河合、井上正夫という役者の姿や声を想定して書けたことは、後に二代目左団次主演の新歌舞伎を作る際にも有効であり、青果の幸運でした。また、大谷《おおたに》竹次郎の興行師としての存在も大きく関わります。

青果が喜多村緑郎の誘いで、新派の座付作者として松竹の一員となった事情やその環境は、青果自身や戸板康二が書いています。

「大正二年の十二月の二十八日だつたと思ふ。本牧村の陋居《ろうきょ》に喜多村緑郎がひよつこり訪ねて来て、私に、松竹合名社にはいつて新派演劇の作者になつてくれぬかといふ話だつた。こちらは無論望んでゐたことだから、作者見習ひとしてなら入社してもい丶と答へた。[*6]」

「当時新派の作者部屋にいた小島孤舟《こしゅう》は同じ仙台の小学校の同窓であり、歓迎してくれた。青果は翌三年一月の新富座から、松竹合名社の社員として出勤（略）脚色を加えて、新派のために通計四十余篇を執筆している」「蘆花に心酔、（明治—引用者）三十六年東京に行って蘆花を訪ねたが入門を許されず、佐藤紅緑《こうろく》の家に寄寓（略）大正十年から十二年にかけて蘆花の『不如帰《ほととぎす》』（略）を青果が脚色したのは、浅からぬ因縁であった訳だし、佐藤紅緑のあとに新派の脚本を青果が書くことになったのも、また偶然ではない。[*7]」

そういう環境で劇作家としての事実上の出発をしたことは、青果にとって幸運でした。ある時代の心性を、戯曲の言葉を通して体現できる新派のスターに巡り合ったことが、青果の幸運で

＊6　真山青果「刻舷雑筆」『真山青果全集』第十八巻、講談社、一九七八年。
＊7　戸板康二『演藝畫報・人物誌』青蛙房、一九七〇年。

Ⅲ　劇作家

あり、才能でもあったといえます。座付作者というと自立した劇作家に比べて低く見るのは誤っています。シェイクスピアもモリエールも座付として、一座の役者を想定しながら書いたのです。当時の事情や雰囲気も青果が書いています。

「新富町のさる屋で稽古のあつた時、伊井君、河合君、大谷［竹次郎松竹―引用者］社長、土岐《とき》君等と（略）新派の将来についての相談などもあつた。その時、誰であつたか忘れたが、卒然として、「新派は世間から嫌はれたのぢゃない。飽きられたのだ。飽きられるのは、飽きられるだけの良いところが新派にあつたためだろう。その飽きられた点を捉まへて、もう一度押し手に出たらば、或はいまの形勢を挽回することが出来るかも知れない」と云ひ出した（略）その一言は妙にわれ〳〵を動かした。「たしかにさうだ。わたしも始終さう考へてゐた」と大谷氏の面上には、かなり深い感動があつたらしい。（略）私なども、なるほどこれも一つの着眼であると考へ直して、その後、大谷氏と興行脚本の選定をするにあたつても、なるべく古いもの古いものと脚本を探し求め、その内見物に喜ばれた急所だけは逃さず摑んで、見た目の形式だけを見物に新しく思はせるやうな脚本の書き方をした（略）いつも毎月の本読みには必ず大谷氏に立ち合つてもらふ事にして（略）わざと古い脚本を選んで次々と上演することにした（略）其の頃から、そろ〳〵客足がつきはじめて、「新派もやはり面白い」などといふ噂を聴くやうになつた」*8

「新派時代から左団次時代まで」脚色、創作の幾多の名作のすべては大谷［竹次郎］と青果の協力で出来上つたものと称してもよいのである（略）その頃眞山君は「亭々生」という　匿名で、主に新派の（略）脚色をしてくれてゐました。これがかくれた功績を残してゐるので、新派に新生命を吹き込んだのは實に眞山君だと私は信じてゐます（略）脚色とはいひながら、いつも原作以上の、まった

＊8　真山青果「刻舷雑筆」『真山青果全集』第十八巻。

く眞山君の作品になつてしまひます」[*9]

このように、この時期、青果が松竹社長の大谷竹次郎から芝居作りの要諦を学んだことも大きいと思えます。演劇は小説のように、作家が説明できません。装置や衣裳、小道具によって人間関係や人物の気持ちを鮮やかに表現する新派の真髄は、喜多村や河合の最も得意とするところでした。それは歌舞伎にも通底する要素だったのです。

「青果は新派時代に、新派の中に、おのずから定着している歌舞伎のドラマ・トゥルギー（ママ）を、わがものとした。新派の古典というと（略）鏡花ものということになっていて、まれに上演される佐藤紅緑の『侠艶録《きょうえんろく》』のほか、青果では『仮名屋小梅』を見るほかない。別に『浅草寺境内』をぼくは見ているが（略）『雲のわかれ路』にしても、前期二作にしても、ヒロインが、女優ではできない役である。『雲のわかれ路』はのちに『柏屋夏吉』と改称され、大正六年の初演以来、東京だけでも七回舞台にのっている芝居であるが、喜多村緑郎の夏吉は久保田万太郎が無類の役だと讃えた、みごとなものであった。（略）女形のために、女形の長所をフルに回転させる芝居のかける青果は、歌舞伎の場合もまた、俳優をぐいぐい引きずりながら、別の性根場《しょうねば》を進行させる」[*10]

同時に、『雲のわかれ路』の芸者は「名妓ではなく、人々から侮られる三流の女」なのが、観客の心性に響くところで、「こういう役は、『[仮名屋—引用者]小梅』の宇治一重とともに、喜多村のような皮肉な女形の独壇場」[*11]だったのです。

一方、小説の脚色が新派のこの時期の特質です。飛行家、女優、エンジニア等々の時代の先端を行く職業の人々を巧みに配する風俗劇として、新時代の気風や精神生活の流行を描く新派の魅力を際立たせ

＊9　城戸四郎編・脇屋光伸編『大谷竹次郎演劇六十年』講談社、一九五一年。
＊10　戸板康二「私見・真山青果」『季刊歌舞伎』13・一九七一年七月。
＊11　戸板康二「私見・真山青果」。

る一方で、古い秩序や価値観から抜けきれず、時代の流れから取りこぼされる人間の命運を、対比的に存分に描きます。その対立的劇作法は、新派だけでなく後の新歌舞伎の名作で多大な効果を挙げています。「青果は、生活上のために決して厭々ながら、新派作者として過していたわけではなかった」[*12]のです。

「［制作や俳優の］両者の註文の中に、自分の書きたい思想なり主張なりを入れて、作者としての立場を確立して行つたのが眞山君にえらいところでせう。眞山君は単なる御用作家にはなりませんでした。そしてとう〳〵俳優の方を押し切つてしまつた」[*13]

こういう座付作者としての脚色の仕事を、青果自身こう書きます。

「脚色も一種の創作でなければならぬ。原作者の隷属者ではない、独立した創作だ。小説作者が紙の上に活字で描いただけの効果を、人を動して舞台の上に、完全に収穫せねばなるまい。自分は然う考えながら、『酒中日記』を極めて大胆に脚色した」[*14]

この『酒中《しゅちゅう》日記』は、好評で、特に大谷竹次郎は、主役の井上正夫に「井上君、えゝ、芝居や。客が来んかてよろし。客が来てくれなんだら、僕一人で買ひ切つて楽まで見せて貰ふよつて」と［大谷竹次郎が―引用者］励ましてくれるのでした」[*15]というほどに気に入っていました。

なお、新派時代の大きな特徴は、女方の台詞を効果的に用いていることです。『仮名屋小梅』『雲のわかれ路』『浅草寺境内』などのメリハリを十分に利かせた「張る台詞」は、女方ならではの生動感があります。新歌舞伎で二代目市川松蔦《しょうちょう》が初演した『唐人《とうじん》お吉』もそうです。逆に言えば、初代水谷八重子に書いた女優の台詞は、青果としては耳に残るものが少なく、水谷には、川口松太郎のヴィヴィドな台詞

＊12　野村喬『評伝 真山青果』リブロポート、一九九四年。
＊13　城戸四郎編・脇屋光伸、前掲書。
＊14　真山青果「『酒中日記』の脚色につきて」『真山青果全集』第十八巻。
＊15　井上正夫『化け損ねた狸』右文社、一九四七年。

が合っているのです。

3　新国劇の青果――芸道物と任侠

新国劇の沢田正二郎は、青果作品で成功した新派の井上正夫や歌舞伎の二代目左団次と共通する、線の太くスケールの大きい芸格、気質や特質がありました。台詞もまた、大正・昭和初期に人気のあった、一本調子の咳き込み調で畳み込む口跡で、青果の台詞に合っていました。また、青果は気質的に沢田と共合するところあったのです。

「[富岡先生]は（略）井上正夫のためにという傍書が附されていたが、沢田［正二郎］は（略）真山青果宛に上演許可を申し入れた。（略）これは真山青果の創作といってもいいほどのもので（略）「酒中日記」とこの「富岡先生」は、青果脚色中の代表的傑作である」

「[沢田が]青果に坂本龍馬の執筆を依頼したのは「富岡先生」を上演した頃（略）沢田は次々に届けられる原稿を手にして（略）今度は真山先生に敗けたかもわからないともらした。（略）彼は俳優としていつも作者と四つ角力《ずもう》を取っていたのである*16」

「[青果]先生は沢田に「作者と役者は常に真剣勝負だ、わしはいつも君に勝つことのみを考えて本を書いている。だが、沢田君、きみもわしに負けまいと必死だ*17」

新国劇で成功した『桃中軒雲右衛門』で、青果はこの主人公を描くにあたりこうしたと述べています。

*16　樋口十一『風雲児沢田正二郎』青英舍、一九八四年。
*17　野村喬、前掲書。

「その操行の完全円満なる方面を見ることをせず、その過失、その病点、その弱点を通して彼の真実を観測」「端的に申せば、彼桃中軒雲右衛門は、作者わたくしの最も愛好する性格者の一人であつた（略）わたくしは常に人間の真相と人性の誠真とをその人物の徳行の完成円満のうちに求めることをせずして、その不完全と不具足との間に見ようとしてゐる性癖があります[*18]」

まさに、不義と背徳、驕慢で家族や周囲を苦しめ、その一方で、その己に苦悶し、一代の芸を成していく人間。浪曲師という存在を通して、自己告白の声を聴かせるという、まさに自然主義の作家だった青果の真髄とも言える作品です。主人公の勝手な理屈や生き方のため犠牲になる家族、それをいさめる人物、妻と愛人の相克等々、まさに芸道物の典型的な作品ですが、この作品には、青果の劇作術の特徴もよく表れています。雲右衛門と倉田、お妻と千鳥という対立的な性格を持つ人物を配置して、進めていく手法。自己陶酔と自己破壊、傲慢と繊細等々の背反的な要素を、感傷的な台詞により、積み上げていく後年まで一貫した劇作法がここに見られます。また、青果は早くに「旅役者を訪問するの記」（『演芸画報』明治四十四年〈一九一一〉三月）を書いていますが、もとより流浪への共感がありました。

そこでは、青果自身もまた主人公であり、主演の沢田と雲右衛門と青果が混然一体となったような緊密観があります。正宗白鳥はこう書いています。

「「坂本龍馬」を読み、その他の青果氏の近作を連想して私の最も強く感じたことは、作者がこれ等の戯曲に於て自己の鬱憤を強烈に洩らしていることである。（略）この頃は作劇術の傑れて来たとともに、ある人間ある時代を具象的に描きながら、自己の鬱憤を洩らしているように見える、こんなことは私の新発見でもなく、「真山君の脚本の人物は、みんな作者自身だ」という批評は、散々私の

＊18　真山青果「戯曲「桃中軒雲右衛門」の構想」、第十八巻。

耳に触れているのであるが、その作者型の人物と云うのが、他の作者の作者型とはちがって、世人に対し、あるひは生存に対して、八つ当りの鬱憤を洩らしているところに特色がある。（略）作者が坂本龍馬に化して、い、気持で周囲を揶揄し足蹴にしてるのを感じた。（略）龍馬の声としてよりも、作者の声として一層つよく聞えるのである。（略）真山氏のには、他の作者よりもつと強く主観が燃焼している。（略）実は作者真山青果の鬱憤晴らしを当てつけられているのに、［観客は］それに勘附かないでいるのだと、私はひそかに面白く思っている。それだからこそ、龍馬も生き生きとしているのだ。将門も生々していたのだ。[*19]」

さらにいえば前進座初演ですが、『新門《しんもん》辰五郎』は、『江戸城総攻』の同時代、歴史の転換期を町人の側の視点から、庶民の心性や江戸町人の意気地、侠気を小気味よく、テンポよく描いています。やたらに壮大な歴史的英雄ばかりでなく、こういう町人の目から見た歴史への青果の視点が重要なのです。歌舞伎でも、二世松緑《しょうろく》までは上演しました。ぜひ上演してほしい作品の一つです。

4　劇作法の特徴の一面

（ア）「主人公」の不在—慶喜・東郷・頼朝

三島由紀夫は、尊敬する劇作家として真山青果を挙げていることは知られています。三島は青果の作品について、歌舞伎や新劇に少ない「弁舌で人を説得する」芝居であると発言しており、日本の近代劇において「ロゴスとパトスの相克」を展開し得た劇作家として青果を評価したものと思います。そして、三島と青果の両者を別の観点からの「劇作法」を通して見直すと、実に興味深い関連が指摘できるのです。それが、三島は言及していませんが、タイトルロールが登場しない劇作法です。青果の戯曲では、著

*19　正宗白鳥「真山青果論—劇作家としての真山青果」『真山青果全集』別巻二、「真山青果研究」。

名なものでは『慶喜命乞《よしのぶいのちごい》』『頼朝《よりとも》の死』がそうですが、『東郷平八郎』の「東條画伯描く」では初代猿翁が40分演説し、幕切れにすっと二代目左団次の東郷が登場する劇作法が評判になりました。だが、これは青果が若い時期から考えていた劇作法でした。

喜多村緑郎はこう回想したといいます。

「(青果は―引用者) 脚本の上で自分の道楽もした。こつちが試験臺《だい》にされてゐるやうなところもある。いつだつたか、私の役を一幕に一つか二つの臺詞《せりふ》で三十分ぐらゐ黙つて舞臺《ぶたい》に置かしたことがある。(略) 無言で何のすることもなく置いておく、これは後で聞くと、私の役をその場へ置かなくてもすむんだが、もし置いたらどういふ結果をもたらすか、それが判らなかつたんだといふ。(略) 幕が閉まると、『喜多村君、どうも有難う、有難う』といつて手を握り、心から禮をのべられたことがある[*20]」

それに近い劇作法を三島が選んだのが『サド侯爵夫人』です。そこでは最も話題になる中心人物サドが登場しません。サドという張本人を一切出さないまま、周囲の女性たちの口からその人となりを「告白」させています。

青果の「東條画伯描く」は、東郷平八郎の人となりを語り尽くす人物を配して演説させ、最後にすっと左団次の東郷が無言で登場するだけの劇作でした。「饒舌」と「沈黙」の対比で、当時の英雄を描き出してみせたのです。

(イ)「古い」手法の導入と大衆性

逆に、青果は余所事浄瑠璃のような幕末以来の歌舞伎の古い手法もよく取り入れ、『雲のわかれ路』で

＊20 城戸四郎編・脇屋光伸、前掲書。

は一、二幕に、『故郷の山』でも二、三幕に、『仮名屋小梅』でも用いています。

「泉（鏡花）君の影響もあると思ひますが、その頃眞山君は「新派の臺詞は日常茶飯事であまりに寫實になつてしまつてうるほひがないから、見物はあきて來る、これは、夢がなくちやいけない、歌舞伎のやうに唄う臺詞があつてもいい。場面も詩情がなければいけない」といふので、「生さぬ仲」の脚色等では一種の歌舞伎でした」＊21

もちろん、一方で『雲のわかれ路』のように「題材の上では、〝女優〟とか〝飛行家〟とか〝技術者〟といった新しい大正期の職業を好んで採り上げ＊22」ました。題材も手法も新しいだけでは絶対に多くの観客の気持ちはつかめません。川上音二郎は「戦争劇」という新しい題材の間に、義太夫入りの母子の別れという実に古臭い場面を入れたことで成功したのです。新しい風俗と古い趣向と。青果も川上と同じく、新旧の手法の併存で成功したのです。

5　近代から近世へ——逍遙・綺堂・青果

最後に新歌舞伎を代表する坪内逍遙、岡本綺堂との異質性と共通性に触れます。彼らは明治という時代に、西洋の文学に触れ、シェイクスピアやイプセンの影響を受け、それと格闘して、やがてそれぞれの形で「江戸」の産物に沈潜していきます。浮世絵や江戸の風俗研究や、そして青果は馬琴や西鶴の考証や研究に。それ自体は珍しいことではないですが、それ以後の世代との差について簡単に触れていきます。

三人の劇作家の最年長・逍遙（安政六年〈一八五九〉生まれ）と岡本綺堂（明治五年〈一八七二〉生まれ）は

＊21　城戸四郎編・脇屋光伸、前掲書。
＊22　野村喬、前掲書。

十三歳差、真山青果〈明治十一年〈一八七八〉生まれ〉はさらに六歳下です。この差は実際以上に大きいのです。三人の中で逍遙だけが徳川の世を知っており、青果だけが第二次大戦後まで生きました。綺堂は、日米開戦前に没したから、日露戦争の従軍記者だった以外には、維新も空襲も知りません。この年齢差は、私などの時代に置き換えると、戦争に行った大正生まれの父の世代と少年期に戦災や疎開を体験した世代、そしてわずか四、五歳下でも戦争も空襲も知らない戦後生まれでは、随分違う印象を受けるのに似ています。美濃生まれの俊才で最高の学歴と社会的にも一流の位置を得た逍遙と、仙台生まれで一種破滅型、流浪型の性癖がある青果という自己顕示型の両者の間に入ると、幕臣の子に生まれ、東京山の手育ちの綺堂が最も端正で、欲のない印象を受けます。

幕末から明治生まれの人たちは、有名無名問わず、その出身地や徳川幕府や新政府に対する親の身分、立場により、「近代」という時代に、複雑な感情を持っていました。それが、あの時代の人たちに、実に魅力的な陰翳と活力を与えています。ある者は生来、明治という時代に肯定的であり、ある者は、最初から敗残の思いを持って生涯を送りました。ただ、後者の場合も決して消極的な生き方ではなく、実業の世界での出世は断念しても、実に魅力的な足跡や業績を、文学、芸術や職人芸や趣味道楽の世界で生かしたのです。逍遙・綺堂・青果の場合、共有する日本の近代に対する違和感が、それぞれ違った形で演劇に向わせました。彼らが目指した演劇の理想は、最初はシェイクスピアやイプセンでした。しかし、それも決して順調にいきません。それが彼らや、その戯曲の登場人物に反影されています。

新歌舞伎の魅力は、何によっても満たされない思いを抱えた人間の息遣いが感じられるところにあります。それは、それまでの歌舞伎にはない喪失感や憂鬱を湛えた人間像に見られます。綺堂の『修禅寺物語』の夜叉王《やしゃ》も従来の老け役の頑固一徹ではなく、青果の『頼朝の死』の頼家も謎を知りたいというだけでなく、いくら目的が達成されても自足できない不安な感じがあります。それが当時の青年層の気分に訴え、やがて古典歌舞伎の人物像にも投影して論じられてきたのです。

また、三人は、晩年に、若き日の自分たちが批判したはずの江戸という亡霊に引き戻された点でも似ています。逍遙は浮世絵に、綺堂は『半七捕物帳』の世界に、青果は馬琴や西鶴の考証の世界に。それは、小山内薫や木下杢太郎《もくたろう》らの後続世代が、異国趣味として捉えた「江戸」とは違う、身に付いたものでした。三人それぞれの戯曲の人物の声を通して、われわれは紋切り型の「テーマ」ではなく、過ぎ去った時代の人々の屈託やうつろな思いを聞くべきなのです。

元禄忠臣蔵

サムライの文学の伝統と近代

――真山青果「大石最後の一日」

❖井上泰至

青果の芝居の主人公はとにかくよく喋ります。

本来無口な大石内蔵助《くらのすけ》にしてからがそうです。考証家でもある青果は、そのうんちくを舞台装置や扮装は無論、その台詞にもこまごまと生かしています。いきおい台詞は長くなります。好き嫌いは生じても、それが「青果調」というものであり、それは「小説家の作った歌舞伎世界」とでもくくれるでしょうか。

今日完成した形で残る『元禄忠臣蔵』ですが、初演は掉尾《とうび》を飾る「大石最後の一日」（昭和九年〈一九三四〉二月歌舞伎座上演、『日の出』新潮社、昭和九年三・四月号掲載）であり、その成功によって、この大長編は書き継がれていきます。私は八代目松本幸四郎の内蔵助で最初に観ましたが、終盤の、もし吉良を打ち漏らしていたらと思うと、討ち入りの成功を天祐としか思えないと語る内蔵助の長台詞と、堀内伝右衛門が細川家預かりの十七名おのおのから遺言を書きとどめるシーンに、強い印象を受けたものです。

脚本冒頭にある青果自身の断り書きによれば、後者の趣向は、「堀内伝右衛門覚書」（『続史籍集覧』大正六年〈一九一七〉刊所収）によったものということです。この覚書は、今日その写本が大量に残っていることで知られ、江戸期においても広範に読まれていたことが想定されます。しかし、近代に至ってより決定的だったのは、本書が磐城《いわき》平《たいら》藩士で漢学者の鍋田《なべた》晶山《しょうざん》により編さんされた『赤穂義人纂書』（明治四十三年〈一九一〇〉、国書刊行会）に収録されたことです。この叢書は、安井息軒《そっけん》の序によると、成立は嘉永四年頃といい、鍋田が数十年にわたり蒐集した事件に関する論説・記録・書簡など一一二種の史料を収録する、赤穂義士伝のエンサイクロペディアでした。本書の刊行によって、福本日南が『元禄快挙録』（『九州日報』明治四十年〈一九〇七〉連載開始）を書き改めるなど、大きな影響を与えています。

こうした資料をあさりながら、青果の筆は、いい意味で理詰めです。集団を束ねて、世間の目を横にしながら、主君の存念を晴らすと同時に、公儀の裁定に、行動を以てプロテストする「初一念」のイノセントさを全うする難しさ、これが芝居の柱です。幕開きから、義士ともてはやされる一党の気の緩みやおごりの兆候を印象付け、その彼らを英雄視しようとする世間の代表たる、細川の太守の若君内記《ないき》に、内蔵助らは対面します。

内記は自身と同じ十五歳の大石主税《ちから》をけなげと褒め上げ、松平隠岐守屋敷で預かりの主税が風邪をひいた風聞など、同情からの言葉とは言え、死を静かに待つべく親子の連絡を絶っている義士たちの、自己の節制を逆なでするような発言をした揚げ句、「けなげの若者を、かようの事に死なせずと」とまで語り、果ては武士の鑑からの一言をほしいと問いただします。内記の台詞は、赤穂浪人の伝説化がいかに当人たちの意志と齟齬《そご》するかを示して、象徴的です。内蔵助は、

「人はただ初一念を忘るるな――と申し上げとうござります」

「咄嗟に浮かぶ初一念には――決して善悪の誤りはなきものと考えまする。損得の欲に迷うは、多く思い多く考え、初発の一念を忘るるためかと存じられます」

とのみ回答しますが、結果それは自身にも言い聞かせた「当《あ》て言《こと》」として印象付けられます。

芝居は進んで、小姓「志津馬《しずま》」に扮した、義士の一人磯貝十郎左衛門の元許嫁《いいなずけ》「おみの」が、一目磯貝に対面を乞います。おみのは磯貝が敵討ちの計画を世間の目から隠すために婚約した娘でした。彼女は「磯貝が本当のところ自分の事をどう思っていたのが知りたい」と願い、堀内伝右衛門を頼ってきたという設定が、青果の最大の仕掛けです。おみのに扮する役者は、小姓にも見紛う凛とした武家の娘らしさを要求される、歌舞伎ならでは役柄ではあるのですが、この役柄こそが、義士たちの切腹の意味をイノセントなそれへと昇華する存在でもありました。

青果が、おそらくは忠臣蔵劇の長大な構想を抱えつつ、「大石最後の一日」にまず手をつけようとしていた時、彼の前に立ちはだかっていたのは、芥川龍之介の「或る日の大石内蔵助」（大正六年）ではなかったでしょうか。実際その書名は、脚本冒頭の断り書きにもあります。紙数に余裕がないので詳述はできませんが、芥川と青果は、「堀内伝右衛門覚書」を共に踏まえ、大石の孤独を焦点化しながらも、前者はレジェンド化への「批評」という小説らしい方法をとり、後者は「初一念を全う」する難しさを、他の人物を絡めて浮かび上がらせ、新たなレジェンドをなしたのでした。大石の廓《くるわ》通いまで、全くの方便と解して彼を英雄化しようという周囲の反応に大石は疲れ果て、言い知れぬ孤独感を抱えた結末を芥川は描きます。

そもそも芥川の一連の江戸ものには、英雄のカリスマ化を暴く意向が強く働いています。正座して末期を迎える聖者の芭蕉像を、意識の混濁の中に臨終を迎えるそれへ転じた「枯《かれ》野抄《のしょう》」や、博覧強記の怪物という馬琴像を、孤愁のそれへ転じた「戯作三昧《げさくざんまい》」などを想起すればよいでしょう。青果もまた、その意味では近代小説を経由した歌舞伎作者でした。

青果の芝居はこうです。見合いの席で磯貝とおみのが琴尺八を一緒に演奏したと聞いた内蔵助には思い当たるふしがあったのですが、磯貝との面会は断ります。その時急に周りの様子が慌ただしくなり、内蔵助は一同に切腹のお沙汰が下ったことを悟ります。

内蔵助は、おみのの「偽りを誠に返したい」という言葉に動かされ、急遽磯貝と面会させます。知らぬ人と言い張る磯貝に対し、内蔵助から「懐に常時忍ばせている琴の爪を見せろ」と詰め寄られると、磯貝は返答に窮し、それを聞いたおみのは彼の本心を悟り、それ以上聞かないでくれと内蔵助に頼むのです。磯貝は「十郎左は婿に相違ござらぬ」という言葉を残して去ります。

切腹に赴く白装束の義士たちが詰所の前を通りかかると、そこにはおみのが自害して虫の息で倒れています。「偽りを誠に返した」と言い残し、おみのは磯貝に別れを告げ死んでいくのです。

切腹や犠牲死の心性は、今日最も理解しにくいものです。悲惨・苦衷・孤独を抱えた正義やプロテストに殉じる死は、宗教のカリスマ化に近似します。その死が、悲惨の涙を誘う時、悲劇の主人公はレジェンドに転化します。ただし、サムライ精神によるそれは、万人に「愛」を説いた十字架上のものとは異なります。

自らを節制しつつ、目的達成のための「戦略」という「偽り」があろうとも、目的自体の純粋さにおいて「偽り」は「誠に返」ります。加うるに、目的達成の経過で、名もなき人々の自発的な犠牲を伴うことで、集団で行われる「義挙」は、その行動において凡百の言葉より、力を得、世を動かします。その精神に共感し、涙し、その行動に沿う人々の「心」がある限り、その行動は「義」の「誠」を得るのです。ただし、吉良を討ち漏らしていれば、結果がすべてのこの世界において言い訳はきかず、その点、「運」の要素は逃れがたいのですが。

江戸以来の忠臣蔵劇の勘所をしっかり踏まえながら、それを「最後の一日」という近代的なフレームで再構成し、それでも新たな神話化を成し得た点で、『元禄忠臣蔵』のその後の成功は、約束されたのでしょう。

元禄忠臣蔵

『元禄忠臣蔵』の「歴史的真実」
——徳川綱豊の演能場面とその虚実

❖宮本圭造

時は元禄十五年三月上巳《じょうし》節句の頃。甲府侯徳川綱豊の浜手屋敷（御浜御殿）で催される御客衆饗応の能に吉良上野介《きらこうずけのすけ》が出演するとの情報を聞きつけた富森助右衛門は、主の仇敵の面体を確かめるべく、綱豊の御手付上臈となっている妹お喜世のもとを訪れ、其方のつてで、饗応の場を隙見させてくれまいかと頼み込む。いざ御能が始まり、シテが舞台に登場すると、助右衛門は居ても立ってもいられなくなり、上野介めがけて槍を幾度も突き刺すが、槍先を俊敏にかわすシテは、実は上野介ではなく、急遽代演を勤めることになった徳川綱豊その人であった。綱豊は助右衛門に仇討ちの道理を諭して送り出すと、シテとして再び悠然と能舞台に上がり、何事もなかったように御能が再開される。

右は、『元禄忠臣蔵』「御浜御殿綱豊卿」の有名な一場面だが、ここに徳川綱豊の演能場面が見えるのは、綱豊が能を大いに好み、自らシテとしてしばしば舞台に立ったという歴史的事実を踏まえた設定に他ならない。真山青果が『元禄忠臣蔵』を書くにあたって膨大な史料を博捜し、歴史劇としてのリアリズムを深く追求したことはよく知られているが、「御浜御殿綱豊卿」の段にも、そうした実証主義に基づく青果ならではの着想が生きていると言えよう。

甲府侯徳川綱豊は周知のごとく、世嗣のいない五代将軍綱吉の養子に迎えられ、後に六代将軍となって徳川家宣《いえのぶ》と名乗った人物である。青果が赤穂浪士事件とは直接関係のない綱豊という人物に着目し、『元禄忠臣蔵』の中で大きく取り上げたのは、昭和十四年四月号『キング』誌掲載の「『御浜御殿綱豊卿』附言」において自ら証言するように、綱豊と浅野家との間に幾重にも連なる縁に着目したからであった。すなわち、綱豊の側室「月光院お喜世の方が、その以前浅野内匠頭家に仕へて、名を小《こ》つまと呼びて、軽き奉公をしてゐた事」、そのお喜世の方が、四十七士の一人である「富森助右衛門の母を仮親として甲府家に奉公した事」、さらに、綱豊の正室熈子《ひろこ》がもと五摂家筆頭の近衛《このえ》基熈《もとひろ》の娘で、近衛家は浅野家家老の大石家と深い関係にあったこと、加えて、綱豊の信任厚い儒者新井白石《はくせき》が、大石内蔵助《くらのすけ》父子を描いた肖像を珍蔵し、「湊川楠像（忠臣として有名な楠木正成の肖像）を見申様《みもうすよう》に」（『兼山秘策』）大事にしていたこと、などなど、綱豊と浅野家及び赤穂浪士との接点は実に枚挙に遑《いとま》がないのである。そして白石の『折たく柴の記』によれば、綱豊自身、綱吉の逝去を受けて将軍に就任した際、「前代の時、浅野内匠頭長矩が家人、主の仇吉良上野介義央をうちて死をたまひ、その幼子みな親戚にあづけられたるも、悉く」お許しになったという。当時の文献資料は歴史的「事実」を伝えるのみで、そこから時の為政者の心の内をのぞき見るのは至難の業だが、青果はこのような事実を一つ一つ積み上げた上で、「此の白石の薫陶を受け、この近衛夫人のかしづきを受け、また此のお喜世の方を愛妾とせる徳川綱豊が、浅野内匠頭家に対し、或は赤穂義士等に対し、如何なる感情を有し、如何なる同情を寄せてゐたか」を鮮やかに描き出すのである。

その綱豊は、後代の歴史家から「臣民想いの心優しき名君」として高い評価を勝ち得ている。ところが唯一、欠点として挙げられるのが、彼の行き過ぎた能狂いであった。すなわち、内藤耻叟《ちそう》（明治時代の歴史学者）の『徳川十五代史』は次のように言う。「尤下民《げみん》の疾苦を悲み、之を匡救《きょうきゅう》せんことを思ふや、誠に厚し。…真に中興《ちゅうこう》の名主、好文の美徳と称するに足れり。…唯恨む所は、精を文華に致して、心を武事に用ゆること少なく、日に申楽《さるがく》を弄《ろう》して、頗《すこぶ》る俳優を学ぶ者に類す」と。

確かに綱豊の能狂いは尋常ではなかった。甲府侯時代については残念ながら記録が残されていないが、将軍就任後の綱豊は月に四度から五度くらいのペースで能や囃子を舞っている。その頻度は同じく能狂いで知られる五代将軍綱吉をも上回る有様であった。もっとも、芸の力量はというと、あまり褒められたものではなかったらしい。例えば、綱豊の岳父、近衛基煕は、綱豊と間部越前守詮房《まなべえちぜんのかみあきふさ》（綱豊の側用人。能役者の出身で、しばしば綱豊の能の御相手を勤めた）の能を見物した際に、「大樹（将軍のこと）の御所作、神妙。越前守の所作、絶品というべし」との評を残している（『基煕公記』）。間部詮房の「絶品というべし」という称賛とは異なり、綱豊に対しては、「神妙」という、どうとでも受け止められるような曖昧な表現を用いている点に注目されたい。ありていに言えば、綱豊の能狂いは、下手の横好き以外の何物でもなかったのである。

では、その綱豊邸での御能に吉良上野介が参会し、自らシテを勤めるようなことが、実際に有り得たのだろうか。時の将軍綱吉は、柳沢出羽守吉保《やなぎさわでわのかみよしやす》らの近臣のみならず、後には御三家などの親藩大名、さらには大小の外様大名にまで御能の御相手を強要し、そのため、多くの大名が綱吉の能狂いに翻弄《ほんろう》されることとなった。ところが、綱豊の能の楽しみ方は、それとは対照的な様相を呈していたようである。すなわち綱豊は、諸大名を交えることなく、御側《おそば》に仕える側用人や小姓といった面々とともに、いわば気の置けぬ仲間同士の能の会を度々催し、そこで能を舞うことを何よりの楽しみとしていたのである。また、綱吉の治世には、多くの大名や旗本が能を舞ったが、吉良上野介が能を舞ったという記録は、管見の限り、一例も見当たらない。綱豊邸での吉良上野介の演能という設定は、あくまでフィクションであったと考えるべきだろう。「当時の史実を研究して、創作家として採らるべき歴史的真実と信じられる範囲内のものだけを書き、その以外には、一歩も踏み出してゐないつもりである」(「『御浜御殿綱豊卿』附言」)と青果は述べているが、この点については、やや勇み足があったと言わざるを得ないのである。

ともあれ、『元禄忠臣蔵』「御浜御殿綱豊卿」は、歴史的に見て能楽が最も盛んであった元禄時代の雰囲気を今に伝える芝居として、とりわけ興味深い作品である。すなわち、元禄の華麗な文化が花を開かせていた時代の「光」と「影」の両極がそこには描かれており、赤穂藩のお取りつぶしが「影」であったとすると、浜手屋敷での遊興や演能は、その対極に位置する華麗な「光」の世界であったということになる。そもそも、赤穂浪士事件の発端となる殿中の刃傷沙汰は、まさに桜の花が見頃を迎えていた最中に起こった事件であった。松の廊下事件の翌日、将軍綱吉は江戸城三之丸での花見の宴で能の仕舞を舞っており(『隆光僧正日記』)、赤穂藩の御家中が狼狽する傍らで、綱吉は花に浮かれ、能に興じていたのである。なお、綱豊が浜手屋敷で舞った能の演目は、原作では「船弁慶」となっているが、昭和十五年の舞台初演の際には「望月」が採用され、それが現行演出にまで継承されている。「船弁慶」ではなく「望月」となったのは、「望月」が仇討ちの能であるのに加え、シテが面を付けない「直面の能」であることが関係するのだろう。すなわち、シテが面を付けていれば、そもそも吉良上野介の面体をうかがい知ることなど出来ない、という訳である。ただし、この場面は、原作通り、後シテ平知盛の亡霊姿で登場する演出の方が、いかにも能らしい荘重な雰囲気が出せるのではなかろうか。何より、「望月」は獅子舞を秘伝とする重い習い事の能であった。綱豊がこの曲を舞った記録は一例も見いだせない。しかるに、「船弁慶」の方は、確かに綱豊による演能記録が少なくとも三例(宝永七年二月二十九日・三月十二日・四月二十三日)見いだされるのである。「当時の史実」を錦の御旗とするではないが、ここはぜひ、「船弁慶」バージョンによる上演を期待したいところである。

明治から見る

明治維新劇の系譜における青果

❖日置貴之

今日でも頻繁に上演される「将軍江戸を去る」（『江戸城総攻』三部作の終篇）や前進座がレパートリーにしている『新門《しんもん》辰五郎』を始め、真山青果は幕末・明治維新期を舞台とする戯曲を数多く残しています。西郷隆盛が鹿児島・城山《しろやま》に倒れた翌年であり、大久保利通が暗殺された年である明治十一年（一八七八）に、奥羽越列藩同盟の一員として新政府軍に抗戦した仙台藩の元藩士の子として生まれた青果にとって、明治維新を描くことは、自らのルーツを追い求める営みだったのかもしれません。

量の面でも、また質の面でも、青果を最大の「明治維新劇作家」とすることに異論はないでしょうが、それでは彼の作品は、それ以前からの明治維新劇の系譜のなかでどのように位置づけられるのでしょうか。以下では、明治維新を描いた演劇の変遷を見ていきたいと思います。

幕末期にすでに『三人吉三廓初買《さんにんきちさくるわのはつがい》』など多くの名作を世に出しており、明治期に入っても『天衣紛上野初花《くもにまごううえののはつはな》』などに円熟した筆を揮《ふる》った河竹黙阿弥にとって、明治維新とは言うまでもなく同時代の出来事でした。上野・寛永寺《かんえいじ》に立てこもった幕府の残党・彰義隊と、薩長を中心とする新政府軍との間で戦われた上野戦争の当日（慶応四年五月十五日〈一八六八年七月四日〉）、黙阿弥がどのように過ごしていたかは定かではありません。しかし、役者の三代目中村仲蔵《なかぞう》や浮世絵師の月岡芳《よし》年《とし》は、戦いが果てた直後の上野へ足を運び、凄惨な光景をその目で見ています。黙阿弥はこの戦争を、明治三年（一八七〇）の『狭間軍紀成海録《はざまぐんきなるみのききがき》』で描きました。しかしながら、ここではまだ時代を戦国時代とし、桶狭間の戦いを上野戦争に見立てるという形の「カモフラージュ」が行われていました。明治八年（一八七八）の『明治年間東日記《めいじねんかんあずまにっき》』は、序幕で戦争を、大詰では当時現実にニュースになっていた彰義隊の祈念碑建立を盛り込んだもので、劇中では戦争を戦った将兵たちだけでなく、そこに巻き込まれた庶民たちの「戦後」が描かれています。この時期になると、さすがに時代を変えるようなことはありませんでしたが、劇中の彰義隊士たちは実名では登場しません。戦争から十年も経たない時点では、彼らを「現実のまま」に描くことは、さまざまな事情から困難だったでしょうし、黙阿弥も「現実のまま」の人物を描くよりも、架空の人物をより自由に活躍させることを好んだのかもしれません。ただし、『狭間軍紀成海録』でも『明治年間東日記』でも、五代目尾上菊五郎が現実の彰義隊士・天野八郎の俤《おもかげ》がある人物を演じていることは見逃せません。

新政府の世になっても、東京には昔ながらの徳川びいきの住人も多く、粋な男に扮すれば天下一品の菊五郎が演じる「天野八郎」が、最後まで（徳川慶喜《よしのぶ》が江戸を去った後までも）徳川に殉じようとする姿は彼らの胸を熱くしたのでしょう。天野の名が実名で用いられているのは、黙阿弥の弟子・竹柴其水《きすい》が明治二十三年（一八九〇）に書いた『皐月晴上野朝風《さつきばれうえののあさかぜ》』です。この芝居では、大詰に主要な登場人物たち（天野はすでに死去）が、やはり本作上演当時開催中だった内国勧業博覧会の会場である上野に集い、往時をしのびます（ただし、この幕は上演時間の都合で実際には上演されませんでした）。其水は、こうした東京の人々の記憶を呼び起こす仕掛けを明治二十七年（一八九四）に勃発した日清戦争を芝居にする際にも用いました。『会津産《あいづさん》明治組重《めいじのくみじゅう》』という作品の前半では、明治維新時の会津戦争が描かれています。その戦場から卑怯にも逃げ延びた人物が、二十七年後の「現在」に至って、今度は日本という国のために出征することを決意するという形で、会津戦争を進行中の日清戦争と結びつけたのでした。ただし、このアイディアは当時の劇評等でも木に竹を接《つ》いだようで唐突だと批判されてしまっています（以上の作品については、詳しくは拙著『変貌する時代のなかの歌舞伎　幕末・明治期歌舞伎史』〈笠間書院、二〇一六年〉参照）。

明治維新に肌で触れた黙阿弥や其水は、彼らに近い市井の人々、あるいはそうした人々にとっての身近な英雄であった天野八郎のような人物を主役に、この時代を描いたのでした。

一方、明治二年（一八六九）に大阪の医者の子として誕生した高安月郊《げっこう》の明治維新に対する視線は、より客観的だと言えるでしょう。月郊は、明治三十五年（一九〇三）に新演劇の福井茂兵衛《もへえ》一座に『月照《げっしょう》』を提供します。西郷隆盛とともに入水自殺を図った尊皇攘夷《そんのうじょうい》派の僧侶を題材としたこの作品のみならず、月郊には明治維新期を扱った複数の作品の腹案があり、翌年には川上音二郎一座による『江戸城明渡』が上演されることとなります。『江戸城明渡』は、慶喜が大政奉還を決意する場面に始まり、鳥羽・伏見の戦いの勃発、勝海舟と西郷の会談による江戸城無血開城までを描いた作品で、登場するのは慶喜や勝、西郷に加えて小栗上野介《こうずけのすけ》、後藤象次郎、岩倉具《とも》視《み》などいずれも維新の「有名人」ばかりです。黙阿弥や其水といった座付きの狂言作者の作品とは違い、ここではは っきりと「史劇」への志向が見て取れます。一方で、明治三十六年の時点では、明治維新を「歴史」として描くことにはいまだ困難がつきまといました。月郊自身が江戸城の無血開城という題材は、あまりに「現在」から近すぎることを懸念しており、実際、勝海舟などの人物の記憶を今なお留めていた当時の観客は、川上の演じる勝はおよそ江戸っ子に見えない（川上は博多出身）、というような形で俳優の演じる人物とその「実像」との乖離を非難したのでした（後藤隆基「「江戸城明渡」考」『高安月郊研究　明治期京阪演劇の革新者』晃洋書房、二〇一八年）。一方、これ以前に論文「我が邦《くに》の史劇」（明治二十六年〈一八九三〉）を発表し、史劇創作の実践にも挑戦していた坪内逍遙は、明治維新をその作品の題材とすることはありませんでした。

こののち、大正十五年（一九二六）十一月に、逍遥よりも十九歳、月郊よりも九歳年少の青果の「江戸城総攻」（三部作の初篇）が初代市川左団次らによって初演されました。月郊と同じ題材を扱いつつも、よりスケールの大きいこの作品の誕生は、青果という作家個人の資質だけでなく、時代の変化の結果でもあったのかもしれません。この翌月に、昭和が始まることも象徴的に感じられます。この昭和時代に、青果は次々と明治維新物の戯曲を生み出していったのでした。

近代から見る

三島由紀夫からみた青果

❖山中剛史

三島由紀夫がある種独特な歌舞伎観を以て〝三島歌舞伎〟をものしてきたことはよく知られています。[*1] 独特なというのは、歌舞伎台本として様式に強くこだわり、竹本を入れ古語で戯曲を執筆した自作を、他の作家の新作歌舞伎と一緒にしてくれるなというわけです。その三島が、口にする度に称賛したのが劇作家としての真山青果でした。では三島は、青果をどのように捉え、青果劇の何を評価していたのでしょうか。

といっても、実は三島に青果を論じた評論やエッセーは今のところ確認できていません。三島が高校生だった昭和十七年(一九四二)から付け始めた「芝居日記」に、その年に東京劇場で観劇した『元禄忠臣蔵』(四月)や終戦後の昭和二十一年(一九四六)の『福沢諭吉』(一月)、監修作『平賀源内』(十月)への言及がわずかに見られるのみです。三島は評論やエッセーではなく、もっぱら対談や座談会、インタビューといった場でのみ青果に言及しているばかりで、しかも踏み込んだ発言があるわけでもありません。ただしそうであっても、三島の演劇・歌舞伎観からしてみると、三島が青果をどのように捉えていたかはある程度は推察できます。

現在管見の及ぶ限りで三島が青果に言及したものを挙げれば、昭和三十二年(一九五七)の座談会「『ブリタニキュス』の修辞」①、同「協同研究・三島由紀夫の実験歌舞伎」②、翌年の対談「マクアイ・リレー対談」③、昭和三十九年(一九六四)の対談「歌舞伎滅亡論是非」④、その翌年の座談会「近代日本の芸術を創った芸術家一〇〇人を選ぶ」⑤、昭和四十五年(一九七〇)のインタビュー「告白」⑥の六点があります。[*2]

例えば右の③から三島の考え方を示す青果への言及箇所を掲げてみましょう。

司会　岡本綺堂はどうですか。

三島　綺堂は余り好きじゃない。勿論綺堂も非常に才能のある偉い作家で、後期のものは好きだけど、やっぱりあそこから間違いが始まっていると思うな。

司会　真山青果の歌舞伎は?

三島　真山青果は偉いですよ。やっぱり近代劇の骨法《こっぽう》を

> 本当に自分のものにしている作家は、歌舞伎の作家としても偉い、と思うんです。しっかりしている。だけど、近代劇でも歌舞伎でもない、フニャフニャというのが新歌舞伎の始まりなのです。折衷主義、それが全部の間違いの因《もと》だと僕は思っているんだ。

さらに②でも「骨組みが確かだね。真山青果はほんとにいい」と発言していますが、三島のいうことを噛み砕いて極言してしまえば、青果はあり得べき近代劇を歌舞伎というフィールドで実現したが、他方で綺堂はといえばあしき「折衷主義」=新歌舞伎の始まりであった、というわけです。これは⑥にある次のような発言からもうかがわれます。

> 僕は、明治以降の歌舞伎というものに非常に疑問を感じているんですよ。坪内逍遙までは一生懸命やっていました。あと、世話物では岡鬼太郎《おにたろう》という人がいました。これは歌舞伎の最後の世話物の伝統を守って、歌舞伎様式の脚本を書いた人です。それから、真山青果という人は新劇的に歌舞伎をつくった人で、その点では非常に偉い作家でした。つまり、がっちりした史劇をつくった人ですね。そのかわり歌舞伎の技巧をわざと排除してしまいました。僕は、歌舞伎の作者はそれでおしまいだと見ているんですよ。今、歌舞伎の新作と称しているものは、歌舞伎の新作でも何でもないんです。

三島の歌舞伎観は、右に続けて語られる、「歌舞伎というものは擬古典主義 pseud-classicism の上でしか書けないものだ。なぜなら、演技や、演出や、舞台技巧の全てがそういうものの上で成り立っているんだから、台本もそれでなければいけない」といった発言に尽きているでしょう。これは三島が歌舞伎台本を書き始めた昭和二十年代から変わりません。*3

しかしそうであるなら、「歌舞伎の技巧をわざと排除」し「新劇的に歌舞伎をつくった」とは、先の「折衷主義」と何が異なるのでしょうか。「ドラマでないものに、引きだし演技をくっつけて、段どりつけてやるんならできるんです。それから、近代的な浅い心理主義をほうぼうにちりばめてやるなら、できます。歌舞伎の新作って、結局それですね」と④で三島がいうのが「折衷主義」とするならば、青果はそうではないということになります。

三島の青果評価はというと、「ドラマの組み方、力強さ、日本の戯曲文学であんなに対立の強いものは、浄瑠璃以外にはない。ほんとうのドラマチストだ」⑤といった具合で、ドラマすなわち台詞のみによって打ち出される個人の論理の対立、葛藤を青果劇の本質に見ています。青果による史劇は、下座音楽を一切廃し、「人物の性格心理の陰影をもっぱら台詞劇としてのみ充実することによって劇的展開を得る」[*4]ものでした。そして三島の考える近代劇が、「芝居におけるロゴスとパトスの相克が西洋演劇の根本にあることはいうまでもないが、その相克はかしゃくないセリフの決闘によってしか、そしてセリフ自体の演技的表現力によってしか、決して全き表現を得ることがない」[*5]といった西洋的理想にあるならば、三島が青果を称賛するのも不思議ではありません。

つまり様式としての楽劇的効果を捨て台詞劇としての徹底を図ったことが「新劇的に歌舞伎をつくった」の意味であり、だとすると、ドラマと様式が不可分に表裏一体となっているのが歌舞伎であるとする三島の論理からすれば、それはもう歌舞伎であって歌舞伎ではなく、近代劇として歌舞伎をやったということになります。躊躇なくいってしまえば、三島にとって、近代にあって擬古典主義以外では書けなくなってしまった歌舞伎に引導を渡したのが青果であった、ということになるでしょうか。「歌舞伎の作者はそれでおしまい」と三島が述べるゆえんです。

こう見てくると、惜しむらくは前述したように三島に本格的な青果論がないことですが、三島と青果のドラマツルギーのあり方を比較検討した大橋裕美が述べるように、日本の作家では青果のみが三島の意識するところだったというのもあながち過言とはいえないでしょう。[*6]

注

＊1　拙稿「三島演劇における歌舞伎の底流」『三島由紀夫研究』9、二〇一〇年参照。
＊2　①『銀座百点』一九五七年四月、②『演劇界』一九五七年五月、③『幕間』一九五八年五月、④『中央公論』一九六四年七月、⑤『中央公論』一九六五年九月、⑥三島由紀夫『告白—三島由紀夫未公開インタビュー』講談社、二〇一七年（インタビューは一九七〇年二月）
＊3　三島由紀夫（談）「歌舞伎に現代語は反対」『毎日新聞（大阪版）』一九五四年九月五日夕刊
＊4　野村喬『評伝 真山青果』リブロポート、一九九四年
＊5　三島由紀夫「『サド侯爵夫人』の再演」『毎日新聞』一九六七年一月一日
＊6　大橋裕美「沈黙と饒舌」『文学研究論集（明治大学大学院文学研究科）』22、二〇〇五年
＊三島の引用は、それぞれの初出に依った。

座談会

青果劇の上演をめぐって

今なお上演されている青果劇。
現代の演劇関係者の目には、
真山青果ならびにその脚本は
どのように映るのだろうか――

参加者：
中村梅玉（歌舞伎俳優）
織田紘二（日本芸術文化振興会〈国立劇場〉顧問）
中村哲郎（歌舞伎研究家）
神山彰（明治大学教授）
日置貴之（白百合女子大学准教授）

日程：二〇一九年一月十二日（土）

——青果作品との出会い

日置 今日は真山青果について、さまざまなお役を演じてこられた中村梅玉丈、劇場の内部あるいは客席で多くの舞台に接してこられた先生方にお話をうかがっていきたいと思います。まず、梅玉さん、青果という人、またその作品に、どのように最初に触れられたか教えてください。

梅玉 そうですね。青果先生は新歌舞伎のジャンルで最高の先生ですから、若いうちから青果先生の作品に出していただきたいとはずっと思っていましたね。はじめて青果作品に出させていただいたのは『頼《より》朝《とも》の死』[*1]です。たぶん二十代後半だったと思うんですけど。そのときの演出は巌《いわ》谷《や》愼一《しんいち》[*2]先生でした。歌舞伎座の大舞台ではじめてやらせていただいて。市川寿海《じゅかい》[*3]のおじさんのビデオを拝見して勉強したんですけれども、やってみるととても大変なものだなというのが第一の実感でしたね。ともかく台詞の数が多い。それが青果先生の作品の特徴なんだろうと思うけど。生涯ではじめて、というか最初で最後だと思うんですけど、稽古の最初のときに声を潰してしまったんですね。ちょうど国立劇場で『妹《いも》背《せ》山《やま》婦女《おんな》庭訓《ていきん》』[*4]に出演していた時なのですけど。

織田 昭和四十九年（一九七四）五月の歌舞伎座ですね。

梅玉 国立劇場の父（六代目中村歌右衛門《うたえもん》[*5]）の楽屋で巌谷先生と相対で稽古したんだけれども、一発で声潰しちゃって。その月は久我之助《こがのすけ》やってたんだけど、その日の久我之助は最悪だったんだよね（笑）。もちろん新歌舞伎と古典歌舞伎とのテクニックの違いなんてまったくわからない時分でしたから、とにかく寿海のおじさんの堂々たる台詞回しをしきりに真似てやったんですけれども、やっぱりとても手も足も出なくて。二度目にやらせていただいたときは、（真山）美保先生の演出だっ

1 **『頼朝の死』**→「Ⅳ 青果作品小事典」【33】へ

2 **巌谷槇一** 一九〇〇～一九七五。劇作家・演出家。本名・三一。作家・巌谷小波《さざなみ》の長男。松竹社員として「残菊物語」などを脚色した他、青果作品を多数演出。歌舞伎座幹事室長を務めた。著書に『僕の演劇遍路』（青蛙房、一九七六）。

3 **三代目市川寿海** 一八八六～一九七一。歌舞伎俳優。明治二十七年（一八九四）、五代目市川小団次に入門。のち五代目市川寿美蔵の養子となり、登升《としょう》、六代目寿美蔵を経て昭和二十四年（一九四九）に寿海を襲名。二代目市川左団次の一座で多くの岡本綺堂や真山青果の作品の初演に参加。戦後は関西を中心に活動し、朗々たる口跡で新歌舞伎の第一人者とされた。

4 **『妹背山婦女庭訓』** 昭和四十九年（一九七四）四月三日～二十七日。国立劇場第六十五回歌舞伎公演。

5 **六代目中村歌右衛門** 一九一七～二〇〇一。歌舞伎俳優。五代目中村歌右衛門の次男。戦後歌舞伎を代表する女形。養子に四代目中村梅玉、二代目中村魁春。芸養子に六代目中村東蔵。

6 **『明君行状記』** 『文藝春秋』大正十五年（一九二六）十一月号～昭和二年（一九二七）一月号に発表。昭和三年（一九二八）十一月号に甲

たんですね。そのときに「寿海さんと同じようにやってたら駄目なのよ」っていうのが、まず最初に言われたことです。だから、青果作品に出させていただくたびになんていい芝居なんだ、なんていい役なんだと思うけれども、若い頃は演じるのに無我夢中で、最近になってやっと少し余裕が出てきて、こうしてみよう、ああしてみよう、となりました。あとでまたいろんな作品のお話が出るでしょうが、ともかく第一印象としてはそういうことです。

——市川寿海への憧れ

日置　寿海さんのお話も出ましたけれども、ご自身でお勤めになられる以前に、先輩方の舞台をご覧になった中では、どういった舞台が特に印象に残っていらっしゃいますか？

梅玉　やっぱり『頼朝の死』ですね。あと『明《めい》君行状記《くんぎょうじょうき》』[*6]はね、昔初代の市川猿翁《えんおう》[*7]のおじさんがなさっていたのを、確か八代目の大和屋《やまと》のおじさん（坂東三津五郎《みつごろう》[*8]）が若侍でしたけれども、その時にこれはおもしろい芝居だなと思ってたんですよ。

府桜座で新劇協会によって初演。明君と誉れの高い岡山藩主・池田光政と、光政の本心を探るためにあえて裁きを受けようとする青地善左衛門とのやり取りを描く。

7　初代市川猿翁　一八八八～一九六三。歌舞伎俳優。初代市川猿之助（二代目段四郎）の子。明治四十三年（一九一〇）、二代目市川猿之助を襲名。自由劇場時代から二代目左団次と共演し、西洋戯曲や新歌舞伎を演じた。大正八年（一九一九）、欧米を視察し、ロシアバレエの要素を取り入れた『隅田川』等を残す。戦後は中国、ソ連での海外公演を行なった。青果作品では「御浜御殿綱豊卿」の富森助右衛門などが当たり役。二代目猿翁は孫。

8　八代目坂東三津五郎　一九〇六～一九七五。歌舞伎俳優。七代目坂

中村梅玉（なかむら・ばいぎょく）＝歌舞伎俳優。屋号は高砂屋。立役。六代目中村歌右衛門の養子となり、昭和 31 年、初舞台。平成 4 年、四代目中村梅玉を襲名。

中村哲郎（なかむら・てつろう）＝演劇評論家・歌舞伎研究家。著書に『歌舞伎の近代』（2006 年、岩波書店）、『花とフォルムと』（2011 年）ほか。戯曲に『天壇の西太后』。

織田紘二（おりた・こうじ）＝日本芸術文化振興会（国立劇場）顧問。昭和 42 年以来、国立劇場で歌舞伎や新派・古典芸能の制作・演出に携わる。著書に『芸と人』（2011 年、演劇出版社）ほか。

神山彰（かみやま・あきら）＝明治大学教授。専門は近代日本演劇。著書に『近代演劇の水脈』（森話社、2009年）、『興行とパトロン』（同、2018年）ほか。

日置貴之（ひおき・たかゆき）＝白百合女子大学准教授。専門は近世（江戸時代）の文学・演劇。著書に『変貌する時代のなかの歌舞伎』（笠間書院、2016年）。

でもとても若造にできるような役じゃなくて。今から十二、三年前*9にはじめて美保先生の演出でやらせていただいたんですけれども、そのときもやっぱり手も足も出なくて。一昨年*10久しぶりにそれをやらせていただいたときに、やっと役のおもしろさがわかったような気がします。それだけ深いってことですよね。いわば演じる上ではもちろん、古典でも何でもそうなんですけど、大先輩の上っ面だけを見て挑戦してもそんなに成果があがらないということじゃないかと思います。まあ若くて芸も至らない時分ですし。そういう難しさを感じますね。あと『元禄忠臣蔵《げんろくちゅうしんぐら》』（「御浜御殿綱豊卿《おはまごてんつなとよきょう》」*11）。綱豊は、こんなに気持ちのいい役はないですね。だからつい自分でペースを作っちゃうところもあるんだけど、それではいけないんです。新歌舞伎の一番難しいところは、ただ歌い上げて台詞を言うのではまったく駄目で、しかし古典のような運び方でもいけない。そういうところに難しさを感じますね。実際に数々やらせていただいたなかで一番好きなのは「将軍江戸を去る」*12の慶喜《よしのぶ》です。何度やらせていただいても慶喜の気持ちに入っていきやすいん

東三津五郎の養子。戦前には劇団新劇場を結成して翻訳劇の上演や、『源氏物語』の脚色上演（上演中止を命じられる）などを試み、東宝に移籍。松竹復帰後は一時期、関西で活動した。敵役や老け役で活躍するとともに、その幅広い知識を多くの著書に残している。九代目三津五郎は娘婿、十代目は孫。

9 **十二、三年前**　平成十三年（二〇〇一）九月歌舞伎座。演出＝真山美保。青地善左衛門＝中村橋之助（八代目芝翫《しかん》）。

10 **一昨年**　平成二十九年（二〇一七）三月歌舞伎座。演出＝真山美保、今井豊茂。青地善左衛門＝坂東亀三郎（九代目彦三郎）。

11 **「御浜御殿綱豊卿」**　連作『元禄忠臣蔵』の一つ。↓「Ⅳ 青果作品小事典」【39】へ

12 **「将軍江戸を去る」**　『江戸城総攻』三部作の第三部。↓「Ⅳ 青果作品小事典」【24】へ

ですよね。

日置　「将軍江戸を去る」の場合も、理想というか、お手本は寿海さんですか？

梅玉　そうですね。今の役者の中では、播磨《はりま》屋（中村吉右衛門《きちえもん》）や松嶋屋（片岡仁左衛門）がやってますが、播磨屋の慶喜のときは高橋伊勢守《いせのかみ》に出ました。なんていい役なんだろうな、いずれやりたいなと思って見てましたね。特に寛永寺で高橋伊勢守に自分の心情を吐露する台詞が大好きで。「将軍とて裸になりたいときがある」っていうね。あれが素敵ですね。もちろん大《おお》詰《づめ》の千住大橋《せんじゅおおはし》で、二百何十年の歴史を言う台詞[*13]も見事です。青果先生の作品にはそういう素晴らしさがありますね。

神山　寿海さんのときは梅玉さんはまだ福之助の時代でしょうけど、一緒に青果作品にはお出になってないですよね。

梅玉　はい。

神山　確か福助を襲名なさった昭和四十二年（一九六七）五月[*14]に寿海さんが『頼朝の死』をやったと思います。それから、（六代目市村）竹之丞《たけのじょう》、（六代目澤村）田之助襲名の時（昭和三十九年〈一九六四〉四月）にも寿海さんの『頼朝の死』[*15]がありましたね。

梅玉　そうでしたか。じゃあもちろん舞台は拝見しているはずです。

中村　そのとき（昭和四十二年）は、小周防《こすおう》が松江《まつえ》さん（現・中村魁春《かいしゅん》）、重保《しげやす》が（五代目中村）富十郎（当時は市村竹之丞）、尼御台《あまみだい》が（二代目中村）鴈治郎《がんじろう》でしたよ。わたしが最初に寿海さんの『頼朝の死』を見たのは昭和三十六年（一九六一）十月[*16]ですから、古いですよ。そのとき、歌右衛門が初役で尼御台で、小周防が（大谷《おおたに》）友右衛門（四代目中村雀右衛門《じゃくえもん》）、重保が四代目（中村）時蔵。このときの頼家は素晴らしかったですね。三度見ましたが。

日置　寿海さんは青果作品にとって大きい存在ですけれども、中村先生は寿海さんの役でほかに何か印象に残っていらっしゃるものはありますか？

13　二百何十年かの歴史を言う台詞　「将軍江戸を去る」の幕切れ、慶喜の「天正十八年八月朔日、徳川家康江戸城に入り、慶応四年四月十一日、徳川慶喜江戸の地を退く。歴史の記述は短かゝらうが……その間二百七十有八年の年月を通じて、われ等の目にうつる江戸は……長い過去、忘れ難き歴史の事実をもつてゐるのだ」以下の台詞。

14　昭和四十二年五月　歌舞伎座。演出＝巌谷槇一。源頼家＝三代目市川寿海、尼御台政子＝二代目中村鴈治郎、大江広元＝十四代目守田勘弥、畠山重保＝六代目市村竹之丞（五代目中村富十郎）、小周防＝五代目中村松江（二代目魁春）。

15　寿海さんの『頼朝の死』　歌舞伎座。演出＝巌谷槇一。源頼家＝三代目市川寿海、尼御台政子＝六代目中村歌右衛門、大江広元＝十四代目守田勘弥、畠山重保＝六代目市村竹之丞（五代目中村富十郎）、小周防＝六代目澤村田之助。

16　昭和三十六年十月　歌舞伎座。演出＝巌谷槇一。源頼家＝寿海、尼御台政子＝六代目中村歌右衛門、大江広元＝六代目坂東簑助《みのすけ》（八代目三津五郎）、畠山重保＝四代目中村時蔵、小周防＝七代目大谷友右衛門（四代目中村雀右衛門）。

中村　「将軍江戸を去る」でしょ、「綱豊卿」でしょ、あ、『椀屋久兵衛《わんやきゅうべえ》』[17]。これはね、わたし梅玉さんに勧めたいと思うんですよ。昭和三十七年（一九六二）一月、歌右衛門が松山《まつやま》で、寿海さんが久兵衛を歌舞伎座でやっています。[18] こないだ調べてみたんだけど、青果作品として相当いいものですね。これは梅玉さんじゃないとできない。ちょっと若返ってもらって。少し色気のあるものもやっていただかないと。寿海さん以来出てないですね。梅ヶ枝《うめがえ》が友右衛門（雀右衛門）でね。惣八《そうはち》という脇の役を（十七代目中村）勘三郎。いいものだと思いますよ。

梅玉　ちょっと今上演されている青果作品の色とは違うんですね。『西鶴置土産《さいかくおきみやげ》』[19]もそうだけど、色が違いますよね。

神山　でも、確かにかつての東横ホール[20]なんかでも、青果作品は見ていますが印象が薄い。若手には難しいんですかね。

梅玉　もちろん我々はまったく知らない時代だけども、二代目（市川）左団次[21]さんのために青果の多くの作品は書かれてるわけでしょう。父の話を聞くと、二代目左団次さんと寿海さんはまったく芸風が違うようですね。

中村　『頼朝の死』の初演が昭和七年（一九三二）でしょう。二代目左団次が頼家で、五代目歌右衛門が尼御台で、重保が寿海（当時は寿美蔵《すみぞう》）、小周防が（二代目市川）松蔦《しょうちょう》。加賀山（直三）さん[22]が絶賛してますね。特に尼御台と重保を、大舞台だったと。昭和四十九年（一九七四）の五月に梅玉さんが最初になさった頼家は、わたしは二度見ています。昼の部の最後が『勧進帳《かんじんちょう》』、その前が『春日局《かすがのつぼね》』（北條秀司作）の初演で。夜の最初が『頼朝の死』なんですよ。この『勧進帳』の弁慶が（初代松本）白鸚《はくおう》さん、富樫《とがし》が（十四代目守田）勘弥《かんや》さん、義経が鴈治郎さんでした。なぜ覚えてるかというと、このときにフランスからアンドレ・マルロー[23]が来たんですよ。文化大臣の。

17　**『椀屋久兵衛』**→「Ⅳ 青果作品小事典」【13】へ

18　**昭和三十七年一月〜**　歌舞伎座。演出＝巌谷槇一。

19　**『西鶴置土産』**→「Ⅳ 青果作品小事典」【17】へ

20　**東横ホール**　渋谷・東急百貨店東横店（平成二十五年〈二〇一三〉営業終了）西館の九・十階に、昭和二十九年（一九五四）から六十年（一九八五）まで存在した劇場。若手俳優による「東横歌舞伎」や、新派の上演、落語会などに使用された。

21　**二代目市川左団次**　一八八〇〜一九四〇。歌舞伎俳優。初代市川左団次の長男。父の没後、明治座の座元を継承し、明治三十九年（一九〇六）に二代目を襲名。その収益で大歌舞伎の俳優として初めての欧米視察に赴いた。帰国後は旧来の興行方法の改良や、小山内薫とともに旗揚げした自由劇場での翻訳劇上演などを試みるとともに、岡本綺堂、青果らの新作の上演に力を入れた。昭和三年（一九二八）にはソ連で歌舞伎公演を行なった。従来の古典にはないテンポの速い台詞回しや力強い芸風で人気を博した。

22　**加賀山直三**　一九〇九〜一九七八。歌舞伎評論家。慶應義塾大学文学部国文学科卒業。評論家・松竹社員の岡鬼太郎《おにたろう》に師事。松竹、日本放送協会（ＮＨＫ）に勤務ののち、昭

それで『勧進帳』を見た。そのときアンドレ・マルローの訳者の竹本忠雄さんという人が一緒に見においでよって言うんで見たんです。それで『勧進帳』を二度見て、そのついでと言っちゃなんですけど『頼朝の死』も二度見たんですよ。『頼朝の死』も大舞台でしたね。尼御台が歌右衛門、広元が鴈治郎、重保が吉右衛門ですよ。その大舞台に負けないだけのものはあったんじゃないですか、あの初役の頼家は。先日、如月青子《きさらぎせいこ》さんの当時の批評*24を読んだんですけど、好評ですね。

梅玉　そうですか。褒められたことほとんどない（笑）。

中村　如月さんて本当に厳しい人だけど、情に訴えるところの台詞がよくできたって書いてありました。

神山　一時『将軍頼家』ってタイトルを変えて*25出しましたよね。あれは美保先生のご意見で？

中村　やっぱり「死」というのがね。

神山　なるほどね。

梅玉　『頼朝の死』で忘れられないのは平成十三年（二〇〇一）の四月*26にやらせていただいたんですけれども、その舞台稽古の日（三月三十一日）に父が亡くなったんです。で、父親を偲ぶ内容の作品ですから、初日の舞台は本当に何とも言えなかったですね。

神山　そうですね……。あれ、タイトルは『頼朝の死』ですけど、頼朝はすでに死んでいて出てこないじゃないですか。それがタイトルっていうのが巧いところですよね。青果作品では「慶喜命乞《よしのぶいのちごい》」*27もそうです。

日置　歌右衛門さんはじめ先輩方から、青果作品はこういうところに気を付けなければいけないんだというような教えはありましたか？

梅玉　それはないですね。それを言ってもできやしないんだから、ってことだと思いますよ。

織田　巌谷さんの演出はどうでしたか。最初

和四十一年（一九六六）に開場した国立劇場の初代制作室長となり、通し狂言の演出を行なった。著書に『歌舞伎の型』『新歌舞伎の筋道』など。

23 アンドレ・マルロー　一九〇一〜一九七六。フランスの作家、政治家。戦前から小説を発表し、スペイン内戦への義勇兵としての参加、第二次世界大戦中のレジスタンス運動などを経て、戦後はシャルル・ド・ゴール政権で文化大臣等を務めた。

24 如月青子さんの当時の批評　「福助初役の頼家は、〈理〉づめで押す部分がひ弱い。〈理〉のせりふの芯に、バックボーンを感じさせる力が加わってほしいのだ。一方、抑揚で聞かせる類の〈情〉のせりふは相当によく語られているし、生まれながらにして将軍の座におかれた人らしく見え、また、悲劇の貴公子らしいたたずまいも色こく感じられるのがいい。」（如月青子「歌舞伎座　夜　勘三郎への褒め詞と恨み言」『演劇界』昭和四十九年六月号）。

25 『将軍頼家』　平成元年（一九八九）十一月歌舞伎座、四年（一九九二）一月歌舞伎座、五年（一九九三）十二月南座、八年十二月歌舞伎座で、『将軍頼家』と改題して上演。

26 平成十三年の四月　歌舞伎座。演出＝真山美保。源頼家＝四代目中村梅玉、尼御台政子＝五代目中村富十郎、大江広元＝二代目中村吉右衛

は巌谷演出で『頼朝の死』をおやりになってますね。

梅玉　巌谷先生の演出の方が、いわば古典っぽくなさってた気がしますね。美保先生の演出になってからはもっと現代に近い。台詞の言い方にしても。巌谷先生の方が寿海のおじさんとやっていたから、歌い上げても大丈夫ですよというようなことを仰って。

――真山美保さんの思い出

日置　美保先生とは多くの舞台をご一緒されています。

梅玉　ええ、美保先生には本当に、手取り足取りって感じですよ。先生のいらしたリキマンション[*28]に行ったり八王子[*29]に行ったりして。先生はお稽古のあとに一緒に食事するのが楽しみで。だから稽古の方は一応やるけど、そのあとのお話が長くて。夜中まででした。

日置　お稽古ではあまり細かい話はなさらない？

梅玉　いえいえ、もちろん稽古は緻密でしたよ。

日置　どういう部分にこだわられていたんですか？

梅玉　青果作品に限らないけど、気持ちを込めて台詞を言わなければいけないっていうことですね。「もちろん歌うのも大事なのよ、そこが歌舞伎なんだから」って。けれども、もっと感情を込めて、それを台詞にして出すっていうところを一番言われましたね。だから、先生は役者としての僕の大恩人です。というのは、古典のものにしたって結局は同じことなんですよ。浄瑠璃物はまた少し違うかもしれないし、ツラネ[*30]なんかは別でしょうけど、やっぱり気持ちが入っていない台詞ではお客さまは納得させられないですよね。そういうところをすごく細かく教えていただきましたね。例えばリズムにしても、

門、畠山重保＝三代目中村歌昇《かしょう》（三代目又五郎）、小周防＝九代目中村福助。

27 「慶喜命乞」　『江戸城総攻』三部作の第二部。↓「Ⅳ 青果作品小事典」【24】へ

28 リキマンション　東京・赤坂にプロレスラー・力道山が建てたマンション。昭和三十八年（一九六三）に竣工したが、同年十二月に力道山は亡くなっている。

29 八王子　東京・八王子の新制作座文化センター（↓【インタビュー】真山家と新制作座の現在」参照）。

30 ツラネ　歌舞伎で、掛詞や物尽くし等の修辞技法を多用した長大な台詞で、『暫《しばらく》』等の荒事の中で朗唱されることが多い。

声の高さなどにしても、台詞の、大きく言ったり、ぐっと引くところの加減にしても、そういったあらゆるテクニックを一言一言教えていただきました。

日置　かなり具体的に。

梅玉　本当にそうです。

織田　真山（美保）先生の時代になるとね、まず新制作座《しんせいさくざ》の人たちで芝居を作ってたんですよ。とにかくあそこの舞台で芝居をやるんですよね。それで結構長い時間、新制作座の俳優さんで作っていく。それを元に演出台本を作るんです。それを僕はリキマンションで写すんです。国立の上演台本に、写させてあげるという許可をいただいて、それをリキマンションでかなり遅い時間まで写させていただきました。その台本を元にして稽古をするわけです。そこのところで歌舞伎俳優のやり方や台詞の歌い方、動き方と、新制作座の俳優さんのやり方との齟齬《そご》が出てくる。そのせめぎ合いっていうのは演出の真山先生にもあったし、我々にもありましたよね。それは歌舞伎の俳優さんにはあまり見せないんだけど。

中村　いろいろやってますよね。新制作座でね。『平将門《たいらのまさかど》』*31もやってますね。

神山　あと、『玄朴《げんぼく》と長英《ちょうえい》』*32もやってますでしょう……。今思い出したんですが、これは歌舞伎座でもやったんですかね。国立では稽古場に美保先生の指示で間仕切りの板切れを置いてたんですよ。そんなこと役者さんはわかってるから、稽古場に間仕切りとかしませんよね。それをいちいちやってたのを覚えてますよ。

中村　青果作品の上演が決まると八王子へ行くっていうのは、やっぱりひとつのパターンだったんですか。

梅玉　そうですね。

中村　亡くなった（十八代目）勘三郎さんなんかも、八王子へ行っとかなきゃって、よく言ってましたね。

梅玉　ええ、八王子行くんですよ。我々も行き

31　**『平将門』**→「Ⅳ 青果作品小事典」【20】へ

32　**『玄朴と長英』**→「Ⅳ 青果作品小事典」【19】へ

ましたけどね、何回か。

織田　みんなで一緒に、共同で作るというのが、新制作座の精神、スピリットなんです。それをどこかでみんな感ずるわけですよ。八王子が遠いとか赤坂のリキマンションが近いとかっていう問題ではなくてね。リキマンションに夜中に呼ばれるってことはありました?

梅玉　僕は何度かありますね。

織田　皆さん八王子にも行かれましたね、(現・市川)左団次さんなんかもよくプールで泳いでたけど(笑)、あそこに泊まり込んでいた。そういう芝居作りの精神みたいなものを真山美保先生は、歌舞伎俳優や我々に教えてくださったと思います。

神山　歌舞伎の役者さんならではというので思い出すのはね、「南部坂《なんぶざか》雪の別れ」*33で高麗屋さん、先の白鸚さんが内蔵助《くらのすけ》、瑤泉院《ようぜいいん》が京屋《きょう》(四代目雀右衛門)なんですよ。やっぱり京屋さんが遠慮しちゃうじゃないですか。だから居所が違ってるんですよ。で、高麗屋は座ったら自分がシン(舞台中央寄り)にいるものだと思ってるでしょ。美保先生が「位置が違う」というので。わたしが恐る恐る高麗屋に伝えても、動かないんですよね。稽古が全部稽古場の壁よりの上手《かみて》寄りの位置になっちゃって。困ったこともありました(笑)。

中村　真山美保さんは、ご自分でもお芝居をお書きになりましたからね。

梅玉　そうですね。演出もなさったわけですから。

中村　『野盗《やとう》風の中を走る』*34、あれは歌舞伎座でやりましたね。今の猿翁さん(当時は猿之助)の若い頃ね。

神山　あれ映画にもなりましたでしょう。

中村　そうですね。

日置　初日があいてからもいろいろ駄目出しとかあるんですか?

梅玉　ありますねえ。例えば旅先で、名古屋や京都でも『頼朝の死』やらせていただいたんですけど、ほとんどひと月いらっしゃ

33　「南部坂雪の別れ」　連作『元禄忠臣蔵』の一つ。『キング』昭和十三年(一九三八)十二月号に発表。同年十一月歌舞伎座で二代目市川左団次らにより初演。翌日の討ち入りを決意した大石内蔵助が、真意を胸に秘めつつ浅野内匠頭の未亡人・瑤泉院への暇乞いに訪れるさまを描く。河竹默阿弥の『四十七刻忠箭計《しじゅうしちこくちゅうやどけい》』を下敷きにしている。

34　『野盗風の中を走る』　真山美保の戯曲。歌舞伎座では昭和三十六年(一九六一)十一月に二代目実川延二郎(三代目延若《えんじゃく》)、三代目市川団子(二代目猿翁)、四代目坂東鶴之助(五代目中村富十郎)、七代目大谷友右衛門(四代目中村雀右衛門)、八代目市川団蔵らにより上演。

いましたよ。初日があいてからはそんなに詳細に駄目出しは仰らないけどね。でもご覧にはなってましたね。お好きだったんでしょうね。

——移り変わる演出

日置　先生方、巌谷さんの演出と真山美保さんの演出の違いってことで何かありますか？

織田　最初の頃の『元禄忠臣蔵』は、巌谷先生の演出だったわけです。そのあと、巌谷さんの演出から美保先生の演出に移っていきました。巌谷先生は、大谷《おおたに》（竹次郎）さん[*35]と青果と一緒に作られた時代の人です。ああいう時代のちょっと古風な、歌舞伎風なというんでしょうか、そういうところは確かにありましたね。それが巌谷演出というものの良さでもあり、二代目左団次の時代でもあったのかなという気もします。ただ、やっぱり最後のところでは、巌谷先生と美保先生は理解し合っていたというか、やっぱり美保先生がいらして巌谷さんが後見のようにお側についてるということもよくありました。よく後ろから「お嬢さん、お嬢さん」って言うんですよ。それでね、舞台稽古でもよく後ろから「こうなさったらどうですか」「こんな風におやりになってましたよ」とかね。丁寧に青果さんのお嬢さまに対する態度として対応なさっているもんなんだなァと感じましたね。ただ、真山（美保）先生も、父青果との、まさにいろんなことのあった親子ではあっても、父と、左団次の時代のものを大事にしてらしたんじゃないかなと思いますね。真山（美保）先生が正面きって巌谷さんに反論なさったことっていうのはほとんど僕は見てないですね。そういう意味では真山青果の作品というのはいい時代を経ているような気がするんですよ。大谷竹次郎、真山青果、そして左団次という、ああいう時

35　大谷竹次郎　一八七七〜一九六九。明治三十八年（一九〇五）に双子の兄・白井松次郎とともに松竹合名社（現在の松竹株式会社）を創設。京都、大阪、東京の各劇場を次々と手中に収め、歌舞伎興行を一手に担うに至る。原稿二重売り事件をきっかけに新派座付作者となっていた青果を見出し、歌舞伎で多くの作品を上演させた。

代に確立したものが、大事に次の人たちに守られてきているというね。作品としてのいい歴史を歩んでるなと思いますね。それは今梅玉さんが仰ったように、歌舞伎の場合、寿海さんから入って、今は自分のものになっていくというような、そういうプロセスを皆さん経てらっしゃる。例えば慶喜にしても綱豊にしてもそうだし。いい見本というのかな、目にある耳にあるいい見本や、歌舞伎という世界の中で培われてきたいい伝統、様式っていうのかな、そういうものを皆さん、やる俳優さんも感じながらやってこられていると思うんですけどね。

中村　ただ、見る側から言いますとね、左団次の時代の青果劇は新作だったわけですね。その同時代に生きた寿海さんや猿翁さんという後輩たちが左団次の死後、約二十五年くらいいろいろなさっている。それは要するに準新作としてですよ。そのあとがね、やることは同じですけどね、ちょっと色合いが変わってきてると思うんですよね。より歌舞伎的になっている。勘弥さんあたりからね。どうしても歌舞伎の方に引き付ける、歌舞伎的な色が強くなっていく感じはありましたね。寿海さんや猿翁さんのときは、もっと歌舞伎じゃないシャープな感じだったんですよね。寿海さんはロマンティック、猿翁さんはダイナミックという芸風の違いはあったが、どちらも歌舞伎じゃない新しさがあった。それが、次の世代では古く常套的になっていく。これはもうしょうがない。伝承されて行くわけですから仕方がないところですけど、そういう違いは生じたと思いますね。

日置　それは単にリアルかそうじゃないかということだけではなくて……。

織田　同じ左団次のものでも、八年以上かけて『元禄忠臣蔵』が書かれてるわけでしょ。この作品はご承知のように、「最後の一日」[*36]から書かれた本です。昭和三年

36「最後の一日」　「大石最後の一日」。連作『元禄忠臣蔵』の一つ。→「Ⅳ青果作品小事典」【37】へ

（一九二八）に。だから忠臣蔵の最後が最初に書かれ、好評だったために大谷さんのすすめもあって発端から書き継がれました。僕はこれを事件の歴史の順にやってみようと考えたわけです。国立劇場の四十周年記念公演[37]のときに。あれを全部、事件の発端から大評定を経て、最後のところまで、順番にやってみようと。そうするとね、途中で失敗したなと思ったのはね、合わないです。バラバラに書いてらっしゃるでしょう。だから事件はひとつなんだけども、通してやるとうまくいかない部分が出てくる。だから本当は全部やりたかったんだけども、時間の制約もありましたが、「綱豊卿」とか「最後の大評定[38]」とか「南部坂」や「最後の一日」のように、長い上演歴の中で演出の定まっている部分は崩せないですしね。

中村　『元禄忠臣蔵』を通しでやったのは国立劇場が最初でしょう。織田さんたちが……。

織田　ええ。最初というか、あんなことできないですからね、他の劇場では。

日置　そのあとに歌舞伎座でも[39]、だいぶ抜いた形で一応「通し」と銘打ってやったことはありますね。

織田　読み切り講談っていうとおかしいんだけども、一作一作を丁寧にやったほうがいいかもしれないと思ったですね。そのときに僕はちょっと反省しましたね。これは通しでやるだけじゃすまないんだなっていう。

日置　逆に全部やってみたことで発見なさったということは。

織田　あります。捨てたところもたくさんあります。良い台詞や場面でも捨てたところがかなりあるんでね。

神山　わたしは巖谷さんは直接存じ上げないですけど、巖谷先生時代のと真山美保先生の時代で一番印象が違うのは「大石最後の一日」の最後がね。磯貝《いそがい》（十郎左衛門の役を）おやりになってますよね。

37　国立劇場の四十周年記念公演　平成十八年（二〇〇六）十〜十二月。国立劇場第二五〇〜二五二回歌舞伎公演。演出＝真山美保、補綴・演出＝織田紘二。十月に「江戸城の刃傷」「第二の使者」「最後の大評定」を二代目中村吉右衛門の大石内蔵助、十一月に「伏見撞木町」「御浜御殿綱豊卿」「南部坂雪の別れ」を坂田藤十郎の大石、四代目中村梅玉の綱豊卿、十二月に「吉良《きら》邸裏門」「泉《せん》岳《がく》寺」「仙石《せんごく》屋敷」「大石最後の一日」を九代目松本幸四郎（二代目白鸚）の大石で上演。

38　「最後の大評定」　連作『元禄忠臣蔵』の一つ。『キング』昭和十年（一九三五）二・五月号に発表。同年四月東京劇場で二代目市川左団次らにより初演。城明け渡しを前に浮き足立つ城内にあって、自らの態度を明確にせずにいた大石は、ついに五十六人の同志たちに真意を明かし血判を交わす。さらに、先代藩主から勘当を受け、浪人となっていた井関徳兵衛親子が城を前に自害するのを目にして、密かに討ち入りの意志を伝える。

39　歌舞伎座でも　平成二十一年（二〇〇九）三月。演出＝真山美保。「通し狂言」として、昼の部で「江戸城の刃傷」「最後の大評定」「御浜御殿綱豊卿」、夜の部で「南部坂雪の別れ」「仙石屋敷」「大石最後の一

梅玉　二回やってます。[*40]

神山　最後に大石があんなに「初一念《しょいちねん》」云々の台詞を強調して花道に向かって、あれは美保先生の演出なんじゃないですかね。巌谷さんのころは僕そんなはっきり覚えてないんですけど、他の諸士と同じところに入ったこともあるような気がするんですよね。そんなことなかったですか？

中村　いや、それはないんじゃないかな。左団次の初演は分からないが……。

神山　そうでしたか、やっぱり花道でしたか。

織田　ただ、太鼓が強調されて……その音で花道へ一歩一歩と入るというところが強い印象として残ってたので、それがあると「初一念が届きました」という台詞が立たないんですよ。あそこでオロシ[*41]じゃないけどドーンと入ってね、それでキッと向うを見てね、花道へ一歩一歩と入って行くというのが、あの芝居の幕切れなんですよ。

神山　それで印象が違うんですね。

織田　そうなんですよ。それで印象が違うんですよ。だから高麗屋（初代白鸚）は「初一念が」の台詞を花道の七三《しちさん》[*42]で言って、無音で入るという演出もありました。切腹をする浪士の名が読み上げられる中、スーッと入る。そこが違うといえますね。それが神山さんの印象にもあったんじゃないかな。そこに入ったということもあったのかもしれないけど、少なくとも国立ではやってないです。

――これから見たい作品・演じたい作品

中村　高砂屋さんは、先月は南座で『鳥辺山《とりべやま》心中《しんじゅう》』でしたが、他にも『番町皿屋敷《ばんちょうさらやしき》』『修禅寺物語《しゅぜんじものがたり》』など岡本綺堂《きどう》[*43]の作品を相当なさってますね。

梅玉　そうですね。

中村　新歌舞伎っていうのは高砂屋さんの領域ですね。

梅玉　いいえ、そんなことはないですけれど

日」を上演。

40 二回やってます　昭和五十年（一九七五）四月歌舞伎座、六十二年（一九八七）四月歌舞伎座（いずれも八代目福助時代）。

41 オロシ　歌舞伎の下座《げざ》音楽の一種。太鼓によって奏される。

42 七三　花道の舞台から三分、揚幕から七分の位置。主要な役は、登場・退場の際などにこの場所で何らかの演技を行うことが多い。

43 岡本綺堂　一八七二〜一九三九。劇作家、小説家。江戸幕府御家人の子として生まれ、新聞記者となった後、明治三十五年（一九〇二）、岡鬼太郎との合作『金鯱噂高浪《こがねのしゃちうわさのたかなみ》』が歌舞伎座で上演されて以降、多くの戯曲を著す。特に二代目左団次によって初演された『修禅寺物語』（明治四十四年〈一九一一〉初演）、『鳥辺山心中』（大正四年〈一九一五〉初演）、『番町皿屋敷』（大正五年初演）などは今日まで上演を重ねており、「新歌舞伎」の代表的作品とされている。小説『半七捕物帳』や明治の劇界の様子を伝える随筆『ランプの下にて』などでも知られる。

も。でも、綺堂先生はやっぱり出させていただいて素晴らしいものがありますよね。綺堂先生のものは大正浪漫という感じがして。どのお芝居も最近は照れずにやれるようになりました。『鳥辺山心中』の菊地半九郎なんかは旗本ですから、もう少し二代目左団次さんなんかは、骨太で、いわば男の色気があったって、父なんかは言ってましたね。寿海のおじさんとは違った雰囲気で。でもわたしの体はやっぱり寿海のおじさんの方に近いもんですから、おじさんをお手本にしています。ただ、色々な解釈、やり方もあると思うんですよね、新歌舞伎っていうのは。

中村　先月は「すし屋」(『義経千本桜』)の梶原《かじわら》もなさった。

梅玉　まさか自分が梶原を……(笑)。

中村　どんな役でもできる人になったと、Facebookに書いている人がありましたね。ですからね、わたしいろいろ、まだやっていただきたい。青果についてもさっき言った『椀屋久兵衛』ね。それと、実現が難しいかもしれませんが、「首斬代千《くびきりだいせん》両《りょう》」ですね。『江藤新平』四部作[44]の終篇です。あれは初演では井上正夫[45]が江藤新平をやって、文芸協会出身の加藤精一[46]が大久保利通をやっています。戦後、ラジオで放送したときは、江藤を八代目幸四郎、大久保は滝沢修《おさむ》[47]でした。この大久保利通の役は梅玉さんだと思うんですよ。

織田　江藤新平は誰です？

中村　これは異論があるかもしれないけど、(市川)中車《ちゅうしゃ》。中車に江藤新平をさせて。これは歌舞伎でやったことないですから。これはいい芝居です。

織田　前篇の「司法卿捕縛《しほうきょうほばく》」も良いものです。あれもやったほうがいい。

神山　いや、「司法卿捕縛」歌舞伎座でやってる[48]んじゃないですか？

織田　いや、国立劇場でやろうという企画もありました。

中村　だから「司法卿捕縛」と「首斬代千両」

44　『江藤新平』四部作→「IV 青果作品小事典」【32】へ

45　**井上正夫**　一八八一～一九五〇。俳優。新派の伊井蓉峰《ようほう》一座で活躍。一時、新時代劇協会を結成して女優との共演や、演劇と映画を組み合わせた「連鎖劇」に出演するなどした。昭和十一年(一九三六)、井上正夫演劇道場を旗揚げし、新派と新劇の「中間演劇」樹立を目指す。重厚な演技で知られ、青果作品では『酒《しゅ》中《ちゅう》日記』『平将門』などを初演。

46　**加藤精一**　一八八九～一九六三。俳優。早稲田大学英文科在学中に、坪内逍遥が設立した文芸協会演劇研究所の第一期生となる(同期に松井須磨子ら)。第一回公演以来、文芸協会の公演に出演し、シェイクスピア『ジュリアス・シーザー』日本初演で題名役を演じる。のち、新文芸協会、同志座を経て、新興キネマに入社。溝口健二監督による『元禄忠臣蔵』映画版に出演している。

47　**滝沢修**　一九〇六～二〇〇〇。俳優。築地小劇場研究生として大正十四年(一九二五)に初舞台。東京左翼劇場を経て新協劇団旗揚げに参加。また映画にも出演する。昭和十八年(一九四三)、芸文座を結成し、翌年には青果の『頼山陽《らいさんよう》』を上演。戦後は東京芸術劇場を経て劇団民藝設立に参加、劇団代表として活躍。演出をも手掛けた。

ふたつやって、大久保は最後に出てくるだけですが、良い役ですよ。

織田　そうですね。あとは中車さんに任せて（笑）。

中村　梅玉さんには貫目《かんめ》と、ある種の厳しさや冷たさを見せていただいてね。大久保が良くないと、この芝居は幕が降りない。

織田　あの「司法卿捕縛」も台詞が多い。

中村　でもあれは（初代）猿翁さんが好評でね。戦後二回やったんですよ。歌舞伎座で。

神山　不思議に最近出なくなったのは「慶喜命乞」ですね。一時随分出てた記憶があるんですけど。この二十年くらい、平成になってからあんまり出てないですね。

中村　西郷がいないから……。

日置　最近あまり出てない芝居の話になりましたが、平成九年（一九九七）十一月、澤村藤十郎さんの会[*49]の『西鶴置土産』に出られてますが……。

梅玉　一日だけだったんで、あんまり覚えてない（笑）。

日置　これはどなたのもご覧になってないですか。

梅玉　ええ、まったく。もちろん美保先生の演出でしたから、（藤十郎さんの）相手役を美保先生がいろいろ教えてくださいましたけどもね。全然覚えてないんだよなあ。

中村　一九九七年だから二十年前か。「将軍江戸を去る」の慶喜公は、また見せていただきたいですね。最近もなさってはいるけれど。

梅玉　是非やらせていただきたいです。

――演出家不在の時代

日置　昔は寿海さんが憧れの存在だったということですけど、今は梅玉さんがあとの世代のお手本になっているのだと思います。ご自身より若い世代の舞台をご覧になっていて、青果の演じ方が変わってきていると思われる部分はありますか？

梅玉　どうでしょう。我々の世代からはあん

48　歌舞伎座でやってる　昭和三十二年（一九五七）十一月、三十四年（一九五九）四月。いずれも真山青果・久保田万太郎演出。

49　澤村藤十郎さんの会　平成九年（一九九七）十一月二十八日歌舞伎座、「第一回　藤十郎の会」。演出＝真山美保。おきわ＝二代目澤村藤十郎、釜屋利左衛門＝四代目中村梅玉、錫《すず》の重右衛門＝四代目市川左団次、荷船の次郎八＝六代目尾上松助、伊豆屋吉郎兵衛＝六代目中村東蔵。

まり変わってないんじゃないかと思いますけどね。さっき中村先生が仰っていたように、寿海のおじさんは二代目の色がわかってた方で、その次の世代はがらっと変わったんだけど、そこから先は変に変えようと思ってもいい結果が出ないんじゃないかと思うんですよね。

中村 やることや演出は同じなんですよ。でもイキが違うと思うんですよ。イキがね。猿翁・寿海の時代とね。

織田 左団次、寿海と同じようにやるというのは、無理なことなんだと思うんですよ。やっぱり演出家の力が非常に衰えてるから。いないんだから、演出家が。『天保遊《てんぽうゆう》侠録《きょうろく》』*50でもそうだし、『荒川の佐吉』*51でもそうなんだけども、人によって違うんですよ。ある役の人は歌舞伎調で、ある人は写実で、同じ舞台の上でバラバラになってる。そういうことをこの頃の青果作品の上演では感じますね。色合いが違う、役の色が違うというところが見えるというのが、演出家不在ということなのかもしれないし、または座頭《ざがしら》*52の不在という言い方をしてしまうのですが。

中村 演出家も不在ですし、今は作家も不在です。

織田 そんなことを感ずることが多々あって。

中村 まあ、歌舞伎で、それぞれの俳優さんの出し物として伝承されていくのもいいとは思うんだけれども、演出家と俳優があれば、最近上演されないものにも青果の戯曲は可能性があると思う。歌舞伎座じゃなくてね、新国立劇場とか、そういうところで現代演劇の場で青果をやってみる必要があると思うんですよ。そうすると青果を知らない若い人たちも魅力を感じるかもしれない。『平将門』なんか上演回数が少ないし、若者たちの歴史劇だから、現代劇の俳優さんたちがやればおもしろい。従来のやり方にこだわらないで、シェイクスピア劇の上演台本づくりにも変遷史があったのだから、青果劇も新しい角

50 **『天保遊侠録』** 『講談倶楽部』昭和十三年（一九三八）二〜五月号に発表。同年五月東京劇場で二代目市川左団次らにより初演。要領良く出世をすることができない勝小吉の不器用な姿と、そうした父を見かね、子供ながら江戸城への奉公を自ら願う麟太郎（のちの勝海舟）の姿を描く。

51 **『荒川の佐吉』** →「Ⅳ 青果作品小事典」【34】へ

52 **座頭** 歌舞伎では、一座の俳優中で最上位の座頭が演出家的な役割を務めることが多い。

度の上演台本でやってみる。それから、未上演の『大塩平八郎』[*53]『江藤新平』という反乱劇ですね。今の歌舞伎ではできないと思うんですね。体制その他が動かせないのでね。三島（由紀夫）さんは歌舞伎で伝承されていく『鰯売恋曳網《いわしうりこいのひきあみ》』や『椿《ちん》説《せつ》弓張月《ゆみはりづき》』のようなものもお書きになったけど、歌舞伎だけの劇作家じゃないと同様に青果もそれだけの存在じゃないと思うんですよ。そこを言わせておいていただきたいと思うんですがね。

神山　わたしが感じるのは青果の芝居は、岡本綺堂もそうですけど、古いところが物凄くある。古さと新しいところが混ざっているところが魅力だと思うんですよね。それでさっき織田さんが仰ったように、そこのところがうまくいかない。『天保遊侠録』なんかでも、古風な女形の台詞が残っているところが変に浮いてしまう。お世辞で言うわけじゃないですが、梅玉さんの世代まではですね、そこのところが自然に身についてるように思うんですよ。古い部分と新歌舞伎らしいところとが、別に台詞が浮くところがなく共存している。この感じは寿海以来あったと思う。若い世代になるとそこのズレが出てきて、古いところが浮いてしまう。あるいは新しいところが感情の吐露だけになって、歌舞伎らしい調子を通して感情を伝わってこなきゃいけないのに、ただ感情をぶつけたみたいになってしまうところがある。そこがわたしとしては若い世代は、若いといっても五十代以下ですけどね、ちょっと物足りない。偉そうなこと言って恐縮ですけれども。

日置　美保さんが仰った台詞の言い方というのも、そういう風になってはいけないということですよね。

——青果作品を次世代に伝える

中村　今月の浅草の『番町皿屋敷』[*54]は高砂屋さ

53　「大塩平八郎」　『中央公論』大正十五年（一九二六）七・十一・十二月号に発表。未上演。

54　浅草の「番町皿屋敷」　平成三十一年（二〇一九）一月浅草公会堂。青山播磨＝中村隼人、お菊＝中村種之助、渋川後室真弓《まゆみ》＝二代目中村錦之助。

んが教えられた？

梅玉　はい、大変でした（笑）。

中村　でも結構見られた。ただやっぱり、寿海さんなんかと比べると……。

日置　それは可哀相ですよ（笑）。

中村　まあ、梅玉さんたちと比べてもね、やっぱり神山さんが先程言われた、とってつけたような台詞になっちゃうんですよね。

神山　『番町皿屋敷』でも意外に難しいのが、最初に石段の下に奴《やっこ》が二人並んで幕明きに喋る、あれが難しいですよね。今になってみるとね。すごい変なんですよ、悪いけど。若手がやると。

梅玉　そうですね。

神山　昔はまずい人でもおかしくなかった。大変失礼ですけど。中村駒助《こますけ》*55さんなんかがやってもおかしくなかった。

日置　新歌舞伎でも若い方からいろいろ教えを乞われることがあるかと思うんですが、新歌舞伎の場合特に古典と教え方の上で変わることはないでしょうか？

梅玉　それがね、新歌舞伎というのをあんまり意識させちゃうと、今神山先生が仰ったような感じになっちゃうから、ある程度、古典なら古典で全部運ぶか、それともまったく新しい新劇っていう感じで押し通すか、最初はどちらかの方が身につくと思うんです。何回か演じていくうちに、ここはもうちょっと歌ってみようというようなゆとりが出て来ると、いいものが出てくると思いますけどね。（中村）隼人《はやと》はルックスがいいですから、前からやったらいいよとは言っていたんですが。何度か重ねていけば彼の役にはなると思いますけどもね。

中村　花が散ってくるところが……姿がいいから。

日置　思ったより線の太い感じが出てましたね。

中村　左団次ってそういう人でしょう。

梅玉　そうですよね。

神山　でも初役でおやりになったときは、「伯

55　四代目中村駒助　一九三三〜二〇〇二。歌舞伎俳優。六代目中村歌右衛門に入門して昭和三十三年（一九五八）に中村芝歌蔵《しかぞう》を名乗り初舞台。昭和四十九年（一九七四）五月「頼朝の死」定海などで四代目中村駒助を襲名。平成四年（一九九二）真山青果賞助演賞。

母様は苦手じゃ」なんて台詞は仰りにくかったでしょう?

梅玉　いや、もう、とってもとっても。

神山　あまりによく知られた台詞ですからね。

梅玉　本当にね。あれを照れずに、そこで播磨の性格を出すっていうところがなかなかうまくいかないですね、いまだに。

神山　わたしから見ますとね、相手の台詞があって言うならいいんだけど、あれは伯母様は引っ込んだあとですからね。独白みたいなかたちで言うから。

織田　以前成駒屋《なりこま》さん（歌右衛門）が舞台稽古で魁春さんに指導をしているのを拝見していたら、舞台稽古のときに舞台の上でちょっと拵《こしら》えっていうのかな、衣裳の乱れを気にしました。魁春さんがね。そしたら成駒屋が、衣裳の乱れなんて気にするもんじゃないと言う。「役が身につきゃ自然に衣裳なんてのは体についてくるんだ」って、かなり強く仰ったというのが印象に残っています。それは何も新歌舞伎であるとか、古典歌舞伎であるとかいうことではなくて、いわば俳優の心得を教えてらしたんですね。そういうところで切れちゃうのね、見てる方の気持ちが。衣裳の乱れが気にならなくなるまでには、かなり時間がかかるもんなんでしょうね。

日置　役者さんの側も段々に左団次の時代のことがわからなくなるわけですが、同時に、観客の側もやっぱり変わるところはあるのでしょうか。『元禄忠臣蔵』なんかの場合などは、『仮名手本忠臣蔵』の裏を行っているということが言われることもあります。初演のときは根底にある『仮名手本忠臣蔵』の存在がお客にも通じたんでしょうけども、今はそうしたことは理解されにくくなってると思うんですが。

織田　わたしは『元禄忠臣蔵』っていうのは『仮名手本忠臣蔵』とは関係なくまったくひとつの作品として成り立っているものだと思いますね。

中村　「御浜御殿」が、七段目を意識しているという見方はありますがね。

織田 でも僕は違うと思うけどね。

中村 まあ言われてみれば、そうかなということですね。

梅玉 青果先生はそれを意識なさったんですかね？

一同 してないと思う。

織田 「伏見撞木町《ふしみしゅもくまち》」*56 はどこかで七段目を意識していたかもしれないけども、意識にあればあるほどそこから逃げようとする。そこが「撞木町」の難しさにもなる。

中村 三島さんならそういうことは、いわゆる本歌《ほんか》取《ど》りで意識されたでしょうけど、青果はしてないんじゃないですか。今の批評家の解釈ですよね。

織田 僕は中村先生が仰るように、真山青果という作者の作品はもっと社会性を強調して、新劇とかいうせまい世界ではなく、演劇としてもっと広いところに出すべきだと思う。

中村 わたしもそう思う。

織田 女形《おんながた》が演じてきた作品も、女優でいいんじゃないかと思います。もっといろんな作品がいろんな方法で上演されるべきだというのに、僕は賛同したいですね。そういうものに耐えられる作品というのがなかなかないんですよ、三島さん以外に。新国立劇場でも三島さんのものがいくつか取り上げられて、いいものもありましたから。『白蟻《しろあり》の巣』のような素晴らしい出来だなと思うものもありました。それだけに真山青果作品が、これだけの社会性をもっている芝居だというのを若い観客に広く知ってもらいたい。

中村 つまり歌舞伎だけで独り占めしているのはもったいない気がするんです。どうですか？

――役者の系統と伝承のなかで

梅玉 二代目左団次さんという方は歌舞伎から飛びだそうという意識で青果先生との

56 「伏見撞木町」 連作『元禄忠臣蔵』の一つ。『キング』昭和十四年（一九三九）九月号に発表。同年四月歌舞伎座で二代目市川左団次らにより初演。血気に逸る藩士たちを宥めるための方便として、内匠頭の弟・大学による浅野家復興を願い出てしまった大石が、事の成り行きを注視しつつも、表向き遊郭で放埒三昧の日々を送る姿を描く。

作品を作ったのかもしれないですね。だから父の話なんか聞くと、歌舞伎の演技よりももっと先を行ってたっていう風に言いますよね。綺堂のものですが、『修禅寺物語』の夜叉王《やしゃおう》がレコードに残ってますけど、あれなんか聞くとタタタタタタ！　って、早いですね。一気ですね。

中村　綺堂の『佐々木高綱《ささきたかつな》』なども、すごい勢いで舞台を往復したといいますね。

梅玉　そうらしいですね。

織田　六代目（尾上菊五郎）[57]のところに紀尾井《きおい》町《ちょう》（二代目尾上松緑《しょうろく》）が弟子入りしてからなんですが、ある時の『番町皿屋敷』を見に行って、弟子があんまり他の人の芝居を見に行くことを六代目は嫌がったらしいんだけど、それを見たら、花道で止まらない。[58]紀尾井町が驚いてその話をしたら六代目は「そうだろうね」と言ったというんだけども。六代目と左団次っていうのは以前から一度も共演してない。高橋、寺島と本名で呼び合って、どこで会っても「ようよう」っていうような関係でありながら、一度も共演してない。俳優祭ではやってるんですが、ああいう所では出てても、本公演では出てないという。これは僕は大事なことだと思うんだよね。この二人の共演がなかった近代の歌舞伎というものを、きちっと考えなきゃならないなと。それだけに今仰ったように真山青果と二世左団次の関係というのは、やっぱり六代目の系統の新歌舞伎とは違うものなんですよね。

中村　六代目の方はね、後継者が（七代目尾上）梅幸《ばいこう》・松緑・（十七代目）勘三郎と直系の方々がおられたから、いろいろ継承されましたよね。だけど高島屋はなかったからね。後輩の寿海さん、猿翁さんがいるくらいで。

神山　今、綺堂作品の動きのことを仰っていたけど、梅玉さん、『佐々木高綱』もなさってますよね。今中村先生が仰ったように、確かに左団次は物凄い勢いで歩きながら

57　六代目尾上菊五郎　一八八五〜一九四九。歌舞伎俳優。五代目尾上菊五郎の長男。明治三十六年（一九〇三）、六代目菊五郎を襲名。立役、女形、舞踊など幅広い役柄を得意としたが、特に写実的な世話物と『鏡獅子』を始めとする舞踊において実力を発揮した。近代的な解釈に基づいた演技・演出で知られ、さまざまな作品で旧来の演出を一新し、今日まで受けるがれているものも多い。子に二代目尾上九朗右衛門《くろうえもん》、七代目尾上梅幸（養子）。女婿に十七代目中村勘三郎。

58　花道で止まらない　二代目左団次は、『番町皿屋敷』幕切れで青山播磨が花道を引っ込む際に、従来の歌舞伎の演技の常識であれば七三で演技をするところを、止まらずに一直線に揚幕に駆け込んだという。

台詞を言ったといいますけど、あれはね、（初代）猿翁さんもやらなかったそうです。梅玉さんも動かなかったですね。あれ動きながらできないですよ、今の役者には。

中村 十三代目の（片岡）仁左衛門も高綱をやりましたね。

神山 十三代目は動きましたか？

織田 動かないでしょう。

中村 左団次だけでしょう。

神山 『番町皿屋敷』の青山播磨[59]で一気に花道を入るといっても、やっぱりできないですよ。

梅玉 できないですよ。どうしてもキマり[60]たくなっちゃう。そこがやっぱり歌舞伎役者なんでね。

織田 それはね、六代目がそうだろうと言ったというので、それで紀尾井町も驚いたらしい。

日置 播磨は今はだいたい花道の付け際で袴のヒダをちょっと取ったりしますが、あれはやっぱり今以上に直線的に入って行った……。

織田 そうでしょう。

神山 おこついたり[61]も何もしないで。

梅玉 あれができないんですよ。

神山 やっぱり役者さんは歩きながら台詞言うっていうのは辛いものですか。（『修禅寺物語』の）頼家の「おお、月が出た」なんていうのも寿海さんは動きながらあの台詞言うんですけどね、やっぱり今は言えない……。

梅玉 そうですね。やっぱりああいう台詞ってね、わざとらしくなっちゃうんですよね。歩きながらとかっていうことよりも、自分でここは聞かせ台詞だっていうことを意識しすぎちゃって、逆にわざとらしくなっちゃうんですよ。「伯母様は苦手じゃ」はまさにそうです。

中村 寿海さんの『鳥辺山心中』の「源三郎、河原へ来い」っていう、あそこの鋭いイキですね。虎渓橋の場の頼家の、「北条がなんぢゃ」と言い放つイキもすごかった。

59 青山播磨 岡本綺堂『番町皿屋敷』の主人公。

60 キマり 歌舞伎の演技で、静止して形を作ることをキマるという。

61 おこついたり 歌舞伎・日本舞踊で、つまづいて踏みとどまる動作をすることを「おこつく」と称し、動揺や感情の高ぶりなどの表現に用いられる。

織田　僕は寿海さんを最後に見たのは、南座での「将軍江戸を去る」でした。駕籠《かご》から出て石にかける。それで結構な長い台詞をかけたまんまで仰るんです。あれはものすごく感動したんだけどね、だけど、本当はああいう薄暗い中での台詞回しではないだろうと思ってたんだよね。あれは寿海さんの台詞回しなんであって、慶喜の最後の台詞ではないですね。あんなところで聞かせ台詞なんていうものをね、聞いてるほうも喋るほうも。

中村　『頼朝の死』は、寿海さんの素晴らしいレコードがあるでしょう。あれと、青果の原作を比べるとカットがあり、句読点の打ち方や言葉の調子が相当違いますね。やっぱり寿海さんの芸にしているんですよね。左団次はまた違うんだと思う。イキや呼吸が違うんです。

織田　それをまたわかってたから。

神山　何気ない台詞でね、『頼朝の死』の頼家で「重保は坊主になりたいとよ」って台詞があったでしょ。あれなんかも寿海さんはよかったですね。名台詞でも何でもないですけど、ものすごい耳に残ってます。

梅玉　新歌舞伎っていうのは本当に台詞を大事にしなければいけないから逆に、その言い方が難しいっていうことですよね。つい古典のように言っちゃったり、心がなくて歌うように言っちゃったりしがちなんですよね。

中村　ただ今の人の方がうまいところもあるよね。『頼朝の死』なんかでもね、「北条か三浦か、いや〳〵……」って歩きながら言うでしょ。あれは寿海さんは辿々しい。とってつけたよう感じがあったんだけど、今の人は自然ですよ。おかしくない。

日置　それは器用になったってことですか。

中村　器用になったっていうか、寿海さんて台詞歌う人ですから、ああいう素《す》の何でもないところが、下手というかな、下手と言っちゃ大変失礼なんですけど。今の人の方がうまいですよ。

梅玉　まさに先生の仰った、札《ふだ》を見ながら「北条か、いや〱……」っていうのはね、普段は何も言わないうちの父がね、北条政子《まさこ》の出があるから下手《しもて》で毎日聞いてるんですけど、あそこがうまくないっていうのは何回か言われましたよ。

日置　具体的にどうやるかはおっしゃらない？

梅玉　ええ、もちろん。

織田　「なんか違うのよね」……。

梅玉　うん、そう、うちの父は。「なんか違うのよね」（笑）って。じゃあ細かくどういう風にしたらいいかっていうのは教えない。

中村　青果の女形の芝居は比較的少ないですから、成駒屋さんはそれほどいろいろはなさっていませんね。『頼朝の死』の尼御台（政子）、「御浜御殿」の江島、「南部坂」の瑤泉院、それに『椀屋久兵衛』のお松。

神山　でも寿海さんのあとっていうと思い込みかもしれないですけど、（七代目市川）寿美蔵さん[*62]の台詞がなんとなく新歌舞伎っぽくてよかったんです。これは寿美蔵さんが左団次の一門にいたからって思い込みもあるんでしょうけど。寿美蔵さんの調子がすごく懐かしい感じしますね。

織田　古典歌舞伎的ではなかったですね。

中村　歌舞伎っていうのは不思議ですね、上手だからって記憶に残るものでもないんですよね。癖の強い方がね、あの「尼御台どころ」っていう、広元や中野五郎の、ああいう誇張した台詞やアクセントは耳に残りますね。

日置　（守田）勘弥さん[*63]はいかがでしたか。古典歌舞伎っぽくなりますか。

神山　勘弥さんは「将軍江戸を去る」と「綱豊卿」が印象的ですね。勘弥さんは独特の調子で僕は好きでしたけどね。寿海さんとは別の。

中村　寿海さんのすぐあとですからね。

神山　寿海さんのあとで、はっきり言って損したと思います。

62　七代目市川寿美蔵　一九〇二〜一九八五。歌舞伎俳優。市川団九郎の子、三代目寿海の義弟。寿海とともに二代目左団次と一座し、昭和二十四年（一九四九）七代目寿美蔵を襲名。晩年まで新歌舞伎の脇役で存在感を示した。

63　十四代目守田勘弥　一九〇七〜一九七五。歌舞伎俳優。十二代目守田勘弥の孫、十三代目勘弥の養子。昭和八年（一九三三）十四代目勘弥を襲名。二枚目役を本領としたが、さまざまな役柄で活躍した。養子に五代目坂東玉三郎。

織田　あれは、寿海ばりなのかな。いや、それを任じてたのか。どうなのかな。

神山　でもご当人は、十五代目（市村羽左衛門）[64]の台詞回しを意識してたんでしょう。十五代目がやればああいう感じってことを。

中村　伝承っていうのは、どこかで自然に変わっていくんですね。これはやむを得ない。幕末の（四代目市川）小団次がやった世話物《せわもの》っていうのは、明治の五代目（菊五郎）になってちょっと色が変わっています。「十六夜清心《いざよいせいしん》」[65]なんかも、七代目（市川）団蔵は、小姓の求女《もとめ》殺し、あちらに重きをおいたらしい。五代目の方は川に飛び込む清元の浄瑠璃のところ。五代目はやっぱり持ち味もあって色っぽく明るくなったんですね。小団次のほうは暗くてリアル。五代目と団蔵、ふたつに系列が分かれた。かなり五代目の清心と小団次とは違うと思うんですよ。だから「御浜御殿」でもなんでも、どうしても変わってくる。

神山　あと、勘弥さんの青果でよかったのは『荒川の佐吉』。勘弥さん独特の情愛と表情がね。よかったですよ。一回しかしてないですけどね。

中村　『荒川の佐吉』はね、寿海さんも前進座の（中村）翫右衛門《かんえもん》[66]もやり、新国劇の島田（正吾）[67]もやり、今では皆さんやるようになった。

神山　佐吉は初演から十五代目羽左衛門ですよね。だから勘弥さんも……。

織田　十五代目なんですか。

神山　そうですよ。

——青果作品は時代とともに

中村　真山青果って人は普通ね、レーゼドラマ[68]っていうか理屈っぽい芝居が多くて、書斎中心で書いたように思われるけれど、違うと思うんですよ。新派の座付き作者として十数年間、現実の客席と闘って芝居を書いた人ですよね。その強さと蓄積

64　十五代目市村羽左衛門　一八七四～一九四五。歌舞伎俳優。初代坂東家橘（十四代目市村羽左衛門）の養子。坂東竹松《たけまつ》、市村家橘《かきつ》を経て明治三十六年（一九〇三）十五代目羽左衛門を襲名。美貌と見事な口跡で人気を博した。青果作品では『荒川の佐吉』の他に、『初袷秋間祭《はつあわせあきまのまつり》』『血笑記』初演に出演。

65　「十六夜清心」　河竹黙阿弥作『小袖曽我薊色縫《こそでそがあざみのいろぬい》』。安政五年（一八五八）三月江戸市村座で初演。極楽寺の僧・清心は遊女・十六夜との関係が露見し、心中を図るが、二人はそれぞれ生き延びる。助かった清心は、通りかかった小姓・求女を殺害して金を奪い、盗賊へと身を落とす。一方の十六夜も女盗賊となり、清心と再会するが、求女は十六夜の弟であったことが判明し、二人とも死ぬ。二人の心中未遂の場面は、清元節の伴奏により所作事風に演じられる。

66　三代目中村翫右衛門　一九〇一～一九八二。歌舞伎俳優。五代目中村歌右衛門の門弟。歌舞伎界の旧習を批判して松竹を脱退、二代目猿之助の春秋座を経て、昭和六年（一九三一）に四代目河原崎長十郎、五代目河原崎國太郎らとともに前進座を結成。戦後、劇団員一同で日本共産党に入党するが、レッド・パージのために昭和二十七年（一九五二）

がそこで終わらなくて、大きくジャンプしてあの多くの歴史劇を、『元禄忠臣蔵』や『江戸城総攻』とかを作ったってことは、すごい人だったと思いますね。学問や文学を生かした点もすごい。

神山 左団次と出会う前のことは大谷社長が『大谷竹次郎演劇六十年』[*69]で語ってらっしゃったことが印象的ですよね。青果がいかに新派を……。

中村 綺堂さんの場合は座付き作者じゃないから。あの人は書斎で書いた人ですよ。先生として。だけど優れた常識家だったし、注文は多少あったでしょうけど、きちっと決まった行儀のいい作品を、誰からも文句の出ないような芝居を書いた人ですね。でも、青果のような現場での実践の体験は少ないですよね。ほとんど稽古には立ち合わなかったと思う。最初新聞記者で、劇評書いてた人ですから。どっちがどっちとは言えませんけどね。

織田 確かに青果は実践の人ですね。

中村 あの新派時代の実践がないと、青果が偉大になることはなかった。シェイクスピアと同じですよ。

日置 もうひとつ青果のイメージとしては、あんまり女性の役を書かなかったというものがあるかと思います。たしかに歌舞伎だと女形の役はあまりないですけど。

織田 でも新派ではありますよね。それが基本になってる。

神山 歌舞伎では先代（二代目）の松蔦が『唐《とう》人《じん》お吉《きち》』[*70]とか『阿国《おくに》歌舞伎』[*71]などをやってますね。『唐人お吉』は先代（七代目）門之助も東横ホール[*72]で出しました。あれも上演してほしいです。

中村 『樽屋おせん』[*73]とか、『お夏清十郎』[*74]とか。清十郎は梅玉さんにお若いときやっていただきたかったですね。十三代目の仁左衛門さんがやってますね[*75]。だから女を書けない作家じゃなかったと思うんです。ただ少なかった。

日置 そういった面も含めて今の青果は、歌舞

から三年間、中国への亡命を余儀なくされる。帰国後は再び前進座の中心として活躍。『新門辰五郎』初演で辰五郎を演じたほか、「御浜御殿綱豊卿」の富森助右衛門などを得意とした。息子に四代目中村梅之助。

67 **島田正吾** 一九〇五〜二〇〇四。俳優。沢田正二郎の新国劇に入団し、沢田没後は辰巳柳太郎とともに劇団を支えた。昭和六十二年（一九八七）の新国劇解散後は、九十歳を過ぎても一人芝居の形で新国劇の名作の上演を試み続けた。青果作品では、『荒川の佐吉』の佐吉を初演（歌舞伎の十五代目羽左衛門と同月）し、「西郷隆盛」初演では辰巳の西郷に対して大久保利通を演じている。

68 **レーゼドラマ** 上演を前提とせず、読まれるために書かれた戯曲。

69 **『大谷竹次郎演劇六十年』** 昭和二十六年（一九五一）刊。松竹の創業者・大谷竹次郎が、生い立ちから戦災で焼失した歌舞伎座の再建を果たすまでの生涯を脇屋光伸による聞き書きの形で語っている。

70 **『唐人お吉』** 昭和四年（一九二九）七月歌舞伎座で二代目市川松蔦、二代目市川猿之助（初代猿翁）らにより初演。九月まで続演し、二幕が加わった。脚本は『現代』昭和五年（一九三〇）七〜九月号に発表。

71 **『阿国歌舞伎』** 『講談倶楽部』昭和八年（一九三三）三・四月号に

伎で一部の作品だけが上演されて、それだけのイメージで語られていると思います。

中村　その通りですね。青果には、鏡花や荷風や谷崎が書くような色っぽい女性は書けなかった。けれど人間として非常に強い性格の、理屈を吐く、抵抗する女性たちを書いてますよ。人間としての意地や誇りや口惜しさを書いている。だから今の自己主張する女優たちでいいんじゃないですか。

日置　昔の女優だとちょっと……。

中村　昔の女優の役は、めそめそ泣いて我慢するというイメージだからね。

一同　（笑）。

織田　今の人は我慢しないもんね。

日置　我慢する芝居はあまり喜ばれないのでしょうかね。

中村　『残菊物語《ざんぎくものがたり》』[*76]じゃ駄目なんです。いい芝居ですけどね。

織田　随分時代が変わってきましたね。

中村　時代が変わってきた。

神山　確かに青果も新派でも女性をよく書いてますけど、自己犠牲がありますよね。でも菊田一夫[*77]も北條秀司[*78]も女性は自己犠牲なんですけど……。

織田　川口（松太郎）さん[*79]もちょっと受けないか。

神山　『鶴八鶴次郎』は男の自己犠牲だからいいんですが、残念ながら女性の自己犠牲の芝居は受けない。

中村　いい芝居が多いですけどね。

織田　いい芝居が多いし、小説もそうだけど……。

中村　北條秀司のも最近出てるのは『狐狸狐狸《こりこり》ばなし』とか……。

神山　そうですね。ちょっと喜劇っぽくないと駄目なんですかね。

中村　青果は喜劇は少ないですね。ふたつか三つくらいしかないですね。まあ明治の緊張した時代の人ですから……。

日置　ではそろそろお時間ということで、興味

発表。同年三月東京劇場で四代目片岡我童《がどう》（十二代目仁左衛門）、水谷八重子らにより初演。出雲の阿国と名古屋山三郎の関係を描く。

72　先代門之助も東横ホールで　昭和三十七年（一九六二）九月。演出＝今日出海《こんひでみ》。お吉＝七代目市川門之《もんの》助《すけ》、船大工鶴松＝三代目市川団子《だんご》（二代目猿翁）、お福＝四代目澤村由次郎（六代目田之助）、磯部多市郎＝三代目河原崎権十郎。戦後では、昭和四十三年（一九六八）五月大阪新歌舞伎座でも七代目尾上梅幸のお吉で上演されている（演出＝巌谷槇一）。

73　『樽屋おせん』　上の巻は『文藝春秋』昭和九年（一九三四）九月号に発表され、翌年五月歌舞伎座で水谷八重子、三代目阪東寿三郎らによって初演。下の巻は『現代』昭和十四年（一九三九）六月号に発表され、昭和十七年（一九四二）六月東京劇場で水谷八重子、山口俊雄、汐《しお》見洋《みよう》らによって初演。井原西鶴の『好色五人女』中の一篇を脚色したもの。

74　『お夏清十郎』　昭和八年（一九三三）六月東京劇場で片岡我童（十二代目仁左衛門）、初代水谷八重子らによって初演。『中央公論』同年六・七月号に発表（上演台本とは異同がある）。井原西鶴の『好色五人女』を原作としているが、原作にない登場人物を加えるなど、独自の脚色がなされている。本作の好評により、

深い話をありがとうございました。

青果はさらに『八百屋お七』『樽屋おせん』を執筆、八重子により初演される。

75 十三代目仁左衛門がやってます 昭和三十一年（一九五六）四月大阪中座、同三十三年二月名古屋御園座、三十四年六月京都南座。いずれもお夏は七代目大谷友右衛門（四代目中村雀右衛門）。

76 『残菊物語』 村松梢風《しょうふう》による小説を巌谷槇一が脚色した新派劇。昭和十二年（一九三七）十月明治座初演。溝口健二、島耕二、大庭秀雄監督により三度映画化（いずれも脚本は依田義賢）。五代目尾上菊五郎の養子・菊之助の芸道修業と、彼を支える身分違いの妻の悲劇を描く。

77 菊田一夫 一九〇八〜一九七三。劇作家。浅草の軽演劇の座付き作者として出発し、東宝に入社。演劇、ミュージカル、ラジオおよびテレビドラマ、映画など幅広い分野で作品を生み出し、東宝の取締役にも就任。戯曲『がめつい奴』『放浪記』、ラジオドラマ『君の名は』などが知られる。

78 北條秀司 一九〇二〜一九九六。劇作家、演出家。岡本綺堂、長谷川伸に師事。新国劇、新派、歌舞伎、宝塚歌劇などに作品を提供し、戦後の大劇場演劇の代表的作家として活躍。『王将』『太夫さん』『浮舟』『建《けん》礼門院《れいもんいん》』等が知られる。

79 川口松太郎 一八九九〜一九八五。小説家、劇作家。久保田万太郎に師事。昭和十年（一九三五）『鶴八鶴次郎』等で第一回直木賞。大衆小説で人気を博すとともに、新生新派主事を務めるなど、新派との関わりが深く、自らの小説の脚色等多くの作品を提供した。『鶴八鶴次郎』『明治一代男』『風流深川唄』『皇女和《かず》宮《みや》』等が代表作。

インタビュー

真山家と新制作座の現在《いま》

真山青果の娘
美保が立ち上げた劇団・新制作座。
青果の芸術観を受け継いだ美保氏亡きあと、
劇団は困難な局面を迎えることになる。
そこに救いの手を差し伸べた学校と、
劇団との共生の試みが、
今も続いている――

参加者：

真山蘭里（まやま・らんり）
1959年生まれ。新制作座代表。「新制作座フェスティバル」の江戸祭りの子供の役で3歳で初舞台。「新制作座フェスティバル」のブラジル公演に12歳で参加「操三番叟」を踊る。以後2回の中国公演でも舞踊の演目で活躍する。真山美保・作・演出『泥かぶら』の三郎兵衛、真山青果・作『坂本龍馬』の高松太郎等を演じ、60周年記念公演「万国旗の子」では、リチャード・ホイットマンを現在は『泥かぶら』の老爺と太郎兵衛の二役を演じている。舞踊名 藤間晃保として新制作座の研修生の日本舞踊の指導に当っている。

桑原寿紀（くわはら・としのり）
1967年生まれ。星槎グループ副本部長。星槎グループ会長・宮澤保夫の命により、公益財団法人新制作座文化センターの整理及び劇団の存続そして施設の学校化にあたる。現在、星槎湘南大磯キャンパス勤務。

日程：二〇一九年二月二十一日（木）
場所：星槎高尾キャンパス
聞き手：文学通信編集部

蘭里さんの生い立ち

——お二人には、真山青果のその後をたどるという意味で、娘の真山美保さんのことからお話しいただきたいと思います。大まかに言うと、美保さんは青果と喧嘩をして家を飛び出し、その後、新制作座という劇団を作り、やがて劇団は星槎グループと一緒になり運営されていく、という流れでよろしいんですよね。

真山蘭里（以下・蘭里） よろしいんです（笑）。

桑原寿紀（以下・桑原） 学校と劇団が共生している学び場って滅多にないですよね。いろんな化学変化が起きる。だからおもしろい。ここで子どもたちが自由に表現できるようになった。そのくだりもいくつか紹介させていただけたらと思います。

——わかりました。時系列を追って、まずは蘭里さんからお願いします。蘭里さんは、美保さんのお孫さんになるんですか？

蘭里 家系図[*1]ではそうなんです。でも、わたしは実は美保さんの弟子の一人ですね。

——お弟子さんになったのは何年ぐらいですか？

蘭里 生まれてすぐ。というのは、うちの父が劇団の古くからの俳優をしてましたので。

——新制作座の？

蘭里 そうです。美保先生と父は、年は二つぐらいしか違わないんです。父は大正十三年（一九二四）生まれ。美保先生（一九二二〜二〇〇六）には初期の弟子が二人いて、父はその一人です。わたしが生まれたのは、劇団が創立（昭和二十五年〈一九五〇〉）して九年目の昭和三十四年（一九五九）。その頃には劇団も所帯が増えてまして、生まれたときはみんな喜んでくれた。美保先生が名付け親になって「蘭里」と付けていただいた。だから名字は違うんです。元は真山じゃなかった。

——お父さんのお名前は何とおっしゃるんですか？

蘭里 父は、芸名は峰寿之《みねとしゆき》、本名は片峰寿一《かたみねとしかず》と言います。

——お父さんが芝居を志したきっかけっていうのは？

蘭里 父は戦争に行ってるんです。戦争でひどいものを見たり、聞いたりした。そういう中で、引き上げてきてから何をしようか考えたと思うんです。それで、人に見てもらって喜んでもらうことが、自分のやることだと思ったんでしょうね。文化学院で勉強して、いろんなことやってるんです。大映《だいえい》の映画のちょい役で出たり、新派に行かれた菅原謙次《すがわらけんじ》さんとか、今スペイン舞踊会では長老の小松《こまつ》

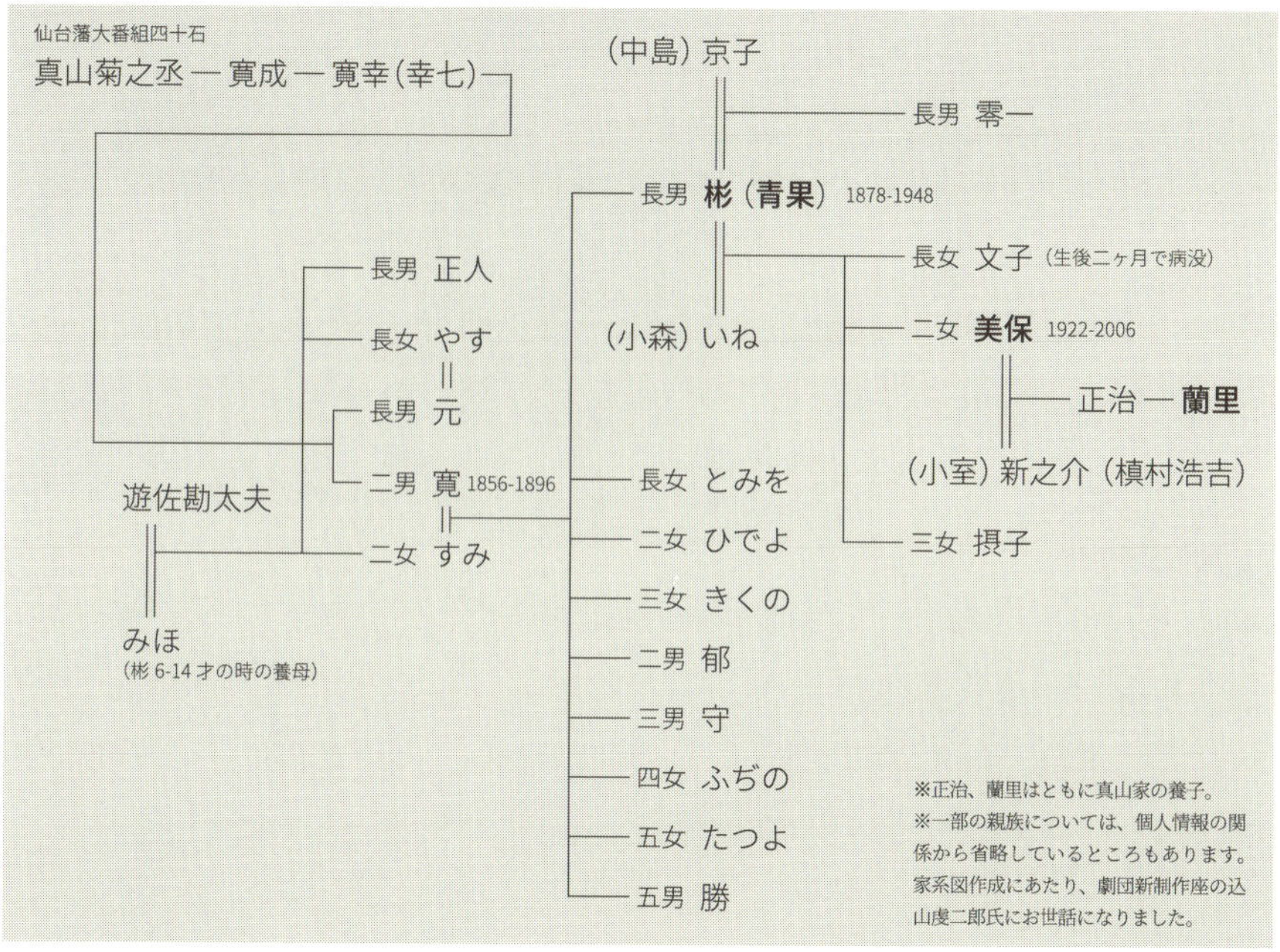

＊1　真山家家系図

原庸子《ばらようこ》さんと一緒に劇団を立ち上げたり。その中で、美保先生の新制作座の門を叩きました。

——蘭里さんがお生まれになった頃には、新制作座はまだ八王子にはありませんでしたよね。

蘭里　僕が生まれたときは、西武新宿線の井荻《いおぎ》駅前に稽古場がありました。そこはお稽古場と事務所だけで宿泊するところがないので、劇団員は近在にアパートを借りたりしていました。美保先生も近くのお家を借りて住んでらっしゃいました。

——井荻の記憶はありますか？

蘭里　あります。僕が生まれて大変だということで、父と母と三人で、稽古場の二階の一室に住まわせていただいていたんです。だからお稽古場でずっと寝起きしてたんです。

——蘭里さんは生まれついての役者ということになりますね。

蘭里　劇団っ子なんですね。みんな徹夜で稽古してるから、朝は出てこないわけです。そうしたら事務所の電話が鳴る。僕、三つぐらいなのに「新制作座でございます」って電話に出てたそうです。そのお客さまが来たときに、電話に出たのはこの子だって言ったら「もっと大きい子かと思った」ってびっくりしていたそうです。そんな生活をしていました。お稽古もずっと座って見てました。一、二

（左）真山蘭里氏（右）桑原寿紀氏

歳の頃だと思うんですけど、子どもだから泣き叫んでいたら「稽古の最中にうるさい」って美保先生に怒鳴《どな》られて、柱に縛り付けられてた。あと、劇団員がお菓子をくれたり、すごくかわいがるんです。そうしたら食べ過ぎてお腹壊しちゃって。だからゼッケンみたいに体の前後に「蘭里くんにものをあげないでください」って貼られてお稽古場を歩いてたって、先輩たちから聞きました。

青果と美保先生の思い出

——おもしろいですね。美保さんはどんな人だったんですか？青果のことは日常でも口の端に上る存在だったんですか？

蘭里　僕らは青果先生の話ばっかり聞かされたといってもいいぐらいです。美保先生を成しているものは、ほとんどが真山青果から受け継いだものですよ。

——美保さんが二十六歳のとき（昭和二十三年〈一九四八〉）に、お父さんはお亡くなりになってますね。

蘭里　ええ。それで二十八歳で新制作座を創立してるんです。青果は父親ですけど、美保先生にとっては師匠だった。歌舞伎の家と同じですね。だから、芸術とは、作家とは、俳優とはこういうものだっていう考え方は、まさしく真山青果と一致していたと思います。

——青果と美保先生の関係性がわかるようなエピソードはありますか？

蘭里　ひとつは、美保先生が子どもの頃に、本を跨《また》いだときのこと。青果に「何で本を跨ぐのか」って、すごく叱られて。そのときに「ついうっかり」と言ったら、青果が「いや、そうじゃない。よく心の中を考えなさい」って。美保先生は心の中でしばらく考えて、「本というものに対しての尊敬心がありませんでした」と答えたら、青果は「わかった。それでよし」って言ったそうです。青果の教育方法は一事が万事、なぜそうしたかを問い詰めて、本当の理由、心を掘り下げていく。いわば自然主義を子どもにもさせてるような。だから美保先生は三、四歳で神経衰弱になって、病院にかかったそうです。

――理詰めで説いていく感じなんですね。『真山青果全集』別巻一に載っていた、美保さんが青果に着物を買ってもらったときのエピソードにも似たものを感じました(本書6ページ参照)。

蘭里 そうなんです。美保先生もそうでしたよ。僕が高校生ぐらいの頃に「何か欲しい物ある?」って聞かれて、「コンポの小さいステレオが欲しいです」と言ったら、うーんって考えて、結局買い与えてくださらなかった。それはきっとそういうことに起因してると思うんです。弟子たちに何かあげるときも、非常に深く考える。あれは青果の考え方なんでしょうね。

――美保さんは、お父さんの影響が大きかったんですね。

蘭里 そう。もうひとつのエピソードは、美保先生が青果の出身地の仙台に連れて行かれたときのこと。まだ手を引かれていたそうなので、小さい頃だと思います。松島かどこかの海岸に水たまりがあって、美保先生が足でべちゃっと踏んだら、その泥が青果の着ていた夏の白いスーツに跳ねて、えらいことになったそうです。そのとき、青果が何を叱ったかというと、スーツを汚したことじゃなくて、水たまりを避けないことでどういう結果を招くかを想像できない、美保先生の思慮のなさ。そういうことのできないおまえの将来を案じると嘆かれたんですって。そのひとつの事象でですよ。普通だったら「何でおれの白いスーツを汚すんだ」とか言うじゃないですか。

新制作座、八王子へ

――なるほど。そして、昭和三十八年(一九六三)、八王子に新制作座文化センターが建設されます。八王子に来た頃のことで、記憶に残ってることはありますか?

蘭里 僕、まだ何も建ってない山を見に来たんです。そのときのことを覚えていますよ。劇団をはじめた三人のうちの一人の草村公宣《くさむらこうせん》さんと、母と、あと何人かで。八王子に引っ越して来た最初の印象は、とにかく蛾が多くてね。食堂[*2]のガラス面に外が見えないぐらい蛾がつくんですよ。

――今もある食堂は、当時から建ってるんですか?

蘭里 そうです。夏に窓を開けて電気をつけておくと大変ですよ。カブトムシなんて探しに行かなくても寄ってくるもんだと思ってました。それぐらい自然が豊かでしたね。

――井荻の稽古場は、八王子に移ると同時に閉めて、みんなで一気に移ったんですか?

＊2　右の建物の奥が食堂

蘭里　そうです。

——その頃から蘭里さんはこの場所に住んでるんですか？

蘭里　はい。

——美保さんもこちらで暮らしていたんですか？

蘭里　そうです。最初は、今、東京グローブ座が建ってる新宿区百人町《ひゃくにんちょう》にあった戸山《とやま》アパートにいました。同潤会《どうじゅんかい》アパートみたいな当時の近代的なアパートメントで、結構人気があったらしいです。劇団の創立期には、そこが美保先生の自宅兼新制作座事務所だったんです。それから井荻の稽古場を建てて、さらに八王子に移って来た。だけど戸山アパートはずっと持っていて、そこに青果未亡人のおいねさんを、亡くなるまで住まわせてました。美保先生は自分で土地を買ったくせに、八王子に来るのが嫌で、なかなか来なかったんです。結局、劇団員で一番最後に移ってきたのが美保先生でした。

——そうだったんですね（笑）。グローブ座の場所は昔から芝居づいてるんですね。

蘭里　なんだかね。僕は二、三歳の頃に、戸山アパートでおいねさんに会った記憶があります。体がお悪くって、お布団の上に寝間着を着て、丹前か羽織をはおって座ってらっしゃった姿を覚えてるんです。それから数十年たって僕が真山の家に入ることになったんですけど、きっと縁があったんですね。おいねさんの五十回忌も僕がしました。小さい頃からずっと美保先生のそばにいたから、真山のご親戚もみんな知ってるんです。だから、実際に血は繋がってないですけど、人の家に養子に来たという感じはしないです。

——八王子に移られてからの劇団の様子はいかがでしたか？　星槎グループと一緒になる直前のことから教えてください。

蘭里　新制作座の五十周年（平成十二年〈二〇〇〇〉）までは創立者が揃っていて、それまでは大変よかったです。そのあと、創立者の一人で美保先生のご主人の槙村浩吉《まきむらこうきち》先生が亡くなられた。僕が一番思っているのは、やっぱり美保先生が我々にとっては太陽のような存在というか、芸術的中心でしたよね。太陽系は太陽があって、その周りを衛星が回ってるじゃないですか。太陽の重力がおかしくなると、きっと衛星もひどいことになる。そういうことが要因じゃないかと思います。劇団を続けていたいと思っていても、美保先生が年老いていくのを見ていられない方とか、あるいは経済的に苦しくなるだろうから、沈没する船の鼠のようにぱっと逃げるような方もいたと思う。それは、劇団員ひとりひとりの事情があると思います。

――世の中の変化もありましたか?

蘭里　もちろんあります。バブルが崩壊したでしょう。バブル前は、うちの劇団は企業との提携がうまかったんです。劇団四季さんは、ニッセイとか企業と組んで劇場を建てたりしていますが、我々は一回一回の興行に、どこかの(企業名を)冠《かんむり》することは一切しなかったんです。新制作座は厚生省(現厚生労働省)に「青少年健全育成」事業の団体として認可されていましたから、企業に行って寄付をもらったり、入場券を買っていただいたりしていました。バブル前はみんなお金に余裕があって、そういう応援がしやすかった。それと、美保先生の信念、芸術的な立場を理解してくださる方も多かった。数ある新劇団の中で……ここで話すと少し障りがあるかもしれませんが、新劇団って左傾が多いんです。党派に属している劇団が多い。ところが新制作座は、どこの支持も拒まないし、どこの政党も支持しないので〝天然色〟と言われてたんです。でも考え方の根本は、美保先生や槇村・草村の先輩たちを見ていても、非常に進歩的で、保守派じゃない。芸術をやる人ですから当たり前ですけど、革命的な人が好きだし。宮澤保夫《やすお》会長(星槎グループ創設者)もチェ・ゲバラが好きなように、美保先生も、ゲバラもカストロも、尊敬する人だったと思います。だけど、劇団としては党の宣伝芝居などは一切しない。芸術至上主義というか、美保先生の考える、世の中にこういうことが必要なんじゃないかという提起を、ずっとし続けてきたと思います。

美保先生の遺言

――美保先生が亡くなるのが平成十八年(二〇〇六)ですが、晩年はどういう感じだったんでしょうか?

蘭里　とにかく、ずっと劇団の行く末を心配してました。

――お亡くなりになる直前は、入院されたんですか?

蘭里　いや、ここ(八王子)にあった美保先生のご自宅で亡くなりました。突然。でも、美保先生も言ってたんです。青果は疎開した蓼科《たてしな》(長野県)から静浦《しずうら》(静岡県沼津市)に移って、そこで終戦を迎えて、東京に帰ると言っていたんですが、結局そこで亡くなるんです。おいねさんが、二間《ふたま》しかない隣の部屋に行って、戻ってきたらもう亡くなってた。だから美保先生も僕らに「真山家はさっと逝きますから、あたし遺言できないと思う。だから今のうちに言っておくね」っていつも言ってて、遺言みたいなことはいっぱい言われてます。

――お書きにはなっていないのですか？

蘭里　書いてないです。例えば、「あたしが死んだあとは、松竹の永山会長のところへ真っ先に行きなさい」って言ってたんだけど、先輩たちが行かなかったから、僕が松竹に行きました。そのとき会長もお悪くって。結局、美保先生が三月に亡くなって、会長は同年の十二月に亡くなるんです。だから会長には会えなくて、代わりに専務の安孫子《あびこ》正さん（現取締役副社長）が「歌舞伎関係者には、わたしが責任もって美保先生の訃報を伝えます。松竹がやれることがあったら何でも言ってください」と仰ってくださった。友人代表として会長の弔辞をお願いしたいと申し上げて帰ってきた。葬儀では会長の弔辞を、安孫子さんが代読してくださいました。

――その他にどんな遺言がありましたか？

蘭里　あとは、劇団員が仲良くすること。これは昔から言われていたことです。仲良くするっていうのは、べたべたすることじゃなくて、本当の意味での論争、喧嘩ができること。それは守ってるつもりです。今でも先輩の喧嘩は壮絶ですよ。だけど、それで信頼感が失われるかっていうと、そうではなくて。言いたいことは言う。それが新制作座の一番の根幹を成すものかもしれません。昔の新制作座のディスカッションは、すごかったんです。大体芝居のことからはじまるんですけど、芝居ができないってことは、動きができないとか、そういう技術的なことだけにとどまらないんですよね。それこそ自然主義に入っていく。俳優自身の持ってる弱さとか、癖《くせ》とか、生まれつきのものまで深く掘り下げていく。だから辛かったです。俳優はみんなそういう思いしてると思う。演じられない根本、それが何かはわからない。その役の性根というか、心がわからないということと、その役と自分は全然違うわけだから、自分のどういう部分が役と違うかわからないとできないんです。だから、自分の短所みたいなところをガンガン掘られる。人に言えない、門外不出のことまで。劇団の顧問をしていた冶金《やきん》学の先生がお坊さんの資格を持ってるんですけど、仏教の世界でも、堂内で見聞きしたものはすべて門外不出の修行があると仰ったのね。それ、うちのディスカッションみたいって（笑）。

――なるほど。美保先生が亡くなった後の新制作座は、混乱状態に陥《おちい》ったと思うのですが。

蘭里　そう。劇団を閉めようと言う人もいたんです。ある先輩が「芸術は一代」だから、新制作座はここまでだと。

――美保先生は閉めろとは言わなかったのですね？

劇団員の家の入口に美保先生の言葉が掲げられている

蘭里　言わないです。遺言で言ってたら閉めます。僕は美保先生の志を継いで、演劇をやろうじゃないかって思ったんです。それに賛同する先輩の方が多かった。例えば、杉村春子《すぎむらはるこ》さんが死んだら文学座閉めますか？　千田是也《せんだこれや》さんが亡くなったら俳優座やめますか？　だけど、ここで退職したいっていう先輩もいました。あと、これだけの土地があるんで、土地を売りたい人と劇団を続けたい人で、ちょっと揉めたりしました。

――運営自体も対外的に難しくなるものなんですか？

蘭里　そうです。劇団に百何十人いたときは、三グループあったんです。地方公演も多かった。三グループが違うところで公演をしてたんです。公演回数が多いから、収入も多いわけです。常時真山青果の劇をやるグループもありました。ところがマンパワーがなくなって、『泥かぶら』（昭和二十七年発表、真山美保の代表作）っていう演劇一本みたいになっちゃって。経済的に苦しいってことはありました。

星槎グループとの出会い

――公演回数が減ったら、単純に売り上げも減りますよね。それで、星槎グループと出会われるきっかけを教えてください。

蘭里　僕らは劇団をやめる気はないから、例えば、この土地を半分売るとか、いろんな策を考えたんです。でも、ここは「市街化調整区域」といって、住宅とか商業施設を建てるのが難しい、開発しづらい土地なんです。だけどそんな土地なのに、どう利用するのかわからない怪しげな人が買いに来る。僕らは芝居をやる暇もないくらい、その対応に明け暮れてた時期があったんです。

――それは、悩ましいですね。

蘭里　そのときに、たまたま僕らの苦難を知ってる、隣にある城山《しろやま》中学校の校長先生が、星槎グループっていうおもしろい学校があるから紹介するよって、桑原先生をお連れくださった。それがきっかけです。

――桑原さんは、どのように新制作座のお話を聞きになりましたか?

桑原　城山中学校の校長先生から星槎グループ会長の宮澤に電話があって、随分困っているみたいだから、ちょっと行って話を聞いて来て、という感じでした。それが、平成十九年(二〇〇七)十二月四日のことです。今のように一緒になることはまったく考えてなくて、いろんな方法で協力できればぐらいのイメージでした。

――美保先生が亡くなった一年半後ぐらいですね。

桑原　そうですね。

――実際に劇団をご覧になって、どういう印象を持たれましたか?

桑原　どこから手をつけていいかわからない状態でした。当時、経営に直接関わってらした先輩方はすでにここを出られて、蘭里さんはじめ、舞台あるいはその裏方の人たちだけが残ってる状態で、課題の全貌が見えない、何を協力すればよいのかわからない状態でした。だから最初はいろいろやりました。まず、修学旅行で一泊だけ生徒をここに泊めて、宿泊代、食事代をお支払いしようと。久しぶりに施設に人が泊まるので、蘭里さんと小津和《こづわ》さん(蘭里さんの奥さん)が中心になって、僕も直前にきて一緒に掃除をしました。それで、やったはいいんだけど、お風呂のお湯が出なかったんです。もう大変。お風呂が使えなかったことはいまだに生徒に謝ってます。「先生、あれ修学旅行だったの?」って(笑)。

――ちょっとトラウマになりそうですよね。一生語れそうです(笑)。

桑原　そう。でも、何とかしたかったんです。それだけのものが、新制作座にはあるような気がしていました。

――それから、徐々にお互いの間を詰めていくということになるわけですか?

桑原　いろんなお話をしました。こちらとしては、どのように貢献できるのか一生懸命探るわけです。今、修学旅行の話が出ましたけど、修学旅行って何十回とミーティングを重ねるんです。この時間はどうしよう、ご飯のメニューは何にしよう、どういう生徒がいるのか、どの部屋が使えるのか、劇団の紹介はどうするのか、どの場面で何を学ぶのか……そういうミーティングを重ねていく中で、これは深刻な状況だとわかってきました。

いろんな問題があるんだけど、わたしたちが学校として協力できるとすれば、例えば、今は借地でも長期契約であれば学校が作れるので、学校法人としてこの土地をお借りして、学校を運営する。ここに劇団の事務所があっても、活動は全国あるいは世界で、ここで活動して収益あげてるわけじゃないので、それも成り立ちます。そういう道を探ったこともありました。

星槎高尾ホール

そういう話をしながらも、経済的な課題を早急に解決しないといけない状況が差し迫っていました。だから、僕の仕事がどんどん学校の授業から、ここの課題を劇団の皆さんと一緒にどう解決するかに変わっていきました。また、まずは一人で臨まないと問題の本質がわかりにくいと思いましたので、ここに一人で来て、すべての人と話をして、時には喧嘩したり、仲直りしたり、同じご飯を一緒に食べて、三年ぐらい一緒に生活しました。とにかく安全に着地させなきゃいけない。美保先生も亡くなってるし、やっぱり悲観しちゃうじゃないですか。劇団には、大学のときから自分の全人生を演劇に捧げている、七、八十代の先輩もいらっしゃるわけです。命に関わることだった。何でそこまでするのかという意見も学校内にあったかもしれませんが、星槎グループとしてどう関わっていくのか、どう責任を果たすのか、最終的には劇団には後世に伝えるべきものがあり、一緒にやっていこうと方向性が定まったんで、課題解決のプロセスに入っていったんです。

しかも、ここは厚労省認可の公益法人の施設ですから、これを解散して、なおかつ次の法人に移行するとなると非常に細かい手続きをしなきゃならない。経験したことのないさまざまな整理が待っていました。最終的にはわたしたち二人が清算人になって、ひとつひとつ詰めていくこととなりました。

学校と劇団の共生

――この「星槎高尾キャンパス」入口の門の横に、新制作座も含めて学校名が入っていたんですけど[*3]、あの門は新制作座の当時からあったんですか?

蘭里　そうです。

――今この場所は認定こども園から中学・高校・大学そして大学院まで全国に3万人以上が学ぶ学校法人国際学園の実習場「星槎高尾キャンパス」であり、同時に「国際高等学校八王子学習センター」「星槎高尾ホール」「新制作座」「創作和太鼓打鼓音《だこおん》」でもあり、さまざまな活用がされている場所へ変わりました。学園と劇団の両者に相乗効果があったと思いますが、良い面はどういうところですか?

蘭里　子どもたちが来たということですね。

――当時の新制作座の平均年齢は結構高かったんですよね。

蘭里　高いです。生涯現役なのはいいんだけどね。美保先生が亡くなる前後に、若い人たちがざっくり抜けちゃったんで、劇団の最後の頃は、この広い土地に人が少なかったです。今は賑やかですね。周りの町会の人たちにとっても、学校が来たので良かったと思います。ここに八王子城があって、最近その最後の城主だった北条氏照《ほうじょううじてる》の祭りが出来たんです。仮装行列して元八王子《もとはちおうじ》小学校ってところまで歩く。ここがその祭りの出発点なんだけど、広いから地域の人たちが来て、着替えたり出来るじゃないですか。

――桑原さんは、ここで新制作座と一緒に活動することになって、子どもたちへの影響とか、星槎グループが変わっていったとか、何か思うところがありますか?

桑原　今「子ども」というキーワードがありましたが、これが大事だったと思うんです。わたしたちのグループのモットーのひとつが「すべては、子どもたちのために」。例えば、美保先生が言ってらした「民衆の中で民衆とともに」は、人にスポットが当たっています。「人に興味がある」ところは共通していた。最終的な理念が同じだったから、一緒になれたと思います。

あと、僕がすごいと思ったのは、明日にはここがなくなるかもしれないような深刻な状況でも、例えば、劇団の食堂では朝昼晩、ひじきとか、切り干し大根とか、ぬか漬けとか、決して贅沢ではないものの体の健康を考えた食べ物が決まった時間に必ず出るんです。学校で教員をやっていて、子どもたちの家庭生活にとって食文化はとても大切です。特に、三食で生活リズムを刻むことはすごく大事です。例えばわたしたちは、人と距離があったり、しばらく外に出れてない子どもたちと相対する中で、保護者には生活のリズムを崩さないでと言うんです。あるとき、子どもたちがふと我に返って、「僕の生活リズムってこうだったな」って気付きます。食とは人間の生活にとって根源的に大事な部分だと思うんです。

——確かに。食堂が新制作座時代からあった場所にまだあるいうのは、象徴的な感じがします。あそこを中心として活動が広がっているというか。このキャンパスに来て最初に食堂を案内していただいたのですが、キャンパスを支えている雰囲気がありました。

＊3　星槎高尾キャンパスの入り口

蘭里　劇団を引退した女優さんとかが、ずっと食堂を担ってくださってた。桑原先生が来た頃も、美保先生のお膳を作ってたメンバーがいたんです。それは今のメンバーにも引き継がれてる。それと、これも美保先生の方針なんだけど、まずいものはまずいと言う。贅沢なものを出すわけではないけれど、味については厳しいです。今のシェフはお店も開けるような方だけど、それでも僕「今日のはちょっと塩気がね」とか言います。いろんな意見が入って洗練されていって、高尾キャンパスの食堂の味になっていく気がするんです。

桑原　もうひとつ。劇団にはケガや病気をされて、障害を負われた方もいるんですけど、全員に劇団や施設を支えるための役割があったんです。例えば、車いすの方であればビデオ編集の仕事とか、記録を残すとか。僕たちは単なる学校としてではなく、共生社会の実現を本気で考え実践するための学び場でありたいと考えています。だから、光があたりにくい、届きにくい子どもたちも大事にしていく学校でありたいし、文化祭でも、舞台でも、必ずひとりひとりの役割を考えます。そして得意なことや興味関心のあることを生かしていく。そういう星槎が大事にしているところと、劇団の実生活とが重なった。そういったところで親和性があったのではないでしょうか。

蘭里　例えば、武者小路《むしゃのこうじ》実篤《さねあつ》先生が「新しき村」という理念を立ち上げて、実際にやろうとなさったじゃない。新制作座は劇団で、村を作ろうと思ったわけじゃないけど、それに近い。槇村先生が「ここは人間の村だ」って言っていました。小さいひとつの社会みたいな。今、高齢化社会になって、知らない人同士で家をシェアして助け合う暮らし方がちらほら出てきてるけど、うちは言われる前からそうだった。

――そうですね。先程の食堂の階段の横に足の悪い方が乗れるエスカレーターがありましたが、そういう配慮に今仰ったことは感じました。

桑原　いっぱいあるんですよ、そういうのが。

蘭里　外で生活している車いすの方がいるんだけど、病院に様子を見に行ったり、もうここに住んでない人のことも心配してるんです。そういうことって大変と思えば大変だけど、当たり前と思えば当たり前で。新制作座って大家族みたいなところがある。美保先生がおっかさんで、一緒に同じ釜の飯を食って。子どもたちの話に戻るけど、僕らは「青少年健全育成」事業をしていたので、学校での公演が多かったんです。だから演劇を通じては子どもと対面していたけど、今は隣にいる。さっき桑原さんが三食のリズムのことを言ってたけど、寮生の子に「食事の時間は何時だったの」って聞いたら、「カップヌードルにお湯を入れるときが食事の時間」って。僕これを聞いて驚愕しました。その子はジャンクなものしか食べてないから、ひじきもきりぼし大根も野菜も食べない。うちの劇団員が、「野菜を食べないとハンバーグは食べちゃ駄目！」とか言ってね。今は卒業して立派に働いてる。そういう子たちと身近に接すると、今までと違って、具体的に子どもたちの姿を考えながら舞台に立てる。ただ「青少年健全育成」みたいな標語を貼りつけて舞台に出るのとは、大違いだと思うんです。

――確かに。いろんな世代の人と満遍なく関わっていないと、どんどん世界が小さくなっていくように感じます。

桑原　核家族中心の社会だから、学校にも意図的に家族的な人員構成が必要だと思います。ここは高齢の方がいて、時には亡くなられる先輩もいらした。昨日まで一緒にいた方が亡くなるというのも、子どもたちには大事な経験です。学びの中でも最も大切な生老病死を避けて通るんじゃなくて自然に学べる。そういう学校ってないんです。生きることに向き合う学び場としては理想的な環境だと思いますね。

表現できるようになった子どもたち

桑原　あと、新制作座と一緒にアートキャンプをやってます。他にも、児童教育のアメリカのネイティヴの先生、ダンスの先生、楽器の先生や美術・映像・シェフなどにも入ってもらって、フリーなかたちで、いろんな人のいろんな表現を経験をしてもらう。四泊五日で、ありあわせの楽器や道具、材料、そして自然を使って、三日目の夜に自由に発表するんです。この空間は爆音が出せるから、思い切り表現ができます。表現できるということは、平和で自由で豊かなことです。本当に困難な中では忘れがちになります。そういう経験をした子どもたちが、例えば先日、八王子学生演劇祭があって、劇団の監修の元で発表したんですけど、消極的な子がどんどん表現できるようになってくる。あと、私たちは発達障害の子どもたちにも関わってるんですが、発達障害の中には、コミュニケーション障害があります。場が読めなかったり、場にあわせた言葉が出なかったり、独り言を言っちゃったり。そういう子たちが、演劇の中ではタイミングよく関わりながら堂々と台詞を言ってるんです。

アートキャンプの様子

そういうのを見てると感動します。演劇祭では、難しい作品をやったんですよ。

蘭里　そうなんだよ（笑）。新聞に「八王子学生演劇祭の参加者募集」ってチラシが入ってて、それを子どもたちに渡したら「やる」って言い出したのがはじまり。子どもたちが『燕の居る駅』（土田英生《ひでお》作）っていう作品を持ってきたんだけど、こんな難しいのやるの？　って、ビックリしちゃった。学外で見せるから、「星槎のひどかったよね」なんて言われたら大変じゃないですか。それでみんなで一生懸命やって。

桑原　劇団総力戦（笑）。

蘭里　三十五、六歳の離婚した女性が出てくる作品なんですよ。

――それは子どもたちだけでディスカッションをしても、その役柄を演じるところまでたどり着けなさそうですよね。

蘭里　そう。その離婚した女性を演じる子が十八、九歳でしょ。それに脚本も直さなきゃいけない。最初は演出するって言い出した高校一年生の女の子に任せてたんだけど、全然出来なくて稽古が進まないから、劇団の文芸部の込山《こみやま》さんが、二時間以上ある芝居を一時間半にして、設定も変えて、台詞も直して、立派な台本になった。自分たちで言うのもおかしいけど、なかなかよかったです。高校演劇の都大会を見に行ってる知人も、星槎の演劇部は都大会レベルだったよって言ってくれた。創部一年目ぐらいの演劇部で、しかもはじめてやった芝居を学外で公演しちゃって。普通はまず学内で発表会とかやるじゃない。

――コラボが良い形で結実しましたね。

蘭里　後から聞いた話だけど、演劇祭には何校もエントリーしてたから、全校は出られない。星槎には新制作座がついてるから大丈夫だろうって意見で選ばれたらしいです。何年もやってる演劇部で出場できない学校もあったらしいから、申し訳なくて。そういう意味では恥ずかしくない出来になってほっとしました。

桑原　ほんと楽しかったですね。

――新制作座と星槎グループが合体して、得難い空間を創り上げてきた様子がわかりました。真山青果、美保の命がこの場所で生き続け、そこに星槎グループも加わり、大事に育まれているように感じました。本日はありがとうございました。

劇団 新制作座

〒193-0826 東京都八王子市元八王子町2-1419 星槎高尾キャンパス内
TEL 042-661-0001 FAX 042-661-6702

電車でのアクセス
①京王線 高尾駅下車(北口)
②JR中央線 高尾駅下車(北口)

バスでのアクセス
●JR高尾駅北口2番バス乗り場
①ホーメストタウン行き 元八二丁目北下車徒歩5分
②グリーンタウン高尾行き(元八王子事務所経由)石神坂下車徒歩5分
●甲州街道沿いバス乗り場
③京王八王子行き 石神坂下車徒歩5分

新制作座は青少年健全育成のためのご招待公演や、
社会福祉協議会と協力して公益事業を行なっています。
演劇教室・ワークショップなど学校との連携、地域交流の取り組みもいたします。

学校における演劇鑑賞のご案内

1952年に誕生した、演劇「泥かぶら」は今日まで67年の間、
全国公演を続けてまいりました。
「昔観た、子どもの時、懐かしい・・・でも昔だよ」よくそんな声を耳にします。
全国津々浦々の上演回数は15,000回を数えます。

詳細はWebサイトでご覧下さい
http://www.shinseisakuza.com/

Ⅳ 青果作品小事典——戯曲・小説・評論・研究

戯曲・小説・評論・研究と多岐にわたる業績を残した真山青果。
その作品を、私たちはいかに読み、いかに演じることができるのだろうか。

❖凡例

・真山青果の作品から40作を選び、解説した。作品の選定に際しては、戯曲・小説・評論・研究のそれぞれ代表的なものをできる限り網羅するよう配慮はしたが、編者の好みによるところが大きい。紙幅の都合で残念ながら入れることのできなかった作品も多い。

・解題は青果の創作活動の流れを理解できるよう、作品のジャンルを問わず、発表年代順に並べた（連作の場合は第一作の発表時期によった）。

・戯曲・小説の場合は、各項目の執筆者が選んだ台詞または作中の一節とその「鑑賞」を冒頭に配し、以下、梗概、初出（戯曲の場合は初演も）情報、解題を記した。作品によっては図版を掲載した。

・評論・研究の場合は、概要と初出情報、学術的意義等に関する解説を記した。

・いずれの場合もできる限り、青果の創作・研究に対して現在どのような評価が可能かを指摘し、今後、青果の著作を読む、あるいは上演するための視点を提供できるよう努めた。

・作品からの引用は基本的に『真山青果全集』（講談社、一九七五～八年）によったが、漢字の字体を改め、振り仮名を加えるなどした箇所がある。

01 南小泉村《みなみこいずみむら》　小説

百姓ほどみじめなものは無い、取分け奥州の小百姓はそれが酷い、襤褸《ぼろ》を着て糅飯《かてめし》を食つて、子供ばかり産んで居る。丁度、その壁土のやうに泥黒い、汚い、光ない生涯を送つて居る。地を這ふ爬蟲《むし》の一生、塵埃《ごみ》を嘗《な》めて生きて居るにも譬《たと》ふれば譬へられる。からだは立つて歩いても、心は多く地を這つて居る。親切に思遣ると気の毒にもなるが、趣味に同情は無い。僕はその湿気《しめり》臭い、鈍い、そしてみじめな生活を見るたびに、毎《いつ》も、醜いものを憎むと云ふ、ある不快と嫌悪とを心に覚える。

❖**鑑賞**――語り手「僕」の把握が明瞭に表れた冒頭の一節。その忌避感は「地を這ふ爬蟲《むし》の一生」との比喩や「趣味に同情は無い」との断言に赤裸々に示されているが、とりわけ「泥黒い、汚い、光ない」「湿気《しめり》臭い、鈍い、そしてみじめな」と小気味よく語を重ねてゆく調子に、作者の「否定の情熱」（小田切秀雄『日本近代文学』青木書店、昭和三十年〈一九五五〉）が感じられる。「南小泉村」全編の読み方を規定する力を湛えた書き出しといえる。

❖**梗概**――南小泉村の医師出張所に代診として雇われた「僕」のまなざしを通じて描かれた連作小説。そこに映し出されるのは、いずれも寒村の貧困と人間の生の醜悪とである。

肋膜炎《ろくまくえん》の老婆は「銭」を惜しんで施術を拒む。金を含んだ「米なら五合も入りさうな小袋」は「肌の匂ひが染込んで居さう」である（「第二」）。病状が進行しても老婆は施術を受け入れず、また夫は出費を厭《いと》い「知らぬ顔」を続ける（「お灸屋の兄弟」）。

娘がヂフテリアにかかるも、情夫のもとへ通う母親。「年中女房を他《ひと》の自由にされて居る」とばかにされている父親はなすすべもなく娘を死なせてしまう（「あの家この家」）。

村の裕福な息子は神学を専攻するために渡米するも梅毒を得て帰国する。彼は「根治的の治療」は拒み、「亜米利加で貰つた処方」の薬だけを服して「色濃い西洋草花」を慰めに視界の薄れゆく日々を送る（「馬盗人」）。

亭主の顳顬《こめかみ》を手斧で撲《う》ち下す女房。そして治療への道すがら、無痛注射液の用意を忘れたことに気付くも「高が百姓の頭だ」と考える「僕」（「手斧」）。

❖**初出**――「南小泉村（第一第二）」（『新潮』明治四十年〈一九〇七〉五月）、「村の世話方（南小泉村第三）」（『中央公論』明治四十一年〈一九〇八〉五月）、「あの家この家」（『早稲田文学』明治四十二年〈一九〇九〉七月）、「馬盗人」（『文章世界』同年七月）、「手斧」（『新潮』同年八月）、「お灸屋の兄弟」（『中央公論』明治四十一年十月）。『南小泉村』（今古堂書店、明治四十二年十月）に上記の順で「南小泉村」として収録。

❖**解題**――「南小泉村」はいわゆる農民文学の先駆けとして、長塚節「土」(『東京朝日新聞』明治四十三年〈一九一〇〉六月～十二月)としばしば比較され論じられてきた作である。例えば中村光夫は『現代日本小説大系』第二十巻(河出書房、昭和二十五年〈一九五〇〉)の「解説」で、「徹底した客観描写の背後に作者が詩人として持つ自然への愛」が浸透している「土」に比して、「一片の詩」もなく「冷酷な憎悪に一貫してゐる」点に「南小泉村」の特性を指摘している。これは「第一」に示された「僕」のスタンスに即応するものであるが、一方で、例えば長谷川泉「南小泉村(真山青果)」(『解釈と鑑賞』昭和三十年〈一九五五〉十二月)のように「第一」の苛烈な把握が以後のエピソードでは和らいでいるという理解も存在する。

こうした読みの揺れは、おそらく作品の成立過程の曖昧さに端を発するものだろう。「南小泉村(第一第二)」には「かつて其村に住みける頃、親しく見聞きせる事どもを書き集めたる短篇七篇、あるいは八篇」の「その一のところ〴〵と、その二とを掲ぐるものなり」との端書きが付されている。青果自身の南小泉村での代診生活という伝記的事実が作品の背後に姿を示しており、そこから野村喬は『南小泉村』には、その土台となった明治三十五年当時の代診医ノートと、明治四十年現在の作家青果の筆稿とが共在していたわけである」と推定している(『評伝 真山青果』リブロポート、平成六年〈一九九四〉)。さらにいえば連作それ自体にも二年もの幅が存在する。仮に先行する習作ノートに手を加える形で作品が成立していたとしても、そこに加えられる修正のベクトルに変動の生じることは免れ得なかっただろう。とはいえ連作「南小泉村」を統一的な作品として捉えようとする時、必然的に「第一」の概説がクローズアップされることになる。だからこそまずは連作という枠を括弧に入れ、一つ一つの作を発表当時の文脈に落とし込みつつ、青果の作家史に位置付けていく必要があるだろう。

なお「南小泉村」は青果の名を一躍文壇にとどろかせた出世作として一般に理解されてきたが、高橋春雄は「真山青果「南小泉村」論」(『解釈と鑑賞』昭和四十七年〈一九七二〉八月)で、「南小泉村(第一第二)」の発表後の諸雑誌の時評欄における反響の乏しさから、それに疑義を呈している。また深津謙一郎は「小説家・真山青果の転落—明治四〇年代・自然主義文学論のモード—」(『十文字国文』平成十七年〈二〇〇五〉三月)で、単行本『南小泉村』の刊行に応じた称賛の声が「南小泉村」を青果の出世作とするドグマを形成しつつ、同時に青果を「過去の人として生きながら葬る」ロジックの存在したことを指摘している。ここでもまた二年という時間が問題となるのである。

小説家真山青果を代表するといってよい「南小泉村」は、それでいて今なお不思議な収まりの悪さを漂わせている作である。

(福井拓也)

02 敗北者 小説

『人世はこれだ、思はずばいづこ浮世ぞさ。僕等は今まで、強ひて自ら痛苦を求めて謂《いは》ゆる浮世を造って居たのだ、思はずば……だ、全くよ、生くと云ひはた死ぬと云ふ、そのいづれともあらばあれ、と云ふ気になれるぢやないか。』とシンミリ云ふかと思ふと、不意に高々と笑つてコロリそこに仆《たふ》れる。眠るのかと見れば然《さ》うでも無い、沈んだ声で繰返し〳〵その詩の末節を打吟じて居る。

❖鑑賞――長谷川天渓は「近時小説壇の傾向」（『太陽』明治四十一年〈一九〇八〉二月）で「敗北者」を取り上げ、「落第者、失敗者、敗北者を主題として、人生の真相を伝へむとするのは、自然派の一傾向であつて、之れを代表するのは、真山青果氏である」と述べている。「浮世」をついに超脱できぬ狩野《かのう》の苦しみが、言葉とは裏腹なその挙動に印象深い。

❖梗概――十三、四の年から自活を余儀なくされていた狩野は、高等学校に入学した後、いずれは「家督に直す下心」で遠縁の家に引き取られる「幸福」に恵まれる。ところが若くして「何時も生活と云ふ事に悩まされて居て」「成功と云ふ纏《まと》まつた概念」を持たなかった彼は、周囲の親切や期待に耐えかね、自らを「敗北の人」と言い捨て家を出る。十幾年後「私」は狩野に再会する。死に直面する我が子について「寧《むし》ろ死んだ方が好い」という狩野は、「救はれるとは超脱する事だ」と言い、「私」に「蠅の歌」というプレエグの詩を読んで聞かせる。

❖初出――「一」「二」を『新潮』（明治四十年〈一九〇七〉九月）に、「三」「四」を『新潮』（明治四十年十月）に発表。「次号完結」と付記されているが、十一月号にその名はなく十二月号は休刊。翌年一月号からは「癌腫」が掲載されている。

『青果集』（明治四十年十二月）所収の「敗北者」の「六」に相当する部分は「蠅の歌」として『中央公論』（明治四十年八月）に発表されたもの。「五」は初出誌未見。

❖解題――「初出」の項に記したように初めは「六」のみ発表された。同年九月の「新声」には「中央公論の樗陰《ちょいん》君の云ふ所によると蠅の歌は長いもの、最後の章だ相だ。前を出さない上に、何んとも断はらぬのは随分不親切でもあり、作者の不利益でもあらう」とある。また「蠅の歌」には「真山青果氏の作は「男五人」と予告されしがそは未だ脱稿に至らず、代ふるに此「蠅の歌」を以てせられたり」と注記されていることから、後の「敗北者」は既に形をなしており、その「六」のみが穴埋めとして用いられたことが知られる。

「敗北者」がもともと『新潮』の連載を念頭に書き上げられたものかは不明であるが、「一」から「四」まで発表しつつ「次号完結」の予告がついに果たされなかった経緯は重い意味をもつ。原稿二重売り事件の兆候はこの時点に既に表れていたのである。

（福井拓也）

03 茗荷畑《みょうがばたけ》 小説

『ねえ君、吾々は不幸にして無信仰に生れたんだ。不幸な時代だよ、人が人を信じないで何うなるだらう。不安、懐疑、実に恐ろしくなるね。夫が妻を信ぜず、友が友を疑ひ、親は子を疑ふ時代だ。考へたゞけで恐ろしい。僕はこの恐怖を書いて見やうと思ふんだ、何かしら安心のサジエスションは無いかと悶え苦む現代の児《マイ・エジス・チャイルド》を主人公とした小説を書きたいと思ふんだ。』

❖**鑑賞**――湯村《ゆのむら》が同門の辰馬《たつま》に小説の趣向の批評を求め、語って聞かせたのがこの言葉。湯村はこの趣向を抱いた時「慥《たし》かに小説になる」「屹度《きつと》書ける。辰馬が喜びさうな小説が出来やう」と考えたが、豈《あに》図らんや辰馬の反応は冷ややかで、かつ彼は作中を通じてついに小説を書けないままに終わる。なぜ湯村は書けないのか。その後彼は書けるのか。読者はメタレベルの問いかけに応じつつ読み進めてゆくことになる。

❖**梗概**――小説家の湯村は年少の来訪者との会話からふと小説の趣向を得る。無信仰の時代に、それでも信仰を求めてやまぬ者を主人公とする小説。それは「ツイ近頃」の失恋、そして「信じられてるとばかり思ふから」「少々の事は許されるものと思つて居た」先生からの絶交に傷つく彼にふさわしいものであった。しかし原稿に向うも書くことができない。いら立ちを妹にぶつけ、またその夫を連れ出し強いて痛飲する。酔いのさめるなか、妹夫婦の送るありきたりな日常こそが「幸福」であり「然うあるのが本当」だと、彼は妹に告げる。

❖初出――『中央公論』明治四十年（一九〇七）十一月号

❖解題――「如何かするとモデル問題でも持ち上がりさうな作」（『読売新聞』同月十日）、「其の一篇に描かれた人生が、作者を離れて、客観的に存在して、居らぬ」（『文章世界』同月）と評された作者自身を素材とした小説家小説。猪野謙二は「自然主義作家としての真山青果」（『文学』昭和三十五年〈一九六〇〉六月）で藤村の「家」とは異なり「作家としての主人公の営み」が描かれている点に新味をみたうえで「青果には、その後の破滅型作家葛西善蔵の場合のように、いわゆる私小説作家としての成熟への方向もまだ許されてはいなかった」と述べている。「私小説」の成立をめぐり、示唆に富む作といえるだろう。

湯村の「現代」理解は、長谷川天渓《てんけい》「現実暴露の悲哀」（『太陽』明治四十一年〈一九〇八〉一月）など、同時代の自然主義の発想との親和性が極めて高いもの。しかし「不幸な時代」と認識しながらも、彼自身「安心のサジエスシヨンは無いかと悶え苦」み、また妹夫婦に「幸福」を読み取らずにはいられない心性を持つからこそ、湯村はその趣向で小説を書くことができない。そうした主人公を造形する青果その人に、自然主義の潮流に飽き足らぬもの、そしてそこから逸脱する志向性を把握できるかもしれない。（福井拓也）

04 第一人者 戯曲

第一人者は何時も美しい犠牲者ぢや。

❖鑑賞――悲哀や嘆きを越えた境地に至った理学博士・楢崎《ならさき》の台詞。大勢の仲間の命を犠牲にし、残された家族も犠牲にしてすべてをささげた北極の研究が誰にも認められず、唯一の心の友であった愛犬ユウラさえもいなくなってしまった。楢崎にとっては自身もまた、「犠牲者」なのだ。

❖梗概――舞台は理学博士で北極研究者である楢崎の邸宅。大暴風雨の翌日の午後、楢崎の次女俊子と、下女のろくが裏庭で楢崎の愛犬ユウラがいなくなったと話している。ユウラは、八年もの北極探検における楢崎の相棒であり、十二人の仲間が犠牲になるほどの過酷な探検から共に生きて帰ってきたのであった。楢崎の妻は、博士の留守の間に寂しく死んでいったという。自らの息子も北極探検で死んだ下女ろくは、楢崎とユウラのことを快く思っていないが、気の弱い俊子はユウラの行方を案じている。そこに、夜通しで探検記を仕上げた楢崎が登場する。北極に長くいたせいで目もよく見えず、口もうまく利けなくなってしまった長髯白髪の杖を突いた老人である。積年の夢であった探検記を自費出版するため、俊子の嫁入りの支度金とするはずであった邸宅を売却しようと測量士を呼んでいた。家の測量が進む中、広島に嫁いだ長女の道子が息子の徹太郎を伴って帰郷する。道子の夫は北極探検に莫大な資金を援助したが、これ以上家族を犠牲にするのはやめてほしいと父に強く反発する。自らの学問の苦労が理解されない楢崎は、「帰るんぢやなかった」と嘆く。無邪気な孫の徹太郎に北極の話をして聞かせるが、そこでようやくユウラがいないことに気付いてしまう。楢崎は激しく狼狽するが、逃げ出したユウラが人にかみついて殴り殺されたことを知ると、途端に何かを悟ったようになる。「私の仕事は言葉で残すべきでない。心から心へ。」と言い、書き上げたばかりの原稿を火に投じてしまう。〈一幕〉

❖**初演**――明治四十四年（一九一一）二月有楽座【新時代劇協会】井上正夫（理学博士楢崎元城）、藤田金吾（長女道子）、立花貞二郎（次女俊子）、中村幸一（道子長男徹太郎）、岩田祐吉（老婢ろく）

❖**初出**――『中央公論』明治四十年（一九〇七）十月号

❖**解題**――青果の初の戯曲作品である『第一人者』は、小栗風葉《ふうよう》に師事した頃に書かれた。発表当時より評価が高く、『「第一人者」の舞台』（『新演芸』大正十年（一九二一）十月）で青果自らが語っているように、喜多村緑郎《ろくろう》のほか、藤沢浅二郎の東京俳優養成所や坪内逍遥の文芸協会からも上演の要請があった。しかし、青果はそれを許さず、掲載された『中央公論』も自作のページを破り捨ててしまったほど恐れ恥じたという。

　ようやく初演されたのは、発表から四年が過ぎた明治四十四年、いわゆる原稿二重売事件の頃で、井上正夫の新時代劇協会で技芸監督をしていた枡本清《ますもときよし》の願いを、酒に酔っていた青果は後先を考えず受け入れたという。その後、逃げるように旅に出たため、上演も見ないどころか番付すら見なかった。青果の戯曲作品の初演となったこの時は、ゴーゴリの『検察官』と並んで上演されたが、研究的な試演でもあったためか評判は芳しくなかった。

　その後、青果が新派入りしたことで大正三年（一九一四）十一月の明治座で再び上演されることとなる。この時は、楢崎が伊井蓉《よう》峰《ほう》、長女道子が喜多村緑郎、次女俊子が花柳章太郎という顔ぶれであった。枡本清より先に喜多村に上演を請われていたことから、青果は断ることができなかったが、この時も高田実と河合武雄の巡業に同行したため上演を見なかったという。青果の恥じらいをよそに上演の評判はまずまずで、『演芸画報』では「伊井の理学博士が自信の強い老科学者として、いつもの嫌味もなく却々《なかなか》充実した芸を見せて呉れましたし、喜多村の長女道子も遺伝的の性情と世間の経験とによって信念の強い自己の明瞭《はつきり》した女という処を充分見せました」（足立朗々《ろうろう》、大正三年十二月）と評された。

　大正十年（一九二一）九月に歌舞伎座で上演された際は、伊井に代わって井上正夫が再び楢崎を喜多村とともに演じ、小山内薫《おさない》と土方与志《ひじかたよし》が舞台監督を務めた。老いぼれた満身創痍《そうい》の楢崎の役は、美貌の伊井よりもやはり井上の得意とする領域であったのだろう。初演時には着物姿であったが、今度はぼろぼろのコートを着て楢崎を演じた。井上は、「一層老巧の度が加はり犠牲者の抑へ難い、悶々の不平に満ちた気分の表現にも第一人者としての強い自信と、傷つきながら何処までも屈折しない勇者の悲痛な態度にも、さらに最後の心機一転から、淋しいあきらめに入る表情の転換にも一々細心な研究と工夫があつて」（中村生『東京朝日新聞』大正十年九月十五日）とあるように好評であった。そして発表から十五年、この時ようやく青果は満員の観客とともに自らの処女戯曲の上演を見た。それでも自信のない青果はうつむきながら座っていたという逸話がある。

明治末期に書かれた『第一人者』は、イプセンの影響を大きく受けた作品であることはこれまでもしばしば指摘されてきた。自らの夢に執着し、周囲に犠牲を強いた老博士楢崎の姿は、『ジョン・ガブリエル・ボルクマン』の銀行員ボルクマンに重なり、理想を貫こうとする姿勢とその苦悩は『ブラン』の牧師ブランに重なる。また、自由劇場で『ボルクマン』を上演するなど、同じくイプセンから強い影響を受けた小山内薫の戯曲『第一の世界』（大正十年）において、主人公である学者の山中に『第一人者』の楢崎の影響を見ることができよう。

その一方で、中村武羅夫《むらお》が「『理解されない苦しみ』と、『孤独の嘆き』と、そのための反抗と闘ひとが、眞山さんの作品の底に一貫して流れてゐるところの基調である。『第一人者』がそれであり、『生れざりしならば』がそれであるばかりではない。」（「真山青果全集月報」第十号、昭和五十一年（一九七六））と言うように、『第一人者』に見られる主人公の苦悩と葛藤は、その後の青果作品に通底するものでもある。同時に、あれほどまでに自作を恥じたということは、主人公に青果自身が投影されていたとも考えられる。

（熊谷知子）

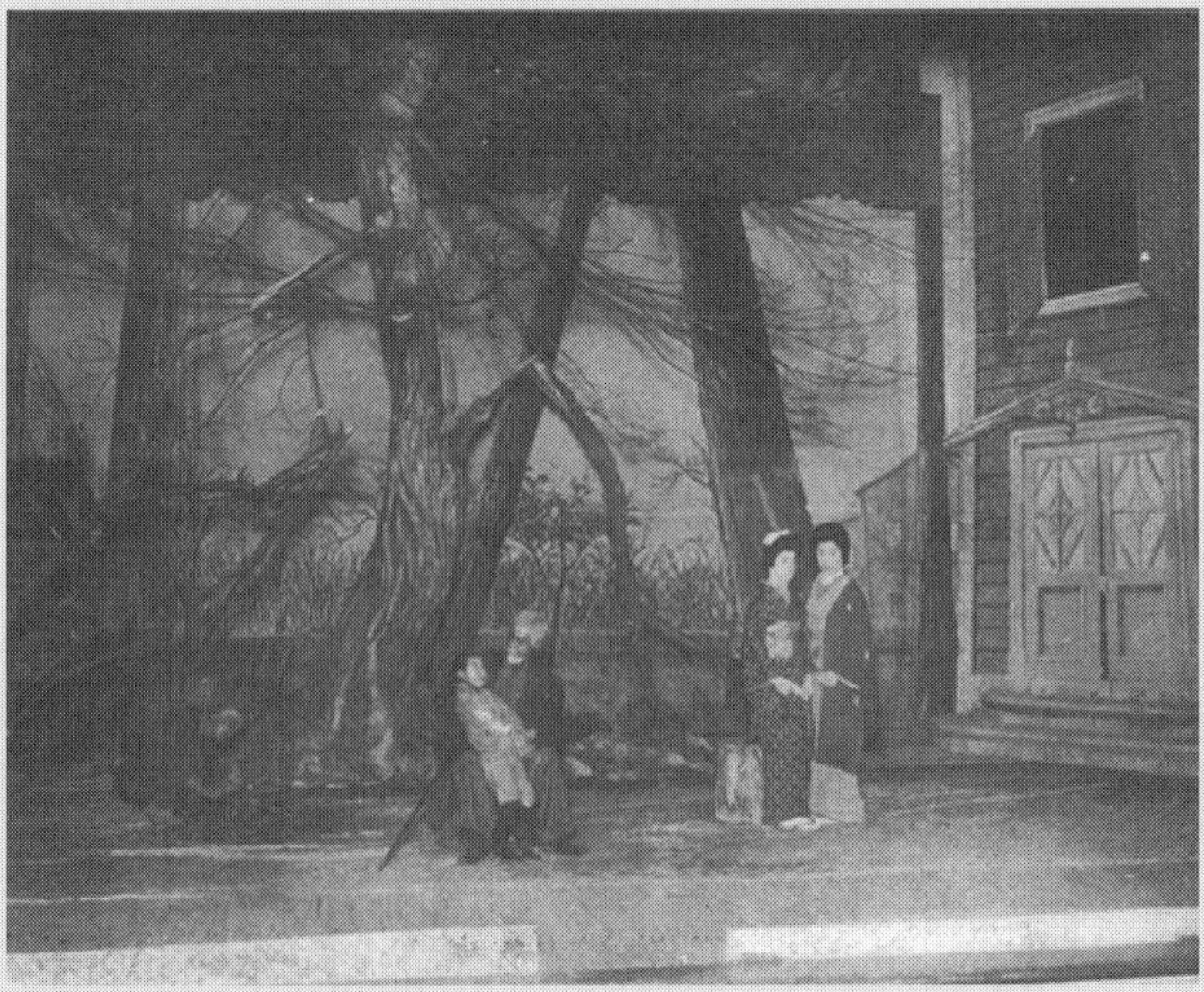

『第一人者』初演の舞台（『演芸画報』明治 44 年 3 月より）

05 市川左団次《いちかわさだんじ》氏に与《あた》ふ

評論

❖概要――明治四十一年（一九〇八）一月明治座で、洋行から帰国した二代目市川左団次による革新興行が行われた。それまで翻訳劇を敬遠していた青果は小栗風葉《ふうよう》に促されて観劇し、左団次の意気込みを高く評価した。

❖初出――『新潮』明治四十一年（一九〇八）二月号

❖解説――青果が『新潮』誌上に連載した「人物月旦《げったん》」の一つで、明治四十一年一月、明治座における二代目市川左団次の革新興行を観劇したことに対して書かれたものである。この翌年の十一月、有楽座で左団次は小山内《おさない》薫とともに自由劇場の第一回試演『ジョン・ガブリエル・ボルクマン』を興すことになる。

　初代左団次の息子である二代目左団次は、明治三十九年（一九〇六）末より翌年八月まで、松居松葉の案内のもと欧米に渡った。フランスでは女優サラ・ベルナールに会い、イギリスでは俳優ビアボム・トゥリーの演劇学校に通うなど、現地でさまざまに刺激を受けた左団次は、自らのみすぼらしさとだらしなさに打ちのめされて帰国したという。帰国後の左団次は、劇場の改修を施すとともに、茶屋を廃止するなど旧来の劇場制度の刷新に取り組んだ。しかし、茶屋や出方からの反発もあってこの試みは失敗に終わった。

　青果が徳田秋声に勧められ、そして小栗風葉に促されて見に行ったのが、その帰朝後第一回興行である。上演演目は、松居松葉作『袈裟《けさ》と盛遠《もりとお》』、シェイクスピア作・坪内逍遙訳『ヴェニスの商人』『三国無双奴請状』『藤』『元禄踊』であった。左団次は盛遠とシャイロックを演じたが、この時に共に舞台に立ったのは、九代目市川団十郎の娘である二代目市川翠扇《すいせん》と市川旭梅《きょくばい》ほか、左団次の妹幸子などの女優であった。翠扇は袈裟、旭梅はポーシャを演じて左団次の相手を務めた。翻ってみれば、左団次が女優を相手に演じた貴重な時期でもあった。

　後に青果自身が、この左団次に対して実に多くの戯曲を書くことになるなど知るはずもない。この時、青果は二十九歳、左団次は二十七歳である。それまでの青果は、「西洋の空真似、赤毛の鬘《かつら》をかぶつて、穿違《はきちが》ひの中世服を着て、情ない翻訳口調を聞かせられる位が落だらう」ということで、川上音二郎の翻訳劇も文芸協会の翻訳劇も見なかったという。ところが、先述のように師事する風葉らの称賛を耳にして明治座を見に行くことにしたらしい。初日が開いたのは一月十四日だが、青果が見たのは二十八日であった。

　「市川左団次氏に与ふ」では、全体を通して、先に観劇したという風葉の言説を青果が首肯しつつ紹介した内容が多くを占めている点と、左団次の演技に対する具体的な言及がほとんどない点が残念ではある。左団次が訪欧中に学んできたという「デルサルト式」の演技術が、どのように生かされ、青果の目にどのように映ったかなど、興味は尽きない。また、女優の起用に関しても、風葉の意見を紹介するにとどまっており、青果の考えを知ることはできない。

しかし、盛遠やシャイロックに奮闘する左団次の姿を見た青果は、その努力を素直に褒めている。いわく、「決して上乗の出来とは云へないだらうが、新しく行かう新しく行かうとする苦心は明かに見える。せりふ、しぐさ、総て旧《ふ》るきより脱して新しきに就かうとする意気込が見える」点を評価している。旧来の役者たちは、見巧者、つまり玄人筋に喜ばれる芝居をすることが悪い癖であるが、左団次は古いしきたりを捨て、見巧者たちを退け、公平な新人の観客の前にその新技を振るおうと努めているのだという。最後に、青果は「芝居は兎に角、先づ進んだ左団次氏の意気込は僕の大に意を強うする所である。一度敗れ、二度敗れ、三度敗る丶とも決して落胆するには当らぬ。その失敗に六十倍する失敗まで進め、働け、試みよ。吾人は左団次氏の第一発程を壮なりとする者である。」と左団次を支持する旨を表した。

この翌年二月、自由劇場創設の動きに対して青果は、『演芸画報』誌上で小山内薫に向けた公開状『新しき種子を播け』を記すことになる。

（熊谷知子）

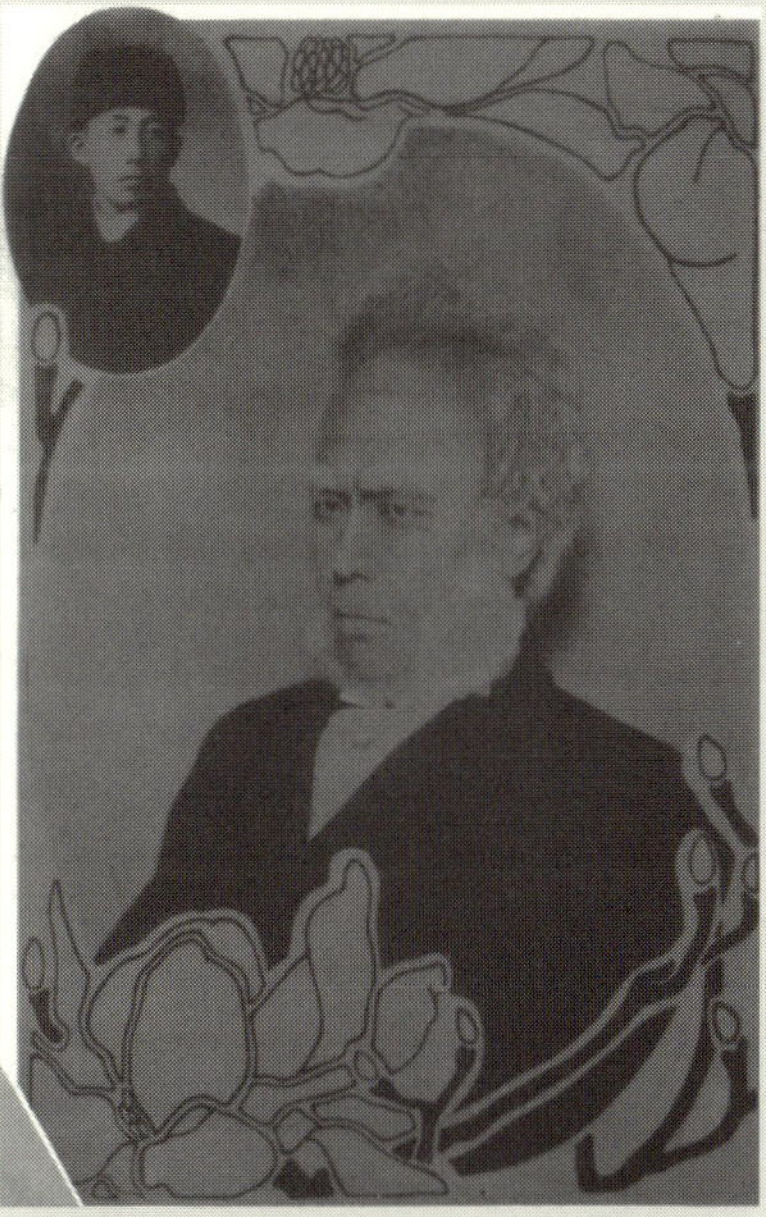

二代目市川左団次のボルクマンと小山内薫（松居桃楼『市川左團次』武蔵書房、1942 年より）

06 癌腫《がんしゅ》 小説

僕ときよは膝をならべて坐つた。互に肌温みが通る位である。僕の方で些《ちよ》いと俯向き加減になると、きよの鬢《びん》のそゝ毛がサラ〳〵と僕の頬へあたる。蟲《むし》に這はれるやうで擽《くす》ぐつたい。些いと避ける。でも、細い髪の毛を使つて同じ感が娘にも伝はると見えて、真面目な顔で他方《そつぽ》を見ながらソロソロと寄せて来る。腹が立つから今度は此方から突《つ》いと顔を押出す、慌てゝ女が逃げる。追つてやる、追はれる。そして、夜着の中でも互いの手が些い〳〵と触る、遁げたり追つたり同じやうな事をして見る。

❖鑑賞――互いに相手を異性として意識した男女のふれ合いが感覚的に描かれている。しかし彼らの手と手がふれ合うのが、医者に「手の尽しやう」がないと見なされ、死を待つのみである病人――しかも「僕」の祖母――の夜着の中となると、話は変わってくるだろう。痛切な意味合いを伴わずに迫り来る「死」の実相が克明に描き出された一節である。

❖梗概――「母方の祖母は僕が二十一の夏亡くなった」との書き出しの下、「僕」が十四の年からの家族のありようが回想される。「僕」は六歳より実家から母の里に引き取られ、そこで暮らしてきた。しかし十四の年、伯父が帰郷し実家に移ることになる。「意け者」の「僕」は勉強に倦み、祖母が病の床に就くや用事にかこつけては彼女を訪う。そして「何《ど》うせ死ぬものなら、試験中に死んでくれゝば好い」と心に願う。伯母は祖母の遺産が「ご秘蔵」の「僕」に譲られるのではないかと疑う。そんななか祖母の病は日増しに悪化してゆく。

❖初出――「一」「二」を『新潮』(明治四十一年〈一九〇八〉一月)に、「五」～「七」を『新潮』(同年二月)にそれぞれ発表。

❖解題――「癌腫」は、青果の小説中最も好意的に受け止められた作といってよい。徳田秋声は「最近の小説壇」(『新潮』同年三月)で、周囲が「別段愕《おど》きもせず、悲しいとも思は」ないような「死」を彼自身書きたいと考えていた旨を述べ「近来で最も面白く読んだ」と称賛する。また田山花袋も「小説月評」(『文章世界』同年三月)で「何も彼も隠さず書いた処に此作の生命がある」とし「真摯の気が全篇に溢れて居る」と評価する。「死」にまつわる虚飾を剥ぎ取った点に、自然主義の一つの達成が理解されたといえる。

ただし「癌腫」は、生田長江が「真山青果氏を論ず」(『新潮』明治四十五年〈一九一二〉一月)で提出した分類でいう「自分と自分の周囲とを、遠く距《へだ》てゝかいたもの」。ここでの「僕」は、例えば「父母の家」(『新潮』明治四十二年〈一九〇九〉一月)の「基」として、別の角度から確認することもできる。青果の主眼が「余され者」としての「僕」の表現にあったとするならば、同時代の好評も、彼の志向とは食い違うものであったのかもしれない。(福井拓也)

07 家鴨飼 小説

怪我どころでは無い。慥《たし》かに病鳥である。結核かも知れない。痩せて骨が立つて尻が半分青黒く腐つて居る。些《ちよ》いと触つても羽がバラ〳〵と抜け落ちる。両の目の眵《めやに》に閉ぢた、その長い頸《くび》を伸してギヤア〳〵と枯れ声に啼く。

❖鑑賞――鍋にするための家鴨を請われた門左が「食べるのなら廉《やす》いのがある。足を些いと怪我してるが、あの方が好いよ」と勧めたのは病鳥であった。グロテスクな病鳥の姿は、時代の波に流されゆく門左その人の姿を象徴しているようだ。門左はその病鳥を「食べるのだね」と何度も念を押したうえで取り出した。そこには時代に対する門左のしたたかな、そして自虐的ともいえる復讐の念が看取されるだろう。

❖梗概――二十年前に息子の道楽から家屋敷を売り渡し、今では崖下の砂利場に掘立小屋を建て、家鴨を飼いながら世を呪詛《じゆそ》し日々を送る門左。ところが玉川電気会社の原導線敷設のため家鴨の小池は埋め立てられることになり、門左もまた立ち退きを迫られる。

❖初出――『早稲田文学』明治四十一年（一九〇八）四月号

❖解題――「家鴨飼」は青果自身により脚色されている（『現代戯曲全集』第十七巻、国民図書、大正十五年〈一九二六〉所収）。野村喬《たかし》は全集の「解題」で「執筆はおそらく」「明治四十四年から大正二年に至る間」と推定している。

小説と戯曲では結末に差異がみられる。一羽足りない家鴨を探す門左に「探したつて駄目だよ、今頃は煮えてるだろうから」とおしまが告げ「老爺は角屋《かどや》へ行つた」との一文で閉じられるのが小説。一方戯曲では、家鴨を探すなか「次第に足が重く声が力なく涙声となりて」門左が家に入った後「突然彼の病鳥の苦しき啼声ギヤツ〳〵〳〵と不吉事でも告ぐる如く叫び立つ、羽ばたきの音」をもって幕となる。「無理想無解決」を説く自然主義小説の流れと、象徴的効果が重視された明治末の戯曲表現と、それぞれの特徴がここには示し出されているのである。この意味でも野村の推定は妥当なものといえるだろう。

なお「家鴨飼」は大正十四年（一九二五）六月、歌舞伎座で公演されている。また『芝居とキネマ』（大正十四年〈一九二五〉八月）にも歌舞伎座公演についての紹介をみることができるが、そこには「道楽をして北海道へ走つてゐた倅が帰つて来た。北海道で仕事も思はしくないので、故郷懐かしく淋しく、帰つてきたのだ」との言葉がみえる。また「一方では憎み切つてゐたお屋敷の方からは、意外の好意を示されるので、心もくじけて、初秋の寂しい気持ちになつて、戸を閉じて引籠るといふ二幕物の現代劇である」とある。公演においては登場人物も、門左の位置付けも大きく変えられたようだ。それぞれの時代における劇の成立要件の違いをうかがわせるようで興味深い。

（福井拓也）

川田芳子の娘お冬、井上正夫の門左（『芝居とキネマ』大正14年8月より）

08 喜多村緑郎《ろくろう》 評論

❖**概要**——歌舞伎は明治劇壇をけん引してきた団菊左（九代目市川団十郎、五代目尾上菊五郎、初代市川左団次）没後の世代交代の途上にあり、新派は誕生から約二十年を経ていた明治四十一年（一九〇八）。前年に小説『南小泉村』で文壇に登場したばかりの自然主義の新鋭作家であった青果は、技巧によらず、自然であり、「深い、痛切な」ものを観客に感じさせる新しい演技の可能性を新派女形の喜多村緑郎に見いだしたのであった。

❖**初出**——『新潮』明治四十一年（一九〇八）五月号

❖**解説**——冒頭に「四月七日。本郷座の「ほとゝぎす」劇三日目を観る。悠々、秋聲、春葉、風葉の諸先輩及び僕の五人」、末尾に「こゝに云つた説の或る部分は、僕一人の説で無く、前記四先輩の説も雑つて居ることを附記して置く」とある。

徳冨蘆花《とくとみろか》の新聞小説を原作とする新派劇『不如帰《ほととぎす》』は明治三十四年（一九〇一）に大阪・朝日座で初演され、喜多村が主人公浪子を演じた。本郷座での上演は喜多村の浪子のほか、伊井蓉峰《ようほう》の川島武男などの配役で、青果と同行した柳川春葉《やながわしゅんよう》が脚色を担当している。なお、徳田秋聲、小栗風葉《ふうよう》も作品が脚色されるなど新派と関係が深い。桐生悠々《きりゅうゆうゆう》は秋聲と同郷の友人で、当時は大阪朝日新聞記者であった。

喜多村緑郎は明治四年（一八七一）に東京に生まれ、大正期には伊井、同じ女形の河合武雄とともに新派の三頭目と称された。伊井、河合の没後も、門弟の喜多村緑郎とともに新派女形の代表格として活躍し、戦後には新派俳優で初めて重要無形文化財保持者（人間国宝）となった。

青果は同年二月の『新潮』に発表した「市川左団次氏に与ふ」では、やはり秋聲や風葉の意見をも引きつつ、若き二代目左団次への期待を述べているが、ここでは新派の喜多村の演技の「新しさ」を讃える。青果は喜多村の演技に「旧るき型に飽足らず、何かしら新しい憧憬を持つて居るらしい結果が舞台に時々見える」という。それは「老練なる芸風」を誇りつつも「何時も〳〵同じやうな芝居ばかり」、「細い穿鑿《せんさく》、用意の内に整つて行く点は見えるけれど、外に延びて行く所は些《ち》つとも見られぬ」伊井や、同じ女形で喜多村よりも年少の河合にも見られない魅力であった。

こうした青果の論は、「技巧」と「自然」の対比を過度に強調している感もあるが、青年作家・青果の演劇の未来への情熱や、河合の技巧性を論じた「河合は何《だ》うも形に役されて不可《いけ》ぬ。些いと駆けるにも左の肩先を先に出して形ちを付ける。咳をするにも鼻をかむにも、正面を切つては姿を頽《くず》すと恐れて居るやうな所が見える」といった記述などに見える観察力は魅力的である。のちに原稿二重売りで文壇を追われた青果を作者として新派に招いた喜多村との最初の交渉という点でも重要。青果はこののち、喜多村や河合に『仮名屋小梅』『雪のわかれ路』など多くの傑作を提供することになる。なお、落語の四代目橘家円喬《えんきょう》と三代目柳家小《こ》さんを比較して、小さんの「自然派」である点、「近代人の胸に響く」ことを称揚しているが、よく知られる夏目漱石『三四郎』中の小さん論（こちらでは比較対象は初代三遊亭圓遊）に数ヵ月先んじていることは興味深い。

（日置貴之）

喜多村緑郎の『不如帰』浪子（『歌舞伎』94号、明治41年5月より）

09 新しき種子《たね》を播《ま》け 評論

❖概要――小山内《おさない》薫による独立劇場（のちに「自由劇場」と定まる）の計画に対し、青果が『演芸画報』誌上で小山内に公開書簡を出した。「真の翻訳時代」を標榜し、「役者を素人にする」ことを目指した小山内に対し、青果は「新しき種子《たね》」つまり新しい戯曲を書いて役者に与えるべきであると主張した。

❖初出――『演芸画報』明治四十二年（一九〇九）二月号

❖解説――自由劇場の第一回試演、イプセン作『ジョン・ガブリエル・ボルクマン』は、明治四十二年十一月の有楽座で二代目市川左団次を主演に上演された。フロックコートを着た小山内が「私共が自由劇場を起こしました目的は外でもありません、それは生きたいからであります」と宣言したことは語り草になっている。

　この『新しき種子を播け』は、自由劇場がまだ計画段階にあり、「独立劇場」や「無形劇場」と呼ばれていた頃に『演芸画報』誌上で交わされた公開書簡の一つである。そもそも明治末期にはイプセンの研究熱がほうぼうで高まっており、小山内の周囲では島崎藤村らが「イプセン会」を結成していたが、小栗風葉《ふうよう》に師事していた青果もイプセンの影響を強く受けた一人であった。青果は明治四十年（一九〇七）には『第一人者』、翌年には『生れざりしならば』などイプセンの影響下にあると思われる戯曲を発表したが、青果自身が拒んだことで上演の機会は得ていなかった。

　まず、小山内薫が『演芸画報』明治四十二年一月号に『俳優D君へ』と題した公開書簡を発表したことが発端であった。D君とは後に二代目市川猿之助（＝初代猿翁）となる市川団子《だんこ》のことで、その中で小山内は独立劇場の計画を明らかにし、「真の翻訳時代」を標榜した。劇場組織を離れて「役者を素人にする」という志を親交の深かった歌舞伎役者の団子に確かめたものである。

　これに対し、翌月に青果は「小山内薫君」に向けて『新しき種子を播け』を発表した。青果の主張は、俳優のためには劇場組織の改良よりも、文学者として「新しい種子」つまり新しい脚本を書いて与えるべきだということである。それと同時に、今の俳優と観客が小山内の事業を理解するだけの力があるのだろうかと危惧もしている。

　これに対し、小山内は翌三月号で「自由劇場規約」を左団次と連盟で発表し、会員制を取ることや常設劇場を持たないことなどを表明した。そして四月号で『先づ新しき土地を得よ』をもって青果への返答とした。小山内は、いくら種子を播いても土地が悪ければ何も育たないと反論し、そのために新しい運動を興すことが必要であるとした。自由劇場は「自覚せる一人の看客と自覚せる一人の俳優とが同盟して始めた自覚的運動」だと主張したのである。二人の公開書簡がこれ以上展開されることはなかったが、演出者・小山内と、作家・青果という、その生涯にわたる芝居への態度の違いがこの時、既に表れている。

（熊谷知子）

10 五人女《ごにんおんな》 現代語訳

❖概要――貞享三年（一六八六）二月に刊行された西鶴《さいかく》作の浮世草子『好色五人女』を現代語訳したもの。取り挙げる女性の順番は最終章以外原作と異なっている。

❖初出――『元禄巷談《こうだん》』と題して、明治四十三年（一九一〇）八月に新潮社より刊行。同年十月新潮社より『五人女』と改題して刊行された。また、大正六年（一九一七）九月には『西鶴五人女』（新潮社）、昭和元年（一九二六）十二月には『五人女』（南宋書院）の題で刊行された。

❖解説――青果による現代語訳の方針は、『元禄巷談』序文において次のように示されている。「材を西鶴ものにえたが、作中人物の心持ちは必ずしも西鶴によらない。特に西鶴ものに附き纏《まと》ふ卑猥の文字は厳に避けた。」すなわち、青果独自の心情描写と猥雑な箇所の削除という二点である。後者については丹羽みさとによって、執筆当時入手可能であった翻刻本における伏せ字の影響や、西鶴の性欲描写に否定的な当時の状況、訳して伝えたかったのは西鶴作品の好色性ではなく、西鶴の人物描写、人間観察の妙であったことが理由として指摘されている（「青果の見た八百屋お七――近世資料受容に関する一考察」『国語国文』76–5、二〇〇七年五月）。

前者の心情描写については、章ごとに西鶴の原作と比較し、詳しく確認していきたい。まず、「樽屋おせん」では、樽屋の恋慕を老婆から告げられ、会うことを了承する場面において、おせんを次のように描写している。「おせんは霧にでも包まれたやうな心持であつた。甘い悲しみは身をひたすやうに、その一筋に育つて来た、ウブな娘の身内に流れた。自分でも捉へられないやうな美しい心持になつた。「嫗《おば》さん、その人に一度会はして下さいな。」偶《ふ》と云つて了《しま》つて、後から気が付いた。そして、独りで顫《ふる》へた。」原作では「おせんも自然となびき心になりて、もだ〱と上気して」と、おせんはすぐに恋心にのぼせているが、青果はおせんの心情を「甘い悲しみ」と表現し、「後から気が付いた」と自分でも制御できない心にためらう様子を付加した。また、原作の好色性を持つおせんを「ウブな娘」と設定することにより、おせんに生まれた恋心をより強く純粋なものとして読者に印象付けている。

「八百屋お七」に登場するお七は、青果によって原作にはない性格付けがなされている。例えば、「はしやいだり沈んだり決りのない娘」「蓮葉《はすは》らしく」という設定が行われ、「お七は自身の熱した血が、少年と同じく身體中に脈うつやうな気がするのであつた」「自分の字の幼く下手なのが腹立たしかつた」などのお七の心情描写が追加され、彼女がより生き生きとしたキャラクターとして描写されている。

最終章「おまん源五兵衛」は、心情描写も含めて最も改変の多い章である。章の前半では源五兵衛と二人の美少年との交流が描かれるが、原作にはない場面や語句を追加し、より情緒的になっている。その一方で、美少年に変装したおまんと源五兵衛が出会う場面においては、原作で描かれるおまんの興ざめや源五兵衛の浅ましい取り乱しが削除されることにより、おまんのいちずさや源五兵衛の恋心が純化されている。このような改変の最も顕著な例は、結末に表れている。おまんと源五兵衛はおまんの両親から莫大な財産を相続するという、浮世草子における結末の祝言性を体現したハッピーエンドを迎える。しかし、青果はそれを単純な幸福として描かなかった。「然《しか》し、それほどの身代もらつても、源五兵衛はさほど嬉しい自分を味《あぢは》ふ事が出来なかつた。むしろ悲しい。何となく身に空虚を感じた。溜息して暮す日が多かつた。」これは、原作の結末である「源五兵衛、うれしがなしく、これを思ふに、「江戸・京・大坂の太夫残らず請けても、芝居銀元して捨てても、我一代に皆になしがたし。何とぞ使ひ減らす分別出でず。これは何とした物であらう」。」における源五兵衛の心情「うれしがなしく」という当惑を青果が解釈し直したものであろう。「おまん源五兵衛」は原作の笑いを誘うおかしさを持つ箇所は訳されず、全体的に陰鬱《いんうつ》な雰囲気が流れている。

心理描写以外にも、改変箇所は全体にわたる。例えば原作において恋を成就させるための策略や駆け引きが描かれる場面は訳出されず、恋愛の純化が行われている。また、原作に頻出する「人は皆移り気なる物ぞかし」などの教訓的な文章は訳されていない。

なお、「八百屋お七」の改変については、丹羽みさとの「真山青果の『好色五人女』解釈—八百屋お七の「匂い」—」(『立教大学日本文学』118、平成二十九年〈二〇一七〉七月)に詳しい。

青果は「西鶴の五人女に就て」(『真山青果全集』補巻五収録、初出は『新潮』明治四十三年十二月号)において、「私は今度西鶴の『五人女』を今様の文章に改作してみた。然し私は西鶴に就《つい》て何等の智識も持つて居なければ、又、時代の研究に対しても何等の骨も折らなかつた。たゞ自分の思ふまゝに西鶴を訳して見たのだ」と述べる。ここには、後年の『西鶴語彙考証』等における注釈を重視する態度はまだ見られない。しかし、「西鶴は人間を書いて居た」とし、西鶴の文章ではなく西鶴の見た人間観が重要であり、「西鶴を読んで得た印象だけを、その儘《まま》人に伝へたい」とする執筆当時の青果の姿勢が表れている。

直訳されておらず独自性の強い青果の『五人女』は、西鶴の『好色五人女』の現代語訳としての注釈的な使用には耐えないだろう。しかし、本作には青果による解釈や表現の豊かさ、そして西鶴受容のあり方が如実に表れており、青果研究・西鶴研究の両面において注目すべき作品であるといえよう。

(仲 沙織)

11 松井須磨子《すまこ》の芸 評論

❖概要――大正三年（一九一四）一月、有楽座で芸術座第二回公演としてイプセンの『海の夫人』とチェーホフの『熊』が上演された。この上演を見た青果が、芸術座の相馬《そうま》御風《ぎょふう》に向けて主に松井須磨子の芸に対する批判を書いた公開状である。

❖初出――『演芸画報』大正三年（一九一四）四月号

❖解説――島村抱月《ほうげつ》と松井須磨子が、坪内逍遙の文芸協会を離れて芸術座を始めたのは大正二年（一九一三）のことで、第一回公演ではメーテルリンクの『内部』と『モンナ・ヴァンナ』を上演した。芸術座は大正三年三月の第三回公演でトルストイの『復活』を上演し、劇中歌「カチューシャの唄」が一躍流行することになるが、その前に第二回公演として上演されたイプセンの『海の夫人』とチェーホフの『熊』の評判は悪く、観客の入りも良くなかった。

　青果はこの時の上演を見て、芸術座の同人であった相馬御風に宛てて、「御風兄。僕は実際須磨子と云ふ人の芝居に失望しました。」と『演芸画報』誌上で松井須磨子の芸に対する批判を表明した。小山内《おさない》薫も芸術座と須磨子を繰り返し非難したが、島村抱月に向けて批判を展開した小山内とは違い、青果は御風に向けて書いた。

　この頃の青果といえば、明治四十四年（一九一一）二月に自身の処女戯曲『第一人者』が井上正夫の新時代劇協会によって上演されたのみで、十年来心の内で計画しているという「無言劇場」が日の目を見ない葛藤もあったのだろう。同時に、喜多村緑郎《ろくろう》をはじめとした新派の面々との関わりを強めていた時期でもあり、「今の私の立場として須磨子と云ふ人を貶すのは、在来の新派劇を揚げるやうに思はれては困ります。」と弁明してもいる。

　批判の中心は、須磨子が「如何に『人』を研究し理解し考察して、それを如何に舞台上に再現し取扱ひつゝあるか」という点であり、芸術座は脚本の解釈のみに重きを置いて、人間の研究をしていないと繰り返し指摘している。世間で芸術座の台詞が「朗読的」であると言われる要因は、青果によれば、役者が脚本ばかりを暗唱的に記憶して、人間そのものから学ぶのを忘れたためで、新派と同様に台詞に「一種の調子」が付いているから一層不快であるのだという。

　その後も、「間」の研究がおろそかである上に、言葉の「前後に働く力」が理解できていないなどと、須磨子と芸術座の役者たちに対する批判が繰り広げられる。批判の対象となった須磨子の様子は、「須磨子と云ふ人の表現は、総てこのあて振《ぶり》の連続でした。行為と思想と言葉とが何時も鉄道の軌道のやうに平行して居ます。長ぜりふの間に海が畏《こわ》いと云ふやうな一句があると、その句が来るまでは海に就いて無関心で居て、其文句に来て初めて海が畏いと云ふやうな誇大な活動写真的の表情をします。」などという描写から想像できる。

この年に青果は新派に入り、座付作者として多くの戯曲を生み出すことになる。青果の作品が芸術座によって上演されることはなく、青果の「無言劇場」も実現されることはなかった。新派で「女形」の芝居を書いた青果による、「女優」への批評としても興味深い。

（熊谷知子）

松井須磨子『海の夫人』エリーダ（島村抱月訳『海の夫人』早稲田大学出版部、大正３年口絵より）

12 七色珊瑚《なないろさんご》 戯曲

これ、もしもお前の云ふ事が本当ならば、一家に取つて浮沈の大事、容易ならぬ事なのだ。探《しら》べた上にも探べ上げて、底の根までも洗はねばならぬ大事の場合だ。小児のかげ口や奉公人の片口を聞いて、うくわつに事を云出せると思ふか。

（第二幕）

❖鑑賞——熊岡のたくらみを告げる小間使いお梶に対する卓也のセリフ。その言葉にふさわしく、以後しばらく彼は「洋行以来別人になつて帰つて来たのだ」と、本心を隠して振る舞う。

こうした卓也の造形は、原作にない青果オリジナルのもの。『読売新聞』（大正七年〈一九一八〉二月二日）に「佯阿呆《にせあほう》の不自然な演り方」との評がみえるように、その装いが劇の展開に効果的に働いたとはいえないが、青果の把握した劇の姿について知る一助となるだろう。

❖梗概——男爵玉垣守卓《もりたか》の葬儀中、嫡子卓也の妻綾子は姦婦と責め立てられ、家を追われる。その子紘三郎は不義の子だというのである〈序幕〉。熊岡剛介（卓也の姉の夫）は紘三郎を廃嫡させ代わりに実子剛太郎を嗣子に立たせようとたくらむ〈第二幕〉。実は紘三郎は卓也が婚前より関係していた暁美との子であり、それを承知で綾子は自分の子として育ててきたのであった〈第三幕〉。

卓也は秘密を明かし誤解は解けるも紘三郎が姿を消してしまう〈第四幕〉。紘三郎を連れた熊岡は、暁美に紘三郎とともに玉垣家に乗り込むよう促す。耳を貸さない暁美はそれでも紘三郎を熊岡から買い取る〈第五幕〉。紘三郎を返すよう請う綾子は、彼は卓也の胤《たね》ではないと偽りを伝えられる。そこで綾子は卓也に紘三郎を暁美に託すよう頼むが、それを忍び聞きしていた暁美は卓也夫婦のもとへと紘三郎を戻す〈大詰〉。

※「新富座上演「七色珊瑚」梗概」(『東京日日新聞』大正六年〈一九一七〉十二月二十七日〜三十日)を参照した。

❖初演――大正六年十一月大阪浪花座　伊井蓉峰《ようほう》(玉垣卓也)、喜多村緑郎《ろくろう》(綾子)、河合武雄(暁美)、東儀鉄笛《てつてき》(丹林勇之進)、後藤政之助(熊岡剛介)

❖初出――未発表。『真山青果全集』(補巻三、講談社、昭和五十二年〈一九七七〉三月)に作者の自筆原稿を定本としたテキストが収録されている。ただし「大詰」は未完。

❖解題――『東京日日新聞』『大阪毎日新聞』で連載中の小杉天外作「七色珊瑚」(大正六年七月〜十二月)を亭々生の名で脚色したもの。上演当時より「このやうな不自然、不合理、荒唐無稽、辻褄の全く合はない代物を提供しなければ、新派劇の存在を危ふす《ママ》るかも知れんと云ふのは、劇を演ずる当事者と共に大に痛嘆しなければならぬ事」とあるなど、評判は芳しくなかった(『読売新聞』大正七年一月九日)。

(福井拓也)

喜多村緑郎の綾子、花柳章太郎のつゞみ、河合武雄の暁美(大正７年１月新富座)(絵葉書)

13 椀屋久兵衛《わんやきゅうべえ》 戯曲

久兵　あゝ。（と溜息）費《つか》ひ果した金を露惜しんで云ふではないが、銀《かね》ゆゑに斯《か》うまで人に辱しめられ、人の生死《いきしに》にも金にあるとは心付かず、うか〳〵と用意もなく、そなたを連れて来た自分の迂愚《うつけ》が俺《わし》は口惜しいわい。　（第一幕）

❖**鑑賞**――本作では、金に翻弄《ほんろう》されていく夫婦の姿が描かれており、古典的な心中物の展開を踏襲した作品といえる。

主人公の椀屋久兵衛は、かつて裕福な商人であったが、大坂新《しん》町《まち》遊廓の太夫を身請けしたことから零落し、裏店《うらだな》住まいの身となっている。再就職のあっせんを断る際にも、金持ちゆえの気苦労を知っているからとうそぶくが、現在の貧乏生活が恥辱を受ける隙を生んでいることも承知している。仕送りに頼る己の境遇に諦観を気取っていた久兵衛だが、友人から自分の道は自分で切り開くことが、恋女房を恥から救う道だと諭され、新しい土地で新生活を始めようと一念発起する。

このように、親の金で放蕩《ほうとう》をし尽くし、零落しても仕送りと妻の稼ぐわずかな賃金で暮らし、他人任せで生きてきた久兵衛が自分の力で生活を立て直そうと決心する前半部分は、主人公の金銭に対する複雑な価値観が見どころとなっている。後半部分では、親に一目会ってから旅立ちたいという妻の願いをかなえるため、廓《くるわ》に出向いた行動が裏目に出てしまい、新生活の頼りとした友人の身も破滅させてしまう。妻を思う親切心が仇となり、命取りとなる展開が見どころといえよう。

一般に、古典由来の青果戯曲は、複雑な内面描写と展開を特徴としている分、舞台上ではその機微が伝わりにくいようだが、本作は比較的見どころが単純化されており、金と人情というテーマが明確である。

❖**梗概**――浪華《なにわ》の椀屋久兵衛は、新町遊廓一の太夫松山を身請けして、素焼き作りを趣味とする裏店の町人暮らしをしていた。そこに米問屋の利三郎が訪れる。利三郎は久兵衛の従兄であり、松山を妻とした久兵衛をうらやんでいる男であったが、親切にも支店の一つを久兵衛に任せ、貧苦を救おうという。松山は喜ぶが、久兵衛はその支店が牢屋《ろうや》の方がましと言われるほどひどい店で、なおかつそこに勤める者は、女房を本店に預けなくてはならないという決まりがあることを知っていた。利三郎の思惑を察し、言下に断る久兵衛だったが、貧しい暮らしをさせている歯がゆさもあった。そこに旧友の藤兵衛が偶然通りかかる。久兵衛と同じく放蕩で身を持ち崩した藤兵衛だったが、長崎で御禁制の抜け荷を扱い、キリシタンともなり、富を得ている。藤兵衛は久兵衛に一緒に長崎に行き、商売を始めようと声を掛ける。初めは渋っていた久兵衛だったが、松山を恥から救えと言われ、長崎行きを決心

する。〈一〉

仙台の田舎大尽が、既に廓からいなくなった松山を座敷に出せと無理を言い、騒いでいるところへ、久兵衛と松山がやってくる。松山が幼い頃別れた両親の居場所を知る手だてとして、奉公人請状を確認するためであった。両親の居所は分かったが、改めて手形を見直してみると、松山はまだ年季が明けていなかった。それを知った抱え主は、松山をもとの通り太夫に仕立ててすぐにでも座敷に出そうとする。久兵衛は妻を再度勤めに出せば面目が立たないと、情に訴え阻止しようとするが、にべもなくあしらわれる。そこにやってきた藤兵衛が救いの金を出そうとするも、御禁制を破ったことから、捕り方に追われてしまう。窮地に陥った久兵衛は、有り金をはたいて三日間松山を揚げ詰めにし、三日後には心中をしようと決心する。〈二〉

❖**初演**――大正九年（一九二〇）十一月大阪浪花座　片岡我童4＝仁左衛門12（久兵衛）、片岡愛之助4（松山）

❖**初出**――『新小説』大正七年（一九一八）一月号

❖**解題**――椀屋久兵衛を扱った作品は、井原西鶴《いはらさいかく》『椀久一世の物語』（貞享二年〈一六八五〉）や紀海音《きのかいおん》『椀久末松山』（宝永五年〈一七〇八〉初演）などがあるが、本作は登場人物の名称は同じでも、全く異なる内容となっている。『椀久一世の物語』では、本妻のいる椀久が松山を請け出そうとするも、金の工面ができず、もたついている間に松山が早世してしまう。また『椀久末松山』では、浪費がもとで座敷牢に入れられた椀久を松山が訪れるが、それがかえって松山に田舎客の身請話を引き受けさせるきっかけとなり、椀久が発狂する。本作はこのような松山の身請けを中心とした話ではなく、松山と久兵衛の真情を中心とした話となっている。

最終的に久兵衛は、年季が明けていなかった妻、松山が廓に戻ることになった時、手持ちの金が尽きるまで揚げ詰めにし、その後は操を立てるため、また世間への顔向けのために心中しようと決心する。この最後は、金と人情のはざまで身動きの取れなくなった『曽根崎心中』などを代表作に持つ、近松門左衛門の作品を彷彿とさせる。

青果は、随筆「名文評釈　あるかなきかのとげ」（『新潮』明治四十三年〈一九一〇〉七月）で、西鶴作品と比較して、近松は「道義人情と云ふ如き後より来たものにからめて動くのが渠《かれ》の人間だ」「や、強めて云ふならば、近松の悲劇はそこばくの銭と情との犠牲を払へば遁《のが》れ得らるるやうに思ふ場合が多い」「渠《かれ》は死を以つて最も美しい、詩らしい解決をして居る」と評している。この随筆で青果は、果敢に問題に向き合う西鶴作品の方が「奥行きのある人生」が記されていると軍配を上げている。しかしながら、貧苦に陥っても妻を手放したくない、その一念がかえって妻を遊郭へと戻し、友人が捕縛されるきっかけとなり、心中ですべての解決を図ろうとする本作には、青果が難を示した近松らしさが随所に現れている。その点では、青果にとってある意味、実験的な作品といえよう。富者であった主人公が、貧苦に陥った後に見せる強烈なプライドと、落籍後の遊女と夫との固いつながりは、五年後に発表された青果の『西鶴置土産』に引き継がれている。

（丹羽みさと）

二代目市川松蔦のお松、四代目片岡我童の椀屋久兵衛（国立劇場蔵）

14 酒中日記 戯曲

今蔵　その時私は一つの鞄を拾ひました。何《ど》うして拾つたか、その細かな次第をお話する必要はありますまい。兎《と》に角《かく》私が鞄を拾つた瞬間、私の頭に閃《ひらめ》いた一念は、おゝ金！　と云ふ一語《ひとこと》であつた事を申上げれば済みます。占《し》めた、と思つた。実際だから申します。私はその瞬間、占めたと思ひました。そして何んとなく、夢ではないかと思ひました。星光《ほしあかり》に透してそれを見た時、これは夢ではないかと思ふ恐れが第一になつて、それを届出るべきとか、又それを拾得する事が破廉恥《はれんち》の極だとか云ふ事は事実考へに浮ひませんでした。恥《はじ》入《い》りますが……それが事実です。たゞ手短に私は、天の賜物《たまもの》と考へました。あゝ天の賜物と……皆さん、石を投げて下さい、泥を浴びせて下さい、それが皆さんに廉潔《れんけつ》を説《さ》き正直を説く教師だつたのです。校長だつたのです。

（第三幕　八雲小学校門前）

❖鑑賞——八雲《やくも》小学校の新築校舎落成式の当日。早朝にもかかわらず、すでに数人の生徒が来ているが、警官や医者が集まるなど何やらものものしい様子。大河今蔵《おおかわいまぞう》校長の妻お政《まさ》が幼子と共に井戸へ飛び込み、命を絶ったという。約二ヵ月前、校舎新築のために戦争成金の石黒龍太郎から預かった寄附金百円を今蔵の母おとみに盗まれ、困り果てた今蔵は山王神社で三百円が入った鞄を拾い、改築用の資金に充《あ》ててしまう。それを落成式前日、元部下の三輪元太郎《げんたろう》とお政に知られ、お政は夫の罪を我が身に引き受けるべく、遺書を残して自殺したのだった。妻子の死を聞き、良心の呵責に耐えかねた今蔵はすべてを告白し、辞職と自首の決意を述べる。国木田独歩《くにきだどっぽ》の原作にはない場面であり、清貧かつ誠実な教育者であった校長が隠していた心の闇と真実の告白が劇の山場として機能している。

❖**梗概**——日露戦争も終わりに近い明治三十八年（一九〇五）三月下旬。市部に隣接した原宿辺《はらじゆくへん》、戦争成金《なりきん》石黒龍太郎の洋館と老朽化した八雲小学校がある。茅葺《かやぶき》の宿直室《しゆくちよくしつ》と茶の間の二棟が校長大河今蔵夫妻の住居。奉天会戦《ほうてんかいせん》の号外について老大工から説明を聞いている職人たちに、今蔵は早く工事を進めるよう促して口論になる。その場にいた石黒の息子猛《たけし》が突然泣き出し、龍太郎が挨拶もなしに連れ帰ろうとするので、今蔵が非礼を咎《とが》めるところを学務委員の桝屋《ますや》喜兵衛が仲裁に入り、石黒から校舎新築用の寄付を約束させる。

そこへ訓導の三輪元太郎が来て辞表を出す。三輪が毎日弁当のおかずに持ってきている「アブナン」（油揚と葱の南蛮）を見た石黒猛が、自分の弁当から卵焼を突き付けたので叱ったものの、しばらくして反省。今蔵も教育の理想を説くが、三輪は報われぬ仕事は厭《いや》だと言って立ち去る。桝屋が石黒から受け取った寄付金百円を持ってくる。

今蔵の留守宅へ、軍人相手の素人下宿を営む今蔵の母おとみが金の無心に来て、お政の目をかすめて寄付金百円を盗んで行く。それを知った今蔵は後を追う。〈序幕　八雲小学校の宿直室〉

奉天会戦の祝勝で賑う市中。今蔵はおとみに百円を返してほしいと頼むが、逆に「親を泥棒にするのか、証拠はあるのか」と返される。おとみは有耶無耶《うやむや》に誤魔化し、今蔵は仕方なくそこを出る。〈第二幕　赤坂新町母の家〉

悄然として山王神社のベンチに座る今蔵は、軍人たちにからかわれている妹お光《みつ》を助けるべく駆けつけるが、逆に打擲《ちようちやく》される。そのとき今蔵は、紙幣《しへい》の束が入っている鞄を見つけ、良心と戦いながらも鞄を懐に入れて逃げ出す。〈同じく　山王社の夜〉

帰宅した今蔵はお政を銭湯へ行かせ、その間に鞄の中身を確かめると三百円の大金と落とし主の書付が入っている。今蔵はそこから百円を借りて急場を凌《しの》ごうとするが、その現場を石黒猛に見られてしまう。〈同じく　校長の家〉

二ヵ月後、新築校舎の落成式前日。最近急に金のことばかり話す今蔵を案じるお政。転職に成功し、株で財を成した三輪が現れる。そこへ小使《こづかい》が来て桝屋が置き忘れた書類が至急必要だというので、お政は今蔵の机の抽斗《ひきだし》を開ける。と、書類の他に二百円と書付が入った鞄を発見。今蔵に失望した三輪が鞄を持ち去った後、戻ってきた今蔵は抽斗の鞄などをお政と三輪に見られたことを知る。〈第三幕　新築校舎校長舎宅〉

落成式当日の早朝。警官や医者、数人の生徒が小学校の前に集まっている。今蔵が拾った金を改築費用に充てた罪の身代りに、お政が遺書を残して息子と井戸へ飛び込んだという。今蔵は事の仔細を告白。職を辞してこの地を去る。〈同じく　八雲小学校門前〉

三年後、椿が咲く頃の大島波浮村《おおしまはぶむら》の海辺。浜祭の夜。泥酔した今蔵と六兵衛が言い争っている。六兵衛は姪のお露と結婚して島の人間になるように今蔵を説くが、今蔵は酒に酔った態《てい》で家へ帰っていく。〈大詰　大島波浮村の濱祭〉

私塾兼自宅で、自らの孤独と過去を記した「酒中日記」を執筆中の今蔵。お露がそれを読んでしまい、今蔵に妻子がいたことを知る。昔を忘れるための出来心で関係をもったお露が自分の子を身ごもっていると聞き、今蔵は三年前に死んだ妻子を思い出して原稿を投げ捨てる。〈同じく　島の私塾〉

島の男女が六兵衛の音頭で総踊に興じている最中、今蔵が酒に酔って崖から海へ落ちたとお露が知らせに来る。〈同じく　踊りの庭〉

❖**初演**――大正八年（一九一九）五月明治座　井上正夫（小学校長大河今蔵）、木下吉之助（大河妻お政）、小林利之（御用商人石黒龍太郎）、武田正憲（学務委員桝屋喜兵衛）、山田巳之助《みのすけ》（老大工兵留）、吉田豊作（大河母おとみ）、藤村秀夫（訓導三輪元太郎）、木村操（大河妹お光）、酒井欣弥《きんや》（漁師の娘お露）、深沢恒造《つねぞう》（お露伯父六兵衛）ほか

❖**初出**――『脚本酒中日記』（新潮社、大正八年〈一九一九〉九月）

❖**解題**――国木田独歩に長年傾倒していた真山青果が新派の座付作者時代、かねて劇化を懇望したその小説群から選んだのが「酒中日記」（初出は『文芸界』明治三十五年十一月。後に『運命』佐久良書房、明治三十九年）である。折しも巡業から帰京した新派役者の井上正夫も独歩の愛読者であり、青果は同作の上演を勧めて賛同を得、中央新聞の田村三治《きんじ》を介して独歩の友人諸氏の意見を確認。さらに松竹合名会社の大谷竹次郎も快諾したと青果自身が書いている（「『酒中日記』の脚色につきて」『真山青果全集』第十八巻所収）。一方、井上正夫の回想によれば、井上から青果に「酒中日記」の脚色を依頼したものの、なかなか台本ができず苦労したらしい。当初は不入りだったが、日を追うにつれて満員御礼となったという（『化け損ねた狸』右文社、昭和二十二年）。

同作の劇化に関しては、また別の説もある。明治四十一年（一九〇八）六月二十三日に肺結核のため鬼籍に入った独歩の遺族救済を目的として上演が企画された、というものである。明治文壇の雄とされた独歩だが、没後十年余、その遺族の窮状は世間でも知られるところで、子どもたちが肺を病み、治子未亡人が女手ひとつで看病にあたっていた。これを憂えた独歩の友人――柳田国男、田村三治、結城礼一郎、田山花袋らが発起人となり、大谷

竹次郎にも図ったうえで、井上正夫一座による明治座五月興行として実現の運びとなった。茅ケ崎《ちがさき》の結核療養所・南湖院《なんこいん》に独歩を訪ね、その臨終を枕頭で看取った青果が「酒中日記」を上演作品に選んで脚色。舞台監督（演出）は小山内《おさない》薫が担当した。青果は脚色料と出版時の印税を全額遺族に寄附すると明言し、大谷竹次郎はただちに五百円を遺族に提供、さらに五月十六日を「独歩デー」としてその日の上り高の三割を寄附することを決める。他にも独歩の知友である文士や画家が追悼の「独歩会」を開き、件の「独歩デー」には『酒中日記』の総見を行なった（『読売新聞』大正八年四月三十日、同五月九日）。

経緯はともあれ、青果が心を砕いたのは、原作に対する脚色の忠実／不忠実という問題であった。従来そうした非難に晒されてきたのであろう。青果は原作に近い形での再現をめざしながら、しかし、前掲「『酒中日記』の脚色につきて」では「脚色も一種の創作でなければならぬ。原作者の隷属者ではない。独立した創作だ。小説作者が紙の上に活字で描いただけの効果を、人を動して舞台の上に完全に収穫せねばならない創作家である筈だ。その為めには別な絵具も使はねばなるまい。又意識して原作者の好事をも取換へねばなるまい」と脚色者としての態度を表明している。実際『酒中日記』においては、原作に存在しない人物（三輪元太郎や石黒龍太郎ら）を登場させて主人公との対立を表現し、第三幕の八雲小学校門前で大河今蔵校長の告白を挿入するなど、大胆な脚色を行なって効果をあげている。

新派の『酒中日記』は好評を以て迎えられ、その反応は「幕ごとに深刻痛烈な実人生の内面が忌憚《きたん》なく披瀝《ひれき》されてゐるので、面白い等と云ふ問題を通り越して、吾等《われら》の弛緩《しかん》した実感をヒシ〳〵と責附《せめつ》けられて、全編を只涙を以て見始め、涙を以て見終わつた。（略）他の遊戯本位の物と違つて、真の芸術的な立派な芝居なのである。吾等不幸にして数年来此程内容の充実した、演技其物緊張した芝居を見た事がない」（仲木《なかぎ》生「明治座の「酒中日記」」『読売新聞』大正八年五月十九日）といった同時代評からも窺える。とくに井上正夫が演じた大河今蔵は当たり役となり、井上は同年に床次竹二郎内務大臣を相談役として設立された国民文芸会の第一回国民文芸会賞に選ばれた。

以後も井上正夫は各地で『酒中日記』の上演を重ね、大河今蔵を持ち役として定着させたばかりでなく、作品自体も大正期の新派を代表する評価を獲得していった。後年、花柳章太郎は初代喜多村緑郎《ろくろう》、河合武雄と並ぶ新派女方の名手として木下吉之助を挙げ、なかでも『酒中日記』のお政を井上正夫の大河今蔵と拮抗する配役の妙であったと回想している（『読売新聞』昭和三十五年八月十六日夕刊）。

井上正夫亡き後は、その追悼公演（昭和三十一年二月、新橋演舞場）で柳永二郎が大河今蔵を好演。新派において芯を張れる立役の不在が長く続いていたが、近年、二代目喜多村緑郎の劇団新派移籍により、レパートリーの拡大が視野に入ってきた。井上正夫らの系譜に連なる立役中心の青果戯曲もまた新派の領分として今後の上演を期待したい。

（後藤隆基）

15 仮《か》名《な》屋《や》小梅《こうめ》 戯曲

殺してやるんだ。義理知らず、恩知らず、あんな道を知らねえ獣《けだもの》は、小梅姉さんの手で殺してやるんだ。畜生、誰のお蔭で今日の役者になつたのだ。それを満座の中で、よくもおれに恥をかゝせやがつた。

（序幕その二）

❖鑑賞――贔屓《ひいき》の役者、澤村銀之助に仕立ててやった羽織が、芸妓蝶次《ちょうじ》の帯へと仕立て直されたことを知って怒り狂った小梅は、酒を飲んで剃刀《かみそり》を手に暴れる。小梅は酒癖の悪さをたびたび露呈させ、周囲からとがめを受けるが、後に兼吉《かねきち》を刺した時は酔ってはいなかった。この前半における酒乱の醜態が余韻となって、後半の兼吉殺しでは一層見る者の同情を誘う。

❖梗概――開幕前ににぎわう新富座の桟敷《さじき》裏。新橋芸者の仮名屋小梅は役者の澤村銀之助に相当入れあげているらしい。しかし、小梅がわざわざ仕立てた羽織を、銀之助は懇意の蝶次のためにと帯に仕立て直したのであった。酒に酔った小梅は銀之助に怒りをぶつける。〈序幕その一〉

芝居茶屋うた島。半狂乱の小梅は太夫（銀之助）に会わせろと暴れる。一中節《いっちゅうぶし》の師匠である宇治一重《ひとえ》が小梅の前に出て行き、その酒癖をたしなめるが、剃刀を手に太夫を殺してやると一層暴れ散らす。本当に銀之助のためを思うなら見栄や外聞を捨て、真

底からの贔屓になってやれと一重が懇々と言って聞かせると、小梅は頭を垂れ、剃刀をポロリと落とす。〈序幕その二〉

小梅の家。あれから半年が経った。小梅・銀之助・蝶次は三人きれいに別れ、小梅は酒を断った。そこに銀之助の男衆、兼吉がやって来て別れたはずの銀之助と蝶次がまだ逢瀬を重ねていると告げ口する。〈第二幕その一〉

待合樽屋の離屋。小梅は事の真偽を確かめるために銀之助のもとを訪れるが、銀之助はきっぱりと否定する。そこへ兼吉が自分の勘違いであったと駆けつけるが、小梅が子どものように泣きじゃくる中、兼吉は銀之助に暇を言い渡される。〈第二幕その二〉

旦那、山村の援助によって小梅が開いた浜町の待合茶屋、酔《すい》月《げつ》。兼吉は山村と小梅の父親千吉に見込まれてここで働いている。小梅は恋仲となった浜本清をアメリカへ行かせるための金の工面を山村に頼もうとするが、千吉は旦那への不義理を重ねる娘をきつく叱る。やりきれない思いから、小梅はついに断酒を破って酒を飲む。そこへ小梅に逃げられたと思い込み、出刃包丁を持った浜本が追って来て兼吉ともみ合いになる。〈第三幕〉

浜町河岸、小梅は車夫に頼んで兼吉を呼び出す。小梅は、浜本の処分を穏便に済ませるよう頼み込むが、兼吉はせせら笑ってむげにする。それでも浜本のために引き下がらない小梅の頬を兼吉は番傘で殴りつけ証拠の出刃包丁を奪おうとする。小梅は決心し、その出刃包丁で兼吉の腹を刺す。〈第四幕その一〉

再び酔月。浜本は山村から千円という大金の援助を受け、洋行が決まった。小梅に会わずに出発する浜本を一重が見送る。そこへ小梅がフラフラになって帰って来て、兼吉を殺してしまったと告げる。水をくれと言う小梅に一重は酒を差し出す。千吉は身代わりになろうとするが、小梅は「何アに、大丈夫――。あたしも小梅だ。」と覚悟を決め、警察署に歩き出す。〈第四幕その二〉

❖**初演**――大正八年（一九一九）十一月新富座　河合武雄（仮名屋小梅）、喜多村緑郎《ろくろう》（宇治一重）、松本要次郎（兼吉）、梅島昇（浜本清）、武村新（澤村銀之助）、村田式部（蝶次）

❖**初出**――『女性』昭和二年（一九二七）八月〜十月号

❖**解題**――明治二十年（一八八七）六月九日、待合酔月楼の女将《おかみ》花井お梅が番頭の峯吉を刺殺した実話を題材とした、いわゆる「花井お梅」物の一つ。事件の翌年には河竹黙阿弥によって『月梅薫朧夜《つきとうめかをるおぼろよ》』が書かれ、五代目尾上菊五郎が上演したことで知られる。

青果の『仮名屋小梅』は、大正七年（一九一八）十二月二十二日より翌年八月二十四日まで『都新聞』に連載された伊原青々園の同名小説を、大正八年十一月の上演に合わせて新派の河合武雄のために劇化したものである（亭々生名義）。その後、昭和十年（一九三五）には川口松太郎が今度は花柳章太郎のために『明治一代女』を書いた。この「花井お梅」物の変遷については、神山彰「毒婦物の近代」（『近代演劇の来歴―歌舞伎の「一身一生」』森話社、平成十八年〈二〇〇六〉）、赤井紀美「〈花井お梅〉と新派─川口松太郎「明治一代女」論─」（『歌舞伎　研究と批評』56、歌舞伎学会、平成二十八年〈二〇一六〉）などに詳しい。

青果が新派のために書いた中でも、今日まで上演の機会が多い戯曲であり、特に序幕その二の「芝居茶屋うた島」の場は人気が高く、「小梅と一重」として独立して上演されてきた。初演から小梅を河合武雄が、一重を喜多村緑郎が演じ、この二人の女形がそれぞれの持ち味を如何なく発揮して評価が高かった。特に小梅は河合そのものと言われるほどのはまり役で、この毒婦を繰り返し演じた。河合武雄が死に、『明治一代女』が登場した後にも、たびたび上演の命脈を保ってきたのである。

今日、通しで上演するのは、衣裳や道具の問題から容易なことではないと思われるが、序幕その一の新富座の場面などはぜひ大劇場で見てみたいと思わせるものである。そもそも、実際の新富座で、明治期の新富座の桟敷や売店を舞台上に作ってみせたという初演の趣向が粋であり、そこに団菊左の声色が聞こえてきたというのだから、当時の観客をいかに喜ばせたかと想像するに難くない。

ただし、現在広く読まれている『真山青果全集』第十一巻（講談社、昭和五十一年〈一九七六〉）所載の戯曲は、昭和二年にプラトン社の雑誌『女性』掲載時に青果が書き直したものであり、そこから初演時の河合や喜多村の声をそのまま再現することはできない。その証左として、現存する彼らの上演の録音と、この戯曲では細かな台詞の言い回しがかなりの部分で異なっているのである。第三幕の酔月の場における千吉と小梅による、酒をめぐっての言い合いを例に挙げると、録音には、河合の小梅が「よします、よします。その代わりおとっつあん、水を一杯飲ましてください。水ならいいでしょう、水なら、水なら、水なら、ううう…」と泣きむせぶ声が入っているが、全集の戯曲にはこの件が一切書かれていないのである。

（熊谷知子）

16 歴史小説の本領《ほんりよう》に就《つい》て 評論

❖概要——時代小説『大菩薩峠《だいぼさつとうげ》』で知られる小説家・中里介山《なかざとかいざん》が、大正十二年（一九二三）一月五日と七日の『都新聞』に寄せた「歴史小説の本領」に対する反論。介山は、歴史小説は時代考証によって材料を整理することが求められるとし、「いつぞや誰かの戯曲に頼朝《よりとも》が野合《やがふ》に行つての帰り斬られて死んだ事を書いたさうだが、作者は多分それで英雄といふものも畢竟《ひつきよう》するにこんな下らないものだと云《い》ふ皮肉を見せたつもりだらうが、頼朝には別にまた英雄的素質のある処を閑却《かんきやく》して、下らない方面だけを拡大して、これ見ろとしたり顔をするのは、腫物《はれもの》の一部分を顕微鏡で見せて、人間の肉体はこんな汚ないものだと突《つき》つけ」るようなものだと、暗に青果の『傀儡船《くぐつぶね》』（『新小説』大正七年〈一九一八〉九月号に発表、翌年初演）を批判した。

これに対して青果は、「若《もし》僕以外に同じ材料をつかつた作者があるならば仕方ないけれども、この場合に於ける誰かの戯曲は何《だ》うも僕のことらしいと思つて、この公開状めいた小文を草する」として反論した。

❖初出——『都新聞』大正十二年（一九二三）一月十二、十三日

❖解説——介山に対する青果の反論の概要は、歴史小説においては当然、材料となる歴史的人物や事件に対する、十分な研究が必須であるが、一方で歴史を題材にした創作活動と史学研究とは異なるものであり、史実として認めがたい「後世の虚説」であっても、そこに価値を見出し、自作の材料とすることには何ら問題がない、というものである。

青果は同作で語られる頼朝の最期の様子は、勝手な想像によるものではなく、「室町末期の著作と思はる﹅「頼朝最後物語」によりて」描いたものであり、頼朝が野合の際に誤って家臣に殺害されたという説は、これ以外の資料にも見えるものだと説く。そして、これらは「後世の虚説で史実として採用は出来ないものであらう。けれどもその間に幾分の真実なしとは、何人が明言出来るだらう」とし、それが怪しげな説ではあっても、完全に否定しきれるものではなく、また作品の構想の上で必要と認めたゆえに採用したのだとし、また『傀儡船』の核心は頼朝の死に対する批評ではなく、父の死因を探ろうとする息子・頼家《よりいえ》の心理にこそあるのであり、介山の避難は的外れだと論破する。

青果も文中で指摘するように、介山の批判は、実際に『傀儡船』を読んでいないか、あるいは正当に理解した上でのものとは思えず、この論争が続くことはなかった。しかし、論争自体の価値は措《お》くとしても、大正十二年の時点で青果がすでに歴史劇作者としての思想を確固たるものにしていたことを示すものとして、この一文は重要である。

青果の史劇は、厳密な歴史考証に基づくという印象で語られがちだが、その実、巧みに初演当時の大衆にもアピールする「嘘」

を盛り込み、また、史料の積み重ねだけからは生まれ得ない、血の通った人物を描き出している。それは、この二年後に発表された『平将門《たいらのまさかど》』が軍記物語『将門記』に基づきながらも、常に内面の葛藤を抱える主人公・将門がある意味では極めて近代的である点で従来の将門劇とは一線を画すことや、時には「南部坂雪《なんぶざかゆき》の別れ」(『元禄忠臣蔵』)のように人口に膾炙《かいしゃ》した「見せ場」を取り込むことを見れば理解されるだろう。

(日置貴之)

17 西鶴置土産《さいかくおきみやげ》 戯曲

利左　俺はな、俺は、さつきお前が伊豆屋を捌《さば》いた時に、嬉しかつたが又憎かつた。どうで金で買はれた身体で、太夫の位《くらゐ》が何になる。またその意地を、この貧乏のなかに立てゝからが何になる。

きわ　それよりお前がお三人に云つた言葉、いさぎよいと思ふより、私は結局さう云ふお前が浅間《あさま》しかつた。お前の言葉はみな嘘だ。貧《ひん》を飾る……みな見栄だ。

(下　餌差町の裏店)

❖**鑑賞**——本作では、元太夫のきわが過去の地位、過去の栄光にすがる姿が印象深く描写されている。これは西鶴の「人には棒振《ぼうふり》虫《むし》同前に思はれ」(『西鶴置土産』元禄六年〈一六九三〉)で記された、かつての客、伊豆屋吉兵衛の来室を拒否する場面を拡大したものである。しかしながら、きわは過去を思い返しながらも現状への嘆きはない。これは落籍されない太夫の未来が、貧乏よりも厳しい状態に置かれることを、青果が知っていたためだろう。プライドの基盤が豪奢な過去にありつつも、現状の極貧に堪える元遊女というきわの存在は、遊女の行く末を考慮しつつ考案されたキャラクターであるといえよう。

本作において、主人公利左衛門よりも妻のきわの方が注目すべき登場人物であることは間違いない。ただ、本戯曲を劇場で鑑賞した場合、複雑化したきわの人物造形が観客に通じるかは難しい所だろう。『読売新聞』昭和十二年（一九三七）五月十四日の夕刊に掲載された羽生浩の劇評でも、「第三の『西鶴置土産』であるが、これは西鶴の種で、青果氏の脚色——といふよりむしろ作であるから、左団次が手にかけたら、面白いだらうと誰しも思ふが、観てそれほどに合点が行かない。左団次の釜屋利左衛門は、第一に仁にないものだ。よしんば仁にあるものにしたところが、この芝居を、一般の見物に徹底させることは、頗る困難のことだ。とても十が十まで、理解をさせることは出来まい。結局こんなものは、読むものと極めてゐれば無事のやうである」と記されている。本作附記には「上演の目的にて執筆せる」とあるが、やはり小説のように読む方が、面白さや新しさが理解しやすい作品である。

❖**梗概**——上野では、十月に返り咲いた桜見物に大勢の人々が繰り出し、池之端の金魚屋では五両七両という大金が付けられた金魚銀魚が売られている。酒に酔った三人組が花見の女たちを戯れに追い回していると、ボウフラ売りの男がその難儀を助けるため、間に割って入る。その男こそ、月夜の利左衛門といわれ、当時全盛の太夫を身請けした程の豪遊仲間であった。零落した利左衛門と久しぶりの再開を喜んだ彼らは、渋る利左衛門をなだめ、酒を持って家に押しかける。〈上　池の端しんちう屋〉

小石川の裏店《うらだな》で、近所の友達と遊びに行く着物もない子どもと、その母親きわが、利左衛門の帰りを待っている。元太夫のきわは、貧乏を嘆く子どもに太夫時代の絢爛な座敷の様子や、近所の男たちの遊郭での振る舞いなどを話して憂さを晴らしていると、老婆が来年用の朝顔の種を取っていることに気付く。しばらくして利左衛門が友人を連れて帰宅する。きわは元太夫の気位をもって、枕を共にした客に遠慮するように伝えるが、利左衛門から無用の配慮であり、茶の用意をするように言われる。友人たちは利左衛門の落ちぶれた暮らしを心配し、親戚への口利きや合力を申し出るが、過去誰よりも富貴な身であった利左衛門は拒絶する。友人たちが帰り際、きわへ当座のしのぎ金を渡すと、きわもまた、施しは受けないと拒否する。夫婦は互いに、過去に縋《すが》る自分たちのむなしさを知りながら、過去を知る人々の間では正直に生きられないと悟り、誰も知る人のいない佐渡金山へ渡ることを決心する。〈下　餌差町の裏店〉

❖**初演**——昭和十二年（一九三七）五月東京劇場　市川左団次2（利左衛門）、片岡仁左衛門12（きわ）

❖**初出**——『婦人公論』大正十二年（一九二三）四月号

❖**解題**——本作は、井原西鶴『西鶴置土産』（元禄六年）巻二の二「人には棒振虫同前に思はれ」を翻案したものである。

　あらすじにおいては原作とほとんど変わりはなく、金と矜持というテーマも同一である。ただし、青果は登場人物の心情をより複雑化し、深みを見せている。例えば、朝顔の種をとる老婆にしても、西鶴は来年の開花を楽しみしているとして、先が長くはない老婆の、生への執着心を失笑混じりに描いているのに対し、青果はあえて「来年に生きるのを楽しみに、この種を摘みはしませぬ」と否定してみせ、死ななかった場合に、少しでもその悲しみを紛らわすために手間をかけているのだと、原作と逆の解釈をする。

また、本作の利左衛門は、友人に貧しいわが家を見せることを躊躇し、生活苦を立て直せという説教には話をそらすなど、零落した姿をあらわにされる動揺を隠し切れない。栄華を極めた過去に由来する見栄やプライドによって、苦しめられている利左衛門の現在を、青果は描ききっている。

本作附記で青果は、「この一篇は西鶴翁の遺作『置土産』第二によりて脚色したれども、内容は全く作者の創作なり」と、その独自性を強調しているが、最も大きな変化は利左衛門の妻きわの描写にある。原作の妻は、遊女時代の客が家に立ち入ることを拒絶し、子どもに着せる着物がないことを恥じる人物として描かれており、地女にも劣らないその優しさに主眼が置かれている。一方、青果作品のきわは夫の利左衛門と同じく、過去の自分に大きなプライドを持った人物として描かれている。太夫であった自分を落籍できるほど分限者だった夫を誇らしく思い、太夫時代に見聞きしたことを頼りに人品を判断する。遊里で知り合った夫の友人たちが置いてゆく施しの金も、原作とは異なり利左衛門ではなく彼女が受け取りを拒否する。その理由について、彼等が金を出す時は、他人を思いやっての真心ではなく、女郎への見栄や己の虚栄心を満たすためでしかないのだ、と過去の事例を引き合いに出して説明し、貧乏となった自分たちに施しを与えて「好い心持」をさせてなるものか、と断言する。このように、青果作品では妻きわの意志が拡大解釈されており、最も大きな変更点といえよう。

青果の物語が、原作のようにどこかの田舎に立ち退いたのではなく、正直に暮らしたいと佐渡金山への移住を決心する場面で終わっていることを踏まえると、青果は金を過去、現在、未来の象徴として扱っていると言えるだろう。友人たちは過去からの使者であり、友人たちからもたらされる金は過去の象徴である。ボウフラ売りで稼ぐ「小銭二十五文」は現在の象徴である。そして新しい金を掘り出す労働が待っている佐渡金山の金は、過去の栄光とも現在の貧困とも決別した、真新しい未来の象徴として見なすことができよう。

なお青果は『西鶴語彙考証』(中央公論社、昭和二十三年〈一九四八〉)で、『西鶴置土産』(元禄六年)の「金魚銀魚」について、『大和本《やまとほん》草《ぞう》』(貝原益軒《かいばらえきけん》、宝永七年〈一七〇九〉)、『本朝食鑑《ほんちょうしょくかがみ》』(人見必大《ひとみひつだい》、元禄十年〈一六九七〉)、そして生類憐れみの令などを取り上げ、金魚の一種か、別種が判然としないまでも銀魚という観賞魚が存在していたことを指摘している。

(丹羽みさと)

二代目市川左団次の釜屋利左衛門（国立劇場蔵）

18 浅草寺境内《せんそうじけいだい》

戯曲

お柳　親分さん。
藤兵衛　…………。（見る）
お柳　生きてゐるのも辛《つ》らう御座んすねえ。
藤兵衛　うん？
お柳　考へるとこの頃は……好く泣けますよ。いづれまた近々に、いやな目を見ませうよ。　（第三幕）

❖**鑑賞**――第三幕冒頭、矢場女《やばおんな》のお柳《りゅう》が落ち目の藤兵衛親分に語りかける台詞。後述のように、本作は関東大震災の直後に執筆された。初演は大阪で行われたが、劇中にはもはや灰燼に帰してしまった浅草の、約三十年前の風景が描かれている。取り戻すことのできない過去を振り返りつつ、生きていくことの辛さを噛み締めていたのは、青果だけではなかったであろう。

❖**梗概**――明治二十四、五年（一八九一、二）頃の十一月。浅草寺の境内は多くの人でにぎわっている。境内の矢場・山楽《さんらく》のお楽《らく》は、病を得て落ち目となっている勅使松の藤兵衛親分の面倒をみている。猟虎の密漁船の船長・柴崎丑之助は、矢場女・青柳《あおやぎ》のお柳に入れあげてなかなか出航しようとせず、部下たちは気を揉んでいる。柴崎は偶然お楽に遭遇する。二人は十年前に別れた恋人同士であった。密漁で羽振りの良い柴崎は、お楽の体を金で買おうとするが、お楽は拒否する。一方、やはりお柳に入れあげて、寺の宝物を売り払ってしまった若僧・狗江玄亮《いぬえげんりょう》は、お柳と柴崎の関係に嫉妬する。〈第一〉

山楽の店頭。客たちが楊弓《ようきゅう》遊びに興じている。清遊《せいゆう》のお清は、お柳に依頼されて柴崎とお楽の仲を取り持とうとするが、お楽は柴崎への気持ちを否定する。玄亮が訪れ、お楽と話すうち、お柳と柴崎の関係に疑念を抱き、藤兵衛がお楽を殺そうと用意した脇差を盗んでお柳の元へ向かう。お楽は玄亮の跡を追い、入れ違いでお柳がやってきて藤兵衛をなだめる。〈第二〉

山楽の奥座敷で落ち着きを取り戻した藤兵衛とお柳が話しているところへ、脇差を奪い返したお楽が戻ってくる。お柳は、お楽は柴崎に惚れているのだと言うが、お楽はあくまでも否定する。お柳が去った後、出港を決めた柴崎が別れを告げにやってくる。警察の手が迫っているという報告がもたらされ、柴崎はお楽が密告したのだと思って金を投げつけて去る。そこへお柳が玄亮に切られたという知らせが入る。藤兵衛は自分が柴崎のことを密告したと明かし、お楽を殺そうとする。お楽は逆に藤兵衛を切り、周りの人々をも殺し、柴崎の名を呼びながら気を失うのだった。〈第三〉

❖初演――大正十二年（一九二三）十二月大阪・角座《かど》　小織《さおり》桂一郎（柴崎丑之助）、河合武雄（お楽）、花柳章太郎（お柳）、藤村秀夫（狗江玄亮）

❖初出――単行本『玄朴《げんぼく》と長英《ちょうえい》』（新潮社、大正十四年〈一九二五〉）

❖解題――大正十二年（一九二三）九月一日の関東大震災で浅草は、浅草十二階こと凌雲閣《りょううんかく》が崩壊するなど、甚大な被害を受けた。その凌雲閣の竣工（明治二十三年）から間もない時期の浅草を生き生きと描いたのが本作である。執筆にあたって青果は、三田村鳶魚《えんぎょ》『上野と浅草』（崇文堂、大正十一年〈一九二二〉刊）を参照した。ここには、本作に登場する矢場女たちや、「馬鹿の文公《ぶんこう》」などの人々の姿が次のように描き出されている。

明治の初《はじめ》にならびで、凄腕を揮《ふる》つたのが山楽のお楽である、お楽は松葉町辺の或《あ》る寺の住職と、横山町の紙問屋上州屋の主人とを手玉に取つて、紙屋は破産し、坊主は寺を追ひ出された、浅草公園には勢力のあつた新門辰五郎の乾児《こぶん》等もお楽を姉さん〳〵と立て丶居たものだ、お楽は只の矢場女でもなかつたらしい。

（「矢場女の素養」）

公園の名物になり浅草で誰知らぬ者もない物貰ひは馬鹿の文公である、文公は乙な馬鹿で奇妙に可愛がられた、五十四五でもあらうか頗る愛嬌のある大坊主。文公は幾つだと聞かれても、文公々々、と答へる、年齢も苗字も知れない、何を聞かれても文公々々、一銭々々としか云はぬ。

（「恬淡な馬鹿の文公」）

こうした実在の人々や、楊弓（小弓で的を射る遊戯）の風景、膏《こう》薬《やく》を雨戸に貼り付けることで客を奪うというまじない、北方での猟虎の密漁など、さまざまな当時の風俗を描き込みつつ、複数の男女の混み入った関係、過去に捉われつつ生きる人々、血みどろの刃傷沙汰など、定番ともいうべき設定を備え、新派悲劇の王道を行く作品と言ってよいだろう。

大阪での初演後、翌年には東京の麻布《あざぶ》南座で上演され、翌々年にはご当地浅草でも舞台に上った。昭和十二年（一九三七）の新派創立五十周年祭（東京・大阪・京都）でも取り上げられており、『仮名屋小梅』『雲のわかれ路《じ》』などとともに青果の新派劇中でも傑作の一つである。

もはや作中に描かれた風俗は演じる側にも、観客にも遠い存在ではあるが、「古典」として割り切った上で、新派の女形芸やアンサンブルを生かした魅力的な上演を見たい。未曾有の大災害直後の空気の中でこの作品を生み出した青果の心情は、災害とともに生きていくしかないこの国の人間にとって今も生きたものである。

（日置貴之）

19 玄朴《げんぼく》と長英《ちょうえい》 戯曲

玄朴（略）長英はもう帰つたか……帰つたか。あゝ、俺はあいつが好きなのだ。同時に俺は……あいつが憎くてならない。いつもあいつは……おれの心の底の底まで入つて来て、身も世もないと思ふほど……俺の心を攪乱《かくらん》するが、同時に又、何だか知れない、寂しい、悲しいやうな一粒の種を……おれの心にこぼしてゆくやつなのだ。あいつは……畳の上で死ねない奴だが……然《しか》し、おれには旧《ふる》い、最も懐しい友人の一人なのだ……。

❖**鑑賞**――四年間の獄中生活を送っていた高野長英は、柳原《やなぎわら》の大火の折に伝馬町《てんまちょう》の牢から逃げ、御匙《おさじ》医師となった旧友の伊東玄朴を訪ねる。現実主義を信条とする玄朴と理想主義を掲げる長英。両者の端的な対立関係が開幕劈頭《へきとう》から激しく展開し、相容れぬ個我の葛藤が絡み合う。政論を戦わせながら逃亡資金の無心をくり返す長英に対して、拒み続ける玄朴。平行線をたどった口論の末に長英が立ち去ったあと、妻（舞台には登場せず）から声をかけられた玄朴が「暫《しばら》く斯《か》うして置いてくれ」と「寂しげに」応じ、しばし間をおいて一人部屋でつぶやく幕切れのせりふ。粗暴と傲慢が強調されてきた長英像が、玄朴のせりふによって最後、異なる相貌の余韻を残す。屈折した友情と愛憎が交錯する二人の闘争は、合わせ鏡のような関係のなかでこそ成立するものであろう。本作は青果戯曲のひとつの原型と見做され、玄朴と長英に仮託した二つの性格の相剋は青果自身の内面的分裂の形象化ともいわれるが、作家と作品を短絡した〈私戯曲〉的な読み方への注意も喚起されてきた。イプセン受容の影響、性格劇の創造、またそうした種々の議論に対してあくまで後年に続く青果史劇の端緒であるといった見方など、さまざまな問題を孕む作品といえる。

❖梗概――弘化二年（一八四五）二月二十九日。下谷御徒町《したやおかちまち》にある蘭方医《らんぽうい》・伊東玄朴の新居の書斎。籠の鶯が啼き、置時計の振子が揺れる長閑な午前。その静寂を破るように、廊下から人の争う物音が聞こえ、暴れ狂う高野長英を玄朴が書斎に引きずり込んでくる。二人は長崎のシーボルトの鳴滝塾《なるたきじゆく》で共に学び、長英は馬喰《ばくろう》の息子の玄朴を「馬鹿勘」と罵倒してはこき使っていたが、そんな長英の暴君的性質に玄朴はどこか羨望さえ抱いてきた。

時を経て、長英は蛮社《ばんしゃ》の獄《ごく》で伝馬町の牢に投獄され、一方の玄朴は鍋島《なべしま》侯の御匙医師としての地位を得た。四年間の獄中生活を送っていた長英は、二日前の明方に柳原で起きた大火で牢払いになり、素性を知られぬよう顔に硝酸銀《しょうさんぎん》をかけて面体を変える。内《ない》藤新宿《とうしんじゆく》で女郎を買い、この日の朝、大槻俊斎《おおつきしゅんさい》に旅費の無心を求めたものの断られたので、玄朴のもとへやってきたのだった。火事から三日目までに牢へ戻れば減刑の恩赦を受けられるが、長英がおとなしく自首する男ではないと知る玄朴は無心を拒み続ける。

長英は机上にある『牛痘種法篇《ぎゅうとうしゅほうへん》』の翻訳原稿を読み、葡萄酒を呷《あお》りながら、政論を語って幕府を批判。またシーボルトが罪科に問われる理由となった国禁の日本絵図を玄朴が仲介し、恩師を見殺しにしたと罵る。それを聞いて憤った玄朴は、渡辺崋山《かざん》が囚人となって切腹したのは長英が倒幕論を吹き込んだためだと詰め寄り、長広舌を振るう。

玄朴の言葉に苛立つ長英は反論も覚束なくなり、突然、故郷の老母に会いたくなったと再び旅費の無心をせがむ。執拗な要求を不快に感じた玄朴が強くそれを拒むと、長英は彼を組み伏せて強引に金を借りようとする。玄朴は長英の暴力に逆らわず、しかしあくまで「金は貸さない」と言い続ける。金が惜しいのではない、自分の心の中へ土足で入ってくる長英が憎いのだ、と――。互いに睨《にら》み合う二人の目に流れる涙。長英は「その意地を通せ、もう借りない」と言い放ち、仕置柱《しおきばしら》の上から長崎以来の旧友の笑顔を見せてやると、悲しげな笑いを残してその場を去る。玄朴は安堵のため息を洩らしながらも、長英に対する愛憎混淆《こんこう》する複雑な心情と懐旧の念に駆られるのだった。

❖初演――大正十三年（一九二四）十月邦楽座　田中介二（伊東玄朴）、金井謹之助（高野長英）

❖初出――『中央公論』大正十三年（一九二四）九月号

❖解題――明治末期から新派の座付作者として活動し、大正二年（一九一三）冬には松竹合名会社専属の「お雇《やとい》作者」（『演劇新潮』大正十四年一月）となった真山青果。およそ十年に及ぶ役者・興行本位の職業作家生活で数多の作品を残した後、文壇に復帰し、新生面を切り拓いたのが「玄朴と長英」である。戸板康二が「雌伏してゐた作者が、心機一転、新たな発足をした時の記念すべき作品」（岩波文庫解説）と評したように、青果の劇作活動のメルクマールと位置づけうる戯曲であり、以後展開される青果史劇の第一作とも目される。

雑誌発表の翌十月、舞台協会のメンバーを中心に結成された同志座の第一回公演の一作として邦楽座で初演。その翌月に兄弟座が日本橋劇場で再演し、大正十五年（一九二六）六月には帝国劇場の中幕「下の巻　新時代劇」として歌舞伎で上演されている（ちなみに中幕「上の巻　時代劇」は河竹黙阿弥《かわたけもくあみ》作『三国無双瓢軍配《さんごくぶそうひさごのぐんばい》』）。このときは、伊東玄朴を七代目松本幸四郎、高野長英を十三代目守田勘弥が演じた。

玄朴と長英の二人だけの対話で構成される一幕物で「戯曲作法を無視した、ある意味では破天荒の横紙破りともいへようか」（戸板康二。同前）と述べられるところに、この戯曲の同時代における新奇性が看取できる。戯曲には、廊下から玄朴の妻の声や門弟たちの足音が聞こえて障子越しにやりとりをするといったト書きが見えるが、彼らが実際に姿を現すことはない。あくまでも劇中の効果（背景）として存在が暗示されるだけである。時折廊下から門弟らが室内を窺い、入ってこようとする彼らを玄朴が声で押しとどめるという応酬がくり返される。帝国劇場公演時（大正十五年）の絵本筋書には玄朴の妻や門弟らも配役されているが、同時代評を見るかぎり、彼らは舞台には出てこず、障子に影を映す演出がなされたようだ。

重言ながら、終始一貫して玄朴と長英の対話で描かれる戯曲は、多情多感な二つの対照的な性格、それぞれの強さと弱さを描いて巧みである。ともすれば冗長な歴史講義を延々聞かされる感も否めないが、それが単調に堕さず、一気呵成に終幕まで筋を運ぶ手管は、せりふのテンポを自在に操る青果の筆力に支えられたものであろう。舞台に現れない室外の人々とのやりとりも劇のリズムに緩急を与えているといってよい。

ただ、歴史の中に生きる個人（人間）の運命を二人の対話のみで描いた特異性もあってか、上演の困難が指摘されることも少なくなかった。昭和九年（一九三四）年一月に築地小劇場で上演。昭和三十六年（一九六一）十二月には、東宝に移籍した八代目松本幸四郎らが上演。近年では平成十一年（一九九九）にシアターX、平成十二年（二〇〇〇）に池袋小劇場、平成十六年（二〇〇四）にはBeSeTo演劇祭参加作品として大阪新撰組による公演があった。手法の多様化した現在においては、小規模の空間での演出・上演といった可能性も見いだせるかもしれない。

なお、大正十五年の帝国劇場公演時には、高野長英の孫にあたる医師高野長運が、同作は史実と甚だ異なり、祖父の名誉を傷つけるものであるとして、青果および検閲を担当した警視庁に抗議している。これに対して帝国劇場側は、悪意なぞなく、むしろ長英の偉大さを描こうとしたのであり、長英の子孫や警視庁との交渉も済ませて上演したと応じたこと（『読売新聞』大正十五年五月三十日）を付記しておく。

（後藤隆基）

20 平将門《たいらのまさかど》 戯曲

わしはな、今日戦に勝つた、名も立つた。けれども、けれども……それはたゞ運だ、時なのだ。（酒気を吐き）人が人を賤しめ憎むさは、そのやうに軽いものではない。おれは自分を欺《あざむ》くために、彼を賤しめる人になりたくない。この目で明らかに見て、それから彼を憎み賤しめたいのだ。言葉を換《か》へて云《い》へば、彼の賤しさ憎さを見て、おれの正しさ大きさを信じたいのかも知れぬ。それでも関《かま》はぬ。おれはどうしても、自分を高いこころに見上げるこさは出来ない。謂《い》ふ如く、貞盛《さだもり》が賤しく恥づべき男なら、おれは初めて自分を信じられる。貞盛も見たい、おれも見たい、人の真実を見たいのだ。おれは決して貞盛に危害を加へる者ではない。分つたか、俺のこの心の悩みが分つたか。

（「叛逆《はんぎゃく》時代の将門」第四幕）

❖鑑賞――東国の風土を愛し、一族が協力し合って生活していくことを望んでいた青年・将門だったが、叔父たちの裏切りや、都と地方の権力構造、彼の力を利用しようとする人々の思惑の中で、謀反人となり、「新皇《しんのう》」と呼ばれる存在へと変貌を遂げていく。しかし、彼の心にあるのは、常にそうした他人から見た己と、自分自身の認識との齟齬《そご》から来る孤独感であった。そんな彼が常に意識せざるを得ないのが、自分とは対照的な従兄弟《いとこ》・平貞盛である。「気高い、物思ひの深い子でした。指先など白く、女のやうにしなやかで、わたしはいつも幼い従弟の前に、この手を出すのを恥ぢてゐました」（第一部第一幕）と回想する将門は、その貞盛が、父の仇である自分を憎むこともせず、臆病に逃げ回っていると聞いてもなお、彼を賎しめ、同時に自分の偉大さを肯定することができない。

❖梗概――承平五年（九三五）の春。下総国《しもうさのくに》の平将門は、隣国常陸《ひたち》の前大掾《さきのだいじょう》・源 譲《みなもとのゆずる》の横暴や、農民たちの困窮、弟・三郎将頼《まさより》たちの反発に心を痛めている。ついに常陸に攻め入った将門であったが、叔父で常陸大掾の平国香《くにか》を譲とともに討ってしまったことを気に病む。将門は、国香の子・貞盛に、自分の心を伝えようと彼のもとへ赴く。貞盛も将門との和睦を望むが、一門の人々によって隔てられ、両者は面会することができなかった。一年後、将門は、貞盛や妻の東《あづま》の君《きみ》の父・平良兼《よしかね》らの軍勢に不意を突かれて攻め込まれ、逃走する。味方の裏切りによって東の君と幼い息子が敵方に奪われる。二ヵ月後、反撃に転じた将門方は、良兼・貞盛の軍勢を撃破している。無事、生還を果たした東の君は、貞盛が密かに自分を逃したことを将門に明かす。貞盛が自分との戦いを望んでいないことを伝え聞いた将門は苦悩するが、貞盛を追撃すべきだと主張する三郎に促され、出陣を決意する。〈私闘時代の将門〉

天慶二年（九三九）九月。叔父たちとの抗争を経て関東に権力を築いた将門は、隣国武蔵国での郡司《ぐんじ》武芝《たけしば》と権守興世王《かりのかみおきよのおう》との争いを調停し、いよいよ存在感を強める。しかし、相変わらず将門の胸の内を占めるのは孤独感であった。同年十一月、都での政変をうけて、興世王は将門に上京を勧めるが、将門は拒絶する。田原《たわらの》藤太《とうた》秀郷《ひでさと》が来訪し、貞盛との和睦の仲介を申し出る。そこへ将門が罪人を匿《かくま》っているとして、常陸国の検非違使《けびいし》が踏み込む。常陸へ赴いた将門は貞盛と対面するが、父の仇である自分に対して憎しみを見せようとせず、官位を捨てようとしている彼の態度に憤る。常陸の国守の子・藤原為憲《ためのり》の挑発を受けた将門は、常陸の国府に攻め入る。三郎と興世王は、この上は関東の八ヶ国を手中に収めるよう将門に進言する。翌年正月、将門は五ヶ国を平定していた。四郎は将門に対して、皇位を望むことだけはあってはならないと諫言するが、折しも神楽《かぐら》の巫女《みこ》が神がかりとなり、八幡大菩薩の託宣がもたらされる。人々は将門を新皇と呼ぶが、将門は苛立ち、味方に囚《とら》われた貞盛の妻・京御前《きょうごぜん》を尋問する。貞盛の行方を白状しない京御前を陵辱しようとする将門だったが、三郎らに止められる。そこへ貞盛が下野国《しもつけのくに》へ逃走したことが知らされ、将門は悩ましげに貞盛の名を呼ぶのだった。〈叛逆時代の将門〉

❖初演――「私闘時代の将門」昭和二年（一九二七）二月本郷座
井上正夫（平将門）、小堀誠（三郎将頼）、水谷八重子（東の君）

「叛逆時代の将門」　昭和五十年（一九七五）十一月国立劇場　市川染五郎6＝松本白鸚《はくおう》2（平将門）、尾上辰之助＝松緑3（興世王）、中村吉右衛門2（平貞盛）、坂東玉三郎5（東の君）

❖初出――「私闘時代の将門」『中央公論』大正十四年（一九二五）一月号

「叛逆時代の将門」『中央公論』大正十四年（一九二五）四月号

❖解題――『平将門』は、第一部「私闘時代の将門」（四幕）、第二部「叛逆時代の将門」（四幕）からなる大作で、大正十四年の発表後、第一部は昭和二年に井上正夫によって初演（池田大伍《だいご》演出）されたが、十年後の昭和十二年（一九三七）一月東京劇場で市川八百蔵《やおぞう》（八代目中車《ちゅうしゃ》）らが上演するまで再演はなく（再演も二日間のみ）、第二部に至っては戦後、国立劇場で取り上げられるまで舞台に上ることがなかった。

青果は軍記物語『将門記』を基本として、『本朝文粋《ほんちょうもんずい》』『扶桑《ふそう》略記《りゃくき》』等に見える当時の記録を参照して本作を執筆したとしている。言うまでもなく将門は、日本史上屈指の「謀反人」であり、歌舞伎や人形浄瑠璃でも江戸時代を通じてたびたび描かれてきた人物である。本作ではその将門を、東国の大地や農民を愛し、一門の和を望む青年として登場させ、彼が苦悩しつつも、「謀反人」へと変身していった過程を描いた点に特徴がある。さらに、いわば将門と表裏をなす存在として、都での生活を好む優美な人物である平貞盛、直情径行でしばしば将門と対立する三郎、学者肌で理想主義的な四郎という将門の弟たち、かつては貞盛の許嫁であったものの将門によって連れ去られて妻となった東の君などが登場し、若者たちの群像劇の趣をも見せている。

東国の農民たちの困窮や、「博学の説に、国の政事衰へる時は、必ず人民は前代を追憶するものだと聞いてゐます」という四郎の台詞（第一部第一幕）、将門の決起などからは、大正末期の小作争議の高揚や、「昭和維新」という標語の登場、そして五・一五事件（昭和七年〈一九三二〉）、二・二六事件（昭和十一年〈一九三六〉）などに至る、本作の発表・初演前後の社会状況が想像されるが、そうした限定された文脈のみによって捉えられるべきではないスケールの大きさを持った作品である。その壮大さは、前述のような上演機会の少なさにもつながっているが、背景となる歴史に対する馴染みのなさゆえに、日本では敬遠されがちであったシェイクスピアの大作の歴史劇に光が当たっている昨今、本作なども再び取り上げられても良いのではないだろうか。

（日置貴之）

小堀誠の御厨の三郎将頼、井上正夫の平将門
（『演芸画報』1927年3月号より）

21 随筆滝沢馬琴《たきざわばきん》 研究

❖概要——曲亭《きょくてい》馬琴（明和四年〜嘉永元年〈一七六七〜一八四八〉）。江戸戯作者。本姓滝沢氏。名は興邦《おきくに》、後に解《とく》）についての随筆。主に馬琴自身の手による書簡や日記、自叙伝的記録を典拠とし、平凡人としての彼の実像を著そうとした。

六月下旬某日の午後（大正十三年〈一九二四〉か。「初出」参照）、清見陸郎《ろくろう》（明治十九年〈一八八六〉〜?、劇作家・美術評論家）が青果を訪問し、執筆中の老年の馬琴についての読み物のために、青果に情報を求める。青果は、馬琴と只野真葛《ただのまくず》（宝暦十三年〜文政八年〈一七六三〜一八二五〉、随筆『独考《ひとりかんがえ》』の出版・批評を馬琴へ依頼した）との交渉の顛末について述べたことをきっかけに関連資料を読み返したところ、十年前とは全く異なる馬琴像を見出し、世間で共有されている姿とは異なる彼の「寂しいうしろ姿」を描き出すことを目指した（序）。

構成は以下のとおり。

「序」……本作執筆の契機と、自身が新たに描き出そうとする馬琴像、馬琴自身の言説（日記、書簡など）を素材とする方針について述べる。

「その第一」……家計から馬琴と家族の日常生活の在り方を導き出す。また、馬琴が契約を尊重したこと、それが破られた時の対応を取り上げ、彼の臆病な性格を指摘する。

「その第二」……放浪生活を終えた後の三度の転居が、彼と彼の子どもたちの人生の節目で行われていることを指摘し、それぞれの居住地の様子について述べる。

「その第三」……作品執筆のペースについて述べ、読本《よみほん》に比べると合巻《ごうかん》の執筆の方が楽に感じていること、校正に多くの時間を費やしていることを指摘する。また、収入の概略を記す。

「その第四」……妻のお百《ひやく》や長男宗伯《そうはく》に対する馬琴の心情を述べる。また、彼の思想変化が常に宗伯の存在と境遇とに支配されていることを指摘し、馬琴研究上見逃すことができないとしている。

「その第五」……馬琴が山東京伝《さんとうきょうでん》の門弟でありながら不敬であったとの言説は、馬琴と山東京山《きょうざん》の不仲に端を発し、小山田与清《ともきよ》周辺の人々によって語られたものであると考察する。

「その第六」……耽奇《たんき》会で勃発した、馬琴と山崎美成《よししげ》のいわゆる「けんどん争い」の経緯や、馬琴の著作を批評する殿村條斎《じょうさい》に対して執拗に追及している様子について、彼の臆病な性格を指摘した上で自説を述べる。

「その第七」……明神下の家に居住した時代の隣人伊藤常貞《つねさだ》と不仲にも関わらず、物事をあまり荒立てていない様子や、書簡で交流した鈴木牧之《ぼくし》への対応が、彼の内心に関わらず卑屈に見えることを述べ、馬琴が争いごとを好まず臆病であり、日記の中でのみ自身の感情を表すことができたと指摘する。

「その第八」……渡辺崋山《かざん》の死や只野真葛の著述に対する馬琴の態度について考察し、馬琴が水戸学派の影響を受けた「偏狭自尊なる日本主義者」ではあったが勤王主義とは認められないことを指摘する。

「その第九」……馬琴の入浴嫌いや流行好き、薬へのこだわりといったエピソードを抄出し、彼の可愛らしい一面について述べつつ、宗伯が期待通りに成長しないことへの失望や自己嫌悪が、彼を迷信深さへと進ませたことを指摘する。

「その第十」……真葛との交流の経緯について述べ、彼女の随筆『独考』を正面から批判した『独考論』を執筆した要因のひとつを、馬琴の女性観に求める。

「その第十一」……滝沢家の収入の大部分が馬琴の潤筆に拠っており、家計は決して潤ってはいなかったこと、貯蓄を善とせず、主に子どもたちのために何度か大きな出費があると金策に困っていたことを指摘し、金銭欲に淡白であったと述べる。

「曲亭馬琴年譜」

❖**初出**——「曲亭馬琴に就ての夜話」『中央公論』大正十四年（一九二五）三月号
「続曲亭馬琴に就ての夜話」『中央公論』同年八月号
「続々曲亭馬琴に就ての夜話」『中央公論』同年十二月号
後に、『中央公論』に掲載された三作が、単行本『随筆滝沢馬琴』（昭和十年〈一九三五〉、サイレン社）として出版された。「曲亭馬琴年譜」は、サイレン社の単行本化にあたり付録として追加されたもの。

❖解説――高田衛氏が、青果の資料読解の誠実さと、そこから「生活者としての馬琴という人の全体像」を導き出したことを評して「文豪曲亭馬琴の、それまでは誰も見えていなかった、肖像を描くことになった」(『随筆滝沢馬琴』「解説」岩波書店、二〇〇〇年)と述べておられるように、当時流布していた尊大な馬琴像から脱し、具体的な根拠を以て彼の心弱さや正直さを見出している。特に、日記や書簡に見える長々しい憤りの言葉は、彼が多くの事に拘る生真面目な性格であったにもかかわらず、他人からの誤解や争い事を恐れてそれらの中でしか心情を吐露できなかったためであり、実際の衝突は避けていたという新見(「その第七」)を示したことは、青果独自の視点として評価できよう。

青果は、馬琴の世間との関わり方について「あまりに世間に弱く、人に弱く、卑屈して、委縮して、自分を棄《す》てゝまで世に従ひ人に従はうとした、ために、却《かへ》つて遂に一人の真友《しんゆう》もなく、終生を孤独にをはらなければならなかつた」(「その第五」)と述べ、自らの性格が招いた不本意な結果であると述べ、その寂しさに焦点をあてている。しかし例えば麻生磯次氏が「当時の戯作者の中で、馬琴ほど孤独を愛した人はいない。(中略)こういう非社交的な性格が厖大な著述を書き上げさせたのである。」(『滝沢馬琴』吉川弘文館、一九五九年第一版発行)と記すように、青果の見出した新しい馬琴像が、その後一般的になったとはいえない。

ただし日記や書簡の行間から彼の内面や葛藤を読み取り、特に家族との問題について詳細に検討した功績は大きい。

馬琴の思想の変化が病弱な長男宗伯の境遇に左右されていることや(「その第四」)、彼の思想の在り方を考えるには、渡辺崋山や只野真葛との交流に着目すべきこと(「その第十」)を指摘し、馬琴研究者に対して問題提起を行っている。

また、滝沢家の経済事情について具体的に示し、老年の馬琴が職業作者として執筆を続ける必要性があったことを述べたことも(「その第三」「その第十二」)、彼の著作意識を捉える上で重要である。

ただしその後の研究において、読本や合巻といった戯作出版に掛かるコストの詳細と、そうした版元の事情が形式や内容に大きく影響を及ぼしたことが明らかになりつつあり、馬琴が戦略的に潤筆料の値上げ交渉を行っていることが指摘されている(佐藤悟「馬琴の潤筆料と版元―合巻と読本」『近世文芸』59、一九九四年一月)。彼の執筆意識や金銭感覚は、青果が考えていたよりも出版界の動向と密接であったと推察される。

また、青果がその一端を記した馬琴の蔵書や読書範囲については、神田正行『馬琴と書物―奇伝世界の底流―』(八木書店、二〇一一年)に代表される詳細な研究が備わり、特に馬琴の知的背景を研究するための環境はさらに整備されたといえよう。

いずれにせよ、当時一般的に流布した馬琴像を一旦棄て、新しい問題意識のもとで資料を精読し直す青果の姿勢は、研究者としての理想的なひとつの在り方であると同時に、馬琴に寄り添い、彼の言説の行間を読み解く独自の視点は、創作者としての青果の姿勢に根差したものであると言え、唯一無二の馬琴論であると評価できよう。

（有澤知世）

22　富岡先生　戯曲

富岡　馬鹿！　何を云ふ。不平だ？　俺が彼等の栄達をそねんで不平があるとでも云ふのか。大馬鹿者。俺に何《な》んの不平がある。俺が、この村に残つてこの塾を預かることになつたのは、みんな高槻《たかつき》先生の俺に対する愛情なのだ。大勢の後身者のうちで、先生は一番に俺を愛して下すつたのだ。群太、三輔《さんすけ》、野村《のむら》、狂之助《きょうのすけ》などは皆出て働け。国事の狗となつて、社会に戦へ。たゞ小助《しょうすけ》一人は、俺だ、富岡だ、小助一人だけは長州に残つて俺に代つて俊才を養成してくれ。出《い》でて働く江藤や井下よりは重い責任だ。俺の衣鉢をついで、俺の意志をつたへて、報国の志士を養成する大任は富岡小助のほかに託する者はない。頼む、必ず国を出でずに、この塾を守つて、長州のために人間をつくつてくれと、俺は東行先生の臨終の際に託されたんだ。選ばれた一人なのだ。何を苦しんで俺は三輔を羨《うらや》み、群太をそねむのだ。馬《ば》、馬《ば》……馬鹿なことを云ふと承知しないぞ。行つて来い、三輔に詫証文《わびじょうもん》を書かせて来い。

（序幕　その一　長州の或る村塾舎）

❖鑑賞――かつて高槻春作《しゅんさく》の門下で共に学んでいた塾生――江藤三輔（卓文《たくぶん》）、井下群太らが中央政界で要職に就き、国家の枢軸に地歩を占めているのに対して、富岡小助は一人、師の遺志を継いで村の私塾の先生として歳月を送ってきた。富岡自身は、江藤や井下たちと自分とは何ら変わらないと考えているが、現実として時代の流れに取り残されてしまった、その意識のギャップを周囲は持て余している。教え子の一人、小学校長の細川繁《しげる》から「同じ出身、同じ学窓の学友が、大臣になり元帥に進み、日増しに立身して行かれるのを御覧になつては、先生として御憤激に耐へぬ次第だらうと考へては居ります」と指摘され、富岡が怒りを露《あら》わにする場面。明治維新が江藤や井下たちの手でのみ完遂されたのではなく、彼らの地位が「勤王のために倒れた幾百幾千といふ士族の血」によって支えられているという富岡の言表《げんぴょう》は国を思う至誠の情に他ならず、江藤らとの対比もその内実は同義的に見るべきであるが、権勢に対して憤りを覚えながら、実は憧憬も抱いているところに富岡の悲劇が潜んでいる。原作である国木田独歩《くにきだどっぽ》の短編小説を三幕七場の舞台に脚色した真山青果の劇作は瞠目《どうもく》するものであり、その芯として富岡の造型が機能している。

❖梗概――明治四十二年（一九〇九）十月上旬。下関《しものせき》に近い村にある富岡小助の私塾。富岡の末娘お梅が村の娘たちに裁縫を教えている。この日、江藤卓文侯爵が来るというので、村中が浮足立っている。また富岡の元塾生で今は江藤に仕える大津が今夜婚礼を挙げると、娘たちは噂話に花を咲かせている。下関へ来ていた江藤に会った富岡が恩師高槻春作の旧塾への来訪を約束したというが、結局江藤は村へ来ない。そればかりか、富岡が進めている高槻春作の建碑にも反対だと、教え子の大津定次郎から聞く。日頃、中央政権や世間に不満を抱いていた富岡は、江藤に裏切られたと嘆き、激怒。お梅と結婚するつもりで帰郷していた大津は、富岡の旧弊固陋《きゅうへいころう》な様子に匙《さじ》を投げ、別の女性と急遽婚礼を挙げるのだった。富岡は、教え子の一人で小学校長の細川繁を伴って釣りに出かける。〈序幕　その一　長州の或る村塾舎〉

夕暮れどき、富岡と細川が小川に釣り糸を垂れている。大津の結婚式について話しながら帰ろうとすると、近くの橋を大津とその友人、大津が妻を娶《めと》った黒田家の番頭が富岡の悪口を言い合いながら、通りかかる。それを聞いた富岡は彼らを一喝し、その場を去る。残された大津が道具を片づけているところへお梅が来て父の後を追う。〈その二　村の小川のほとり〉

塾に来た細川が富岡の様子を下男倉蔵《くらぞう》に尋ねると、お梅と一緒に突然東京へ発ったという。大津の婚礼に出席していた村長の関《せき》澤《ざわ》が現れ、富岡から家の留守を任されたことなどを伝える。細川は、東京に出て学士になれなかった自分の身の上を嘆きながら、富岡の家を去る。〈その三　もとの村塾〉

江藤がハルビン出発を前に、大磯《おおいそ》の別邸で新聞記者や実業家たちと歓談している。同郷の友人を訪ね回っている富岡が井下伯爵邸を出たという電話を、江藤の娘ちか子が取り次ぐ。富岡の教え子の大津と高山文助が現れ、富岡が偏屈になり、世間を呪うようになったのも時代に疎《うと》いためであり、江藤の力を以て東京で仕事と地位を与えてほしいと頼む。江藤がそれを引き受けたところへ、秘書官が富岡の来訪を告げる。〈第二幕　その一　大磯の蒼浪閣《そうろうかく》〉

蒼浪閣の応接間で江藤を待つ富岡とお梅。富岡は江藤を通じてお梅を世の中に出したいという心づもりでやってきた。そこへ江藤が葉巻をくゆらせながら登場。江藤はお梅を預かることを承知するが、大津と高山からの提案を聞いた富岡が忽然憤激《こつぜんふんげき》し、江藤と言い争いになる。大津と高山が仲裁に入るものの逆効果で、富岡は江藤と絶交し、お梅を連れて帰ろうとする。そこへ高槻春作の子息由一が現れ、富岡に時代が変わってしまったことを諭す。〈その二　応接間〉

上京から半月ほど経った頃。帰郷後の富岡は人が変わったように、可愛がっていたお梅を怒鳴りつけることが増えたと、関澤と倉蔵が話している。毎晩のように細川が訪ねてくるときだけは多少機嫌がいいという。帰省中の上の娘お種への気兼ねもあるようだ。石工《いしく》の宇源次《うげんじ》と山から下りてくる富岡は前場までの元気がなく、執心していた高槻春作の建碑にも熱を失っている様子。ふと富岡と倉蔵が昔の思い出話をするところへお種が現れ、満州へ行っている江藤が怪我をしたらしいと伝える。その後、細川も来て江藤について尋ねると、富岡はお梅を狙っているのかと責め立てる。江藤がハルビン停車場で負傷したという号外が届く。富岡は高槻春作の碑を見たいと、吹雪《ふぶき》のなか家を出ていく。〈大詰その一　富岡先生の家〉

高槻春作の碑を建立している山の中腹。降りしきる雪のなか、富岡は頂上へ向かう。そこへ号外の続報が届き、江藤が銃で撃たれ、暗殺されたと知らされる。富岡は江藤の死を嘆き、その名を連呼する。〈その二　裏山の建碑所〉

❖初演——大正十五年（一九二六）五月邦楽座　沢田正二郎（富岡小助）、二葉早苗（富岡娘お梅）、野村清一郎（小学校長細川繁）、佐藤一郎（村長藤澤辰之助）、鬼頭善一郎（大津定次郎）、鳥居正（高山文助）、中井哲（侯爵江藤卓文）、根岸岩之助（下男倉蔵）ほか

❖初出——『苦楽』大正十四年（一九二五）四月号

❖解題——国木田独歩原作小説の真山青果による脚色物のひとつ。崇拝していた独歩の死から十八年、青果の師である小栗風葉《ふうよう》もこの年の一月に世を去った。茅ケ崎《ちがさき》の結核療養施設・南湖院《なんこいん》の病室で、独歩が風葉に幕末の長州藩士・富永有隣《ゆうりん》の履歴や性格などについて詳細に語る様子を青果は間近で見ていた。風葉は富永の娘梅子をヒロインに新聞小説の腹案を練っていたものの果たせず、青果の手で趣を変えて実現されたのだった（「脚色『富岡先生』序文」『真山青果全集』第十八巻所収）。

同じく独歩の小説を原作とする青果戯曲に『酒中日記《しゆちゆうにつき》』があるが、本作はより大幅な脚色をほどこされており、富岡の性格描

写を明確に打ち出した対話など、ほぼ青果の創作といって差し支えない。富永有隣がモデルの主人公富岡小助を中心に、劇中には、高槻春作（＝高杉晋作）、江藤卓文（＝伊藤博文）、井下伯爵（＝井上馨《かおる》）ら明治維新の枢軸にいた人びとが登場する。原作からの改変点は多く挙げられるが、とくに眼を引くのが江藤卓文の扱いであろう。原作では語りだけで処理される富岡とお梅の上京や名前が出てくるだけの江藤を実際に舞台へ乗せ、富岡と江藤との相剋《そうこく》が対話によって顕現される。大詰《おおづめ》には江藤の暗殺を伝える号外を通して、富岡の江藤への思いを表白させている。

高槻春作の子息由一を登場させたことも青果の独創。由一は、富岡が「何時までも維新の幽霊を背中に背負つて」いると指摘し、明治維新は遠い過去であり、自分たちが「新しき時代の前に立つてゐる」のだと説く。さらに「先生の心底には、常に二人の人が戦つてゐます。その一人は本来自然の富岡先生です。他の一人は貴方の過去の閲歴がつくつたところの富岡先生です」といった言表は、一人の人間に内在する相反する二種の個我の相克という青果戯曲に共通の特徴をひとつ端的に示すものであろう。

また老境の富岡と、彼がほぼ唯一頭が上がらない倉蔵（原作ではそれほど強い力を持っていない）との関係は、恣意が過ぎることを承知でいえば、シェイクスピア作『リア王』におけるリアと道化の関係を想起させる点も興味深い。

本作は当初、井上正夫のために書き下ろされるはずだったが、青果の遅筆を井上は待ちきれずに断念。雑誌『苦楽』に発表された戯曲を読んだ沢田正二郎が新国劇での上演を希望し、沢田は初めて本格的に青果作品に取り組むこととなった。沢田は旧弊な老人富岡をよく表し、好評を得た。初演の筋書によれば、演出の都合上、青果の承諾を得、第二幕に登場する高槻春作の子息由一を省略したという。また初演時には、当局の検閲が入り、沢田との間でひと悶着あった。くわえて伊藤博文の生涯の一面を描いた芝居であるということから伊藤の遺族や関係者が観劇したが、伊藤の名誉を傷つけるとして警視総監に苦情を申し込んだらしい。

その後、井上正夫が元来自分に対して書かれた戯曲だとして、昭和四年（一九二九）四月、市村座で上演。風采《ふうさい》や衣裳など沢田正二郎とは差異化を図る役づくりに腐心し、同時代評で「富岡先生は即ち井上、井上は即ち富岡先生、俳優と役とが同心一体となつて舞台にあらはれる」（中内蝶二「演芸欄　富岡先生に就て―市村座―」『読売新聞』昭和四年四月十七日）と称賛されている。翌年三月の明治座で再演した際には、前回やや不評であった大詰（建碑所の場面）の改訂を青果に依頼。この二度の舞台で、新派における井上正夫の当たり役として知られることとなった。

昭和三十四年（一九五四）に、新国劇の島田正吾《しょうご》が、敬慕する沢田、井上の持ち役であった『富岡先生』を継承。安藤鶴夫は「沢田や井上だと富岡先生がさもえらい人のように思われたのに、島田はそうではない人間の悲劇にしているところがいい」（「ステー

ジ　島田が進境示す　宿望の「富岡先生」で好演」『読売新聞』昭和三十四年六月十日夕刊）と賛辞を送っている。

富岡を演じうる俳優の存在が最大の肝となるわけだが、適役を得たとき、たとえば新国劇の流れを汲む若獅子や、劇団新派などでの上演が今後望まれる作品である。

（後藤隆基）

23 仙台方言考 研究

❖**概要**——仙台の方言について約千項目を取り挙げ、解説したもの。取り挙げられる項目は、青果が仙台方言と考えたもので、その中には語だけでなく、慣用句や名産品など多岐にわたるものが含まれ、一種の仙台の景物詩と言える側面も有している。

❖**初出**——雑誌『宮城県人』への連載（大正十四年〈一九二五〉八月号、以下四回連載）

❖**解説**——仙台方言については、近世期の『仙台言葉以呂波寄《いろはよせ》』（猪苗代兼郁《いなわしろけんいく》著）以来、最も多くの方言書が編まれた地域のひとつである。そうした資料の豊富さによって、仙台方言の通時的変遷について明らかにされてきたのであるが、本書の意義も、まずはこうした方言国語史的観点から認められるものである。以下、本書に見られる仙台方言について、その音韻的特徴を反映したものを中心に見てみる。

◎濁音前鼻音の反映

宮城県を含め、東北地方一帯に濁音前に鼻音を伴う傾向にあることが指摘されている。本書の内、その特徴を反映したと考えられる例を挙げる（以下、波線は執筆者による）。

○おほ《オ》てんぶり

「あの酒屋なら茶代の二円も出せばおほてんぶりだ」、「あいつ学校の成績が落第になつてるのも知らずに、大てんぶりでやつて来た」など云ふ。「大手振り」なるべし。恥ぢひるむところなく、得々たるさまをいふ。

○がんがり

仙台にて木挽用の大鋸を云ふ。蓋しかゞりを訛れるなり。字鏡《じきよう》には鉗字を書き加々利と訓ぜり。諸職往来《しよしよくおうらい》には、鼠歯、斧、鉄槌の文句あり。和漢三才図会《わかんさんさいずえ》には前挽鋸を加賀利と訓ぜりと記憶す。

○こんぶくろ

字鏡集に帙と書して、コブクロ、フミブクロと訓せり。小さき巾着、小さき袋、小袋の訛れるにて芭蕉の貝おほひにも「紅梅のつぼみや赤きこんぶくろ」の句を掲せたり。柳亭種彦《りゆうていたねひこ》の註に「案ずるにこんぶくろとは小袋の事を、小歌にこんとはねて歌へるなるべし」とあり。俗諺にも「小娘とこんぶくろ」など云ふ。

○たんがく

大荷物または米俵のごとき容積のあるものを、両手にて持ち運ぶを「たんがく」とも、「たがく」とも云ふ。小谷口《おたりこう》碑集《ひしゆう》「たがく。提挙又携帯ノ意」とあり。思ふに手舁くの音便なるべし。生写朝顔日記《しようううつしあさがおにつき》に「取つき嘆く関助が、いさめに亡きがらてがきの輿」とあり。

○なんご

小兒の遊戯。小石または石つぶを握りて、その数を対者にあてさす。俗語考に曰く、東国の田舎にてなんごと云ふは、いしなごのいしを省きて、なごをなんごと音便に云ふなりとあり。

○ほんご

反故紙。日本永代蔵《にほんえいだいぐら》「この男家業の外にほんごの帳をつくりて云々。」うた、ねの記「手習のほんごなどやり返すついでに。」

○わんぎりだいこん

輪切大根をいふ。雪女五枚羽子板《ゆきおんなごまいはごいた》「雑煮の上置、輪ん切り大根。」

さほど数は多くないが、以上が濁音前鼻音を反映した例と考えられる。このうち、「がんがり」については、語頭の「か」も有声化したことになる。東北方言においては、語中・語末のカ行・タ行が有声化する傾向にあるが、語頭の場合も例がないわけではない。小倉進平『仙台方言音韻考』（昭和七年〈一九三二〉）には、

来い koi —— gae　母様 kaka-san —— gaga-san

容積 kasa —— gasa　蟹 kani —— gani

などの例が挙げられている。なお、「ほんご」については、前鼻音を「ん」と表記した可能性の他に、古形の残存とも考えられる。

◎シ・スのゆれ

東北方言においては、イ列音の母音とウ列音の母音が中舌化しており、特にシ・ス、チ・ツ、ジ・ズが混同しやすい。

○しぐ

死するをいふ。仙台方言座談会記事、藤原相之助氏説に「死といふ語を仙台でシギ、シグと働かすのは、昔はスギ、スグではなかつたらうか云々。琉球でもスギ、スグといふ。『過ぎ』『過ぐ』の意であつて、此語の語源に近いかと思ふ云々。」

○ぶし〳〵

不平不満なる状貌。口小言などを呟き、快然たらぬさまを云ふ。生木のなどの燻り立つより出たる語ならんか。御《お》伽名題紙子《とぎなだいのかみこ》「栄耀にくらすことを費の至りと番頭がぶしヽヽ云ひ出すについて。」世間金持気質「殊に母親の方から兎角ふすの出るもの。」又、維新の志士武市半平太《たけちはんぺいた》獄中より妻に与ふる書に、「竹馬中吉などもない日せへ出しますろふ。どうぞ〳〵あまりぶす〳〵叱らんよふになされませ。」

これからすると、仙台ではシ・スが混同され、シに近い音として実現しているかに思われるが、シに近い音として実現するのは「北奥的ズーズー弁」であり、仙台は「南奥的ズーズー弁」としてスに近い音として実現することと矛盾するようにみえる。しかし、比較的時代の近い仙台方言書を見ると、例えば、土井八枝《やえ》『仙台方言集』（大正七年（一九一八））には、

すぐ又しぐ（動）　死ぬ

とあり、両形が挙げられているなど、当時の仙台においてシ・スの混同の結果、その音が必ずシに近いものとして実現するわけではないことが分かる。青果がなぜここで、「しぐ」「ぶし〳〵」を見出し語として立てたのかについては、実際の音声よりも文献の現れ方を重視したからと考えられるが、それは次の二例からもうかがえる。

○ごうびんとがめ

（執筆者注：「う」が鼻音性を帯びていた可能性もある）

他人の言葉尻などとりて咎め責むるを云ふ。語尾《ごんびん》とがめヽヽなるべし。三河物語「さる時んばなましゐなる事を為出しては如何に候間、言便を聞き色を見て喧嘩にもてなして。」

○ごんびんとがめ

前記に「ごうびんとがめ」は語尾咎めなるべしと記した

るが、いま浜荻をみるに「こびんとがめ―少しの事をむづかしく云ふなり。（江戸）ことばとがめ」とあり、又、川路《かわじ》聖謨《としあきら》の寧府紀事《ねいふきじ》、遠国奉行の心得を説きたるなかに「こ、へ来りて小鬢とがめの世話をやき、改革すること、却て質朴の風を失ふ也」と見ゆ。さらば江戸にも行はれて、小鬢咎めといふが正しきにや、われ等の時はかならず「ごんびん」と濁りたるやうなれど、なほ考ふべし。

青果は、「ごうびんとがめ」の項で、その原形を「語尾《ごんびん》とがめ」とする見解を示していたが、「ごんびんとがめ」の項においては、川路聖謨の寧府紀事の例から、「小鬢とがめ」を原形とする見解へと転じている。本書全体を通して、仙台方言の音韻的特徴の反映と見られる例が存外少ない（語中語末におけるカ行タ行の有声化例がほとんど見られないなど）のは、こうした文献での例に合わせて見出し語を立てたからと思われ、本書を方言書として見る際には、この点に注意しておく必要があろう。

◎本書の意義

以上、『仙台方言考』について音韻的特徴を反映したと考えられる例を取り挙げて紹介してきた。繰り返しになるが、本書は必ずしも実際の音声を重視しておらず、その点では注意が必要である。また、他の地域の方言も混じっているほか、既に使われなくなった語についても掲載するなど必ずしも共時的な仙台方言の反映と考えられない点も注意しなければならない。しかし、仙台方言については、近世から日本各地の中でも極めて方言書が多い地域であり、他の本と比較することによって、仙台方言の実態に迫っていくことは可能であろう。特に音声的な問題については、実際の音声をどの仮名で表記するかが問題となるため、時代の近いものと比べることによって、揺れの有無を確かめることができるであろう。

本書の最大の価値とは、青果の資料博捜によって上代から近代までの多くの資料から用例が集められている点にある。中でも、近世の資料からの例は多く、近世語の実相を明らかにするものとして利用できる。方言から、近世語を考えることについては、穎《え》原《ばら》退蔵《たいぞう》が『江戸時代語の研究』（昭和二十二年〈一九四七〉）においてその有効性を述べているが、同時代的に見ても、雑誌『方言と国文学』が昭和六年（一九三一）に創刊されるなど、方言研究と文学研究の融合が図られ始めていた時期と重なる。本書もそうした流れを承《う》けた、文学研究に資するものとしての方言研究と位置付けることができる。

（河野光将）

24　江《え》戸《ど》城《じょう》総《そう》攻《ぜめ》　戯曲

先生、実に戦争ほど残酷なものはごわせんなア……。

（『将軍江戸を去る』その一　江戸薩摩屋敷）

❖**鑑賞**――江戸・芝四《し》国町《こくまち》の薩摩藩江戸屋敷で、江戸幕府の重臣・勝安房守《あわのかみ》（麟太郎、海舟）と対話する薩摩藩士・西郷吉之助（隆盛）の台詞。西郷は屋敷の裏門で勝の来訪を待つうち、門前町の長屋の者たちと鰯売りが喧嘩するのを見た。西郷と勝の交渉次第で、明日江戸市中は官軍と幕軍が戦い、火の海となる。しかし町で暮らす人々はそんなことを知らず、鰯の値段五十文をまけるかまけないかで争っている。戦いを起こせば、こうした「自分等の生活のことを知る以外に何もない無辜《むこ》の良民」を殺さなければならないと西郷は述べ、泣く。なお「将軍江戸を去る」の原作における「その一」は、歌舞伎の現行上演では通常省略する。その場合この台詞は「その三　上野大慈院」の、薩摩・長州に憤る徳川慶喜《よしのぶ》を山岡鉄太郎（鉄舟《てっしゅう》）が諌める対話に盛りこまれる。

❖**梗概**――慶応四年（一八六八）三月六日。江戸赤坂の勝安房守の屋敷。薩摩と長州が連合して皇室を奉戴《ほうたい》する官軍が、幕府十五代将軍・徳川慶喜の治める江戸に向かっている。江戸総攻撃は十五日に迫っている。勝は江戸の町と幕府の行く末に悲観的で、静岡にとどまる西郷の動向を危惧している。幕臣・山岡鉄太郎（鉄舟）が訪れ、勝は自宅で預かる薩摩藩浪人・益満《ますみつ》休《きゅう》之助《のすけ》と山岡を引き合わせる。山岡は、慶喜が尊王の志を持ち、死にたくないと思っていることを西郷吉之助に伝えようとしている。慶喜を助けたい三者の思いが一致し、益満は静岡へ山岡と同行することになる。

同日、半蔵門の堀端。出立する山岡に勝は、自ら考案した慶喜を助ける秘策を伝える。それは官軍の攻撃が始まったら、御浜御殿から慶喜を汽船に乗せ、英国公使・パークスに預けるというものだった。そうなれば万国公法（国際法）上、官軍が慶喜を殺すことはできない。江戸が戦乱の巷となっても慶喜は殺せないと、二人は手を取り合って泣く。〈江戸城総攻〉

三月初旬、静岡城下の征東大総督府、武家参謀の詰所。到着した山岡の説得により、西郷は外国の介入を避け、慶喜助命に動く。大総督・有栖川宮《ありすがわのみや》が提示した五か条の条件を見せられ、山岡は、「慶喜を備前藩に預ける事」の一条は旗本八万騎が承知しないだろう、立場を変えて考えてほしい、あなたの主君・島津侯に同様の命令が下ったとして傍観できるかと訴える。西郷は動かされ、京都に伺いを立てると約束する。〈慶喜命乞〉

三月十四日、芝四国町の薩摩藩江戸屋敷。翌日が総攻撃の決行日という緊張のさなか、西郷は一見のんびりと鰯売りの喧嘩の話をする。しかし、隊長取締・中村半次郎（桐野利秋）が幕軍の彰義隊と小競り合いを起こしたのを知ると厳しく叱る。

勝が訪れ、西郷は喜んで迎える。慶喜が「日本天皇の臣下」となることに異存がないと勝が言い切るのを聞いた西郷は、中村らを呼び出し、官軍全体に攻撃中止を伝えるよう命ずる。驚く勝に西郷は、実際に見た江戸の町の広大さ、ここで行う戦争の残酷さを思って胸が痛くなった、官軍は弱かったのに、幕府と外国の動向が幸いしてここまで勝てたと語る。江戸城と慶喜を救うのは官軍と自分のためだと西郷は笑い、勝と握手を交わす。

四月十日午後、上野寛永寺《かんえいじ》黒門。山岡は酒に酔って山内の大慈院にいる慶喜を訪ねようとし、彰義隊と口論する。義兄・高橋伊《い》勢守《せのかみ》のとりなしで、山岡は中に入る。

同日四つ（午後十時ごろ）、大慈院の慶喜の居室。慶喜を訪ねた高橋は、フランスから再挙のすすめがあるとの話の真偽と、退隠先の水戸への出発を遅らせた意図を確かめる。慶喜は、尊王を旨とする水戸出身の自分が皇室に異心があるはずがない、「官軍」と名乗る薩長の者たちに踏みにじられた恥辱を返したいと落涙する。山岡が部屋の外で騒ぐ音が聞こえる。「水戸の勤王は幽霊勤王」という言葉を聞いた慶喜は怒り、山岡を呼ぶ。山岡は、慶喜の皇室に対する態度は「尊王」ではあるが、進んで国土と人民を返上する「勤王」に達していないと説く。慶喜は沈黙する。

四月十一日早朝、千住大橋《せんじゅおおはし》。水戸へ発つ慶喜を、江戸の人たちが見送る。「江戸の地よ、江戸の人よ、さらば……」と慶喜は別れを告げる。〈将軍江戸を去る〉

二代目市川左団次の西郷吉之助〈江戸城総攻〉（国立劇場蔵）

❖初演——「江戸城総攻」大正十五年（一九二六）十一月歌舞伎座　市川左団次2（勝安房守）、市川猿之助2（山岡鉄太郎）、市川寿美蔵6（益満休之助）

「慶喜命乞」昭和八年（一九三三）十一月東京劇場　市川左団次2（西郷吉之助）、市川猿之助2（山岡鉄太郎）

「将軍江戸を去る」昭和九年（一九三四）一月東京劇場　市川左団次2（西郷吉之助、徳川慶喜）、実川延若2（勝麟太郎）、市川猿之助2（山岡鉄太郎）

❖初出——「江戸城総攻」『文藝春秋』大正十五年（一九二六）三月号

「慶喜命乞」『キング』昭和五年（一九三〇）三月号

「将軍江戸を去る」『経済往来』昭和九年（一九三四）一・二月号

❖解題――本三部作は青果の維新劇の代表作で、第一部の成功により歴史劇作者としての評価が確立した作品でもある。すでに『玄朴《げんぼく》と長英《ちょうえい》』『平将門《たいらのまさかど》』などを発表していた青果は、「勝安房を主題とする一幕物」を書いてほしいという大谷《おおたに》竹次郎の依頼によって執筆を開始した。第一部初演に際した青果の文章「『江戸城総攻』に就いて」（『歌舞伎』大正十五年十一月号）を見ると、資料で知ることのできる史実に添って書くことを当初からめざし、全体の構想も第三部の前半まですでに固まっていたことがわかる。

第二部と第三部の初演はほぼ連続しており、内容も続いている。第三部は現行では通常、原作の「その二　上野の彰義隊」から上演する。昭和四十五年（一九七〇）九月歌舞伎座で「麟太郎と吉之助」として、第二部と第三部の「その一　江戸薩摩屋敷」をまとめた上演が行われて以降、この形も何度か行われている。四十八年十一月国立劇場では『江戸城総攻』として一本立て・三部通しの上演が行われた。前進座では昭和十五年六月新橋演舞場で、二代目左団次追悼公演として第三部を上演したのがはじめ。その後十八年三月明治座で再演。平成二十一年に三部を通して整理した上演がなされた。また、新制作座でも昭和四十九年十月東横劇場で第三部の前半までが上演された。

上演回数が飛び抜けて多いのは第三部だが、原作を読み直すと、「その三　上野大慈院」の慶喜と山岡の対話は、現行上演とはやや違う印象を受ける。原作の山岡はあくまで、将軍慶喜の態度は勤王に向かわなければならないと言うだけで、将軍が治める江戸の町と、そこに住む人々については言及しない。

実はそれが、引き続く「その四　千住の大橋」を締めくくる「天正十八年八月朔日《ついたち》、徳川家康江戸城に入り……」という慶喜の美しい長台詞の解釈にも影響を与える。慶喜はここで新しい日本の誕生を祝福し、江戸に別れを告げる。前の場面で、江戸の地と人の暮らしを慮るよう山岡がはっきりと求めるなら、この台詞はそれに寄り添い、応えるものと素直に受け取れる。しかし、山岡が慶喜の身の処し方をただすまでにとどまるなら、慶喜は江戸を「治める対象」に過ぎないものと考えていると解釈することも可能になる。上演で観客は「為政者に治められる対象」の立場でこの台詞を聞く。あくまで「その一」をカットする場合だが、多くの共感を得るには、現行の形へ改訂してよかったといえそうである。

三部作を通して読むと、最も存在感を持って迫ってくる謎は、官軍の首魁・西郷吉之助の人物像である。動かない鈍さと他者に共感する繊細さの両方が極端で、ぎりぎりまで行動しないが動き出すと迅速だ。他の青果戯曲で、西郷は例えば『西郷隆盛』の連作に登場し、『江藤新平』四部作では登場はしないが、登場人物たちが彼を脅威としてはるかに見据えながら物語が進む。他の維新劇とのつながりを考えて読むと、本三部作はまた別の読解が可能であるかもしれない。

（寺田詩麻）

25 小判拾壱両《こばんじゅういちりょう》　戯曲

杢之助　去年板行《はんかう》になつた、浪華《なには》の西鶴《さいかく》坊主が永代蔵《えいたいぐら》を読んでも知れます。兎角《とかく》金銭の世の中、金銭に見はなされては世に住むかひはありませぬ。侍こても、やはり貧《ひん》は恥を顕はします。なアお内方、然《さ》うではございりませぬか。はゝはゝゝ。

❖鑑賞——本作で最も注目すべきは、「小宮山杢之助《もくのすけ》」という新たな登場人物が設定されていることである。娘の真山美保に創作の心得として、「脚色するときは、原作に書かれていない部分を脚色者が脹《ふく》らませて、深みを持たせたり面白くさせたりするんだ」（真山美保「青果と私—あとがきにかえて—」『真山青果全集』別巻一、講談社、昭和五十三年〈一九七八〉）と語っていたという青果の言葉を裏付ける「脚色」である。

井原西鶴が「大晦日は合はぬ算用」（『西鶴諸国ばなし』貞享二年〈一六八五〉）でテーマとしたものは、「武士の矜持」である。時代にそぐわず、一見無用のようにも見える武士らしさが、平時にも憧憬の対象と成り得る行為の根幹にあることを示している。それを青果は杢之助を登場させることで、新旧二つの「武士の矜持」を描き出し、西鶴のテーマを崩すことなく別の作品として再構築してみせた。先祖の功績や、戦場で戦った過去の自分にとらわれ、それを「武士の矜持」だと認識する古いタイプの侍（内助等《ないすけ》）と、主目的である家の復興は武功だけによるものではないと、柔軟に時代の変化を受け入れる新しいタイプの侍（杢之助）の対照的な姿を描くことによって、いざというときに武士らしさを発揮するのは、実は後者であると示唆する。

新しい時勢や新しい世代の容認という、現代社会にも通じる普遍的なテーマを描いた作品である。

❖梗概——年末、掛け売りの金を回収に来た商人の相手をする武士の内助は、金銭の力を発揮し始めた商人の方が、歴々の武士よりも幅を利かせるようになった今の時世を嘆き、金が物を言う世の中を恨む言葉を重ねていく。清貧を気取り、武士らしさに固執する内助だが、妻が実家に頭を下げ、融通してもらってきた小判十両を目の前にすると、自然と笑みがこぼれ、共に年越しの喜びを分かち合おうと、貧乏武士仲間を家に呼び、酒宴を催す。そこに偶然、仲間の息子である杢之助が訪れる。彼は、武士に生まれながら、もはや先祖の手柄や武功で暮らせる世の中ではないと悟り、自分の才覚で金を稼ぐことを良しとする新しい感覚の持ち主である。先祖の功績こそをよりどころとする内助には、その思考は受け入れがたいものであった。

父の怒りを買っていた杢之助を一間に隠しながら、内助は仲間たちと過去の栄光と十両をさかなに酒盛りをし、深夜、解散となった時、改めて小判を数えてみると九両しか手元にないことに気付く。たまたま、小柄売却の料金として一両持ち合わせていた仲間の一人が、身の潔白を示すために腹を切ろうとした所、どこから か「小判、有つた」の声と共に一両が投げ出される。と、ほぼ同時に内助の妻が、下げた重箱のふたに張り付いていたと台所から一両を持ってくる。仲間の命を救った余分な一両だが、持ち主が名乗り出ないため、返却方法として提案されたのは、潜り門の暗がりに升を置き、その中に一両を入れ、一人ずつ家から出るというものであった。もともとの持ち主だけが、誰にも知られず一両を取って帰ることができるというものである。一両を出した人物も、出さなかった仲間も、誰の名誉も傷つけない方法であるが、結局、武士らしさが一番欠け、仲間扱いされていなかった杢之助が、その一両を出したことが暗示される。内助は朧《おぼろ》に知りながらも、あえて誰の一両かを深く追求しないまま、幕が下りる。

❖初演——昭和九年（一九三四）五月帝国ホテル演芸場　花柳章太郎（杢之助）、大矢市次郎（内助）

❖初出——『演劇新潮』大正十五年（一九二六）五月号

❖解題——本作は井原西鶴の『西鶴諸国ばなし』（貞享二年〈一六八五〉）巻一の三「大晦日は合はぬ算用」を翻案したものであり、基本的な登場人物や物語の展開に変化はない。

もとの作品では、掛け取りの米屋を刀で威《おど》して帰らせるなど、理不尽な対応をする主人公ではあるものの、融通してもらった十両の金をもとに、懇意にしている同じ境遇の友人たちを呼んで年忘れの宴会を催し、また一両紛失発覚後は、自分の覚え違いで実は九両しかなかったと気遣う、仲間思いの人物として描かれている。また余分に一両が発見され、十一両となった時も、座中の難儀を救おうとして誰にも分からないように一両を出したのだろう、とその心中をおもんばかる。仲間もまた、多くなった一両を、金が増えるのはめでたいことだとして、主人公に受け取ってもらうことに躊躇がない。一両返却に関して、互いが互いを思いやることにより、夜更けまでの膠着《こうちやく》状態となるが、主人公が当人しか受け取ったことが分からないような返却方法を生み出すことにより、皆の矜持が保たれたという話である。困窮していても武士というものは、仲間に対するつきあいが格別だという西鶴の感想が記されており、ここに原作のテーマが明確化されている。

青果は、小宮山杢之助という人物を新たに創出することで、武士のプライドに焦点を当て直し、同じ題材を扱いながら、西鶴とは全く異なる方向性に変換している。

青果の主人公内助は、骨格たくましく上ひげのある大男であり、槍で培った先祖の武功や武士であることを誇りに思い、「十呂盤《そろばん》はじいて郡代官の下座《げざ》につき、八人扶持《ふち》を預かれるか」と、浪人者ながら武芸での登用に固執する旧世代の人間として描かれている。しかしながら十両を目の前にすると思わず笑みがこぼれるような、富に対する卑屈さが見え隠れする。また内助が酒宴に呼ぶ連中も同じような価値観を持っており、約五十年前の島原の乱で挙げた武功話に花を咲かせ、武力よりも金力に比重が傾いた世の中に対し、「われ等の貧窮も世のためだ」とぼやく。

一方李之助は、新しい時勢を肌で感じ、もはや武功で名をなす時代ではないと、武士身分を保障する系図を高額で売り、町人に身分を落としても家名を上げようとする人物である。武士であることに誇りを持つ内助にとっては、李之助の行動は全く理解の範疇を超えており、むしろ哀れむべき、さげすむべき対象としてその目に映っている。しかしながら、一両紛失の嫌疑を晴らすために、切腹しようとする仲間（織部）を助けるべく金子を暗がりから投げ出すのは、その李之助である。内助は金子返還の解決策を見いだすこともなく、ただもらっては武士道に悖《もと》るとそれだけを気にし、誰が出したと騒ぎ立てるだけである。結局、当の織部が升に入れて返す方法を思いつき、その場を差配する。潔さと統治という点で、武士らしさを示すのは織部である。

つまり高潔で身分が高く、経済的にも豊かで、武功にも秀でていた過去の武士像が、現在でも通用するだろう、してほしいという主人公らの価値観を、町人となった李之助が言葉や行動で否定する構成へと、青果は変換させている。内助らが固執する過去の武士像を「昔の夢」「先祖の幽霊」「古人どもの幽霊」と断じる李之助は、内助の過去の栄光に縋《すが》る姿を知らしめる役割を担っており、時勢を読むことができない武士のプライドというテーマに移し替えられている。（参考：竹野静雄『『大晦日はあはぬ算用』の翻案三変奏―青果（大正）・太宰（昭和）・辻原登（平成）―』『近世文芸　研究と評論』平成二十二年〈二〇一〇〉六月）

ちなみに、青果の「小判拾壱両」を参照にしたのではないか、といわれているのが太宰治の「貧の意地」（『文芸世紀』昭和十九年〈一九四四〉九月）である（参考：松田忍「太宰治「貧の意地」「遊興戒」試論―真山青果「小判拾壱両」「西鶴置土産」の比較―」『太宰治研究』16、和泉書院、平成二十年〈二〇〇八〉）。ただし、太宰の着眼点は全く異なり、侍らしからぬ情けなさが際立つ作品となっている。十両を妻の兄から融通してもらうと、幸せすぎて死ぬかもしれないから飲もうと笑う内助を始め、貧乏なあまり季節や性別などを無視したちぐはぐな格好でやってきては、おごりだと分かると途端に遠慮せずに飲み出す友人たち、一両を懐に隠し持っていないことを示すため、着物を脱ぐとふんどしをしていなかった武士など、失笑を禁じ得ない人々が登場する。しかしながら、前半で繰り広げられる笑いの要素が、一両をめぐり、最終的に妻が「落ちぶれていても武士は流石に違うものだ」と感じるように、貧者であっても浅ましくない所に好感が持てるような設定となっている。こっそりと座敷に出される一両や、名乗り出ない持ち主、意地になって返そうとする内助の行動によって、貧者の心境に緩急が付けられており、仲間意識と武士の矜持といった西鶴作品のテーマが、より分かりやすい形で踏襲されているといえるだろう。

（丹羽みさと）

26 桃中軒雲右衛門《とうちゅうけんくもえもん》 戯曲

さうぢやねえ。人気に酔つて自分の芸が落ちるよりは、衰へ始めたおれの芸に……却《かへ》つて反対の人気が立つて来る、そこに世間の恐ろしさがあるよ。おらアそれを思ふと……いつも背中が寒くなる。（第三幕）

❖鑑賞――いよいよ高まる名声と裏腹に、雲右衛門は己の芸の衰えを感じていた。その雲右衛門に対して、伴侶であり三味線弾きのお妻《つま》は、自分の病気が重いことを自覚しつつ、その衰えた三味線に注文をつけようとしない雲右衛門を罵倒し、去る。その後に、「芸のための肥やし」と言って若い芸者を家に入れようとする雲右衛門だが、彼も自分の生き方が世の中から到底理解され得ないことはわかっている。芸人ではなく、ただの女の顔をしているお妻に会いたくないのだという雲右衛門の言葉を伝え聞き、「芸の人になつて……静かに死にます」と言い残して死んだお妻ともども、芸に取り憑《つ》かれ、命を捧げた人間の心の内は、本人たちにしか理解することができないものなのであろう。

❖梗概――明治四十年（一九〇七）四月上旬。浪曲師・桃中軒雲右衛門は八年ぶりに東京へ乗り込むべく、今日は国府津《こうづ》に到着する予定であった。ところが、静岡駅に着いた途端に雲右衛門は姿を消してしまい、一座の人々は行方を探していた。三味線弾きの松《しょう》月《げつ》老人が、雲右衛門が料亭で豪遊していることを知らせる。新聞記者の倉田が、雲右衛門の妻・お妻に事情を尋ねると、お妻は、夫は国府津にいる息子の泉太郎《せんたろう》と再会するのが怖くなったのではないかと言う。〈第一幕〉

同夜。静岡市内の料亭浮月亭《ふげつてい》で酒に酔った雲右衛門は、自らの貧しい生い立ちや、無名時代にこの地の寄席に居着いていた過去を語る。居合わせた県の役人が、雲右衛門に無理に芸を所望するところにお妻が迎えにやってくる。泥酔した役人は、「師匠に叛いた背徳者」と雲右衛門を罵って去る。倉田が泉太郎を連れて現れる。雲右衛門は、八年ぶりに再会した息子に向かい、「村上喜《き》剣《けん》」の一席を語り始める。〈第二幕〉

明治四十一年（一九〇八）十一月。雲右衛門は新橋の待合・竹《たけ》家《や》に逗留している。泉太郎は父と深川の芸者・千鳥《ちどり》との関係を報じた新聞記事に心を痛める。病を得ているお妻が現れ、今の雲右衛門相手には三味線は弾けぬと告げる。雲右衛門は芸の力が落ちつつある自分の名声がかえって高まっていることを恐れるが、お妻はそんな雲右衛門を罵倒し、自分の病が重いと悟っていることをほのめかして去る。千鳥がやってくるが、激昂した泉太郎は彼女を追い返そうとする。雲右衛門は激怒し、なぜ世間は自分に、人格者であることを求めるのか、自分はただ芸人でありたい、と叫ぶ。〈第三幕〉

明治四十三年（一九一〇）春。芝公園内の雲右衛門宅。お貞《さだ》（元

の千鳥）が家内を切り盛りしているが、雲右衛門の弟子のお力《りき》との諍《いさか》いが絶えない。世間は病気の妻を見捨て、芸者と一緒になった雲右衛門を攻撃しているが、雲右衛門の芸は力を取り戻し、恐ろしいまでの光彩を放っていた。人々はお妻の見舞いに行かない雲右衛門を責めるが、雲右衛門は病床のお妻を見て、彼女が芸の人ではなく、ただの女だと感じるのが悲しいのだと明かす。泉太郎が学校で雲右衛門のことを揶揄《やゆ》した級友と喧嘩をしたことが知らされる。雲右衛門は泉太郎が素手ではなく刃物を使おうとしたことに激怒し、倉田と争いとなる。そこへ、お妻の訃報が届く。泉太郎は父に弟子入りして雲右衛門の二代目を目指したいと言い出すが、雲右衛門は真の芸は一代で滅ぶべきだと言って拒否する。〈第四幕〉

大正五年（一九一六）十一月七日。病身の雲右衛門は、お貞にも先立たれ、雑司《ぞうし》ケ谷《がや》の粗末な貸家に暮らしている。経済的にも逼塞している雲右衛門のもとに、泉太郎や倉田ら旧知の人々が集まる。雲右衛門は、泉太郎に台本を書き取らせながら、微かな声で「弁慶衣川《ころもがわ》の段」を語る。〈第五幕〉

❖**初演**――昭和二年（一九二七）四月市村座 沢田正二郎（桃中軒雲右衛門）、久松喜世子（おつま）、中井哲（倉田楚水）、根岸若之助（松月老人）

❖**初出**――『苦楽』昭和二年（一九二七）五・六月号

❖**解題**――桃中軒雲右衛門は実在の浪曲師。本作は、新国劇の沢田正二郎の希望によって、彼のために書き下ろされた。描かれるのは、師匠の妻であった三味線引きと駆け落ちし、九州等を回っていた雲右衛門が、「武士道鼓吹《こすい》」を謳った『赤穂義士伝』を売り物に人気を博し、ついに東京への凱旋、それも従来寄席芸であった浪曲にとっては破格の大舞台である本郷座への出演を実現する明治四十年から、彼の最期の日（実際に雲右衛門は大正五年十一月七日に没した）までである。

師匠の妻を奪い、子供を捨て、病身の妻よりも若い女を選ぶ雲右衛門の生き方は、当時としても反倫理的としか言いようがない。また、女性であるお妻が常に耐え忍び、犠牲を求められる構図は今日の感覚からすれば、やはり指弾されるべきものであろうが、他人にはおよそ理解されないとしても、芸に身を捧げるという一点のみにおいて、強い信頼関係に結ばれた雲右衛門とお妻の関係には、見るものの心を揺さぶるものがあるだろう。高い世評の裏側で、孤独感や焦燥感に捉われる主人公像は、青果が多くの作品で繰り返し描いたもの。

創作にあたっては、ジャーナリストの松崎天民《まつざきてんみん》（倉田楚水《くらたそすい》のモデル）らの協力があり、沢田は雲右衛門のレコードを繰り返し聴いて研究を行なって、舞台では実際に浪花節《なにわぶし》を語った。昭和十一年（一九三六）に映画化（成瀬巳喜男《なるせみきお》監督、ＰＣＬ）されており、こちらでも雲右衛門役の月形《つきがた》龍之介が肉声で浪曲を語っている。

雑誌『新国劇』昭和三年（一九二八）五月号に青果による「戯曲『桃

中軒雲右衛門』の構想」の一文があり、創作までの事情や内容に関する構想が記されている（『真山青果全集』第十八巻所収）。（日置貴之）

沢田正二郎の桃中軒雲右衛門（絵葉書）

27 坂本龍馬《さかもとりょうま》 戯曲

おれは何日《いつ》も、自分の議論が、流動し漂うてゐなければ不安でならない。議論が一に決定し固着する時、最も恐ろしい時と思ってゐる。天文《てんもん》に見ても、地球は自らを回転させつゝ、太陽の周囲を公転《こうてん》してゐる。時候に見れば、春に向ふ冬は、三寒四温の順序を繰り返しつゝ、その節《せつ》に進んでゐる。ものはみな流動のなかに進歩をとってゐる。

（第一幕・その二）

❖鑑賞――今日も幕末の志士の中で圧倒的な人気を誇る坂本龍馬。青果は周囲に抜きんでた慧眼の持ち主である龍馬の、それゆえの孤独を描いた。時節に即して思想・目的を次々と切り替えて前進する龍馬は、その態度を変節と誹《そし》られるが、自身の信じる道を貫いてゆく。これは周囲との軋轢《あつれき》に苦しみながらも正直に生きることを希求し続けた作者の姿とも重なる。また青果は龍馬を、国内のみならず海外にも目を向け、戦争よりも平和を求めるコスモポリタンとして描いた。右の台詞は第一幕における武市半平太《たけちはんぺいた》との議論での龍馬の述懐。青果は龍馬の柔軟な思考を、宇宙や大自然の理を例に語らせることで、その人物の大きさを表現した。

❖梗概――文久三年（一八六三）正月、土佐藩士武市半平太の寓居《ぐうきょ》には、土佐勤王《きんのう》党の若侍が集う。彼らは仲間である坂本龍馬が開国論者の勝海舟に心酔しているといい、彼に詰め腹を切らそうという話も出ていた。龍馬の甥である高松太郎は叔父と刺し違えて死ぬと激高する。武市は太郎を諭し、龍馬の処分を迷っていることを明かした。龍馬の行為は変節だが、その先見の明は誰もが認めるところであり、同志たちの、そして武市自身の指針となっていたからだ。重苦しい空気の中、突然龍馬が現れる。変節を問う者たちに龍馬はセバストポールの戦争図を見せ、目先の勢力争いに拘泥する同志を一蹴する。〈第一幕・その一〉

龍馬と半平太は、飲みながら胸のうちを語り合う。龍馬は自由について語り、日本は今こそ開国して貿易で金をもうけるべきだと言った。武市は龍馬をいさめ、佐幕派として殺されてもいいのかと尋ねるが、龍馬はもはや自分は佐幕でも勤王でもないと言う。「一市民坂本龍馬になりたい」と言う龍馬と、一土佐藩士として勤王を貫く武市は袂《たもと》を分かつことになる。〈第一幕・その二〉

慶応元年（一八六五）五月。幕府軍が長州征伐へと軍を進めている中、龍馬は桂小五郎と西郷吉之助の面会、そして薩長の同盟を図ろうとしている。現在の龍馬は攘夷《じょうい》こそが日本を救うと考えるようになっていた。しかしなかなか現れない西郷に桂はしびれを切らしている。そこへ西郷を迎えに行った中岡が一人で戻り、西郷招来に失敗したと言う。龍馬はその失策を叱り、西郷に会いに京都に向かうと宣言、幕府に対して主戦論に決した長州には、武器をあっせんすることを約す。〈第二幕〉

慶応二年（一八六六）正月。長州藩士を多く客とする京都の茶屋魚《うお》しなで、桂と仲間たちが話し合っている。幕府の長州征伐の軍は途中で停滞したまま、薩長同盟はまだ成っていない。品川弥二郎などは断固薩摩との交渉を破棄すべきだと言うが、桂は龍馬や中岡にも相談してから決めると言う。やがて薩摩藩邸から使者の村田新八が来、桂帰国の真偽を確かめ、桂は帰国すると言い張った。そこへ龍馬が到着し、桂に同盟締結を強く勧める。〈第三幕・その一〉

一夜明けた夜、伏見の船宿寺田屋。薩長同盟の経過を見にきた三吉《みよし》慎蔵が、龍馬の恋人・お良《りょう》にかくまわれている。そこへ龍馬が戻り、同盟締結を知らせた。お良が風呂に行った後、二人は王政復古後の日本について論じ、龍馬は専制政治の破棄、憲法制定について語る。そこへお良が駆けつけ、会津藩士の襲来を知らせた。龍馬と三吉は薩摩藩士を装って逃れそうとするが、龍馬は襲撃で右手の親指を負傷する。〈第三幕・その二〉

龍馬と三吉は寺田屋から逃げたものの、追撃に遭う。自分が犠牲となって龍馬を逃すと言う三吉に、龍馬は国家のために二人とも生きなくてならないと一喝する。〈第三幕・その三〉

慶応三年（一八六七）十一月十五日、京都近江屋。新撰組を脱退した伊東甲子太郎《かしたろう》が龍馬を訪ねて来た。大政奉還が成り、新撰組が龍馬を目の敵としていると伊東が忠告するが、龍馬は耳を貸さない。それよりも龍馬は、常に変転し先へと進む自身の思考に疲れ、自ら牢《ろう》に入りたいとうそぶく。伊東が去ったのち中岡が来、龍馬は最大の目標であった大政奉還が成った今、徳川家を滅亡させる戦争に二の足を踏む思いがあると打ち明ける。それはまたしても変節と取られかねない変心であった。自分の理想は封建制度の根絶であると語る龍馬に、中岡は常に進歩し続ける者の苦しみと孤独を見る。そこへ幕府の見廻り組らしき刺客が踏み込み、龍馬と中岡は斬りつけられる。「おれは斬られて死ぬ人間だ。斬られて…好かったと思ふ。好い時に……死ぬのだ」と言い、龍馬は絶命する。〈第四幕〉

❖**初演**――昭和三年（一九二八）八月帝国劇場　沢田正二郎（坂本龍馬）、野村清一郎（中岡慎太郎）、中井哲（桂小五郎）、久松喜世子（お良）、初瀬浪子（おとせ）

❖**初出**――『女性』昭和三年（一九二八）一月号～五月号

❖**解題**――維新の英傑の中でも、坂本龍馬は群を抜いて魅力的な存在として描かれて来た。現在の龍馬人気は、司馬遼太郎の『竜馬がゆく』（『産経新聞』昭和三十七年〈一九六二〉～昭和四十一年〈一九六六〉に連載）の影響が大きい。だがその三十年以上前に、青果は本作を執筆し、才気煥発《かんぱつ》、愛嬌に満ちた龍馬像を描き出した。しかし、青果の筆はそうした龍馬の「陽」の部分だけではなく、「陰」をも克明に描き出している。つまり、あまりにも時代が「見えすぎて」しまうがゆえの彼の孤独、そして自身をも振り回し疲弊させるほどの、真理へのあくなき希求心である。作中の龍馬はそのために思想の変遷を繰り返した結果、土佐勤王党の同志たちと決別し、最後は十六年来の親友である中岡慎太郎とも結局相いれぬ自身を見いだす。その純粋さゆえの孤独は、青果自身が抱いていたジレンマにも似たものがあるように思われる。また、龍馬の口から語られる封建制度への厳しい批判や天皇制についての見解など、当時の青果自身の思想がうかがわれるのも、本作の大きな魅力の一つである。

本作が書かれた昭和三年は、明治維新から数えて六十年と言う節目の年に当たる。この前後、維新に関するルポルタージュが数多く書かれた。桂浜にある龍馬像も、同年五月に建立されている。「維新ブーム」とでも言うべきそうした動きは、明治初年の自由民権運動の時代に続き、この時期が二回めであった。特にこの時は維新当時を振り返る史談会がいくつも開催されており、市井の維新史とでも言うべきものが編まれ始めた時期でもある。こうした時代の動きを十分に踏まえた上で、本作の執筆を青果に依頼したのは、新国劇の沢田正二郎であった。肝胆相照らす仲であり、龍馬に通じる愛嬌とカリスマ的な魅力を持つ沢田に、青果はおそらく全幅の信頼のもと、自身の「龍馬」を託したのだろう。果たして本作は、夏枯れと言われる八月に三十日間の興行を満員続きにしたという。

本作は他の新国劇初演作品同様、やはり沢田の魅力、新国劇の熱演と団結に負う部分が大きかったのだろう。最近では昭和六十年（一九八五）八月の前進座公演以降、上演が途絶えている。しかし、龍馬の思想の変遷を丁寧になぞりつつ、土佐勤王党との決別、薩長同盟、寺田屋事件、そして大政奉還後の暗殺と、龍馬の人生における重大事件を四幕に余すところなくちりばめた構成は見事である。今後の再演が待たれる隠れた名作と言えよう。（村島彩加）

28 颶《ぐ》風《ふう》時代 戯曲

人間の利口と馬鹿はこゝで違ふぞ。（第三幕 二）

❖**鑑賞**——青年時代の伊藤博文（俊輔）・井上馨（志道《しじ》聞多《もんた》）は共に久坂玄瑞《げんずい》・高杉晋作率いる長州藩の血気にはやる壮年勤皇派の一党に加わっていた。聞多は二百五十石の志道家の養子であり、仲間内でも優位な立場。俊輔は周囲に劣る足軽の家の出であり、常に仲間に合わせ控えめに振る舞うが、いざというときには冷静かつ的確な行動を取る才覚と豪胆さを持つ。右の台詞は英国公使館焼き討ちの際、一人冷静に退路を確保し、仲間を無事脱出させた俊輔が聞多に言う台詞。激しやすく軽率だが人がよく憎めない聞多と、裡《うち》に熱いものを秘めながらも冷静かつ賢明に働く俊輔。青果の筆は、維新の立役者となる二人の正反対の立場と性格、そして友情を、ユーモアを交えて描き出した。後に青果はこの二人の関係をより戯画的に描いた戯曲『聞多と春輔』（昭和五年）も書いている。

❖**梗概**——文久二年（一八六二）十二月上旬、長州藩桜田屋敷には過激勤皇派の青年たちが血の気を持て余していた。彼らは高杉晋作・久坂玄瑞を筆頭とする一党で、前月外国行使の襲撃を企てたことが露見し、禁足を命じられている。しかし中には高杉や志道聞多のように監視の目をかすめ遊郭に入り浸る者もいた。一方で、彼らは御殿山の英国公使館襲撃を企てており、みな実行を期待し浮き足立っている。さらに佐幕派の宇野東櫻《とうおう》暗殺案も持ち上がる。そこへ桂小五郎の命で国元に赴いていた伊藤俊輔が帰って来るが、聞多をはじめ、周囲が彼を蚊帳の外に置こうとする気配を肌で感じる。〈第一幕〉

桂は青年勤皇派たちの中で足軽の出である俊輔を軽んじる趣があることを察し気遣うが、俊輔は気丈にそれをはねのけた。聞多は俊輔を疎外するような態度をとったことをわびる。俊輔は意に介さぬ体で立ち去る。〈第二幕　一〉

宇野東櫻暗殺の先鋒を押し付けられた俊輔は、刀の手入れにこと寄せ、宇野を手にかけた。日頃彼を軽んじてきた者たちも、その機転に感嘆する。〈第二幕　二〉

英国公使館襲撃実行日、聞多と俊輔は品川の遊女屋土蔵相模《どぞうさがみ》を訪れた。聞多は襲撃用の焼弾を掛額の裏に隠すが、残りの弾を持つ別動の仲間が辻番所に捕まったと伝わり激高する。俊輔はあきれて夜見世を冷やかしに出る。結局、捕まった者はとっさに焼弾を食べて難を逃れ、無事到着した。その騒動の最中も、隣室で襲撃の是非について論じる久坂と高杉に業を煮やした聞多は、皿小鉢を投げて暴れ回る。〈第三幕　一〉

同日の深更、青年たちは御殿山の英国大使館に集う。しかし聞多は肝心の焼弾を土蔵相模に忘れていた。一同は作戦を放火に切り替える。興奮する仲間を横目に、俊輔は夜見世で買ってきた鋸《のこぎり》で柵を切り、脱出口を作る。結局放火には成功したものの、暗闇で退路を失った仲間を俊輔が誘導し、全員は無事に脱出。激しやすく、気ばかり先走ってはしくじる聞多をからかう俊輔。聞多は悔しがるものの、彼の冷静な判断に感服する。〈第三幕　二〉

忘れてきた焼弾を始末するため土蔵相模に戻った聞多と俊輔だが、焼弾は女郎・お里の機転で既に始末されていた。仲間たちも到着し、一同は炎上する公使館を窓から眺めつつ、今後は活動の場を京都に移そうと気炎をあげるのだった。〈第三幕　三〉

❖初演――昭和三年（一九二八）十一月新橋演舞場　沢田正二郎（志道聞多）、小川虎之助（伊藤俊輔）、中井哲（桂小五郎）

❖初出――『文藝春秋』昭和三年（一九二八）十二月号

❖解題――颶風とは激しい風の意。青果は文久二年十二月十三日の長州藩青年攘夷《じょうい》派による英国公使館焼き討ち事件を背景に、まさに熱風がごとき維新の英傑たちの若き日の姿を生き生きと描き出した。初演の昭和三年は明治元年（一八六八）から数えて六十年に当たり、また、同月には昭和天皇の即位の礼および大嘗祭《だいじょうさい》が行われている。本作が初演された興行は「御大典奉祝興行」と銘打たれ、構成も「維新から昭和へ」と題し「維新篇」「明治篇」「大正篇」「昭和篇」と、時代ごとの演目を四人の人気作家が執筆するという極めて話題性の高いものだった。徹底的に時節を当て込んだこの興行案は、座頭である新国劇の沢田正二郎のもの。本作『颶風時代』はもちろん「維新篇」である。初演時『演芸画報』

に劇評（「名案『維新より昭和へ』劇」）を寄せた三宅周太郎がこの四作品について「新国劇の十八番物とならず、一二年目に出せる『繰り返し』の利かぬものであっても……」と書いた通り、これらの作品はその後再演されていない。時節によりすぎたゆえであろう。本作は間多と俊輔を中心とした青春群像劇であり後味の良い軽い作品だが、身分について語り合う桂と俊輔の対話には青果作品らしい熱と作者の民主主義思想がうかがえる。しかし沢田を筆頭に抜群の団結力を誇った新国劇に書き下ろした作品であるがゆえ、個性の強い登場人物を演じこなす多数の若手俳優と彼らの調和が求められる作品であり、また長州藩桜田藩邸、品川宿土蔵相模、英国公使館とそれなりの装置と舞台の広さがなければ見応えが失われることなどを考慮すると、今後も再演は難しいと思われる。納涼歌舞伎や勉強会などで若手歌舞伎役者らが手掛ければ面白いかもしれない。

（村島彩加）

29 井原西鶴《いはらさいかく》の江戸居住時代 研究

❖概要——従来、大坂の地において著述していたとされてきた西鶴が、江戸居住を行ったと指摘した論考。「青果が西鶴学者として学界にみとめられたのはおそらくこれ以後で、その意味においても画期的な論説であったというべきであろう」（『真山青果全集』第十六巻、綿谷雪《わたたにきよし》氏解説）とされ、青果の西鶴研究において重要な位置を占めており、その他の論考や『西鶴語彙考証』等も西鶴江戸居住説に基づいて執筆されている。

❖初出——雑誌『中央公論』昭和四年（一九二九）三月号

❖解説——青果は西鶴を諸国を旅した旅行者であると見なしていた。特に西鶴と江戸との交渉について、『男色大鑑《なんしょくおおかがみ》』（貞享四年〈一六八七〉四月刊）巻一の冒頭に「住所は武蔵の江府に極めて、浅草の片陰に借地して」とあることから、旅行者としてだけではなく江戸の居住者であったとする。このように青果はそれまで顧みられてこなかった西鶴自身の言葉に注目する方針をとるが、これは「彼は眞實の以外に何事をも描き得ない人であった」という彼の西鶴観に依拠する。西鶴江戸居住説の論拠として、青果は複数の事例を挙げている。一つ目は、『新吉原常々草《つねづねぐさ》』の作者と内容である。青果は本作の作者を西鶴と断定しており、その内容から西鶴が長い間江戸に逗留し、吉原での見聞をつづって元禄二年（一六八九）の三月に大坂で出版したと論ずる。

二つ目は、京坂書肆と江戸書肆とにおける西鶴本の初版出版状況である。西鶴の江戸下りは生涯に四、五回はあるとし、そのうちほぼ年代の推測されるのは、寛文の末年頃に一度、延宝四、五年の頃に一度、『男色大鑑』の江戸浅草寓居《ぐうきょ》時代としている。青果は西鶴本が初めて江戸の版元書林から刊行されたのは貞享三年（一六八六）十一月、日本橋青物町万屋清兵衛の署名がある『本朝二十不孝』であり、その以後三、四年にわたる西鶴本と江戸書林との関係から、貞享期後半頃の西鶴の江戸居住を推定する。

また、青果は西鶴の帰坂時期について、元禄三年（一六九〇）の春夏頃までとする。その論拠として、元禄四年開板の『団袋《だんぶくろ》』序文における署名西鵬に「鶴ノ字ヲ改」とあり、上方の人間に改名披露を行うために注記されたものとしている。

最後に青果は西鶴本のジャンルと上方・江戸という出版地の違いとの関連について言及する。西鶴の著作を好色物、武家物、雑筆小話、町人物の四種類に大別すると、地理的には好色物、町人物が上方の出版になり、武家物、雑話小話が江戸出版になる。さらに年代順に区別すれば、江戸移住前の著作は全部好色本の系統に属し、江戸を去って帰坂後の出版が大体町人物となることを示す。青果はこのような推移の理由について、江戸移住という地理的環境の変化が一因であるとした。

青果の西鶴江戸居住説に反論したのは野間光辰の「西鶴の晩年と江戸居住時代」（『上方』昭和六年〈一九三一〉八月号）である。野間は青果の挙げた論拠について、改めて資料の見直しを行った。まず、元禄二年三月刊『新吉原常々草』が西鶴の江戸における作品であるという説については、『新吉原常々草』の作者は磯貝捨若《すてわか》であり、西鶴は注をつけたにすぎないとする。また、青果は西鶴本の江戸版元連名ないし単独出版の増加をもって江戸居住の証左としたが、野間は再版本に江戸書林の連名を多く見いだすことから、「当時漸く上方に対抗し得るやうになつた江戸書林が、西鶴本の流行と共に挙つてその翻刻再版を企てた結果だと考へている。（中略）貞享元禄に於ける西鶴本の江戸書林連名出版の増加は、西鶴の江戸移住によるものではなく、当時の江戸出版界の機運が将来した結果だと思ふ」と論じる。また、元禄三年冬興行の『団袋』序の注記は帰阪後の改名披露であり、西鶴の帰阪を同年の夏か、春ごろと推定した論については、西鵬の署名は元禄元年（一六八八）の『新可笑記《しんかしょうき》』序を初見として、元禄三年の団水《だんすい》撰『秋津島』にも見えていることから、『団袋』の例は帰阪後の改名披露ではなく撰者団水の単なる注記にすぎないとした。さらに、『西鶴名残の友』の一節に其角《きかく》訪問の記事があり、其角の上京から元禄元年秋ごろと想定されるため、西鶴は当時大坂に居たことになると、江戸居住説に対する反証を提示している。

今日の西鶴研究において、青果の江戸居住説は懐疑的に見られている。しかし、この論が青果の西鶴研究において重要な役割を果たしたことは事実であり、評価すべき点であろう。（仲 沙織）

30 乃木《のぎ》将軍 戯曲

津野田　保典さんが……御戦死なされたさうでありま
す。
将軍（暗きなかに）その事か、知つとる。これで幾分
……わしの心が緩まるだらう……。よく戦死してく
れました。
（中篇　第二幕その三）

❖鑑賞――乃木将軍こと乃木希典《まれすけ》は日露戦争の英雄となったが、その陰で多くの日本兵の命が犠牲になったことで自責の念に苦しんだ。乃木は旅順攻略の後、出征していた次男の保典《やすすけ》が戦死を遂げたことを知る。同年に長男の勝典《かつすけ》も戦死するのだが、自らも息子を失ったことの悲痛と同時に、そのことによって自責の念が緩められるという複雑な心境がこの台詞に表れている。

❖梗概――日露戦争の英雄、乃木将軍の師団長時代から日露戦争での奮闘、凱旋帰国、学習院院長時代を経て殉死するまでを描いた長編戯曲。四部から成り、初篇・中篇・終篇・「凱旋乃木将軍」の順に執筆、発表されたが、史実の時系列に従えば、初篇・中篇・「凱旋乃木将軍」・終篇の順になる。初演もこれに沿って上演された。
初篇は、明治三十二年（一八九九）十月の師団長時代から明治三十七年（一九〇四）二月の那須野《なすの》の別邸、同年三月に次男保典が出征するまでの三幕六場。中篇は、明治三十七年十一月の旅順攻略から保典戦死の報を受けるまでの二幕五場。凱旋篇は、明治三十九年（一九〇六）一月十四日、赤坂の乃木邸に凱旋帰国した一日を描いた一幕三場。終篇は、明治四十五年（一九一二）七月二十一日、明治天皇御違例の知らせを聞いた朝から、七月二十五・六日、八月四・五日、九月八日、九月十日、大正元年と年号が改まった九月十二日、そして九月十三日に夫人とともに自刃に至るまでを追った三幕十一場。

❖初演――初篇：昭和四年（一九二九）六月新橋演舞場【新国劇】外題「乃木将軍」中井哲（乃木将軍）、久松喜世子（静子夫人）、市川小太夫（乃木保典）、金井謹之助（森田群平）
中篇：昭和七年（一九三二）一月明治座　外題「憶起《おもいおこ》す乃木将軍」市川左団次2（乃木将軍）、市川寿美蔵6＝寿海3（児玉大将、乃木保典）、沢村訥子《とっし》8（白井中佐）、大谷友右衛門6（津野田少佐）
終篇：昭和十二年（一九三七）十一月東京劇場　外題「最後の日の乃木将軍」市川左団次2（乃木将軍）、市川松蔦《しょうちょう》2（静子夫人）、片岡仁左衛門12（宇田さと子）、沢村訥子8（矢本大尉）
凱旋：昭和十二年（一九三七）四月東京劇場　外題「凱旋乃木将軍」市川左団次2（乃木将軍）、市川松蔦2（静子夫人）、市川猿之助2＝猿翁1（油井賛平）、沢村訥子8（菊池熊太郎）

❖初出――初篇：『朝日』昭和四年（一九二九）四月～六月号
中篇：『講談倶楽部』昭和五年（一九三〇）七月、昭和六年（一九三一）三・五・九・十月

終篇：『講談倶楽部』昭和七年（一九三二）十一・十二月号
凱旋：『講談倶楽部』昭和十二年（一九三七）五月（増刊号）

❖**解題**――『乃木将軍』は、執筆期間、上演ともに足掛け八年の歳月を経て完成した四部構成の長編戯曲となったが、その発端は新国劇の沢田正二郎であった。昭和四年といえば、偉人劇・伝記劇の類いがさまざまな作家によって書かれ、歌舞伎や新派、新国劇で多く上演されるようになっていた頃である。

日露戦争の英雄、「軍神」乃木将軍の物語も、既に大正十四年（一九二五）に松居松翁《しょうおう》によって『乃木将軍』（『演芸画報』大正十四年十一月）と題して劇化され、同年十二月には歌舞伎座で二代目市川左団次の乃木将軍、五代目中村歌右衛門の静子《しずこ》夫人、昭和四年三月には市村座で伊井蓉峰《ようほう》の乃木将軍、喜多村緑郎《ろくろう》の静子夫人という当時随一の配役で上演されていた。松翁の戯曲『乃木将軍』（三幕九場）では、日露戦争従軍記者のアメリカ人ウォッシュバーンの手記『ノギ』をもとに、ウォッシュバーンの目を通した乃木の姿が描かれている。これ以前にも、小芝居では大正初期に既に乃木を題材とした芝居が作られていたほか、新派にいた水野好美も乃木劇を自作自演していた。そして何よりも、乃木の軍神としての姿は、浪曲や講談として大衆に流布していった。

このような状況の中、沢田正二郎のために青果が乃木劇を書いたのであった。しかし、戯曲の完成を待たずに、沢田は昭和四年三月に急逝してしまう。沢田亡き後、同年六月、縁の深かった新橋演舞場で中井哲が乃木を演じた。この時には市川小太夫が加わり、次男保典を演じて更生新国劇を助けたが、やはり沢田に向けて書かれた乃木を中井が演じるには不足があった。その後も新国劇は昭和十二年九月に同じ初篇を新橋演舞場で、今度は辰巳柳太郎が乃木を、島田正吾《しょうご》が保典を演じている。戦前の新国劇は戦争劇を得意としたが、この時も関口次郎の『進軍抄』がともに上演された。

その後、中篇・終篇・凱旋篇のすべてにおいて初演を務めたのは二代目左団次である。昭和期の左団次は、乃木を演ずるに足る存在の大きさを備えており、いずれの上演も評判が良かった。東京における上演だけを見ると、左団次は五年の間に中篇を二度、凱旋篇を二度、終篇を一度の計五度、青果の乃木を演じた。昭和十五年（一九四〇）二月に左団次は亡くなるが、同年十二月には前進座の四代目河原崎長十郎が新橋演舞場で中篇の旅順攻略を上演した。また、日米開戦の直前となった昭和十六年（一九四一）十一月には明治座で、喜多村緑郎が終篇の静子夫人を演じている。これは喜多村のために青果が静子夫人を主役に書き直したもので、「嗚呼九月十三日」と題して上演された。乃木は小織《さおり》桂一郎が務めた。

青果の戯曲『乃木将軍』は、日本が昭和期の十五年戦争に向かう時勢のただ中で生まれ、受容された作品であり、戦後には上演されていない。この偉人劇に対する熱が最も高まったのは、日中戦争が起こった昭和十二年のことであろう。左団次によって凱旋篇と終篇が演じられた年であるが、乃木劇以外にも多くの時局劇や軍事劇が次々に上演されていた。このような一連の戦争賛美、軍人の神格化の動きを、戦後の平和な世の中から振り返って批判することはたやすい。しかし、当時の観客の欲求を救い上げていたという点においても軽視できるものではなく、上演はされなくても戯曲そのものの価値をないがしろにはできない。山蔦恒《やまつたこう》は青果の時局劇に対し、「これらの戯曲は、決して古臭い英雄史観の傀儡《かいらい》でもなければ、興味本位の戦争謳歌でもない。真山青果の確《かっ》乎《こ》たるドラマツルギーに支えられた本格的な作品で、強いてレッテルを貼るなら、さしずめ〝真山青果〟としか貼りようのない個性横溢の戯曲である。」（「真山青果全集月報」第九号、昭和五十一年〈一九七六〉）と再評価しているように、その熟練した劇作も他の戯曲とともに読み継がれるべきものである。

全四部の中でも、その劇作術がとりわけ発揮されているのは「凱旋乃木将軍」であろう。凱旋篇には、油井賛平《ゆいさんぺい》という乃木の旧友が登場する。油井は、乃木が日露戦線から凱旋したその日に赤坂の乃木邸にやって来て、戦死した息子たちの霊位に礼拝しろ、静子夫人に謝れ、と執拗に責め立てる。油井の口からは、乃木が不在の間、夫人がいかに苦しみ、悲しんだのかということが切々と語られるのである。戦争の悲哀を抱えて凱旋した乃木は言葉少なに反論するが、油井とのやり取りによって、乃木の内面的な葛藤や苦悩が浮き彫りになる。橋川文三が『月報』第九号で指摘しているように、油井は乃木の「分身」であり、このような役割を担う人物を登場させるのが青果の劇作の巧みなところである。

（熊谷知子）

辰巳柳太郎の乃木将軍、島田正吾の乃木保典（『演芸画報』1937 年 10 月号より）

31 血笑記《けっしょうき》 戯曲

こんなもの着て、こんなもの差して、威張《いば》つて、力んで、芸もねえ話だ。何《な》んで官軍だか、何んで朝敵だか、おらア聞いても些《ち》ッとも分らねえ。何んで戦《いくさ》するのか、人が死ぬのか、おれア字学《じがく》がないから、何んにも分らねえ。長州見たつて、薩摩見たつて、おれには少しも悪くはねえんだ。（第一幕）

❖鑑賞――鎌柄源内《かまつかげんない》は会津藩士の子として生まれたが、幼くして農家の里子に出され、会津戦争の勃発に伴って戦力として駆り出されたのだった。自分にはこのいくさの意味や、どちらが正義か、といったことなどはわからない、と言ってのける源内。彼は仲間の侍たちの首を斬る役を申しつけられても平気でいたのだが、人を斬ることの「現実」に直面するのだった。源内に相対する役として実在の「人斬り」中村半次郎（後の桐野利秋）を配したところに妙味がある。

❖梗概――明治元年（一八六八）九月二十二日の夜明け前。長州を始めとする官軍による攻撃の前に会津若松城はついに落ちようとしていた。休戦の協約が結ばれた直後、会津側の九人の若武者たちが長州隊に奇襲を仕掛けた。激怒する長州隊士たちに対して、会津側の使者らは自らの命を賭して九人の引き渡しを願う。薩摩の中村半次郎は若武者たちのうち鎌柄源内に興味を持つ。侍の子として生まれたが百姓の家に育った源内は、自分にはいくさの大義といったことは関係ないのだとうそぶき、剣術の腕前を誇る。半次郎は源内に同志の者たちの処刑をさせることを提案する。〈第一幕〉

同日の朝。城下の惨状を嘆く人々の中で、佐瀬《させ》つね子は餅売りに身をやつして官軍相手に商売をしている。つね子は家来の弥兵衛、妹のよし子と再会し、つね子の息子の今助《いますけ》の安否を気遣う。落城を知らせる太鼓が鳴り響き、よし子は罪人の名を記した高札に今助の名を見付ける。

源内は同志の人々の処刑を命じられ、意気揚々と臨む。刑場の近くへは弥兵衛らが押し寄せている。源内は仲間たちの首を一人また一人と討つうち、次第に心の平静を失っていき、想いを寄せるよし子の甥に当たる今助を討つに及び、激しく動揺して討ち損じる。それでも源内は処刑を続けようとするが、ついには狂気となる。群衆は源内に石を投げつけるのだった。〈第二幕〉

❖初演――昭和四年（一九二九）七月歌舞伎座　尾上菊五郎6（鎌柄源内）、市村羽左衛門15（中村半次郎）、市村家橘7＝羽左衛門16（よし子）

❖初出――『現代』昭和四年（一九二九）八・九月号

❖解題――題名は、二葉亭四迷の翻訳で明治四十一年（一九〇八）に紹介されたロシアの作家アンドレーエフの日露戦争を描いた小説（原題『赤い笑い』）から借用したもの。アンドレーエフは大正期の青年に非常によく読まれ、広く影響を与えた。本作の題材は明治維新期の会津戦争で、同じ東北の仙台出身の青果は、大伯父からの伝聞を材料としたという（綿谷雪《わたたにきよし》による全集第七巻解題）。しかし、そこには関東大震災を経て、昭和恐慌へと向かっていく初演の時代の不安感が強く反映している。農村で育ち、己の腕前を信じていた源内が、仲間を処刑するという極限状態の中で狂気へと追い込まれる様を初演では六代目尾上菊五郎が好演した。菊五郎はこの七年前には、同じ田中良《りよう》の舞台装置で舞踊『保名《やすな》』の新演出を試み、やはり若い男性の狂気を描き出していた。六代目以後は、女婿・十七代目中村勘三郎、十八代目勘三郎親子がそれぞれ源内を演じており、まずは勘三郎家の演目として継承が期待されるが、青果作品に境地を見出しつつある市川中車《ちゅうしゃ》などの挑戦も見たいところである。

源内に対峙する薩摩藩士・中村半次郎はのちに桐野利秋を名乗り、西南戦争では西郷隆盛の最期を見届けた上で、なおも奮戦して戦死した。剣豪として知られ、多くの逸話を残している。

（日置貴之）

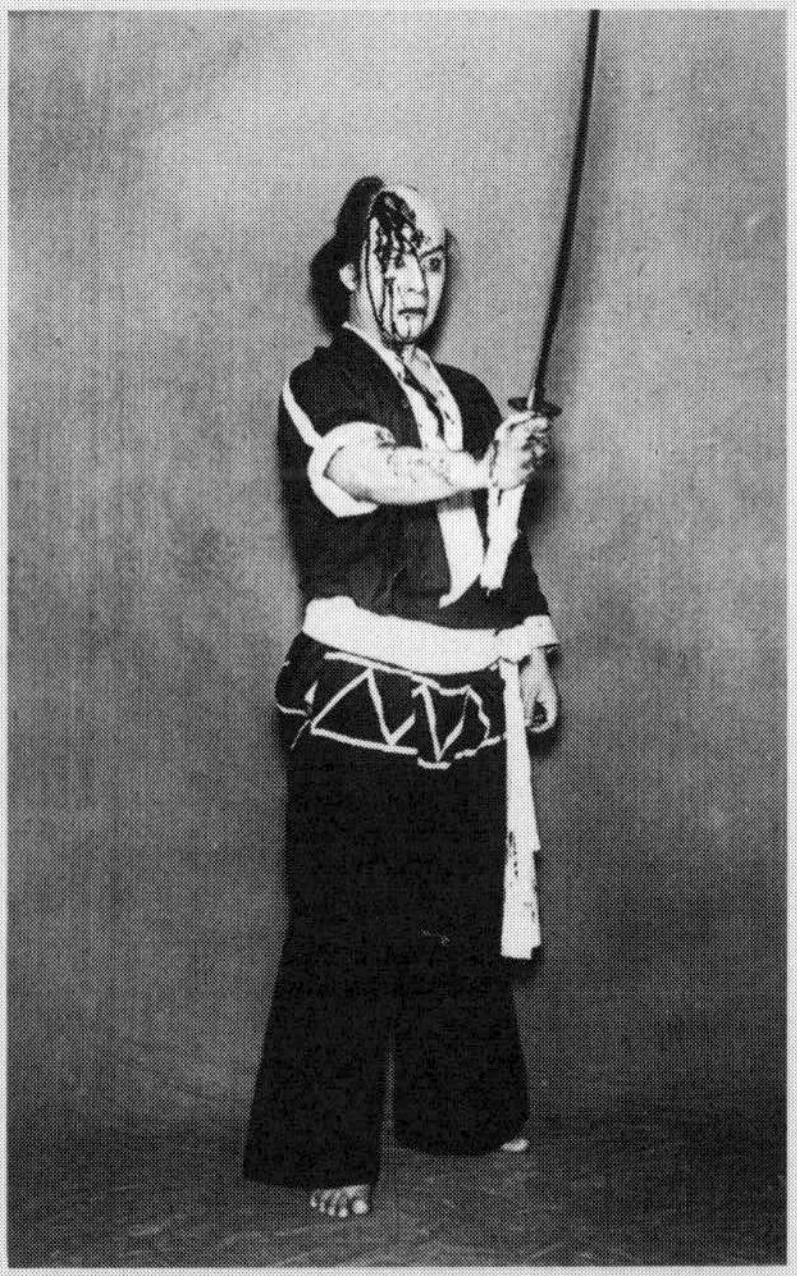

六代目尾上菊五郎の鎌柄源内（国立劇場蔵）

32 江藤新平《えとうしんぺい》 戯曲

彼《か》れ大久保も新日本の建設を急ぎ、我々もまた同じく新日本の建設を急いだのだ。たゞ彼は右の足より進まんとし、我々は左の足より進まんとしたゞけなのだ。日本新帝国の将来を思ふ心は、彼も、おれも同じなのだ。話せばわかる、話せばわかる……。

（「敗残司法卿」第三幕）

❖鑑賞――政治家・江藤新平は、明治政府で司法卿、参議を歴任しながら、明治六年（一八七三）西郷隆盛らの唱えた征韓論を支持して地位を失い、最前線から退いていた。第二部「敗残司法卿」で、彼は佐賀の乱に失敗し転々と逃亡している。この台詞は、土佐国奈半利《なはり》川沿いの断崖上の難路を、同志の青年二人とたどる江藤が休息時に語る。この時江藤の脳裏に去来する「大久保」は、権力の中枢にある政敵・大久保利通である。江藤は本四部作のなかで何度か、大久保と自身の目的は同じところにあると述べる。それは維新以降の世の中に不満を持つ青年士族のエネルギーを、新たな社会の構築に向けることだった。「話せばわかる」は昭和七年（一九三二）の五・一五事件の際、海軍の青年将校に暗殺された首相・犬養毅《いぬかいつよし》が彼らにかけた言葉として人口に膾炙したものである。昭和戦前期、日本は陸海軍将校たちの反乱の後、覇権拡張をめざして戻れない道を進んでいた。青果が江藤にこの台詞を語らせていることには、日本の進む道に対して彼が抱いていた危機感が表明されているのかもしれない。

❖梗概――明治七年（一八七四）二月上旬。江藤は地元の佐賀で士族の青年たちによる暴動が起きそうだと聞き、鎮めに戻る。暴力ではなく言論で戦えと江藤は語りかけるが、彼らは聞く耳を持たない。門人で英国留学の経験もある美青年・香月経五郎《かつきけいごろう》は、東京へ帰るべきだと強くすすめる。しかし青年たちが銀行を襲って軍資金を得、政府へ対抗する準備をしているとの報がもたらされ、江藤は決起の覚悟を固める。〈江藤新平〉

三月中旬から下旬。江藤が首謀者となった佐賀の乱は失敗し、彼とその同志は分かれて逃亡している。高知城下に入った江藤は民権家・林有造に会うが、土佐はもう江藤を救えないと告げられる。江藤と同志の青年二人は山道伝いに阿波へ抜けようとするが、道は行き止まっていた。疲労の極にある江藤はうとうとしながら、大久保も自分たちも「理想の虹」を追っているのは同じだと語る。海へ抜ける道が見つかり、江藤はやや気力を取り戻す。〈敗残司法卿〉

三月二十八日。土佐国安芸郡甲浦《かんのうら》村の西はずれ、馬越《まごし》に設置された関門。通ろうとした江藤ら三人は、「旅切手（役場が臨時発行した旅券）はあるか」と聞かれて進退窮《きわ》まる。江藤は岩倉具視《ともみ》の執事と名乗り、岩倉宛に手紙を書く。警察官吏の士族・浦正胤《まさたね》は西郷らの警世の詩を吟じ、落涙した江藤は自著を贈る。江藤らが宿に案内された後、手紙が開封されて正体が明らかになる。区長の濱谷の家で、高知県の少属（官職の一つ）・細川是非之助《ぜひのすけ》は捕縛する隙をうかがう。江藤は自ら名乗り、「少しのま静かにして眠つて見たい」と頼む。〈司法卿捕縛〉

四月十三日。佐賀旧城内県庁の一室。大久保は佐賀へ出張し、大判事・河野敏鎌《こうのとがま》と対話する。大久保は、全国の不平士族を抑えるために江藤の死が必要だと考えている。江藤はフランス民法に基づく日本近代法制の制定に携わった人物で、河野はその弟子でもあるが、河野は江藤を「内乱罪」とし、旧刑法を用いて獄門《ごくもん》梟首《きょうしゅ》（首を斬ってさらす刑）とすることを提案する。同日午後六時ごろ、大玄関に設置された臨時裁判所で裁判が始まる。江藤は衝《つい》立《たて》の陰から傍聴する大久保を意識して、東京に裁判を移すよう要求する。しかし河野は「除族（士族の身分を剥奪すること）の上梟首」と判決を言い渡す。退廷する河野を追うように江藤は「わたくしは……。裁判長、わたくしは……」と絶叫するが取り押さえられる。〈首斬代千両〉

❖**初演**――「江藤新平」未上演

「敗残司法卿」未上演

「司法卿捕縛」昭和十四年（一九三九）十月東京劇場（検閲により「捕縛」の字を避け「江藤新平」と改題）市川左団次2（江藤新平）

「首斬代千両」昭和五年（一九三〇）二月新橋演舞場　井上正夫（江藤新平）、市川八百蔵8（河野敏鎌）、加藤精一（大久保利通）

❖**初出**――「江藤新平」『新潮』昭和四年（一九二九）十二月号

「敗残司法卿」『講談倶楽部』昭和十五年（一九四〇）五・十一・十二月号

「司法卿捕縛」『講談倶楽部』昭和十二年（一九三七）十一月号

「首斬代千両」『講談倶楽部』昭和五年（一九三〇）一月号

❖**解題**――本四部作は、実在の政治家江藤新平が佐賀の乱に失敗したのち、たった一日の裁判で即日処刑されるまでを劇化したものである。ちなみに第四部の題「首斬代千両」は、大久保から河野が千両（千円）を得て梟首の判決を出すと、佐賀のある新聞が書いたことによる旨が作中で説明される。

判決直後、実際に江藤は「私は」と叫び、廷吏に連行されたという（鈴木鶴子『江藤新平と明治維新』）。傍聴した大久保はその『日記』に「醜体《しゅうたい》笑止ナリ」と記した。本四部作で青果はその江藤を主人公とし、新しい日本への希望を持ちながら反乱に巻き込まれ、首謀者になってしまった男の疲労と苦悩を描いた。挫折した敗者の持つ理想と直面する現実の格差は、青果戯曲がしばしば扱うテーマで、本四部作はその意味で作者の特色がよく出た作品である。

はじめに第一部と第四部が二部作として発表され、のちに第一部の初出での第二幕以下を改訂増補し、第三部、第二部が発表された。現在までのところ第三部・四部のみ上演がなされている。初代市川猿翁（二代目猿之助）は左団次没後、神戸と名古屋の巡業で第三部を上演し（巌谷槇一「司法卿捕縛について」、昭和三十二年十一月歌舞伎座筋書）、三十年代にも二回歌舞伎座で再演している。これははじめに『勧進帳』を連想させるような関所での試みがあり、江藤を追いつめる終幕も緊張感があって、比較的短い作品ながら変化に富んで面白い。ただし上演にあたっては、はじめに江藤新平と佐賀の乱についての説明が必要なことが課題となるだろう。

（寺田詩麻）

二代目市川左団次の江藤新平、二代目市川猿之助の浦正胤〈司法卿捕縛〉（国立劇場蔵）

33 頼朝《よりとも》の死　戯曲

家は末代、人は一世じゃ。

（その二）

❖**鑑賞**――幼少時より「究理算数の学」を好み、真実を希求することをやまない頼家は、父・頼朝の死の真実を知ることを望むが、頼朝の死の真相は公にすることをはばかられるぶざまなものであり、一家の体面に関わるものだった。頼家は真相をひた隠しにする周囲との軋轢《あつれき》に苦悩する。右の台詞は頼家の母・尼御台《あまみだい》政子が、あくまでも真実の暴露に固執する頼家に言い放つ一言。「家」「名」という大きなものの前に、個人の希望は脆くも打ち砕かれる。この母の一言に頼家は「そのお言葉にわが身の末も見た」と叫び絶望する。青果は多くの作品の中で、個人の思想・個性を圧迫する封建制度と戦う者たちを描いた。幕末の志士たちを描いた作品群では、その厚い壁を打ち破ろうとする若者たちの熱、焦燥、希望が描かれるが、本作は封建制度の確立初期が舞台となっており、その厚い壁の前にただぼうぜんとし、圧倒され、崩れ落ちる若者の姿が悲劇的に描かれている。

❖**梗概**――建仁元年（一二〇一）正月十三日、将軍頼朝の三回忌法要が行われている法華堂の門前で、群衆がうわさをしている。当代将軍の頼家は親不孝者で今日の法要にも参列せず、狂乱して父・頼朝の位牌《いはい》を海に捨てたという。将軍近侍の中野五郎能成《よしなり》はその

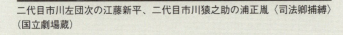

うわさを苦々しく思いつつ、幼少時より究理算数の学に傾倒して理を重んじ、迷信をひどく憎む頼家の姿勢がそうしたうわさの種となっていることを案ずる。そこへ被衣《かつぎ》に顔を隠し、頼朝の墳墓に近づいた女が誰何されて来た。女は尼御台政子に使える小周防《こずおう》という少女である。彼女は尼御台の命で卒塔婆を手向けに来たのだが、それと言えずに詮議に合うところを覆面の武士が救う。彼は頼朝の死に立ち会った数少ない人物の一人である畠山六郎重保《しげやす》であった。能成は頼朝にひとかたならぬ恩を受けながら本日の法要に参列せぬ重保をののしるが、重保はそれに耐える。実は頼朝は小周防に恋慕し、女装してその寝所に忍び込もうとしたところ、その晩警備に当たっていた重保に斬られたことで落命していた。主殺しという大罪に慄《おのの》き、死のうとする重保を、真実を知る大江廣元が止め、二人は法要に参列する。小周防は重保を慕っていたが、頼朝の死の原因が自分にあることを当の重保から知らされ、絶望する。〈その一〉

同日の深夜。故頼朝の寝所で頼家が月を眺めていると、新熊野、羽黒山の両別当が領地争いの強訴に来たと知らされる。そこへ能成が頼朝の法要について報告に来るが、頼家は取り合わない。能成はその態度に驚きつつ、法要の席での重保が尋常でない振る舞いであったと告げる。頼家は重保こそ父の死の真相を知る者だと言い、重保、さらに小周防をも呼び出すよう命ずる。そして新熊野、羽黒山の領地争いについては、かつての頼朝や現在の尼御台がしたような斟酌なしに、自身の一存で決着をつけた。そこへ重保が現れ、頼家に出家の許しを乞う。頼家は許さず、その理由を問い正そうとするところへ、尼御台、続いて廣元が現れる。母から先ほどの強訴の決着や、御家人たちへの態度について意見された頼家は、艱難の末に将軍職に就いた父頼朝とは違い、生まれながらの将軍である自分は、僧たちや諸大名の機嫌を取る必要はないが、武功のない悲しさゆえ権威をもって治めるよりないと言う。重ねて重保にひたすら父の死の真相を問う頼家に、廣元は天下を治めるものがそうした小事に拘泥するものではないと諭すが、聞き入れられない。天下政道のためと頼家の追及に耐える重保に、頼家は小周防を側妾にすると言って挑発し、尼御台は激してそれを止める。頼家はさらに小周防に、父の最期の詳細を明かすならば重保と添わせてやると言って苦しめ、重保は泣く泣く小周防を斬る。父を慕い、狂気のごとくその真相を求める頼家の前に、ついに尼御台が薙刀を手に立ちはだかる。源家のため、頼朝の死の真実は決して明かさぬと言い放つ母の前で、頼家は絶望し、声を上げて泣くのだった。〈その二〉

❖**初演**――昭和七年（一九三二）四月歌舞伎座　市川左団次2（頼家）、中村歌右衛門5（尼御台）、市川寿美蔵6＝寿海3（畠山重保）、市川松蔦《しょうちょう》2（小周防）

❖**初出**――『講談倶楽部』昭和七年（一九三二）二月号

❖**解題**――日露戦争の頃から、一部の若者の間には言い知れぬ絶望感といら立ち、いわゆる不定愁訴による不機嫌と絶望感が充満しており、自殺者も多かった。本作の主人公頼家はまさに、その時代の「苦悩する若者」として描かれている。「真実を知りたい」という純粋さは美しいが、その思いを執拗なまでに訴える青年・頼家の姿は、あくまでも真実よりも体面を重視する「大人たち」（その代表が母である尼御台）の中に据えられることでより観る者に息苦しさを感じさせる。頼家の望みは終幕において脆くも打ち砕かれ、本項冒頭で紹介した幕切れの彼の一言は、歴史に残る二代将軍頼家の非業の最期を想起させるものともなっている。

本作には先行作となる『傀儡船《くぐつぶね》』がある。同作は大正七年（一九一八）七月に雑誌『新小説』に発表され、同八年（一九一九）明治座で初演された。この時は二代目市川猿之助が頼家に扮している。同作では頼朝の死の原因である小周防をアイヌ女酋《じょしゅう》の娘とし、その母娘の物語を「父の死の真実を希求する頼家の苦悩」という本筋に大きく絡ませたが、初演当時は全く話題とならなかった。『頼朝の死』はその件を一切カットすることで本筋を際立たせている。青果の戯曲作品には、冒頭で謎を提示し、展開と共に隠された真実を明らかにしていくことで、観客を劇世界に引きずり込んでいく形式がよく見られる。本作は本筋を際立たせたことでその展開がより緊密なものとなり、重保に圧せられる小周防、頼家に圧せられる重保、さらにその頼家を圧する尼御台政子という登場人物相互の関係が明確になった。筋が絞り込まれた分、家に対する個人、主に対する家来、さらには男に対する女と、封建制度下における権力構造がくっきりと見てとれるようになったのである。

二代目市川松蔦の小周防、二代目市川左団次の頼家、六代目市川寿美蔵の畠山重保（国立劇場蔵）

また本作は、史劇における歴史認識についての論争を呼んだことでも知られる。青果は頼朝の死因について、丹念な調査の上に『頼朝最後物語』および『簗田《やなだ》系図（家譜）』における記述をもとに、一少女に迷った頼朝が家臣に誤殺されたという説を採用したが、それに対し小山内《おさない》薫が『人間』誌上で英雄頼朝を辱めるものだと批判、中里介山も『都新聞』において「頼朝には別にまた英雄的素質のある処を閑却して下らない方面だけを拡大して、これ見ろとしたり面《がお》をするのは腫物の一部分を顕微鏡で見せて、人間の肉体はこんなに汚いものだと突きつけて得々たるつみのないやり方である」と批判した（「歴史小説の本領（上）」）。青果はそれに対し同紙上に反論を呈し「史的人物のうちから或一人物を選み、史的時代から或る一時代を撰んでそれを表現する以上は、作者も多少はその人物又は時代について研究を致すべき」とした上で「脚本作者は厳正史学家ではない。有力なる伝説を題材として構想するに何の憚るところがあるだろう」と述べた（「歴史小説の本領に就て――中里介山氏に――（上・下）」）。青果は西鶴研究に篤実な成果を上げた研究者でもあるが、ここには劇作家として史劇を手掛けるに当たっての、彼の歴史認識が明確に表れていると言えよう。なお明治維新以降に歌舞伎役者に書き下ろされた新史劇としては、初演時に永田衡吉《こうきち》が「恐らくこの史劇あたりが、近代劇の手法によって取り扱われた歌舞伎風史劇の極点である」と評した通り、綿密な考証と登場人物の心理描写のもと、登場人物たちが対話によって劇的緊張を極限まで高めていく構成は、西洋近代劇の影響を色濃く受けつつ、それを見事に歌舞伎の史劇として完成させたものと言える。また下座音楽を用いず、台詞にも徹底して音律を排除するという工夫（これは本作初演に主演した二代目市川左団次独特の、一本調子で一気呵成に話す口跡も関係しているだろうが）は、明治期における演劇改良の理想の一端を体現したひとつの成果と言えよう。しかし永田は、同作を「歌舞伎風史劇」の「極点」としながらも「行詰りを示すもの」とも指摘している。この指摘は過去の理想がおおよそ達成された段階になって、音楽や調子といった、かつて切り捨てようとしてきた要素が再び求められるようになってきたことを示すものであり、時代に即して常にその求められるものが揺れ動く演劇作品創作の難しさを考えさせられる。

初演で頼家を演じた左団次は英雄に扮することを得意とした一方で、小山内薫と組んで自由劇場を立ち上げた青年時代の記憶が観客の中にも根強く、頼家のような「苦悩する青年」も彼が得意とし、また観客からも望まれる役どころであった。左団次後は、初演で重保に扮した六代目市川寿美蔵（三代目寿海）が頼家をたびたび上演し、その見事な口跡と若々しさで観客を魅了してきた。現在では初演の左団次の骨太で一本気な男っぽさよりも、再演を繰り返した寿海の印象が強いと思われる。近年では四代目中村梅玉が繰り返し扮しており、どちらかと言えば線が細く、癇性《かんしょう》な役どころを得意としながらも、将軍という高貴さが表現できるノーブルな雰囲気のある役者が演じることが求められている。壮年期・熟年期を迎えた役者がこうした若い役を演じることも歌舞伎の大きな魅力の一つであるが、近年頭角を現してきた若手歌舞伎役者たちが演じる頼家も観てみたい。

（村島彩加）

34　荒川《あらかわ》の佐吉《さきち》　戯曲

六年の間胸にひそめてゐた親分の仇が、今日初めておれに討てさうな気がする。討てると思ふ心が討つのだ。おれは今日まで余りに自分を見くびつてゐたが、おれの心のなかに眠つてゐるものが、今夜はじめて目を覚したんだ。

（第三幕・その二）

❖鑑賞――両国に聞こえた鍾馗《しょうき》の仁兵衛の子分・荒川の佐吉は、堅気の大工稼業をやめてやくざになった。自分には三下奴《さんしたやっこ》の身分が相応だと信じる佐吉は、仁兵衛が浪人・成川《なりかわ》郷右衛門に負けて逼塞《ひっそく》した後もまめまめしく仕え、その亡き後は盲目ゆえに生家を追われた仁兵衛の孫・卯之吉をひきとって我が子のようにいつくしむ。しかしかつて卯之吉を捨てた親たちが息子を取り戻そうとし、使いの者が手荒な振る舞いを見せた時、佐吉は義憤に駆られその男を斬った。右の台詞は愛しい卯之吉を守るため、初めて必死になった佐吉が、自らの中に眠っていた真の力に気付いた時の一言。

❖梗概――両国橋の橋畔で田舎娘を無頼漢から救った佐吉は、しかし三下奴の身をわきまえ、親分である鍾馗の仁兵衛の名を出すことをかたくなに拒んだ。佐吉の親友・辰五郎は前職の大工に戻るよう諭すが、佐吉は自身には三下奴が合っており、世間のしがらみとは無縁の、強いものこそ勝者となるやくざ稼業が気に入っていると話す。その話を聞いていた浪人・成川郷右衛門はふと思い立ち、仁兵衛を斬る。〈第一幕・その一〉

仁兵衛は成川に片腕を切り落とされた。子分たちが右往左往するところへ成川が現れ、仁兵衛の縄張りと子分は自分がもらい受けると言う。ひとり仁兵衛の敵討ちに立った隅田の清五郎は、成川に斬られ死ぬ。〈第二幕・その二〉

成川にすべてを奪われた仁兵衛は裏店《うらだな》に逼塞していた。その姉娘・お新は大店《おおだな》・丸總に嫁いだが盲目の子を産み、その子・卯之吉は仁兵衛のもとへ捨てられる。旅に出ていた佐吉が戻り、卯之吉の世話と仁兵衛の身辺を助けることを誓うが、妹娘・八重は甥の世話と佐吉を嫌い家を飛び出す。落魄《らくはく》した仁兵衛はイカサマばくちで命を落とす。〈第二幕・その一〉

仁兵衛亡き後、佐吉は卯之吉と共に辰五郎の家に身を寄せていた。二人は苦しい生活の中で愛情を込めて卯之吉を育てているが、丸總から子どもを返せという強催促《こわざいそく》が来る。無理やり卯之吉を奪われそうになった佐吉は死に物狂いで使いの者を斬り伏せた。真の捨て身になれば恐れる相手はいないと悟った佐吉は、仁兵衛の仇を討ちに成川のもとへと向かう。〈第三幕・その一〉

大親分・相模屋政五郎（相政）の立ち会いの下、佐吉は成川に勝負を挑む。〈第三幕・その二〉

成川を倒した佐吉は両国に一家を構える親分となった。そこへ相政《あいまさ》の仲介でお新が訪ねて来、涙ながらに前非を悔いて卯之吉を返してくれと懇請する。卯之吉の将来を思って佐吉は承諾した。相政は佐吉を見込んで鍾馗の二代目を継ぐよう勧めるが、佐吉は、自分には三下奴が合っていると言い、相政に後を託して江戸をたつと決める。〈第四幕・その一〉

盲目の卯之吉を思い、これまで目から受ける楽しみを避けて来た佐吉は、江戸の名残に向島《むこうじま》の桜を見てたつことにした。相政と辰五郎、そして最愛の卯之吉に見送られ、佐吉は桜吹雪の中をひとり旅立っていく。〈第四幕・その二〉

❖**初演**——昭和七年（一九三二）四月歌舞伎座　市村羽左衛門15（佐吉）、松本幸四郎7（鍾馗の仁兵衛・相模屋政五郎）、市川左団次2（成川郷右衛門）、大谷友右衛門6（辰五郎）

❖**初出**——『キング』昭和十年（一九三五）八〜十一月号

❖**解題**——初演時の本外題は『江戸絵両国八景』。その外題の通り、各幕には江戸の四季が描き込まれ、最後に満開の桜を見せて幕を切らせるという構成は見事。元は水門《すいもん》玉吉の映画台本だったが、大谷竹次郎の依頼で青果が劇化した。上演先行で、初出は昭和九年（一九三四）二月、新国劇が中座で『天晴《あっぱ》れ子守やくざ』の外題で再演した後である。子どもを使って観客の情動に訴えかける人気作で、現在でも上演が多い。初演の羽左衛門以来、さっぱりとした二枚目役者の持ち役となっている。

（村島彩加）

35　新門《しんもん》辰五郎　戯曲

祇園さまは京都の宝だ、京都の宝は日本の宝だ！　新門の命にかけても、必ず此《こ》の火事は消口《けしくち》をとって見せる。爺《とっ》さん、火事場の近所に結構な桟敷《さじき》をとっておくから、おめえ様は其処から、辰五郎の働きを、ゆッくり見物しておくんなさい。（第二幕・その二）

❖**鑑賞**——第二幕の幕切れ、火事場へと向かっていく辰五郎の台詞。絵馬屋の勇五郎は、かつて江戸を訪れた頼《らい》三樹三郎（頼山陽《さんよう》の子で尊王攘夷《そんのうじょうい》派の儒者。安政の大獄で刑死）が京を賛美して江戸を卑しめたのを苦々しく思ったが、実際に京へ上ってみると、その立派さに脱帽したと語りつつ、辰五郎の行動の矛盾を説く。折しも大火の報がもたらされ、辰五郎は「日本の宝」たる祇園社を守る、と高らかに宣言して火事場へ向かうのだった。

❖**梗概**——文久年間（一八六一〜六四）。将軍・徳川家茂《いえもち》の上洛によって平穏を取り戻したかに見えた京都であったが、攘夷派の志士たちは不穏な動きを見せている。一方、市中取締を担当する会津の中間《ちゅうげん》たちと、家茂に従って京へやってきた江戸の町火消したちとの間にも、緊張関係が生じていた。祇園では、攘夷派の公家・山井実久《やまのいさねひさ》が会津の者たちを翻弄している。町火消しを組の頭・新門辰五郎の息子・丑之助は、を組の隠居役である絵馬屋の勇五郎に連れられて京へやってきたが、長州の浪人との接触を目明しにとがめられる。尋問を受けつつも、子どもながら毅然とした態度を見せる丑之助を、勇五郎は頼もしげに見守る。会津部屋の中間らと火消したちは、寄席で遭遇して争いとなるが、会津の部屋頭・小鉄が裁きをつけ、その場は双方とも収まる。〈第一幕〉

祇園神門前に住む芸妓・八重菊は、辰五郎の依頼で水戸藩の都《つ》築《づき》三之助らを匿《かくま》っている。辰五郎の妾《めかけ》・お六《ろく》は八重菊のもとを訪れ、上洛の御供をめぐって辰五郎と対立した勇五郎が、にわかに自分と丑之助を連れて京に上ったが、辰五郎は三人を追い返したことを語る。そして、姿を消している丑之助の身を案じる。

勇五郎は二条城に近い路上で辰五郎に遭遇し、丑之助が火消しに遺恨を持つ会津部屋の者に監禁されていることをほのめかす。さらに勇五郎は、攘夷派の水戸藩と開国派の幕府のいずれの側に味方するのかと辰五郎に迫る。そこへ祇園方面が大火事だという知らせがもたらされ、辰五郎の子分たちは火事場へ向かう。辰五郎は、自らの落ち度から丑之助を会津に奪われ、奪還にも失敗した彦造を励まし、ともに火事場へと急ぐ。〈第二幕〉

翌日、辰五郎の旅宿には祇園界隈の人々がお礼に詰めかける。辰五郎は子分たちが浮かれぬよう諫めているが、勇五郎は得意げであった。会津の中間らが訪れ、丑之助と引き換えに都築らを渡すよう迫る。あくまでも譲らない辰五郎を見て、会津の者どもは帰っていく。お六が丑之助のことを心配するところへ、小鉄が丑之助を送り届ける。小鉄は、義理から命を捨てようとする辰五郎に対して、自分たちのような身分の軽い者が天下の情勢を気にすることの愚かしさを説いてこれを止める。〈第三幕〉

❖**初演**——昭和十八年（一九四三）八月新橋演舞場　中村翫《かん》右衛門《えもん》4（新門辰五郎）、河原崎長十郎4（絵馬屋の勇五郎）、中村鶴蔵4（会津の小鉄）、嵐芳三郎4（八重菊）

❖**初出**——『経済往来』昭和八年（一九三三）七・八月号に二幕目までが掲載されるも未完。『講談倶楽部』昭和十四年（一九三九）五・六・七・九月号で改稿の上、全三幕を発表。

❖**解題**——新門辰五郎は実在の町火消しの頭で、さまざまな芸能・文芸に登場する。演劇でも、青果以前に三代目河竹新七や林　和《やわら》が辰五郎を取り上げているが、本作は辰五郎に拮抗する存在感を持つ人物として勇五郎と小鉄を配し、開国と攘夷との思想の対立や、人間がおのれの身分や立場の中でいかに行動すべきかといった問題を浮かび上がらせている点が特色である。しかしながら、本作の魅力はそうした観念的な議論が、激しい台詞の応酬や、大勢の役者によって演じられる火消しと会津の中間との争いなどの中で描かれ、大劇場で演じられる作品として見どころの多いものになっているところにある。

初出の項にも記した通り、本作は二幕目までが昭和八年（一九三三）に発表されるも未完に終わり、六年後に全幕が発表された。その後、前進座による初演に先立って、新興キネマの製作で映画化されている（監督＝牛原虚彦《きよひこ》、脚本＝八尋不二《やひろふじ》、出演＝市川右太衛門・河津清三郎、山路ふみ子等、昭和十六年〈一九四一〉八月十四日公開）。松竹の大歌舞伎でも、二代目尾上松緑が二度、十四代目守田勘弥が一度、辰五郎を手がけている（他に萬屋錦之介も上演）が、八十年代以降は出ておらず、初演以来、前進座が看板作品の一つとしてきた印象が強い。翫右衛門・長十郎による舞台の映像（昭和三十三年〈一九五八〉七月明治座）が残っており、翫右衛門の見事な台詞術や脇役陣の統率の取れた演技が記録されている。次世代へ受け継がれていくことを期待したい。（日置貴之）

36 八百屋《やおや》お七《しち》 戯曲

市左　今の世は、何んと云うても、銀《かね》が銀を儲ける時勢ぢや。誰《たれ》ぞ今より歴乎《れっき》とした後楯《うしろだて》をもち、元手《もとで》を大きく振り廻さぬことには、所詮この御江戸の商売は成り立たぬ。な、お七、それには池上の嘉左衛門どのぢや。あの大百姓を親類に持ち、当座廻しの金《きん》方《かた》に立てれば、あとは市左の働き一つぢや。なアお七、おりや諄《くど》いことは云はぬぞよ。家のため兄のため、どうでも池上へ嫁入りしてもらはにやならんのだ。

（第三幕）

❖鑑賞――紀海音《きのかいおん》の戯曲『お七』（正徳五年〈一七一五〉頃初演）や井原西鶴の浮世草子『好色五人女《こうしょくごにんおんな》』（貞享三年〈一六八六〉）などを下地にしながらも、従来とは全く異なった解釈をしている所に、本作の面白さをみることができよう。従来の八百屋お七物は、吉三郎との恋愛を中心に、放火の理由を話の焦点とすることが多かったが、本作ではなぜお七が放火という大罪を犯したのかということにはほとんど意識が払われていない。火事が起きるのは、吉三を追って屋外に走り出たお七が、気付かぬうちに提灯を倒したためであり、従来の評価軸で見ると、物足りなさを感じることだろう。

本作の鑑賞基準はお七ではなく、むしろお七に結婚を強要する実兄にある。火事をきっかけに露呈する実母や下女からのさげすみ、両親の経済事情で養子に出され、不遇な少年時代を過ごさざるを得なかった自分に比べ、親元で十分な愛情を受け続けた妹への嫉妬、埃《ほこり》まみれになって焼失した店の再建のために働いて帰宅しても、被災早々浅ましいとののしられる不満、総領息子であるにもかかわらず、さまざまな面で差を付けられた兄が、妹の幸せを壊したいとねたむ、その姿こそが本作の焦点である。可視化されにくい人の不幸に敏感に反応した作品といえよう。

❖梗概――年末の大火で被災した者たちが、駒込の寺院で避難所生活を送っている。その中には本郷の八百屋八兵衛の娘お七もいた。仲の良い新発意の玄長《げんちょう》から、小野川吉三郎が何かに心を奪われているようだ、と聞いたお七は、自分にも身に覚えがあると答える。和尚がやってきて、お七に替えの立派な着物を手渡すと、焼け跡の始末から帰ってきた兄市左衛門がそれを見て、避難所生活には分不相応な品だとお七をとがめる。着物をきっかけに、母親のお庄と市左衛門が口論をしていると、火事で所在不明であった父親が姿を見せ、仲裁する。お七が一人になった所に、抜けないトゲを気にして吉三郎が毛抜きを探しに現れる。戻ってきた母親から、トゲを抜いてあげるように言われたお七は、吉三郎に寄り添いながらトゲを抜く。〈第一幕〉

正月明けの寺院内で、お七と大百姓との縁談のうわさ話が私語《ささや》かれている。玄長を介してお七の手に渡った百人一首の恋の歌が、実は吉三郎の筆によるものだと知らされる。それを兄市左衛門が目にし、勝手な恋路は許さないと、お七の丙午生《ひのえうま》まれを引き合いに出して叱責する。それに対しお七は、男を殺すという丙午にもかかわらず、縁談を進めるのは、その大百姓が新宅普請に大金を貸してくれる約束をしているからだろうと言い合いになる。二人が別れた後、下女の梅が、兄を出し抜くために吉三郎と恋仲になれと協力を申し出る。一度は断ったお七であったが、丙午を哀れんでいたと言われて頭に血が上り、寝ている吉三郎の部屋まで行くことを承知する。常香盤《じょうこうばん》の鈴の音で吉三郎と同じ部屋で寝ていた玄長が起きてくると、お七は幽霊のまねをして驚かす。幽霊の正体がお七であることを見抜いた玄長に、ほしい品と交換する代わりに二人きりにしてやろうと言われる。それを受け入れたお七は、思いを伝えることができたが、お七を探しに来た母親に引き裂かれる。〈第二幕〉

三月になり、寺から新宅に越したお七一家のもとへ、吉三郎が里の子に身をやつして、ツクシなどを売りにやってくる。対応した市左衛門はその正体に気付くが、ある思惑をもって、お七以外の家族が出払った家で一晩休めと伝える。世話を頼まれた下男久七が吉三郎を土間に寝かせつつ、下女の梅と世間話をしていると、梅も吉三郎の正体に気が付く。久七が外へ出て行くと、梅とお七は寒さのあまり意識を失った吉三郎を介抱する。親戚の出産祝いから帰ってきた父親に見つからないよう、物陰に吉三郎を隠し、お七は筆談で気持ちを確かめる。しかし父親から、吉三郎を市左衛門が家に招き入れたのは、いたずら者だと不名誉なうわさが立つようにする奸計であったと知らされ、それをもみ消す代わりに望まぬ結婚を兄の思惑通りしなくてはならないのかと絶望する。帰宅した市左衛門は、八百屋の存続のため、それを約束してきた自分のために大百姓への結婚を再度強いる。しかし、お七は男の欲もあれば女の欲もあり、この結婚話は死んでも受け入れられないと抵抗している中、吉三郎は書き置きを残して八百屋店を出る。死を持って責任を償おうとする吉三郎の覚悟を読み、慌ててお七が走りだすと、その拍子に提灯を倒し、火の手が上がる。〈第三幕〉

❖初演――昭和八年（一九三三）十月明治座　水谷八重子（お七）、坂東しうか3（吉三郎）、澤村田之助（市左衛門）

❖初出――『冨士』昭和八年（一九三三）九・十月号

❖解題――本作は、真山青果が西鶴作品に関心を持つ契機となった『好色五人女』（貞享三年）の内、格別な思い入れを見せている八百屋お七を主人公とした翻案である。青果がお七物を手掛けるのは、本作で三度目である。

　第一作目は井原西鶴『好色五人女』巻四「恋草からげし八百屋物語」（貞享三年）の現代語訳「八百屋お七」（『元禄巷談《こうだん》』新潮社、明治四十三年〈一九一〇〉）であり、二作目は未完に終わった「八百屋お七―好色五人女―」（『婦人公論』中央公論社、昭和四年〈一九二九〉一、二、四月）、三度目が本作の戯曲『八百屋お七』（『冨士』昭和八年九、十月）である。ここで挙げた最後の作品、戯曲の「八百屋お七」に触れる前に、一連の真山青果のお七作品について見ていきたい。

　一作目の『元禄巷談』版は西鶴のお七物の現代語訳だが、文章の加筆や削除が多く見られる。その多くが好色的なフレーズへの対策である。一読すると、『好色五人女』をそのまま現代語訳しただけのように見えるが、青果は意図的にお七を好色性から解き放ち、恋に生きる純粋な少女として創造し直している。原典を手にすることはもちろん、全文翻刻さえ入手困難だった時代に、再版を重ねた青果の『元禄巷談』が与えた影響は大きい。お七の放火などの行為が「初心な」少女であったため、というイメージが今なお根強いのは、『元禄巷談』が一役買っていることは間違いない（参考：広嶋進『西鶴新解　色恋と武道の世界』ぺりかん社、平成二十一年〈二〇〇九〉）。

　二作目の『婦人公論』版になると、西鶴作品の史実性を補う形で、さまざまな近世資料が引用され始める。これは翻刻本の入手が容易になった当時の出版事情が影響していよう。その中には『天和《てんな》笑委集《しょういしゅう》』（著者成立不詳）や『我衣《わがころも》』（加藤曳尾庵《かとうえいびあん》、文化文政頃）、『近世江都著聞集《えどちょもんしゅう》』（馬場文耕《ばばぶんこう》、宝暦七年〈一七五七〉序）などが含まれる。また、それまで西鶴作品に則し「八兵衛」だったお七の父親の名前が、紀海音『お七』に使用されている「久兵衛」と変わっており、同書にも目を通していたことが分かる。海音作品からの援用は、次作でより大きな割合を占める。中断した『婦人公論』のお七は、青果が徐々に西鶴作品一辺倒ではなく、他の近世資料にも視野を広げて始めたことが分かる作品である。

戯曲である三作目『八百屋お七』では、やはり西鶴の『好色五人女』をストーリーの軸としながらも、従来のように本文の構成や内容を西鶴作品と一致させることに固執せず、他の近世資料をより柔軟に取り込んでいる。

特に紀海音作品からは多くを取り込んでおり、弁長《べんちょう》という新発意の名や、お七と吉三郎の仲を引き裂く新宅普請の借金、吉三郎が八百屋の土間でお七が分限者に嫁ぐことを盗み聞き、身を引こうと雪の降りしきる中、外へ出て行く行動などにもその影響が見られる。

中でも特筆すべきはお七に嫁入りを強要する兄、市左衛門への影響だろう。紀海音作品では、八百屋の新宅普請にかかった費用二百両を貸す万屋武兵衛という町人が登場する。武兵衛は借金返済の代わりに、吉三郎という恋人がいることを知りながら、お七の嫁入りを要求する。意に染まぬ結婚を強いられたお七はその反発から火を放ち、火刑に処せられる。つまり、紀海音作品では武兵衛こそがお七を放火の罪に追いやった張本人である。

青果は新宅普請のため金子を用意し、代わりにお七の嫁入りを望むこの武兵衛のような、池上の嘉左衛門という大百姓を設定している。しかし、彼は名前だけの存在であり、実際に登場することはない。嘉左衛門の代わりにお七に結婚を強いるのは、兄の市左衛門である。市左衛門は長男であるにもかかわらず、田舎に養子に出された過去があった。経済状況が好転したため、現在は呼び戻され、両親と共に暮らしているが、ずっと親元で安穏と暮らしてきた妹お七に対して不満や嫉妬があり、自分を一度は捨てた親に対して怒りや情があり、惣領息子であると周知させたい焦りや苦悩がある。自分が継ぐ八百屋店を安泰にしたいという欲もある。

これらすべてが、お七に裕福な百姓への結婚を強いるという行為に集約されている。それがお七の放火につながっていくが、紀海音の武兵衛とは異なり、青果の市左衛門には「劣等感」や「コンプレックス」が表現されている。本作の主眼は、お七が火を付ける瞬間の、その衝動の解釈にあるのではなく、それまでの過程、特にお七に火を付けさせてしまう兄の行為と内面描写にある。

兄の行為と内面描写を鋭く精細に描き出すことによって成り立っているこの物語は、青果が一作目から注目してきた西鶴の人物描写への傾倒が端的に表れており、西鶴作品に対する理解とその到達点を、ここに見ることができるだろう。

（丹羽みさと）

37 元禄忠臣蔵《げんろくちゅうしんぐら》 大石最後の一日 戯曲

どうやら皆、見苦しき態《さま》なく死んでくれるやうにござります。はゝはゝゝ（低く快く笑って）これで初一念が届きました。はゝはゝゝ。どれ、これからが私の番、御免下さりませう。（その三）

❖鑑賞――『元禄忠臣蔵』で青果は綿密な時代考証のもと、史劇としての「忠臣蔵」を完成させた。本作における大石内蔵助《くらのすけ》は自身の信念はもちろん、周囲の者たちが各自の覚悟を貫き通せるよう配慮し、迷い、苦慮している。右の台詞はすべてを見届けた内蔵助が安堵の笑みをもらして従容と切腹に赴く最後の言葉である。明治以降多くの「忠臣蔵」とでも言うべき作品群があるが、青果作品における内蔵助ほど、迷い、矛盾に苦しみ、孤独を抱えた人物像はない。右の台詞はその内蔵助像を象徴する一言である。

❖梗概――元禄十六年（一七〇三）二月四日の午後。大石内蔵助を筆頭に十七名の赤穂浪士が預けられている高輪《たかなわ》細川家では、彼らに対し懇切丁寧な接待が日夜続いていた。その頃、江戸市内では吉良邸へ討ち入った赤穂浪士たちへの寛大な処分を願う声高く、それは彼らの耳にも届いている。皆切腹をして果てる心算でいるが、内蔵助は謹慎中の身をはばかり、処置については上の御正道に任せるべきだと、皆の言動を厳しく取り締まる。内蔵助は、自分たちに対する世間の英雄扱いを心苦しく思うと共に、年若き磯貝十郎左衛門の心に屈託があることを特に気にかけていた。そこへ細川家の御曹子内記《ないき》が内々に訪れる。一生の宝となるような言葉を授けてほしいと頼む内記に、内蔵助は「人はただ、初一念を忘れるなと――申し上げたうござります」と告げる。〈その一〉

御預人詰番の詰所に、内蔵助が御使役の堀内伝右衛門を訪ねる。そこへ茶を持って出たのは志津馬《しづま》と名乗る少年であったが、内蔵助は彼を女と見破る。その見立てに違わず、志津馬は堀内の朋輩の娘・おみのであった。彼女は十郎左衛門に会わせてほしいと内蔵助に懇願する。おみのの父・乙女田杢之進《おとめだもくのしん》は武辺一徹の気性から細川家を退転したが、娘に婿をとり乙女田の家を再興させることを強く願っていた。そこへ婿入りしたのが、赤穂浪人の磯貝十郎左衛門だったのだ。彼の気性にほれ込んだ杢之進は盛大な婿披露をしたが、結納前に十郎左衛門は音信を断った。その後吉良邸に討ち入った赤穂浪士の中に十郎左衛門がいると知った杢之進は「十郎左は躬《み》の婿ぢゃ」と狂気のごとく叫んでは泣き、その痛ましさは誰もが目を覆うありさまであった。おみのは十郎左衛門が自分たち親娘を方便のため謀ったのか、それとも自分が本心憎まれたのかを知りたいと言うが、内蔵助は切腹を前に彼の心が動揺することを恐れておみのを遠ざけようとする。しかし折から邸内が騒がしくなり、自分たちの処分が決したと悟った内蔵助は、彼女の強い願いを入れ十郎左衛門を呼び出す。おみのを知らないと言い張る十郎左衛門に内蔵助は、その懐には琴の爪がひとつ秘められているはずだと言った。それはあの盛大な婿披露の晩、おみのが十郎左衛門と琴と尺八の合奏をした時に用いたものだった。十郎左衛門がその爪を肌身離さず持っていたことを知り、おみのは喜ぶ。十郎左衛門もまたおみのに「御親父杢之進さまにも……。十郎左が婿に相違ござらぬ、婿でござると……申し上げてくだされ」と言づけ、別れる。〈その二〉

細川家中屋敷表大書院の間で、将軍家より赤穂浪士切腹の命が下される。堀内の気遣いにて、一同は向後の憂いを残さぬよう言づてをする。内蔵助は、自分たちが首尾よく仇を討てたのは天祐であり、武士冥利《みようり》であったと一同に語り、堀内にも、自分が最後にそう話していたと人々に伝えるよう頼む。〈その三〉

一同が切腹の場に赴く途上に、自害したおみのが現れる。乙女田家再興が許されたことを伝え、早まったことをしたと嘆く堀内に、おみのは、赤穂浪士の忠義のために自分たち親娘は喜んで犠牲になると言う。心静かに最期を、と言う彼女の声に送られ、十郎左衛門は従容として切腹の場に赴く。それを見届けた内蔵助は、すべての者たちが見苦しくなく最期を迎えられることを喜ぶ。「これで初一念が届きました」という一言を残し、内蔵助は皆に続いて去ってゆく。〈その四〉

❖**初演**――昭和九年（一九三四）二月歌舞伎座　市川左団次2（大石内蔵助）、市川松蔦《しょうちょう》2（おみの）、市川寿美蔵6＝寿海3（磯貝十郎左衛門）、澤村訥子《とっし》8（堀内伝右衛門）

❖**初出**――『日の出』昭和九年（一九三四）三・四月号

❖**解題**――本作は一連の『元禄忠臣蔵』作品群の中で最初に上演された作品。創作の契機は松竹の大谷竹次郎社長が、従来にない観点から忠臣蔵を歴史劇として連作してはどうかと青果に勧めたことによる。その時から青果は史実調査を開始、昭和九年一月、伊豆露木旅館で本作を書き上げた。二月の歌舞伎座における本作初演の成功を受け、大谷と二代目左団次の懇請により、青果は連作を開始したという。その後青果は七年間という歳月をかけてその全貌を作り上げたが、宿痾《しゆくあ》のため病臥する日も多く、完成した作品群に含まれないいくつかの挿話を戯曲化する希望はかなわなかった。しかし徹底した調査に基づいた創作は、戯曲としてだけではなく、青果の江戸時代研究の集大成としても高く評価されている。また本作は昭和二十二年（一九四七）に堀川弘通監督、菊島隆三・若尾徳平脚本で『琴の爪』と言う題で映画化されており、若き日の当代坂田藤十郎、初代松本白鸚《はくおう》らが出演した。

青果は本作を、吉良邸への討ち入り成功後「高輪細川家に預けられたる大石内蔵助良雄を主として、以下十六人の行動状況等を描かんとし」たものとしている。執筆にあたり青果は「堀内伝右衛門覚書」より概略の趣向を定め、十六人の義士たちの分限・年齢・親族関係等は「赤穂分限帳《あこうぶんげんちょう》」「柳営日記《りゅうえいにっき》」等を参考に綿密な考証を行っている。こうした緊密な考証をもとに創作された本作の中で、唯一のフィクションであり一点の華でもあるのが、磯貝十郎左衛門の許嫁《いいなずけ》であるおみのと言えよう。新歌舞伎以前の歌舞伎作品には、異性装の魅力的な登場人物は少なくないが、新歌舞伎においては珍しい。しかし美しい若女形が扮することによって両性具有的な魅力を発揮することのできる魅力的な役であり、男性ばかりの登場人物の中で観客の耳目と心を楽しませる貴重な存在である。また青果戯曲には男女の恋愛を主軸に据えたものや、そうした場面が極端に少ないという特徴がある。その点においても十郎左衛門への想いに殉じるおみのは例外的だが、その彼女が男装で登場すること、また作中におけるどの男性にも劣らぬ熱で信念——内蔵助の言葉を借りれば「初一念」——を、見事に貫き通す存在として描かれているのは非常に興味深い。また本作の主人公であり、『元禄忠臣蔵』という大作を貫く大きな柱としての存在である大石内蔵助の人物は、先の「鑑賞」の項目でも指摘したように、非常に近代的な、内省的かつ人間味ある人物として創造されたが、初演の二代目左団次の持つ英雄的な風格・芸風もあっての創造であったことを忘れてはならない。そうでなければ、現実に対し矛盾を抱え、揺れ動く内蔵助像は小さなものとなってしまうだろう。また、ただ英雄的側面ばかりを強調すると、青果が描き出した「人間」内蔵助の弱さ、苦悩は見えづらくなり、その面白さも半減してしまう。

本作は『元禄忠臣蔵』の一連の作品群の中でも高い人気を誇る作品であり、上演回数も多い。今後も上演を重ねるだろうが、先にも指摘したような内蔵助像を体現できる役者が、二十一世紀を迎え、今後どれだけ現れるだろうか。戯曲を舞台上に現前化する役者あってこその演劇である。「大石最後の一日」は、その内容と構成の見事さに対し、それを具体化し得るか、役者の力量をも問う作品と言えよう。

（村島彩加）

二代目市川松蔦のおみの、二代目市川左団次の大石内蔵助（国立劇場蔵）

38 樽屋《たるや》おせん　戯曲

庄介　おせん殿には、死ぬほど焦れてはゐるが、最初あの伏見の夜船をあがつた時、あの時にも諦めたのぢや。それから、草津の泊りで諦めて、坂の下の旅籠でも諦め、亀山でも……松坂でも……夜旅籠屋《よるはたごや》の枕につく度、おれは奇麗に諦める気になるのだが……、やつぱりそれが駄目になるのぢや。当のおせん殿は、樽屋風情《ふぜい》など見向きもせず……久七づれ、小さんづれにまで侮られて、それでも猶ほその人を諦めかれる――おれは、われとわが身がおぞましかつた。好し〱、あきらめかれるなら、諦めるな――おれは自身に云ひ聞かせたのだ。湯殿に出て、おせん殿の脚絆《きやはん》を洗つたのだ。
（上の巻）

❖**鑑賞**――本作で注目すべきは、おせんに恋心を抱く樽屋に、話の視点が移り変わっていることである。典拠の西鶴作品では、情にほだされ、気持ちが変わっていくおせんが中心をなしているが、青果作品で気持ちが移ろいやすいのは樽屋であり、おせんは全体を通して真面目でかたくなな女性として描かれている。

樽屋の心情の変化を表すキーワードが、何度も繰り返される「諦める」という言葉である。金銭的な余裕のなさや、よく思われたいあまりに嘲笑を恐れる臆病心、ライバルの出現などから、頻繁におせんを「諦める」「諦めた」とうそぶき、そうなるように努力する様子が描かれている。また、幸運にもおせんの主人（麹《こうじ》屋）からその実直さを認められ、おせんと夫婦になることができた後も、諦めの姿勢は変わることなく、それが結果的におせんを自害へと導いてしまう。

青果は、おせんに対する原作の積極的な情熱を、消極的な方向へと一八〇度変換し、樽屋の人物造形や物語の展開において、新しい物語を創出していったのである。

❖**梗概**――朝顔見物の準備に余念がない大坂の麹屋奉公人のもとへ、子おろしを生業とする老女の小《こ》さんがやってくる。小さんは、奉公人の一人であるおせんに恋い焦がれた男の生き霊に悩まされていると語り、同情を買うが、実は樽屋庄介とおせんを結び付けようとした、小さんの狂言であった。あまりに子どもじみた手口のため、橋渡しを頼んだ樽屋は恋が成就しないものと思い込み、おせんを諦めるつもりでいる。しかし、おせんは厄払いに伊勢詣でもしようか、と思う程には気にかかっており、それを聞いた小さんは、生き霊の本体（樽屋）と抜参りができるよう約束する。

抜参りの途中、おせんを慕う同輩の久七が強引に同行する。樽屋のいじけた気の弱さも相まって、小さんは一転、久七とおせんを取り持とうとするが、おせん自身が久七の押しの強さを心よく思っておらず、うまくいかない。道中、よく当たると有名な比丘《びく》尼《に》に将来を見てもらうと、主人からおせんにめでたい話があると予言される。
到着した京都の宿で、久七が帳簿の改ざんを行ったことをほのめかす。一方、樽屋は細かい金額の貸し借りもおろそかにせず、帳尻を合わせようとして、久七に面倒がられる。小さんや久七からは、おせんの脚絆《きゃはん》を夜な夜な洗うような情けない男だと嘲笑される。樽屋はその理由を、おせんに嫌われて恋を諦めようとするためだと一人言い訳していると、偶然それを聞いていたおせんは樽屋の真剣な思いに心打たれる。そこに、おせんと久七の主人、麹屋が現れ、久七には所持金の出元を詮議し、おせんには樽屋の実直さをよく考えるようにと説かれる。〈上の巻〉
麹屋で法事があり、樽屋と夫婦になったおせんも常のように手伝いに来る。入れ子鉢を土蔵から取ってくるように言われたおせんが、土蔵に入りかけると、麹屋がおせんに何事かを頼む。二人で土蔵に入ると、大きな音がして、髪の崩れたおせんが出て来る。それを嫉妬深い麹屋の妻、おきちが見とがめ、不義を犯しただろうと決めつける。表で掃除をしていた樽屋がその声を聞いて駆けつけ、おせんを庇って二人の家へ帰る。
おせんは、自分の無実を夫の樽屋が信じてくれたからこそ、庇ってくれたのだと思っていたが、樽屋の口からは、奉公人と主人の間に何かあったとしても、とがめ立てはせず諦めると告げられる。それを聞いたおせんは自暴自棄になり、不義を働いたと嘘をつく。樽屋はそれを仲人に伝えるべく、家を出る。入れ違いに麹屋が来て、おせんに遊女への代筆を頼んだことから始まった一連の出来事について謝るが、すべてに絶望したおせんは、鉋《かんな》でのどを突いて自害する。仲人に早合点を諭された樽屋が、付き添われながら家に帰ると、その目に入ってきたのは、血に染まったおせんの姿であった。〈下の巻〉

❖初演――上の巻：昭和十年（一九三五）五月歌舞伎座　水谷八重子（おせん）、阪東寿三郎（樽屋）
下の巻：昭和十七年（一九四二）六月東京劇場　水谷八重子（おせん）、山口俊雄（樽屋）

❖初出――上の巻：『文藝春秋』昭和九年（一九三四）九月号
下の巻：『現代』昭和十四年（一九三九）六月号

❖解題――本作は井原西鶴の『好色五人女』（貞享三年〈一六八六〉）巻二「情を入れし樽屋物がたり」を翻案したものである。
原作では、おせんを中心に物語が進んでいく。おせんは、利口で優しく、奉公先でも配慮の行き届いた女性だが、恋愛の情には疎く、身持ちが堅かった。そんなおせんを慕う樽屋は、わらにもすがる思いで、老女こさんと共謀し、おせんを慕う生き霊をでっち上げる。頃合いを見て老女が事の真相を懇々と語ると、情にほだされたおせんが、樽屋を受け入れる気になる。伊勢神宮への抜参りをその機会とし、奉公先の喧騒に紛れておせんが出発すると、恋のライバル久七がついて来てしまう。京都で久七を出し抜いた樽屋が、おせんと思いを交わすことに成功する。大坂に帰った後、樽屋と夫婦となったおせんは、仲むつまじく暮らすようになったが、ある日、同じ町内の麹屋で法事があり、おせんもその手伝いに出る。その最中、偶然納戸の入れ子鉢を麹屋の主人がおせんの頭の上に落とし、髪型が崩れたことから、麹屋妻に浮気を疑われる。一日中、疑惑を詰られ続けたおせんは、それならば鼻を明かして真実にしてしまおうと、麹屋とあいびきを試みる。不倫未遂現場を樽屋に見付けられ、おせんは自害し、麹屋は間男の罪で処刑されたという話である。

西鶴作品では、一見自我の強い女性のように見えるおせんが、他者（老女や樽屋、また麹屋の妻）からある方向を力説されると、そちらに靡《なび》いてしまう心の弱さを持っていることが、主として描かれている。

青果は、この話について次のように語っている。

「私は『五人女』の中で殊に『樽屋おせん』が好きだ。堅く育つて気を張り詰めて居るおせんが、自然に人情を解し人情に落ちて行く様子が、極めて短い筆の中に、極めて巧みに描かれて居る。（中略）あの堅い果物のやうな渋気のある女が、何時とはなく樽屋に引かされて行く伊勢詣りの前後の描写の中に、おせん全体が活躍して居るやうに思ふ。（中略）若しあれが近松であつたら、樽屋との関係よりも、心中に致る動機、機会、出来事などに興味を持つて、その方のみを書いたかも知れない。私はどうしても『樽屋おせん』は『五人女』中での傑作であると信じている。」（真山青果「西鶴の五人女に就て」『新潮』明治四十三年〈一九一〇〉十二月）

この叙述は、青果が当時、おせんの揺れ動く心情に注目していたことを示している。それを翻案作品では樽屋の心情として描き直したところに、本作の面白さがある。特に青果の樽屋は、何度もおせんを「諦めよう」として「諦めきれない」人物として描かれている。気を引くための企てが稚拙であるとさげすまれるくらいなら諦めようとし、家格が合わないと諦めようとし、奉公先をだまして抜参りをさせるような曲がった男だと思われるくらいなら諦めようとし、おせんの不機嫌な様子を見ては諦めようとする。しまいには、嫌われるために、おせんの脚絆を毎晩洗うような情けなさであるが、それはすべて「諦めきれない」思いから来る行為である。樽屋の「諦めきれない」気持ちが通じ、おせんと夫婦となるが、後日起きた不義疑惑について、おせんと麹屋の間に不義があったとしても「諦める」と語り、妻の潔白を証明する努力よりも、自分が傷つかないことに重きを置く。それを聞いたおせんは、信用されていないことに絶望し、自害する。

作中、何度も繰り返される樽屋の「諦める」という言葉は、他者に決定権を委ね、責任を回避しようとする自己保身によるものである。何もしていないような行動が、結局は最愛の人を極限まで追いつめていく、という展開は、原典はない発想であり、青果の翻案の中でも高く評価したい作品である。

（丹羽みさと）

39 元禄忠臣蔵《げんろくちゅうしんぐら》 御浜御殿綱豊卿《おはまごてんつなとよきょう》

戯曲

学者と申すものは、いつも西に落ちる夕日を見ながら、その夜《よ》の泊りをいそぐ旅人のやうな、慌しい心持の者でござります。これも命あるうちに、あれも命あるうちにと、ただもう気のみせはせは致して、一日として ゆっくりと、大空の青さを眺むる日もござりませぬ。

（中の巻・一）

❖鑑賞――徳川綱豊は赤穂浪人・富森助右衛門と対面し、大石内蔵助《くらのすけ》の放埒の真相を糺そうと考える。綱豊に仕える儒者で、内蔵助が敵討ちを行うと信じる新井勘解由《かげゆ》（白石《はくせき》）は、そうした綱豊の意向を聞いて安堵し、著述の途中であることを理由に立ち去ろうとする。「学者と申すものも、ずゐぶん気ぜはしい御商売にござりますな」という綱豊の言葉に対する返答がこの台詞。現行上演では多くの場合、このやり取りは割愛される（前進座上演台本にはあり）が、劇作家として絶大な人気を誇りつつも、自らの本分を「学者」と考えていた青果の心境が吐露されているようにも聞こえる。

❖梗概――元禄十五年（一七〇二）三月、甲府藩浜手屋敷（後の御浜御殿、現・浜離宮）。赤穂浪人・富森助右衛門は、証文上の妹で屋敷に奉公する喜世に女中たちの「お浜遊び」の様子を隙見したいと懇願していた。その様子を見とがめた上臈《じょうろう》が喜世に絡むのを御右筆の江島が助ける。江島は喜世に、藩主・徳川綱豊の奥方が浅野家再興に動いており、綱豊もそれを聞き入れるだろうと告げる。

綱豊は喜世から助右衛門のことを聞き、助右衛門の真意は今日屋敷を訪れる吉良上野介《きらこうずけのすけ》の面体を確かめることだと見抜き、隙見を許す。〈上の巻〉

綱豊は儒者・新井勘解由に浅野家再興について相談する。綱豊は浅野家再興が成れば、浪人たちによる敵討ちは不可能になることに頭を悩ませていた。家の再興よりも敵討ちの成就こそが日本の武士としてとるべき道であり、浪士たちに本懐を遂げさせたいという綱豊の言葉に勘解由は感嘆するが、大石の最近の放埒ぶりを危惧する。綱豊は大石の真意を確かめるために、助右衛門を呼び出すことにする。〈中の巻〉

綱豊の御前に召し出された助右衛門は、綱豊からの挑発を受けるが、敵討ちの意志を隠し続ける。戯れに浪士たちの真意を探るのではなく、自らが行くべき道を示してほしいのだという綱豊の言葉に助右衛門の心は動きかけるが、あえて逆に、綱豊が政治に積極的に関わろうとしないのは次の将軍の地位を望んでのことなのかと問い返す。綱豊をやり込めたかに見えた助右衛門だったが、綱豊から浅野家再興の願いがあることを聞き、急に狼狽する。綱豊は明日にも江戸城へ登城してこの件を願い出ると言い放って去る。もはや敵討ちの望みはなくなったと考えた助右衛門は、今日のうちに吉良を討つことを決心する。喜世は、今晩、吉良が能を演じる時を狙って討つように勧める。

助右衛門は出番を待つ〈船弁慶〉のシテを襲うが、それは吉良ではなく綱豊だった。綱豊は助右衛門の槍をかわし、吉良をただ討ちさえすれば義は立つのかと叱り、放埓を装いながら、かつて願い出てしまった浅野家再興の一件が落着することを待つ大石の心中を思いやる。すっかり恐れ入った助右衛門を門外に追い出すよう家来に命じた綱豊は、能舞台へと出て行くのだった。〈下の巻〉

❖**初演**――昭和十五年（一九四〇）一月歌舞伎座　市川左団次2（徳川綱豊）、市川猿之助2＝猿翁1（富森助右衛門）、市川寿美蔵6＝寿海3（新井勘解由）

❖**初出**――『キング』昭和十五年（一九四〇）春の特別号（四月）

❖**解題**――元禄赤穂事件に取材した連作『元禄忠臣蔵』のなかの一作であり、同連作のなかでも、また青果の全戯曲中でも今日最も頻繁に上演される作品である。綱豊はのちの六代将軍・家宣《いえのぶ》、喜世は七代将軍・家継の生母となった女性。新井勘解由（白石）は家宣・家継《いえつぐ》の二代に仕えて幕府の中枢を担った儒者である。

歌舞伎では今日もよく舞台にかけられ、特に綱豊と助右衛門の丁々発止のやり取りは役者の台詞の聞かせどころでもあるが、その一方で舞台を一見しても理解しにくい点が少なくない作品なのも確かである。

本作の背景を整理すると、次のようになる。浅野内匠頭の切腹後、大石は内匠頭の弟・大学を当主として浅野家を再興することを願い出た。これは赤穂城受け渡しに際して抗戦や殉死を主張する人々を鎮めるための方便で、聞き入れられることはないと考えての発言だった。ところがその後、世間の人々の浅野家への同情が高まり、将軍綱吉もこれを無視しがたい雰囲気が生まれてしまった。当然、再興が認められれば、敵討ちを行うことは不可能となってしまう。大石はこのことに苦悩し、家再興の願いがどうにか聞き届けられないよう、廓《くるわ》遊びにうつつを抜かしているように見せつつ、祈っているのであった（前年初演の「伏見撞木町《しゅもくちょう》」ではこの大石の様子が描かれている）。

一方、綱豊は大石とも縁のある近衛関白家出身の奥方から、浅野家再興への力添えを依頼されているが、右のような状況を理解しており、かつ敵討ちこそが武士として正しい行動であると信じる（「皇国《みくに》振り」といった言葉でその行動原理が説明される点に本作執筆時の時局が反映している）彼は、この件を将軍に願い出ることを躊躇している。良き相談役である勘解由が大石の放埓のうわさからその真意を疑うのに対して、綱豊は基本的には大石が敵討ちの意図を持っていると信じている。綱豊は有力な将軍後継候補でありながら、多くの大名が改易処分となっている現将軍・綱吉の治世にあっては、政治に積極的に関与せず、学問と遊興に時間を費やしている。綱豊には自分と似た境遇にある大石に対する強い共感があったのである。それでも綱豊が助右衛門を呼び出すのは、より強い確信を得るためであった。そして、助右衛門の頑固な態度を見て、彼をからかってやろうともするのだが、思いがけず自らの姿勢に対する指摘を受け、感情的になってしまうのである。

六代目市川寿美蔵の新井勘解由、二代目市川左団次の徳川綱豊（国立劇場蔵）

近年の上演ではともすると、単なる爽快なお殿様風の造形に流れることがあるが（中村哲郎「青果劇の再出発」『花とフォルムと—転換する時代の歌舞伎評論』参照）、危険な状況下で自分の姿を偽るという意味では、綱豊は古典歌舞伎の一條大蔵卿（『一條大蔵譚』）にも通じる、一筋縄では行かない人物である。一方の助右衛門も、江戸生まれ、義士中でも屈指の文化人であるが、あえて無粋な田舎侍を装っている。この両人のやり取りは、一歩間違うと怒鳴り合いに終始してしまいがちだが、本来は綱豊が激高する一カ所を除けば、両者の間に交わされるのは冷静かつ理性的な肚の探り合いであろう。

現行台本には省略・改変箇所が多々あり、なかには、それゆえに作品の内容が理解しにくくなっている部分もある。こうした現行台本・演出の見直しが図られてもよかろう。なお、下の巻の能は初演以来多くの場合、〈船弁慶〉ではなく直面物《ひためん》の〈望月〉になっているが、前進座では〈船弁慶〉で演じ、冒頭に掲げた台詞を原作通り採用するなど、独自の台本・演出によって上演している。溝口健二監督の映画『元禄忠臣蔵』（昭和十六年〈一九四一〉～昭和十七年〈一九四二〉）では前進座の三代目中村翫右衛門が助右衛門、市川右太衛門（当時新興キネマ所属）が綱豊を演じている。

（日置貴之）

40 西鶴語彙考証《さいかくごいこうしょう》 研究

❖概要――主に西鶴作品中の語句を取り上げ、語釈を行っている。使用された西鶴作品は『大句数《おおくかず》』『両吟一日千句《りょうぎんいちにちせんく》』『好色一代男《こうしょくいちだいおとこ》』『諸艶大鑑《しょえんおおかがみ》（二代男）』『西鶴諸国《しょこく》はなし』『椀久一世《わんきゅういっせ》の物語』『好色五人女《ごにんおんな》』『好色一代女《いちだいおんな》』『本朝二十不孝《ほんちょうにじゅうふこう》』『男色《なんしょく》大鑑』『武道伝来記《ぶどうでんらいき》』『日本永代蔵《にっぽんえいたいぐら》』『好色盛衰記《せいすいき》』『本朝桜陰比事《おういんひじ》』『一目玉鉾《ひとめたまぼこ》』『世間胸算用《せけんむねさんよう》』『浮世栄花一代男《うきよえいがいちだいおとこ》』『西鶴置土産《おきみやげ》』『西鶴織留《おりどめ》』『西鶴俗《ぞく》つれ〴〵』『万《よろず》の文反古《ふみほうぐ》』『西鶴名残《なごり》の友』と多岐にわたる。『真山青果全集』第十六巻版には二百五項目が収録されている。

❖初出――本書は数度改稿を加えられている。その経緯について、『真山青果全集』第十六巻に収録された綿谷雪《わたたにきよし》による解説を以下に引用する。「「西鶴語彙考証」は、木村錦花先生の雑誌『中央演劇』に前後四回発表したのが最初で、その年代については私は忘却して思い出せない。（中略）その前後（仲注：関東大震災）に「続西鶴語彙考証」が瀧田貞治氏の雑誌『西鶴研究』第二号に出たが、以上の諸稿に増補を加えて、終戦後の昭和二十三年（一九四八）一月、中央公論社から単行書として出刊された。しかし、その後、講談社版『真山青果随筆選集』全三巻（仲注：昭和二十七年〈一九五二〉十二月刊）をまとめるに際しては、前記の従来発表の諸稿や冊子に関係なく、すべて青果先生座右の稿本により、加うるにおびただしいメモを整理追加して一括した。（中略）なお随筆選集本には一ページ脱落の個所があったのを、今回補充した。」

中央公論社版から『真山青果随筆選集』版での大きな変更は、項目が五十音順に統一されたことと、八十七もの項目が追加されていることである。なお、中央公論社版のみに収録されている項目は、「○神田のくづれ橋」「○噺しに一倍」「○伝馬町の綿屋絹屋も同じ棚つき」「○佐久間の面」「○箸屋甚兵衛」「○市谷」「○三野、三谷、山谷」「○一生一大事の分別」「○本庄と本所」「○しつはく」の十項目である。この内、江戸地理関連の語については「西鶴と江戸地理」（『真山青果全集』第十六巻収録）に掲載されている。

❖解説――本書の語釈の方法は大別して三種類に分けられる。一つ目は、江戸時代の文献から用例を検索し、参照する方法である。青果が用いた資料は小説や随筆、日記などの文学作品に限らず、古地図や地誌、法律関係文書、当時の辞書、風俗資料など多岐にわたる。二つ目は実地調査である。例えば「○初瀬海道の豆灯籠」では、青果本人による調査ではないものの「大和国柳生《やぎゅう》出身の和田勝一君を労して、先年わざ〳〵朝日村附近の実地を調査せる」とあり、その土地に現存する地名や農具に関する古老の談話を記載している。三つ目は、青果の出身地である仙台に残る方言との比較である。これは青果独自の研究方法といえよう。

『西鶴語彙考証』の特徴として、執筆当時流通していた辞書・注釈への懐疑が挙げられる。『真山青果随筆選集』にて加えられた「はしがき」（綿谷雪が起草したもの）には、「たゞ近来の編纂者いたづらに其の量の大を誇つて、内容の精選を欠くは遺憾の極みである（中略）殊に江戸時代語彙の如き、これを幾時代にも分割してその時代的変転を識別しなければならないものが、今のところたゞ一様に解釈され踏襲され来つてゐる如きは、甚しく以て不満と云ふべきである」とあり、辞書類の誤謬によって読者に誤った解釈を押し付けかねないという懸念が記されている。本文中でも「西鶴註釈に最も必要なる重点は、これ等の事実を突き止めるところにあつて、机の上で軽率なる註解を加へると、とんでもない間違ひを生ずる（「〇から竹」）」「他人の著作を掻き集めて、無労力に一冊の本を作りあげるのは、少し虫がよすぎる（「〇新銭」）」など、辞書・注釈に対する激しい批判が繰り返される。その俎《そ》上《じょう》に上がるのは、辞典類では佐藤鶴吉『元禄文学辞典』（新潮社・藝林舎、昭和三年〈一九二八〉十月）が最も多く、他にも大槻文彦『言海』（秀英舎、明治二十二年〈一八八九〉～二十四年〈一八九一〉）、上田萬年・松井簡治『大日本国語辞典』（冨山房、大正四年〈一九一五〉十月～昭和三年十月）など多岐にわたる。西鶴作品の注釈については、三浦理・塚本哲三・藤井乙男《おとお》『西鶴文集』（有朋堂書店、大正二年〈一九一三〉五月～三年〈一九一四〉三月）、佐藤鶴吉『日本永代蔵評釈』（明治書院、昭和五年〈一九三〇〉三月）、藤井乙男『西鶴名作集』（評釈江戸文学叢書第1巻、大日本雄辨會講談社、昭和十年〈一九三五〉七月）、大藪虎亮《こりょう》『日本永代蔵新講』（東京図書・白帝社、昭和十二年〈一九三七〉三月）等に目を通していたようである。また、青果も参加していた三田村鳶《えん》魚《ぎょ》主催の西鶴輪講についても言及がなされる。

また、考察の中には青果の西鶴観が表れている。「わたしはこれ等の記事からも、彼の数回の江戸下りを信じ且つ考證したいと思つてゐる（〇「無人島の大海老」）」「自分は先年二三年がかりで、一目玉鉾の内容を精査してみたことがある。その結果、同書より諸多の根拠を得て、西鶴は寛文の初年頃に一度奥州に旅行したことがあり（「〇瑞岩園福禅寺」）」という言説は、西鶴が江戸下りをし、諸国を旅行したという青果の持論に基づくものである。その内容は論文「井原西鶴の江戸居住時代」（『中央公論』昭和四年〈一九二九〉三月初出、『真山青果全集』第十六巻に収録）に詳しい。さらに、「西鶴は事実を書く作者に候（「〇冠着さうなる頭つき」）」という人物評も、「日本の過去の作者のうち、西鶴ほど眞実を尊重して小説を書いた人はあるまい。言葉を強めて云へば、彼は眞実の以外に何事も描き得ない人であつた」と先述の「井原西鶴の江戸居住時代」においてみられるものと共通する。

同時代評としては、中央公論社版の書評である瀧澤博夫の「真山青果氏著「西鶴語彙考証　第一」」（『国語と国文学』25－8、昭和二十三年九月）がある。瀧澤氏は青果の詳細な語釈のみならず、西鶴の奥州旅行を示唆する項目や「一生一大事の分別」の解釈による新たな本文読解を取り上げ、「こゝに西鶴の心境にまでたち入つた眞山氏の確実な実証的研究の本質がみられると思ふのであり、又西鶴の真実な態度に傾倒して行つた眞山氏の研究態度が窮極に於て作家の全人格にふれるといふ学問研究の最高の境地を体得されるに至つたとみるべきてはないかと思ふ」と高く評価している。また、『真山青果全集』別巻1真山青果研究（講談社、昭和五十三年〈一九七八〉七月）には前田金五郎氏の「真山青果の江戸時代研究」が掲載されており、『西鶴語彙考証』を含めた青果の西鶴研究の特徴を指摘しているので参照されたい。

青果の精緻な研究は今日でも注目すべきものではあるが、研究が進み、資料の整備された現在の視点から青果の解釈について再検討を行う論もある。金沢規雄氏の「『西鶴語彙考証』考証―「〇宮城野の萩」の考証をめぐって―」（『文芸研究』142、日本文芸研究会、平成八年〈一九九六〉九月）は「『西鶴語彙考証』の中でも白眉と言われる一つ」とされ、西鶴江戸居住時代を裏付ける証拠とされた「〇宮城野の萩」の考察を行い、青果の考証の誤りと慧眼である点を指摘している。

（仲 沙織）

V　ビジュアルガイド——画像で辿る真山青果

解説

❖青田寿美

本章は、国文学研究資料館で開催された特設展示「真山青果旧蔵資料展——その人、その仕事——」（2016年12月1日〜2017年1月24日）の図録を再構成し、収録するものである（なお、展示図録と同様に編集は青田が担当した）。以下、青果旧蔵資料と国文学研究資料館との関わりに触れながら、その資料群がどのような道程を経て現在に至るのか、簡単に紹介することで冒頭解説に代える。

国文学研究資料館の創設間もない昭和51年（1976）、「真山青果文庫」所蔵の古典籍426点の文献資料調査およびマイクロフィルム撮影による148点（書誌点数155点）の収集が、同館によっておこなわれた。青果没後28年目の夏秋である。当時、戦時疎開からの一連の流れで前進座にて管理されていた真山青果旧蔵資料は、翌52年に新制作座が竣工した「真山青果記念館」へ返還され、青果の長女真山美保が主宰する劇団・新制作座の所属に帰す。そのコレクションの概要と重要性については、一部の研究者等に知られるのみで、30余年が経過する。平成22年（2010）に縁あって星槎グループの所蔵となり、さらなるご縁で、平成25年、近代文献を含む調査を国文学研究資料館が再開することとなった。以後4年間に亘る調査研究の成果の一端として、資料40数点を精選し、平成28年（2016）に国文学研究資料館展示室・特設コーナーにおいて展観に供した。本章では、その際に作成した展示図録『真山青果旧蔵資料展——その人、その仕事——』を再編し、「真山青果文庫」所蔵資料の画像を多分に配することで、青果の〈人〉〈研究〉〈交友〉の諸相を多角的に辿っていく。

その数5万冊とも伝えられた真山青果（明治11年〜昭和23年）の蔵書。これらのうち、震災や戦火等を免れて、星槎グループ・星槎ラボラトリーに収蔵された資料は約9千冊という。とりわけ、青果の広範な仕事と交友関係を裏づける厖大《ぼうだい》な草稿・メモ類は、今後の整理と研究が俟《ま》たれるところであろう。「真山青果文庫」所蔵資料を改めて繙《ひもと》き、新たに拓《ひら》いていくことが、真山青果という知の巨人の光と闇を共に照射する端緒になると考えている。

01 青果、その人

真山青果（本名彬《あきら》）は、明治11年（1878）宮城県仙台市に生まれた。名門、旧制第二高等学校に進学し、親のすすめで医学の道を志したこともあった。明治40年頃、自然主義小説家として一躍脚光を浴びるが、著作上の事件をきっかけに、演劇界へと転向する。史劇を得意とし、舞台設定のために調査を重ね、古地図や古書等を渉猟吟味し尽くす研究家でもあった。これは後に西鶴研究者であるという自負につながっていく。登場人物の中に青果自身の姿を投影した作品を多く手掛けたが、昭和23年（1948）、疎開先の沼津で69歳の生涯を閉じた。

本セクションでは、青果の遺影・遺愛の品々を中心にとりあげ、その人物と生涯をしのぶ縁としたい。（丹羽みさと）

1-01

1-02

1-03

1-04 ③

1-04 ①

1-04 ②

写真

1-01　少年期

石材の写真立てに収まる。写真台紙下部に「仙台市東壹番町人物専門写真師□□□□（破損不明）」とあり、仙台市立東二番小学校時代のものと思われる。退色が進んでいるが、その面貌《めんぼう》には、「腕白《わんぱく》小僧」とも「麒麟児《きりんじ》」とも評された当時の面影が看取される。（青田寿美）

1-02　青年期

紙製のフォトフレームに貼付され、表紙には「保存亭々居」の朱印あり。（青田寿美）

1-03　壮年期

紋付羽織。真山蘭里氏によると、代々の家紋は「王大」とのこと。（青田寿美）

1-04　晩年

①②国民服。いずれも、写真が貼付された紙製フォトフレームの裏面に「東京市小石川区大塚窪町（文理科大学正門前）寺崎写真館」とあり、同一の写真館による撮影とわかる。なお、①は、『真山青果全集』月報第14号（昭和17年4月）表紙に、「著者近影」として掲載されており（後掲・参考a）、②と共に昭和16～17年（青果63歳頃）の撮影と推察される。ちなみに、青果没の翌月に企画された座談会「真山青果を語る」（『演劇界』第6巻第7号、昭和23年7月）の巻頭に載る写真（後掲・参考b）

参考b

参考a

1-04 ④

参考c

も同じ国民服にネクタイ姿で、キャプションに「晩年の眞山氏」とあり。

③角袖外套。

④着流し。柔らかな表情で破顔する青果の姿は、昭和18年に真山美保と並んで撮影した参考cの写真のトリミングである。参考cは、真山美保著『日本中が私の劇場』（昭和36年11月、有紀書房刊）の巻頭に掲載されたもので、「昭和18年11月29日前進座研究所を訪ねて」とあることから、撮影場所は東京吉祥寺と思われる。青果の左隣に長女の真山美保、その左に大谷竹次郎（松竹社長）、青果の右後ろには河原崎長十郎（歌舞伎俳優）。

なお、昭和26年10月に宮城県図書館で開催された真山青果展の展示目録『創立七十周年記念／真山青果展目録』では、11点の写真が展示されていたことが確認できる。真山蘭里氏によると、現在所在不明の写真もある一方で、残された枚数の少なさは、青果の写真嫌い（真山菫氏談）に起因するとのこと。

（青田寿美）

遺愛品

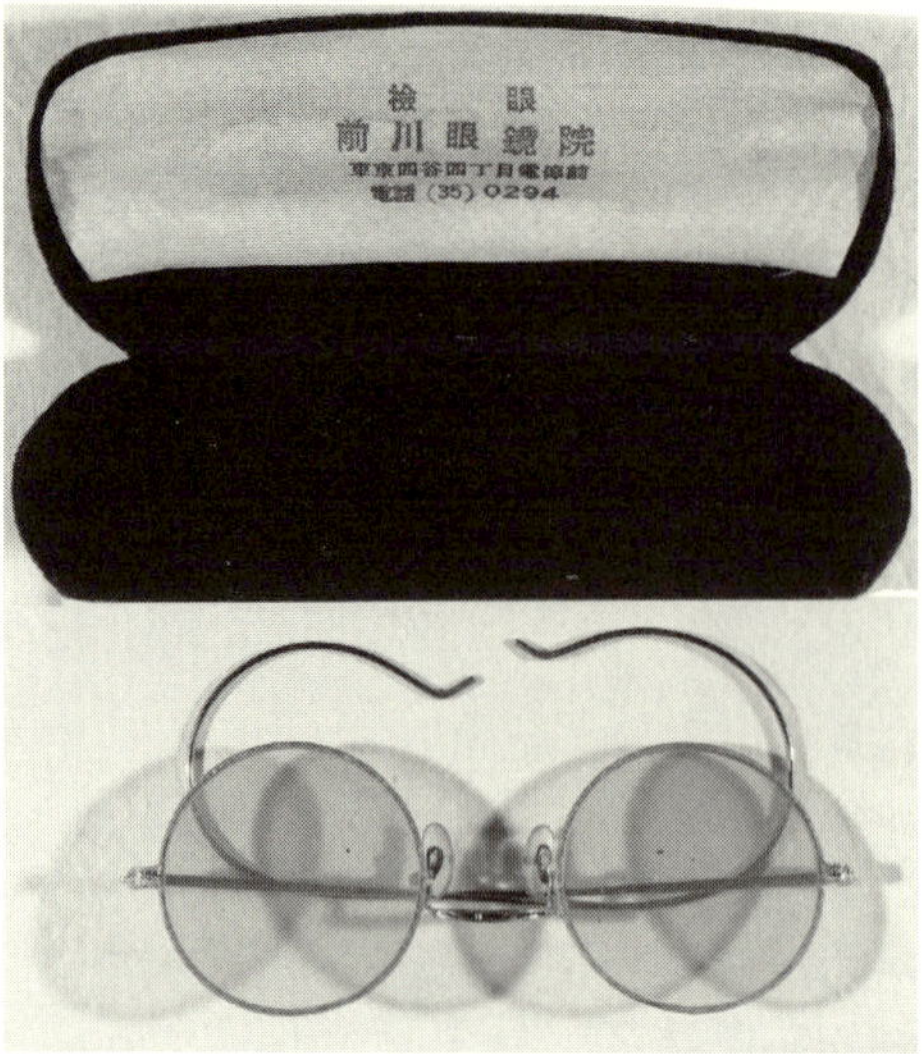

1-05

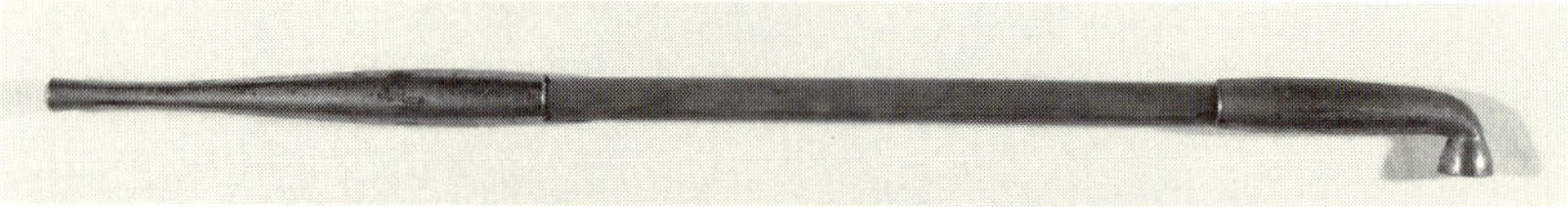

1-06

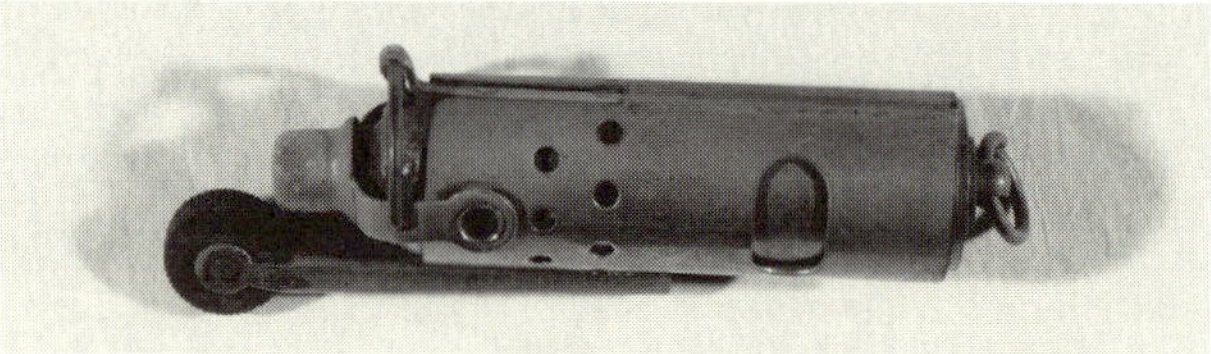

1-07

1-05　眼鏡

青果は新宿の矢来町《やらいちょう》から牛込、小石川と転住しており、眼鏡ケースに記された四谷4丁目の前川眼鏡院は、牛込からほど近い所に位置している。娘の美保によると、青果が没した際、その枕元には日本随筆全集が読みさしのまま広げてあったという。華美な物を好まなかった青果は、やや楕円で銀縁のこの眼鏡をかけて、最後の夜を書物と共に過ごしたのだろう。最後まで手放さなかった青果愛用の品の一つである。　（丹羽みさと）

1-06/07　煙管《きせる》・ライター

昭和4年頃、青果は娘をタバコ工場で働かせようとしたことがあった。次の間でそれを耳にした7歳の少女は、自分の行く末を案じて一晩中眠れなかった。青果は当時、マルクス主義に傾倒しており、自分の娘が学校に通うことさえ、ぜいたくに感じていたために発せられた言葉であった。華美な物を嫌った青果の村田製煙管は、雁首《がんくび》と吸口が銀メッキで羅宇《らう》は竹で出来た実用一点張りの品である。またライターは、第一次世界大戦の頃、オーストリアで製造が始められたモデルで、ライフルの使用済み薬莢《やっきょう》が再利用されており、トレンチライターと呼ばれたもの。青果の性格を象徴するかのようなこの品々を、遺された娘美保はどのように眺めたのだろう。　（丹羽みさと）

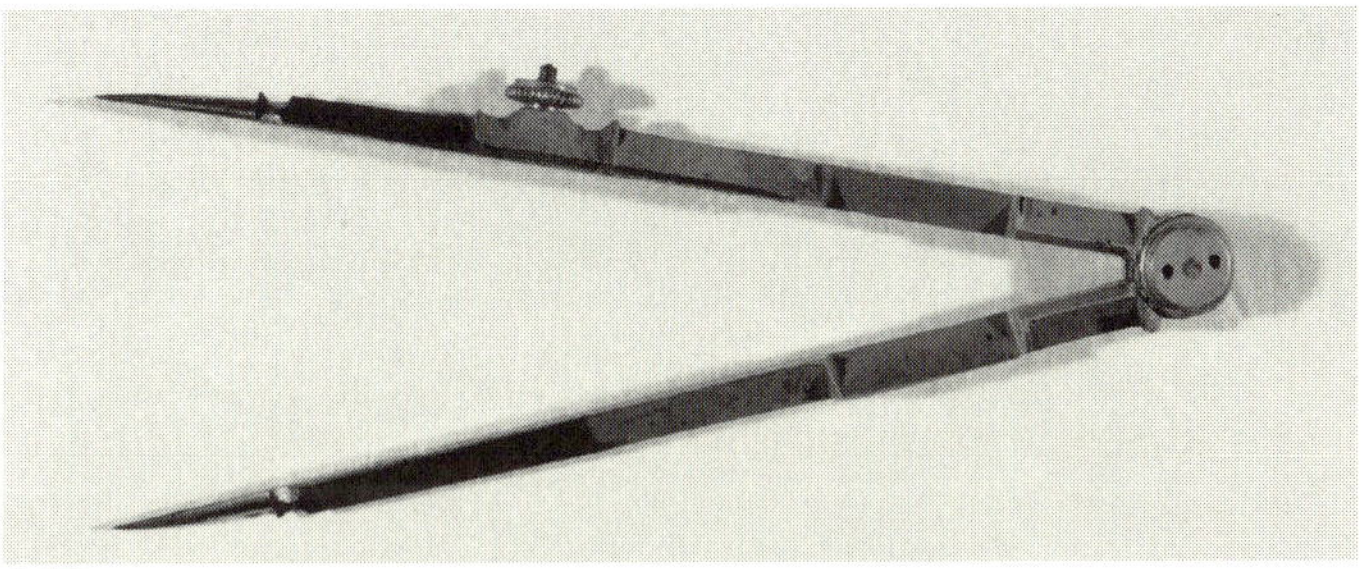

1-09

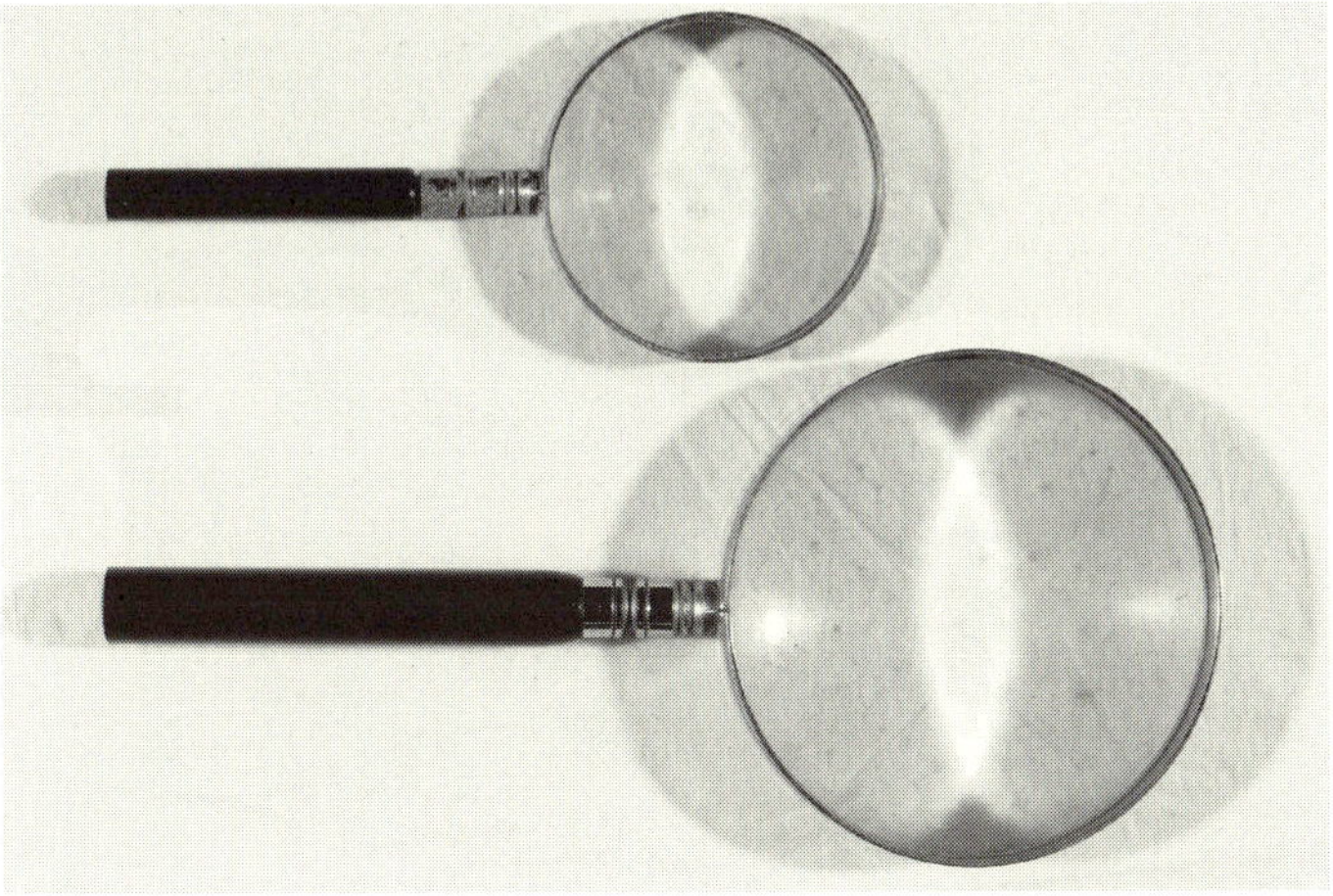

1-10

1-08～10　竹尺・ディバイダ・虫眼鏡

青果の史劇や歴史小説には、その冒頭に古地図が付されていることが多い。場所を特定することに心血を注いだ青果は、古地図を好んで収集していた。持ち運びに便利なこの折りたたみ式竹尺や虫眼鏡とともに作品の舞台となる場所へ赴き、古地図を広げて今昔の実地調査をしていたであろうことは、想像に難くない。また「江戸名家居住考」などの随筆にも地図が転記されており、ディバイダは古地図の転写に用いられたものと思われる。

（丹羽みさと）

1-08

1-11/12　印章

住所印2顆、室号印1顆、姓名印1顆。印文は、以下の通り。（／は改行）

①「東京市小石川區／第六天町四十八番地／眞山彬」②「東京市小石川區第六天町四十八番地／眞山彬」③「亭々居」④「眞山／彬」

①～③は木印。住所印の2顆①②に刻された居所「小石川區第六天町」には、昭和2年（1927）5月に転居、19年夏に戦局の逼迫《ひっぱく》するなか沼津へ疎開するまでの17年間、青果が旺盛な執筆活動を続けた場所である。③「亭々居」印は、書画の落款印もしくは蔵書印と思われるが、国文学研究資料館で調査した真山青果文庫所蔵資料の書誌データ（古典籍：昭和51年調査カード504点＋平成25～29年調査カード452点、近代文献：350点）を参照する限り、資料への押捺《おうなつ》は確認されない。④のみが朱肉付き牛革クロムケースに収まる（印材と同じ象牙サヤ付）。認印として使用されていたものか。

（青田寿美）

1-13　印泥

漆器の印盒《いんごう》（印肉入れ）に収まった印泥は、鮮やかな朱色を留める。器は底面を除き、唐様の風景や紋様の堆朱《ついしゅ》細工が施されている。

（青田寿美）

1-11

1-11 ④

1-11 ③

1-11 ②

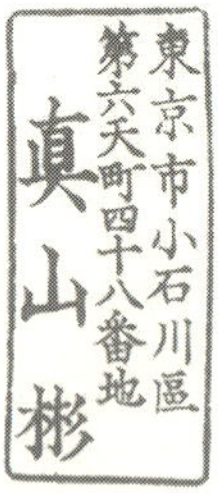

1-11 ①

1-13

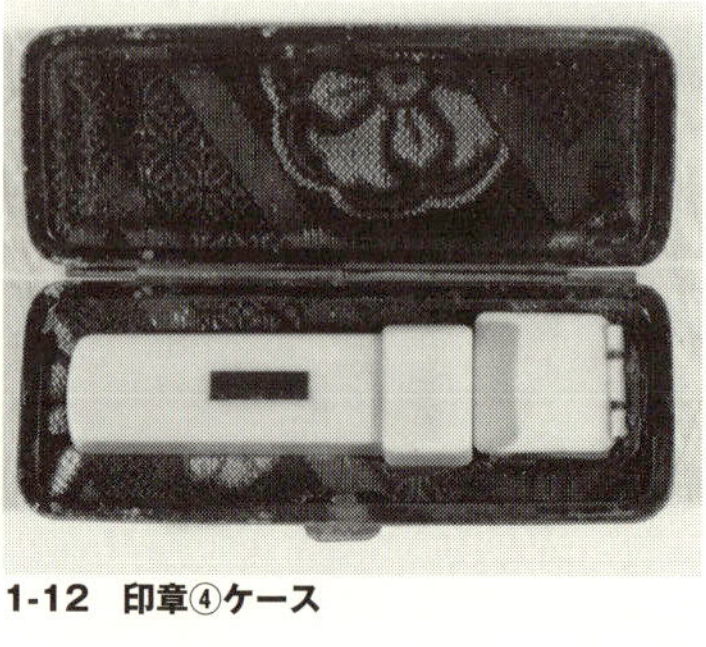

1-12　印章④ケース

⑤ 保存亭々居

⑥ 亭々居蔵

⑦ 亭々生蔵

⑧ 眞山

⑨ 眞山

⑩ 眞山

⑪ 青果

⑫ 青果

⑬ ［乾坤一草亭］

⑭ 青果文庫

⑮ 青果文庫

⑯ 青果文庫
前進座蔵

⑰ 前進座文藝部

column ●真山青果の蔵書印について

近代日本の蔵書印影を収録した『近代蔵書印譜』初編〜五編（青裳堂書店、1984〜2007年）をはじめ、日本の印譜としては採録印影・印主数で群を抜く『新編蔵書印譜』とその増補訂正版であるところの『増訂 新編蔵書印譜』上中下巻（青裳堂書店、2013〜2014年）、これらのいずれにも真山青果所用印は登載されていない。その一因として、青果旧蔵印の押捺ある資料が古書市場にはあまり出回っておらず、世に知られる機縁のなかったことが挙げられよう。また、青果自身がその集書に自用印を捺す習慣の少なかった蔵書家であることも、一連の真山青果文庫調査により明らかとなった。後学のため、青果旧蔵資料等から採取した印影を掲げ、些かの解説を付す。なお、各印影は、一覧性と見やすさを優先して適宜拡大をおこなっている。従って、拡大比率については一定ではないことを諒とされたい。

⑤〜⑦は、青果の号「亭々居」「亭々生」を刻んだもの。⑧〜⑩は「眞山」、⑪⑫は「青果」の姓名印。うち、⑫は『創立七十周年記念／真山青果展目録』の表紙デザインに⑦⑬とともに使用されたもので、実捺は未見。⑬は、上下に八卦《はっか》（乾坤《けんこん》）を、中央に草庵をあしらった印で、曲亭馬琴の所用印「乾坤一草亭」（〔参考d〕参照）を模したもの。『随筆滝沢馬琴』の労作ある青果ならではの一顆といえ、旧蔵書への押捺例も比較的多い。⑭⑮の「青果文庫」は、蔵書管理が娘の美保に移って以降の押捺か、検討を要する。⑯⑰は、前進座に蔵書を託していた時代に押捺されたと思しい。

青果と美保、二代の真山家では生活の困窮等から拠ん所なく集書の一部を手放したこともあったと仄聞する。それを裏付けるかのように、⑤「保存亭々居」印の他にも「保存」の2文字印を捺した資料が少なからず存在し、家運の如何に関わらず子々孫々別して大切に扱うべしとの思いが、該印から看取される。

（青田寿美）

参考d　馬琴所用印（『新編蔵書印譜』より）

青果と図書館

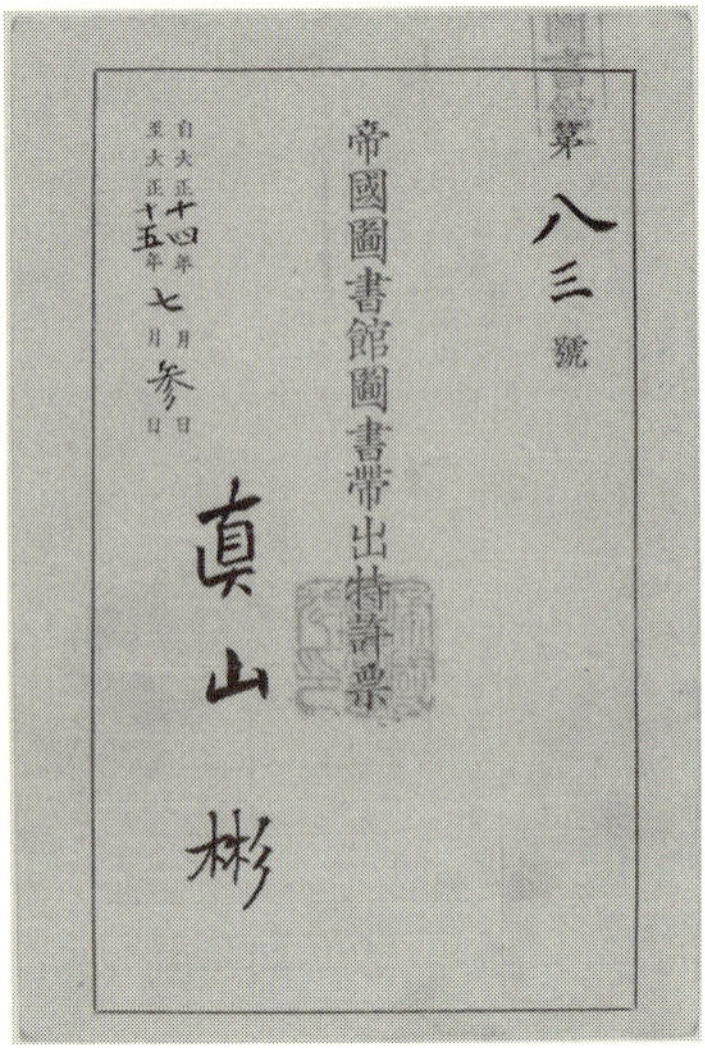

1-14

1-14　帝国図書館図書帯出特許票

帝国図書館（現・国立国会図書館）の図書帯出特別許可票。

表「第八三號　帝国図書館図書帯出特許票　真山彬　自大正十四年七月参日至大正十五年七月参日」

裏「貸付図書員数和装ハ五本洋装ハ二本和洋併セ借ルトキハ前者ハ二本後者ハ一本トス　図書借受ノ期限ハ十日乃至三十日トス尚引続借受セントスルトキハ一旦返納シテ更ニ借受ノ手続ヲ為スベシ　期日ニ後ルヽトキハ特許規則ニヨリ特許票無効トナルベシ」の注意書き印刷

表面、朱・長方印（割印）「□□（不明）図書館」、朱・方印「帝国図書館長印」押捺あり。

裏面、27行の横罫線。うち、見出し行に「函」「号」「冊」「期日」と印刷。縦罫「冊」列に、帯出等手続き確認者と思われる名字印あり（「細井」「福村」「植野」「渡辺」「すゝき」他、青印）。青果の利用履歴は21行で、返却期日の記載は8月2日から翌年6月10日の間。とりわけ8月から9月にかけて頻繁に通っており、3日連続の帯出記録も確認できる。青果が江戸時代の研究に注力し猟書《りょうしょ》に没頭した時期と重なっていることからも、本票に記された館外帯出（貸出）記録は、その調査研究動静を忖度《そんたく》する好個の材料といえよう。

当時、「図書館通ひを開始して三十年、特許帯出許可されて約十年」と帝国図書館通を自称する石川巌《いわお》が、一年ごとの帯出特許票取得手続きの煩瑣《はんさ》さを批判し制度改善を提起しているが（「帝国図書館問題（今は特別閲覧室と特許券の手続に就て）」『書物往来』大正15年2月）、いまだ閲覧料をも徴収していた同館に、青果が特許票申請を継続したか否かは不明。

（青田寿美）

父の記憶

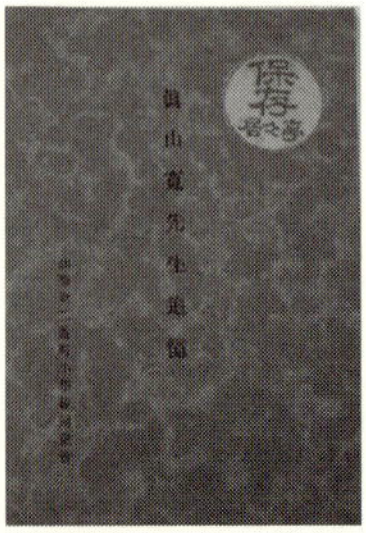
1-16

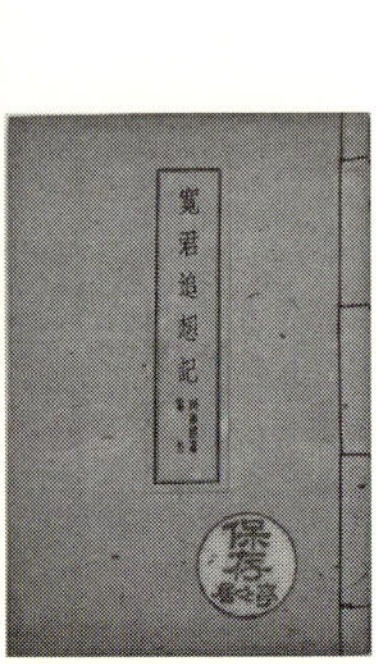

1-15

1-15/16　寛君《ひろしくん》追想記・真山寛先生追憶

『寛君追想記』は昭和6年（1931）青果の母すみが死去した際、その葬儀に出席した亡父寛の友人山崎楽天に青果が依頼して、はがきで日々書き送ってもらった寛に関する記録を編集した小冊子である。『醃蔵雑纂《えんぞうざつさん》　篇外』として出版された。編輯兼発行者は青果の義弟井上宗助と青果の子真山零一《れいいち》、発行所は青果の住居、亭々居《ていていきょ》である。

『真山寛先生追憶』は没後46年目の昭和17年、寛の教え子たちが記念に編んだ小冊子で、青果はその出版に尽力した。『寛君追想記』も全編収録されている。

（寺田詩麻）

column ● 青果の父・真山寛

青果に影響を与えた人物の一人として、父の真山寛（安政3年〈1856〉～明治29年〈1896〉）を挙げることができる。寛は小学校教諭として全国に名をはせた名教師である。

真山家は代々仙台藩に仕える武士であった。寛は少年時に明治維新を迎え、明治9年に小学校の教員資格を得た。西南戦争には警部として応募し従軍したが、負傷して仙台に戻った。その後自由民権運動に関わり、小学校の自治をめぐって宮城県の学務課・師範学校と闘ったこともある。明治19年、現在も残る仙台東《ひがし》二《に》番丁《ばんちょう》小学校の校長となった。国立国会図書館には寛の編んだ教師用指導書や文例集が複数収蔵されている。

『寛君追想記』と『真山寛先生追憶』によれば、寛は討論をカリキュラムに取り入れる、小学校に続く課程として中学に代替する2年間の「別科」を設置するなど、数々のユニークな教育を行った。また生徒だけでなく同僚もしばしばきわめて厳しく叱責したが、人間味のある性格と品のある風貌で相手は納得させられてしまったようだ。明治29年、長年苦しんだ結核のため数えの41歳で亡くなったが、『追憶』が没後相当の時間を経てから編まれたことを見ても、周囲の記憶に残り、異彩を放つ人物であったと推察される。

若年のころ、青果は父に必ずしも単純な尊敬をもって接したわけではないらしい。しかし『追憶』に収録される青果の文「先人《せんじん》語《ご》片《へん》」によれば、小説を断念し、明治後期以降盛んになった演劇である新派の作者となったときにつけた号「亭々生《ていていせい》」は、知人宛の実父の書簡にあった「物表ニ亭々タレバ百事皎潔《こうけつ》ナリ」から採ったという。大意は、孤高であれば全ての行いは美しく輝いて見えるということであろう。失意の中でその書簡を贈られたことを亡父からの励ましととらえ、黙々と執筆に向かう青果の姿が見えてくる。

なお『寛君追想記』に口絵として、挿画画家・斎藤五百枝による寛の肖像画がある。のちに『真山寛先生追憶』にも収録された。

（寺田詩麻）

真山寛肖像（斎藤五百枝画）

02 青果、その研究

真山青果は「僕の本業は西鶴研究だ」と知人に語るほど、井原西鶴作品の収集と研究注釈を自らのライフ・ワークとしていた。その調査研究は晩年にまで及んでいる。

青果による西鶴作品の注解は、語例を精査し、社会経済史や法制史の知見を踏まえてなされる、画期的な試みであった。さらに彼は、『忠臣蔵』地誌、東海道絵図、江戸地理、曲亭馬琴の伝記、仙台方言など、多岐にわたる分野を研究の対象としていた。

本セクションでは、それらの諸研究のうち、青果が最も力を注いだ西鶴研究に焦点をあて、『一目《ひとめ》玉鉾《たまぼこ》』（西鶴作の旅行案内書）に記載された大名の調査ノートや『日本《にっぽん》永代蔵《えいたいぐら》』の注釈ノート等を紹介する。

（広嶋 進）

2-01　巻4挿画

集書

真山青果は江戸時代研究に多方面から取り組み、資料の収集も多岐に渡っていた。その古書収集において特筆すべきことは、西鶴本のコレクションの充実と、地誌・絵図類の収集の徹底ぶりである。

西鶴本では『好色一代男』『世間胸算用』など10種類の作品の版本を有する。これらのうち、『武家義理物語』『西鶴織留』『好色一代男』は、『国書総目録』や『近世文学資料類従西鶴編』の「書誌解題」に未掲載。

2-01　表紙

2-01　井原西鶴『西鶴織留』

掲示した井原西鶴『西鶴織留』は、元禄7年（1694）3月刊。6巻3冊。全23章。西鶴没後7ヵ月後に出版された第2遺稿集。内容は3つに分かれ、巻1は家業継承の教訓を描く4章、巻2は「本朝町人鑑」の5章、巻3～巻6は「世の人心」の14章と推定されている。青果所蔵本は改装本であり、巻1・巻2の副題は「世の人心」、巻3・巻4の副題は「世の人心」、巻5・巻6の副題は「本朝町人鑑」とされている。題簽の「一二」「三四」「五六」の字は補字。巻4の4丁オの逆絵は、女の姿のみ紙片に墨書して貼付。

（広嶋 進）

column● 真山青果の蔵書について

真山美保先生から聞いた話によれば、父上にあたる真山青果先生の小石川の家には、台所と風呂場以外、廊下から部屋という部屋に本棚がありびっしりと本が詰まっていたという。その数5万冊。

当時（昭和2年小石川転居後）青果先生は、松竹から月給の形で作品を書いていたのですが、千円の月給の内その大部分を古書の収集に充てていたそうです。

第二次世界大戦の戦況悪化により、昭和18年小石川第六天町の家が強制疎開の対象と認定されたため、翌19年夏、静岡県沼津郊外の静浦海岸に疎開。昭和20年3月、静岡県海岸地帯への空襲が頻繁になったため、前進座のすすめで長野県蓼科に再疎開しました。疎開に伴い青果先生の蔵書は、長男零一と長女美保先生でリンゴ箱に詰めて大八車で運んだと聞いていますが、静浦に運んで再疎開と共に蓼科に運んだのか、東京から蓼科に直接運んだのかは、運んだ時期と共に不明です。

戦後美保先生が、青果未亡人のいねを引き取り暮らした新宿百人町にあった戸山アパートにも蔵書の一部があったようですから、青果先生終焉の地となった静浦海岸の安藤家の離れから荷物をひきとったことを考えると、静浦にも蔵書の一部が残っていたのかもしれません。

前に書いた通り、蓼科には前進座のすすめで疎開した経緯もあり、青果先生は現在残っている蔵書を前進座に預けました。戦後蓼科から吉祥寺に運ばれた青果先生蔵書は、前進座に保管され当初吉祥寺の劇団稽古場に多くの蔵書は収められたそうですが、置ききれない分は稽古場近くに住んでいた劇団員の家に分けて保管していたと聞いています。

昭和52年（1977）新制作座文化センターの一画に「真山青果記念館」が竣工し、前進座から返還された蔵書、直筆原稿、研究ノートなどを収蔵しました。

翌年のことと思いますが、美保先生の指示で蔵書を「真山青果記念館」外の庭で虫干しをしたことをよく覚えています。手に手に羽のはたきを持ち、劇団員10数名で縁側や庭に広げたゴザの上に本を広げ、ページをめくったり羽ばたきでほこりをはたいたことを懐かしく思い出します。昔青果先生の指示で小石川の家の庭で美保先生が家人や書生さんたちと虫干しをした時の事をよく私たちに語ってくれましたが、正にそのまま。本の扱い方、はたきのかけ方など細々と指導しながら作業を見つめていた美保先生の姿の向こうに、会ったことのない青果先生を見たような気がしました。

その後は、虫干しの記憶はなく暮れの大掃除に書庫に入り、樟脳の取り換えと書棚の掃除は毎年していました。（真山蘭里）

西鶴研究

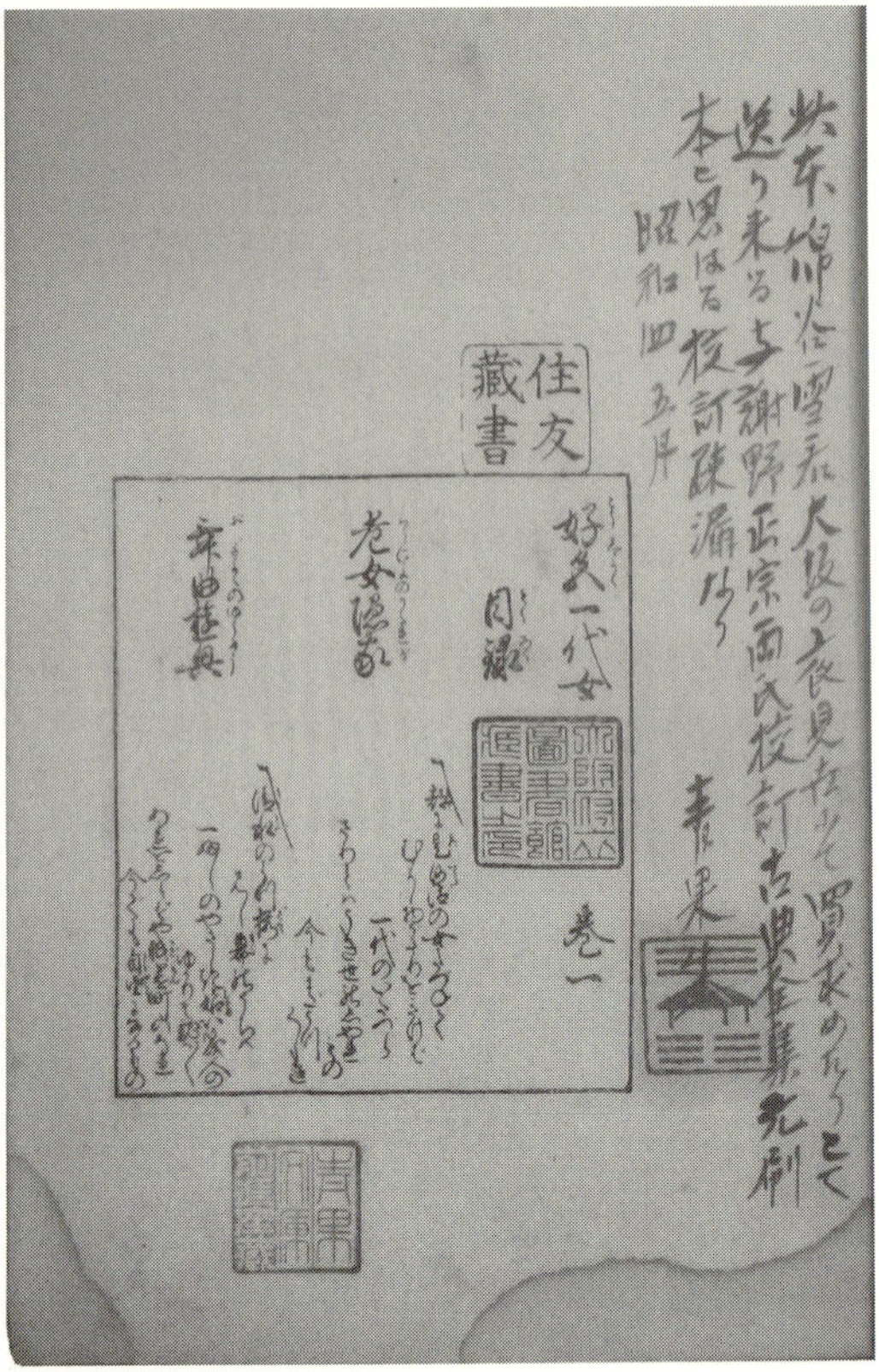

2-02

2-02　翻刻本『好色一代女』への書き入れ
大正15年（１９２６）10月に日本古典全集の1冊として『好色一代女』の翻刻本が発行された。この活字本の本文に対して、青果は「校訂疎漏なり」と厳しい批判を記している。

日本古典全集は大正14年から昭和21年（１９４６）にかけて刊行された叢書（全２６７冊）で、与謝野寛《よさのひろし》、正宗敦夫《まさむねあつお》、与謝野晶子《あきこ》が校訂・編集を担当している。

青果は自らの校訂による『西鶴全集』上巻（日本文学大成18、地平社）を昭和22年11月に刊行する。時に青果、数え70歳であった。（広嶋 進）

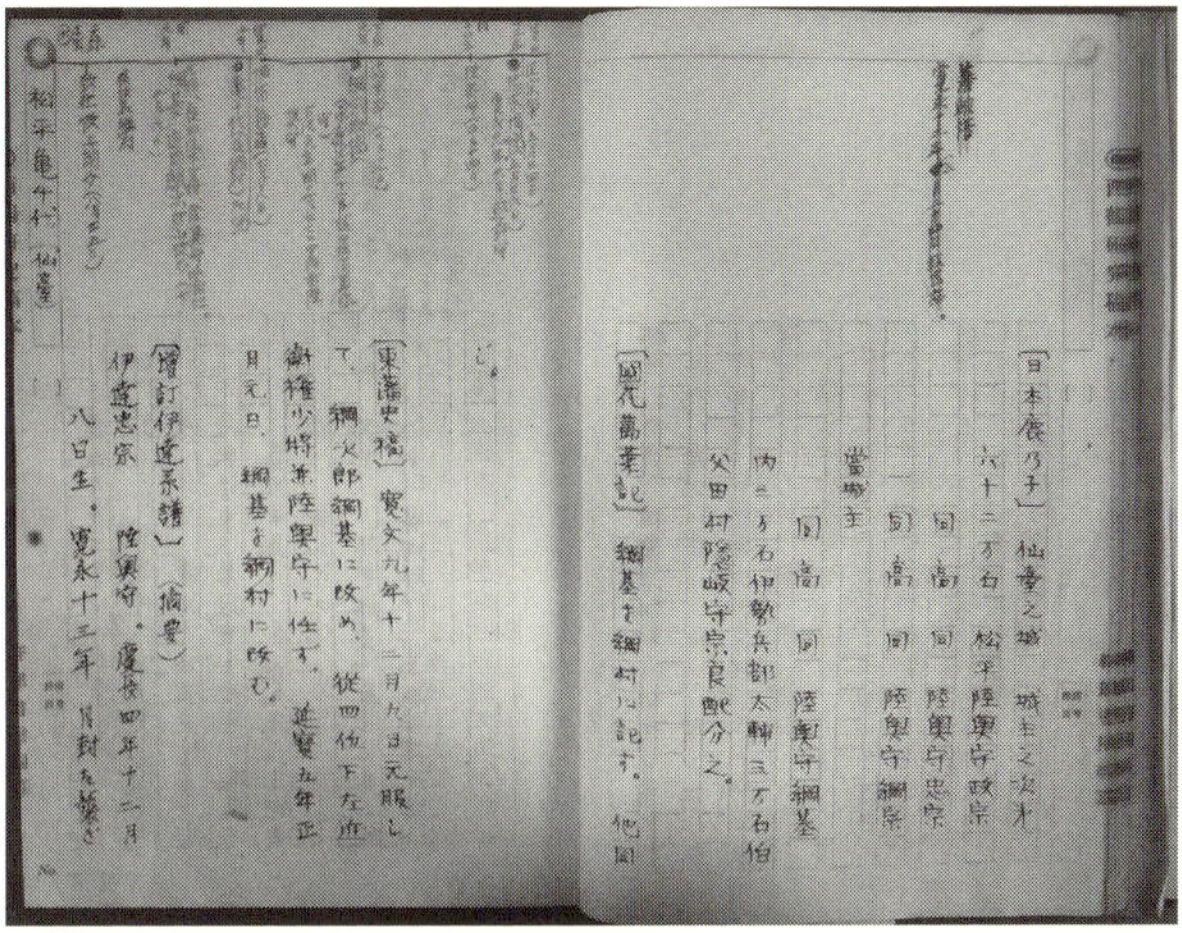

2-03

2-03 「一目《ひとめ》玉鉾《たまぼこ》大名調査」

『一目玉鉾』とは西鶴が元禄2年（1689）正月に刊行した、北海道から九州までの道中絵図である。上段には名所旧跡、故事、宿駅などの情報が記され、下段には絵図が描かれている。

上段にはまた、城下町と大名の名前が記されている。例えば「仙台 松平亀千代殿城下」とある。青果はこの記述から、亀千代が寛文9年（1669）に元服し、名前を綱基と変えていることを調査し、西鶴の仙台部分の執筆が寛文9年以前であると推定する。

（広嶋 進）

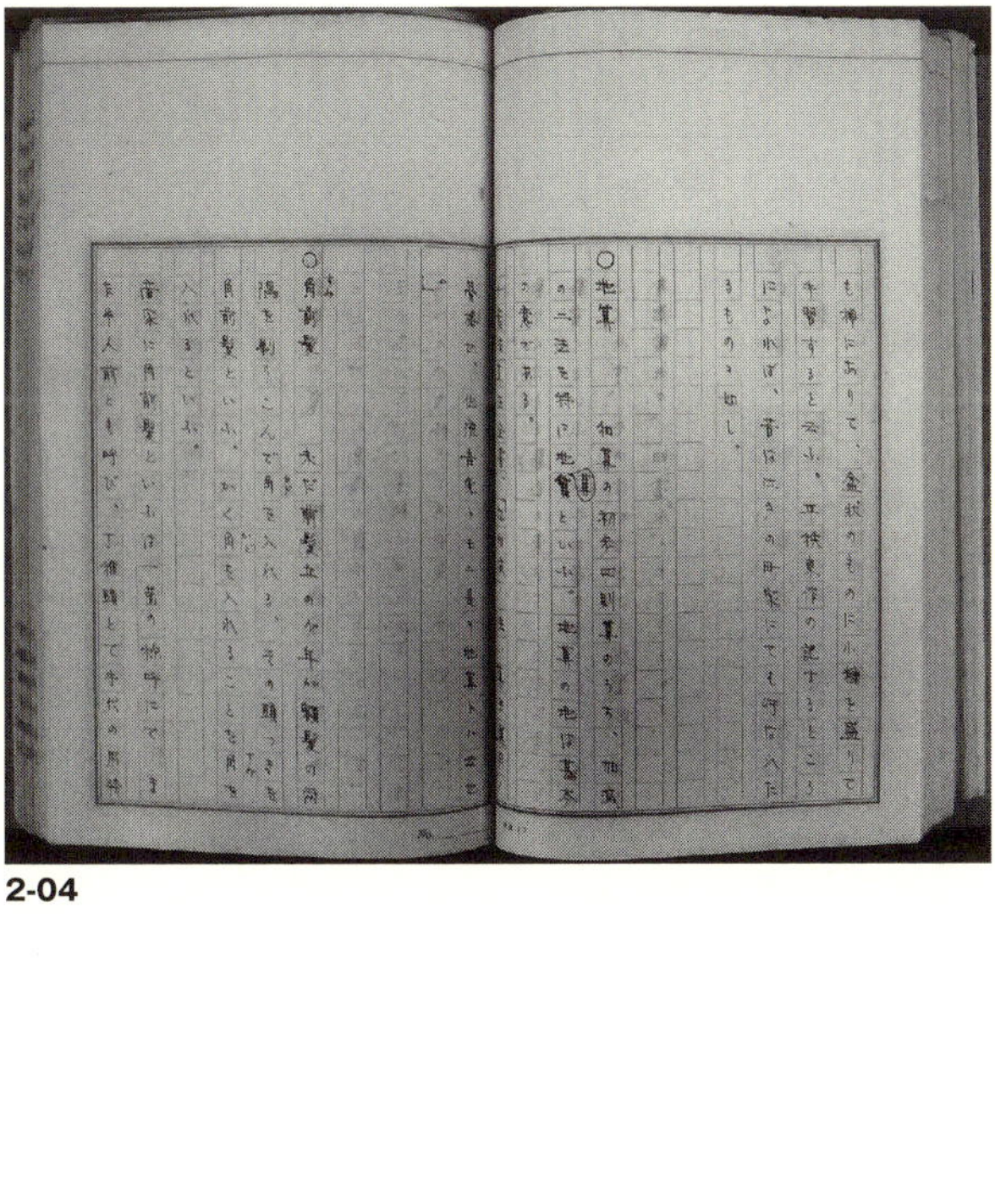

2-04

2-04 「日本永代蔵新註」

青果は「読誤の妄説が…学界の定説になったものがある」として、旧来の西鶴作品の注釈を批判した。

例えば『日本永代蔵』（貞享5年〈1688〉正月刊）「浪風静《しずか》に神通《じんずう》丸《まる》」に「(丁稚《でっち》が) いつとなく角前《すみまえ》髪《がみ》より銀取りの袋をかたげ」とある。

この「角前髪」の語注として、昭和10年（1935）前後の注釈書では髪の形状を説明するのみであった。青果は、この語が丁稚頭《がしら》特有の髪型であることを指摘し、背景にある年《ねん》季奉公《きぼうこう》の階梯《かいてい》（丁稚―丁稚頭―手代《てだい》―番頭《ばんとう》）を解説した。

（広嶋 進）

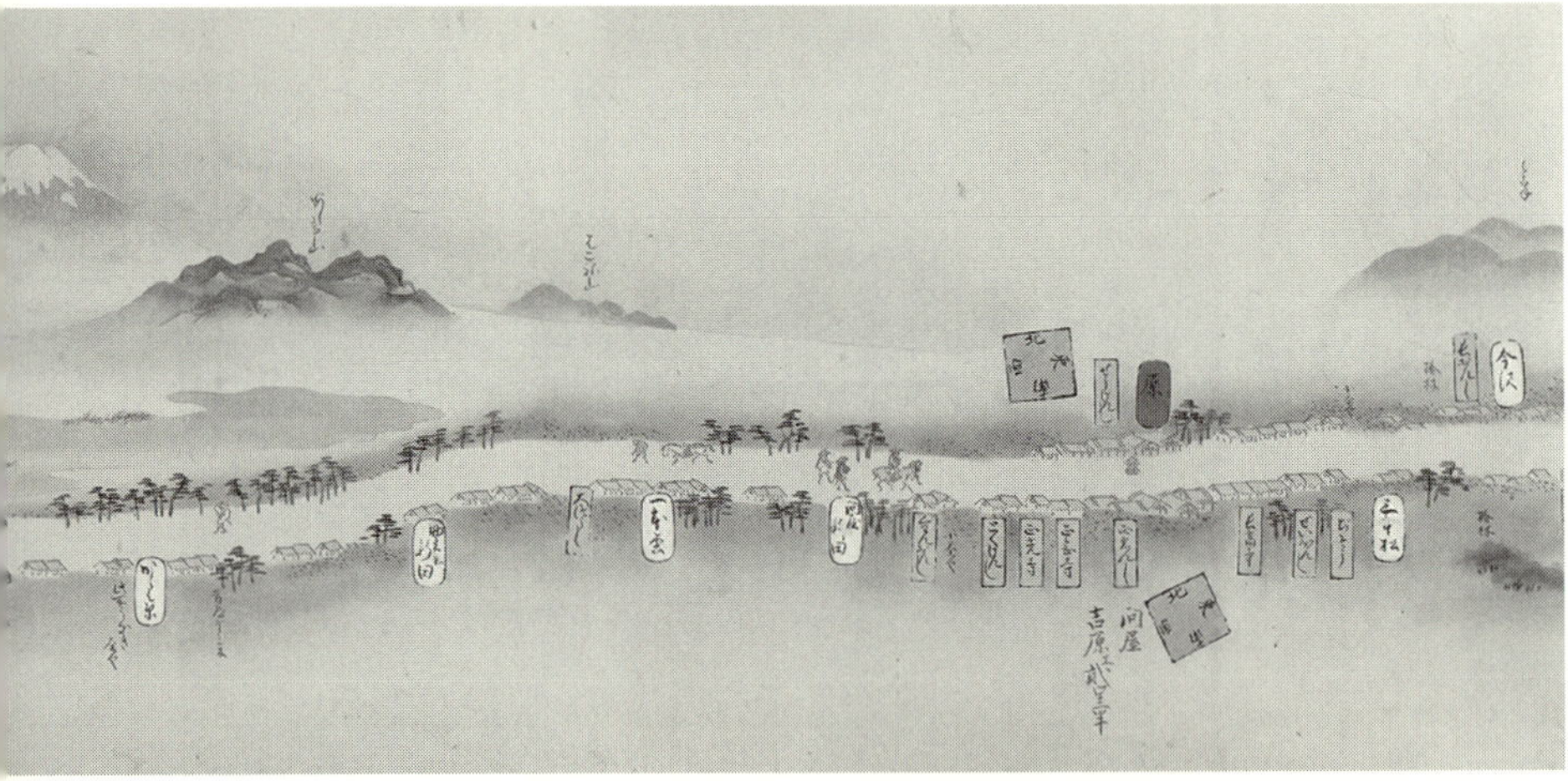

2-05　上巻（部分）

2-05　上巻（部分）

2-05 『東海道分間《ぶんげん》絵図』

全2巻。上巻は日本橋より天竜川まで、下巻は浜松より京都までを描く。江戸時代後期の作。奥書に「信悦書」とあり、「素軒」の印がある。縦28 cm、横18 m（上巻）。「分間」とは正確な縮尺の意。

東海道を西へ向かう旅行者の視点から、街道沿いの寺社、河川、橋、渡し、町並みの様子、方角図などを正確に描く。特に富士山と相模国《さがみのくに》大山は、各地から眺められる姿を、異なった相貌で繰り返し描く。いわば「空間の中に時間がもち込まれている」（矢守一彦『古地図への旅』）と言うことができ、近代の地図との相違がある。

掲示した場面のうち上図は、青果の蔵書が所蔵されている大磯（星槎ラボラトリー所在地）と、青果が明治42年12月から約1年間移り住んだ国府津《こうづ》。街道から見える富士が2景描かれている。下図には、富士山が最も大きく描かれた箇所、原宿―吉原宿間を掲示した。　（広嶋 進）

『元禄忠臣蔵』

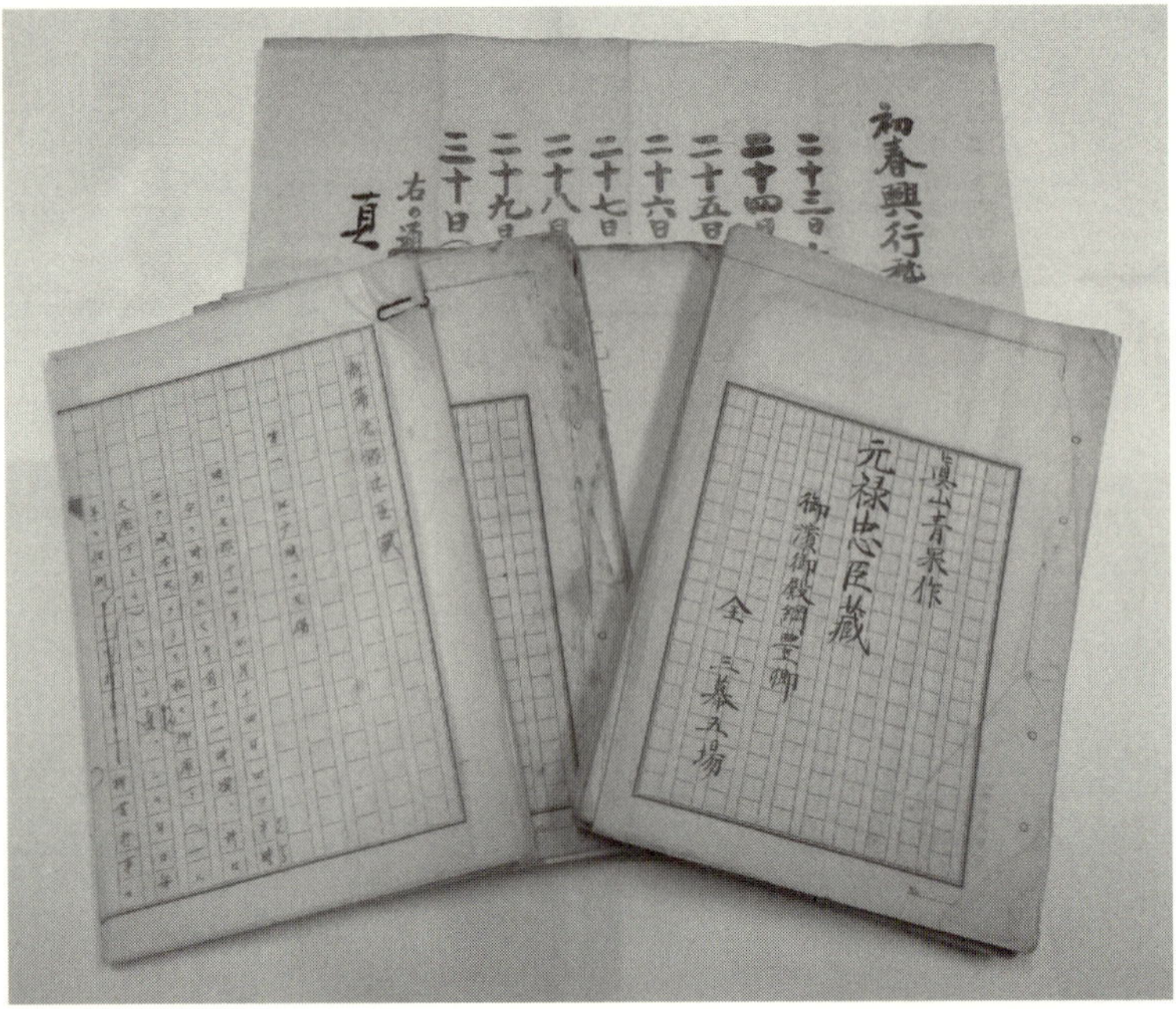

2-07

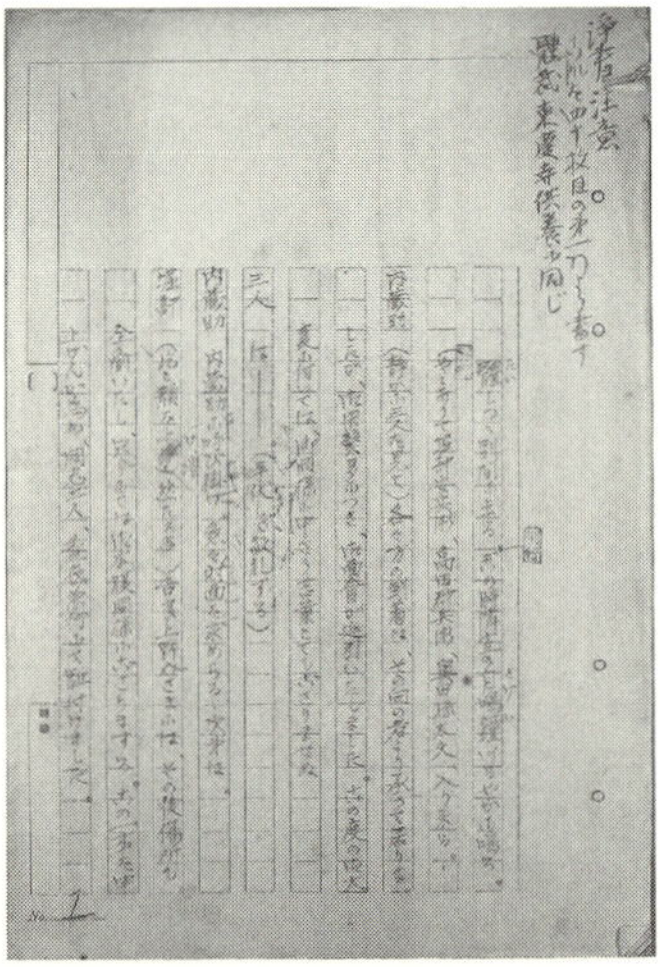
2-06

2-06 『元禄忠臣蔵』草稿「最後の大評定《ひょうじょう》」（部分）

この草稿は「最後の大評定」その五の途中からその六（最終場）の結末までで、印刷用の原稿を作る浄書者に宛てたとみられるメモが冒頭にある。初出（『キング』昭和10年5月号）と対校すると、この原稿で入っている修正は一カ所を除いて全て反映されており、字遣いもルビ以外ほぼ一致する。おそらく初期の草稿と推定される。

発見されたのが現在のところ後半のみであることが惜しまれるが、例えばこの草稿からは、その五の結末が当初、赤穂城を明け渡すことに決めた内蔵助と藩士たちの落涙で終わらせる予定であり、現在版本で見ることのできる、内蔵助の「斯《か》く評議《ひょうぎ》一決《いっけつ》の上は、何事《なにごと》も……」からはじまるせりふがあとから補足されたことがわかる。（寺田詩麻）

2-07 『元禄忠臣蔵』草稿「御浜御殿綱豊卿」他

真山青果文庫にはこのほかに膨大な量の草稿、カーボンコピーや謄写版《とうしゃばん》の台本、ノート、メモが残されている。青果の創作や調査の過程をよりくわしく検討できる可能性が、これらの資料には秘められている。（寺田詩麻）

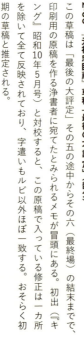

column● 連作『元禄忠臣蔵』

『元禄忠臣蔵』は青果の傑作であると同時に、明治後期以降西欧化の進む時代の流れの中で、歌舞伎俳優が上演することを念頭に置き、劇場内外で執筆活動を盛んに行った作家たちが書いた「新歌舞伎」と呼ばれる作品群の、昭和期における代表作でもある。昭和9年（1934）から16年に書かれた10編を事件の経過順に並べると、「江戸城の刃傷《にんじょう》」「第二の使者」「最後の大評定《だいひょうじょう》」「伏見撞木町《ふしみしゅもくまち》」「御浜御殿綱豊卿《おはまごてんつなとよきょう》」「南部坂《なんぶざか》雪の別れ」「吉良屋敷裏門《きらやしきうらもん》」「泉岳寺《せんがくじ》」「仙石屋敷《せんごくやしき》」「大石《おおいし》最後の一日」となるが、発表順は前後する。

元禄14年（1701）から15年にかけて起きた赤穂義士事件は、江戸城内で京からの使者の饗応準備中、吉良上野介《きらこうずけのすけ》に赤穂藩主浅野内匠頭《たくみのかみ》が切りつけたことに始まる。幕府の裁定は、喧嘩両成敗とせず内匠頭を切腹させ、赤穂藩を召し上げるものであったが、それを不服とした筆頭家老の大石内蔵助《くらのすけ》以下、浅野家の家臣47人が吉良家に討ち入り、上野介を討ち取った。47人が大名家4家に分割して御預となってから、幕府ではその処遇をめぐって論議が行われたが、結局全員が切腹の申し渡しを受けた。

義士の事績は江戸時代から、人形浄瑠璃（文楽）、歌舞伎、講釈（講談）、草双紙などに脚色された。もっとも有名なのが人形浄瑠璃として書かれ、歌舞伎のレパートリーにもなった『仮名《かな》手《で》本《ほん》忠《ちゅう》臣蔵《しんぐら》』である。ほかにも義士にまつわるエピソードを脚色・創作して作られた「外伝《がいでん》」と総称される作品群があり、それらも広く深く親しまれた。現在まで赤穂義士のイメージには、これらの作品が大きく影響を与えている。

青果の『元禄忠臣蔵』は、西鶴研究とも共通する地誌、地図、同時代資料によって緻密な考証を行いながら、既存の文学・演劇作品も考慮に入れ、登場人物の人間像を立体的に描こうと試み、「義」とはどうあるべきかを考えていることに特色がある。発表された昭和9年から16年は、日本が世界の中で主権を守ろうと軍国主義的な政策と思潮を強めていた時期である。そうした時期に、たとえば「義の義とすべきはその起《おこ》るところにあり、決してその仕遂げるところにあるのではない」「義人の復讐とは、吉良の身に迫《せま》るまでに、汝等《なんじら》の本分をつくし、至誠《しせい》を致すこと」（「御浜御殿綱豊卿」）―すなわち、結果ではなくいさぎよい過程こそが大事であると書いたところに、青果の人と思想の一端を見ることができるだろう。（寺田詩麻）

点描●青果と蔵書

——中里時代に「西鶴をやつてゐると妻子に貧乏させるから」といつて、一度、その書物を焼いたことがありました。明治四十五年頃でせうか、その時は、さすがに蒼くなつてゐました。

（真山いね「〈座談会〉真山青果を語る」『演劇界』6巻7号）

——西鶴の和綴じの書物は、残暑が過ぎた秋晴れの日であったか、時おり頁をめくりながら、日陰に並べて風を通した。

熱中している私のうしろに、よく父が立っていた。

「うまくなって来た。ああ、そちらの本は気をつけろよ。」

はい、と返事をしながら私は得意であった。西鶴本の手入れをしているのだ、父に誉められているのだと、小学生の心は躍るものであった。

（真山美保「青果と私」『真山青果全集』別巻1）

——度々の御通信、難有御礼申し上候。当方よりはいつも御無沙汰にて御申訳なく存居候。今回は拙宅疎開につき、一方ならぬ御配慮を煩はし、一座諸君に種々御尽力をおかけ致し、千万感謝仕居候。御蔭様にて適当なる居住も見つかり、疎開貨物便の荷物も昨日午後到着致し、これにて何うやらホツと安心仕候。

（小池章太郎「真山青果晩年の書翰一束、及び略註」『演劇研究』33〈平成12・3・30 早稲田大学坪内博士記念演劇博物館〉所載の「五月二日」付「長十郎様／翫右衛門様」宛（封筒なし）冒頭）

※長十郎は河原崎長十郎、翫右衛門は中村翫右衛門。

——喜多村緑郎に誘われた某日、汽車中で僕は、「静浦に真山先生を訪ねてみませんか。」と言ってみた。「いいね。是非行こう。」と話がすぐ決まった。前以っての知らせなく沼津に下車・疎開先の門を叩いた事とて、真山先生は大変喜んでくれた。

早速二階に通されたが、畳一杯に江戸時代の下町地図をひろげて、先生は何か書き物をしていた。「面白いんだ。一人で江戸の街々を歩いているとね。」と微笑した。三十五年に余る旧知は話題に富む。晩餐を戴き、話好きの緑樹御大とて何時腰をあげるか解らない。僕は電話を借りに外へ出た。真山蔵書は通りに面した一室を借りて積まれてあった。大仁ホテルを呼び、十時に自動車を廻して貰うように頼んだ。その晩、対談がはずんで「ね、喜多村君、〝半七捕物帖〟を芝居にして君に贈りたいと思うんだが……」「有難いね。それより一度、文楽の団平を書いてもらいたいね。」「君が僕に注文つきでものを書いてくれと言ったのは、今夜始めてだよ」真山青果は明るく笑った。その夜の両大人交友風景の若々しかったことを、僕は今だに忘れない。

（大江良太郎「喜多村緑郎聞書」〈劇団新派編『新派百年への前進』大手町出版、昭和53・10・1〉）

※「緑樹」はママ、俳名。

03 青果、その交友

交友録1

真山青果の生涯を、その業績を中心にして考えるならば、無名時代に続いての小説家時代、劇作家時代に2大別されるが、その2つの時代に並行して、研究者として活躍していることも見逃すことができない。小説家、劇作家、研究者の3つの顔に付随しての知人、友人は多彩なものがあり、近代日本の歩みの一端を垣間見せてくれるものとなっている。

（青木稔弥）

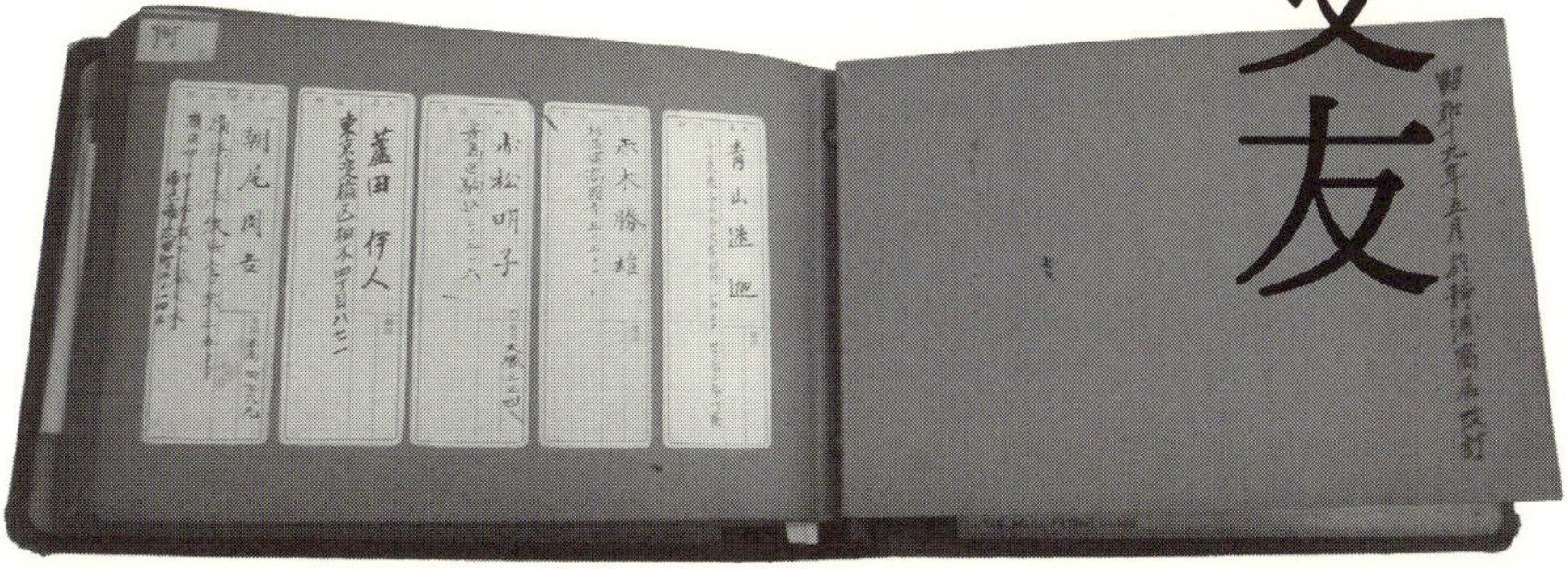

3-01

3-01 【住所録】 戦時下、昭和19年の真山青果の疎開時の住所録。冒頭に「昭和十九年五月於静浦寓居改訂」とある。菅忠雄、東宝映画株式会社伊藤基彦、巌谷三一、市川猿之助、石川寅治、市川八百蔵、市川三舛、内ヶ崎作三郎、鶉月洋《うづきひろし》、頴原《えばら》退蔵、尾崎久弥、大谷竹次郎、河竹繁俊、川尻清潭、川村花菱、勝本清一郎、講談クラブ編輯長萱原宏一、喜多村緑郎《ろくろう》、城戸四郎松竹キネマ撮影所、木村錦花、木村毅《き》、菊池寛、清元梅吉、久米正雄、小杉未醒《みせい》、小杉為蔵（小杉天外）、佐藤義亮（新潮社）、桜井忠温、沢村訥《とつ》子《し》、佐藤八郎、沢村田之助、白井松次郎、島中雄作、白柳秀湖、塩谷温《しおのやおん》、助高屋高助、相馬御風《ぎょふう》、高田保、滝田貞治、近松秋江、暉峻《てるおか》康隆、徳富蘇峰、徳田秋声、徳富愛子、中村武羅夫《むらお》、長田幹彦、長田秀雄、永見徳太郎、南木芳太郎、額田六福《ろっぷく》、野間左衛子、長谷川伸、阪東寿三郎、坂東蓑助、花柳章太郎、林次郎（林子平後裔）、藤井乙男、正宗白鳥、真山勝、真山秀子、真山東、正岡容《いるる》、三田村鳶魚《えんぎょ》、三宅周太郎、水守亀之助、水谷八重子、溝口健二、森銑三《せんぞう》、本山荻舟《てきしゅう》、守田勘弥、森田草平、山本有三、山本実彦、横関英一、鷲尾洋三、綿谷雪《わたたにきよし》などの小説家、劇作家、評論家、俳優、興業関係者、出版関係者、研究者、画家、政治家など多士済々の名がある。

訪問者自らが記したと思われる住所カードも多く、筆跡見本帳的な側面もあり貴重である。（青木稔弥）

国木田独歩

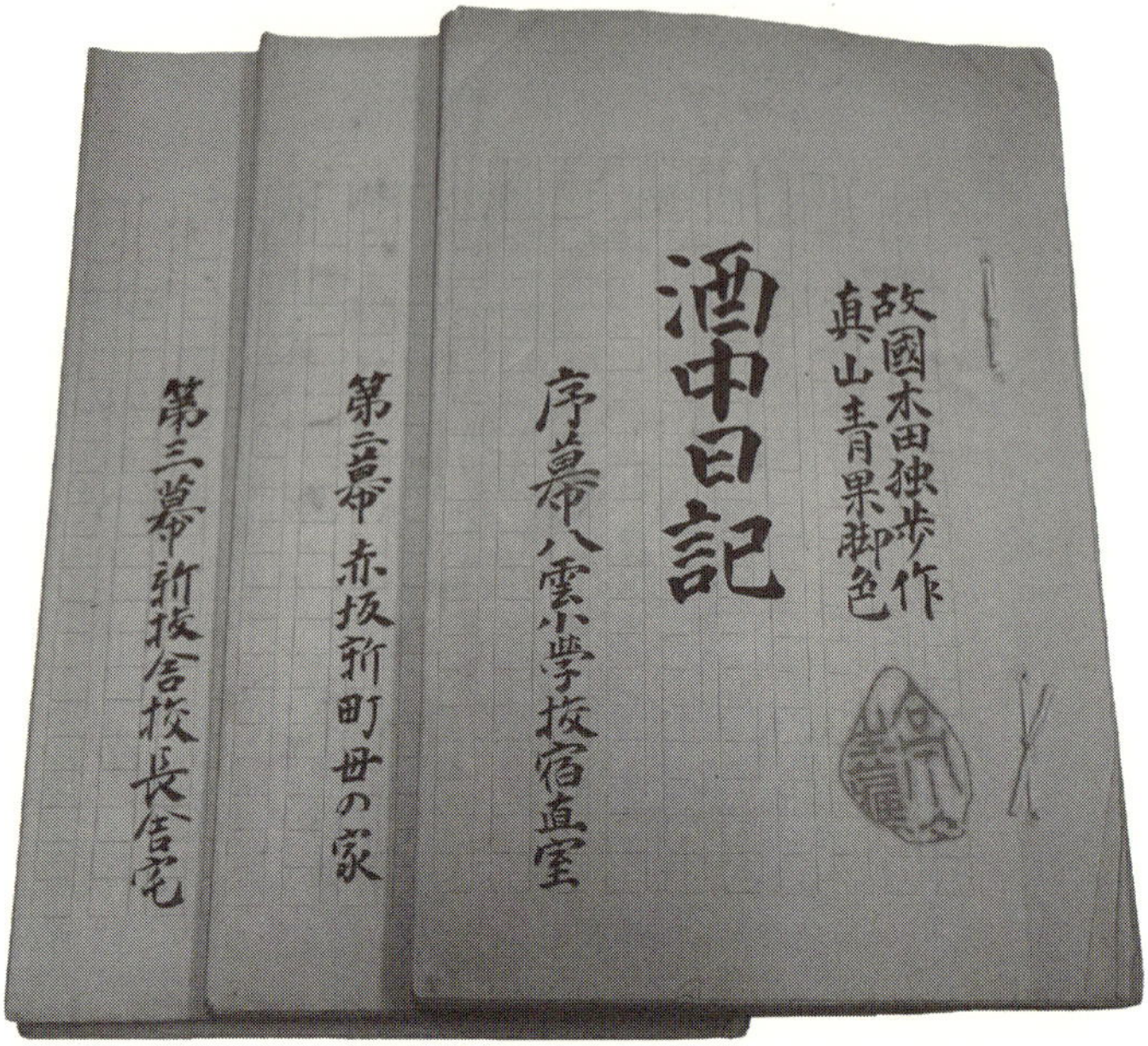

3-02

3-02 『酒中《しゅちゅう》日記』劇脚本原稿

独歩による原作（「酒中日記」明治35年11月『文藝界』）は日記体短篇小説であるが、青果は四幕物の劇に仕上げた。原作にはない場面や人物を配する大胆な脚色は「脚色も一種の創作でなければならぬ。原作者の隷属者ではない、独立した創作だ。」（「『酒中日記』の脚色につきて」大正8年9月、新潮社刊『脚本　酒中日記』に収録）という青果の考えに基づくものであった。初演は大正8年5月9日。同月16日には「独歩デー」と銘打ち、明治座総見が催された。その上演売上の三割が未亡人国木田治子に贈られることも新聞記事となった。舞台監督は小山内《おさない》薫、主人公大河今蔵を演じたのは井上正夫であった。しかし、公演開始直後の客入りは多くなかった。井上が落胆していたところ、初日の公演を観ていた大谷竹次郎（明治座の経営を担った松竹合名社・東京事務所社長）が楽屋を訪ね、「井上君、えゝ芝居や」と激賞し、楽日まで続けるよう励ましたという。これに力を得た井上は熱演を続け、徐々に観客も増えて、満員御礼を連日出すまでになった。

以後、『酒中日記』の大河は井上の当たり役となり、同年6月に横浜座、9月に京都南座、大正10年には有楽座、大正12年には浅草御國座、その後もさらに上演を重ねた。井上没後、追悼公演の『酒中日記』（昭和31年2月～3月、新橋演舞場）では、久保田万太郎が演出を手掛け、大河を柳《やなぎ》永二郎、妻お政を水谷八重子が演じた。

（高野純子）

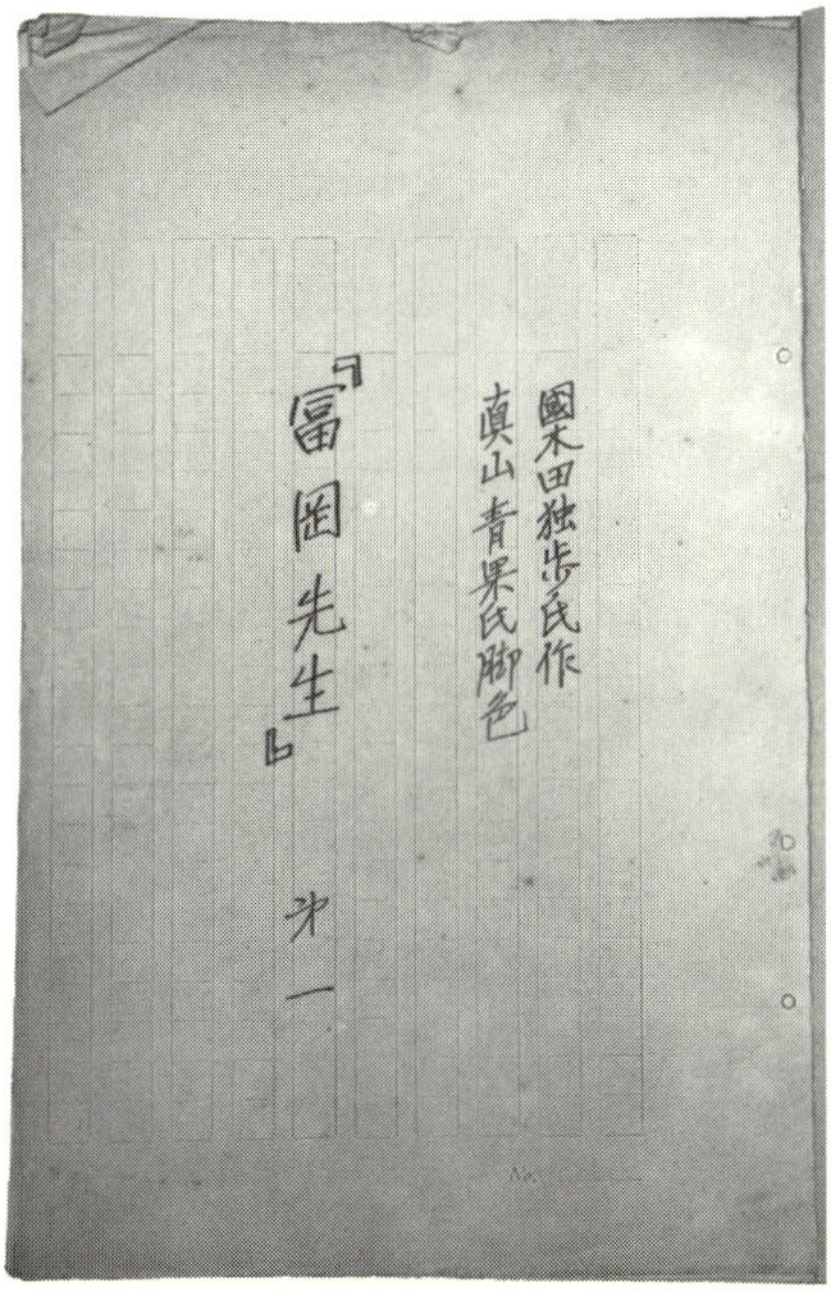

3-03

3-03 『富岡先生』劇脚本原稿

独歩の原作（『富岡先生』明治35年7月『教育界』）を、青果が大正14年脚色。邦楽座にて大正15年5月1日初演、主演は沢田正二郎《しょうじろう》であった。

原作において、主人公の富岡先生は、維新後、故郷に戻って漢学の私塾を営む、頑固で片意地な老人である。一人娘の梅子と出世した教え子との結婚を望むが果たせなかった老人は、上京し、今は侯爵伯爵となった同郷の知人の力を借りようとする。しかし、彼らの傲慢《ごうまん》無礼な扱いに憤怒し、再び帰郷した富岡先生は、村の小学校長細川繁に梅子を託す。

三幕物の青果の脚本は、人物設定や一人娘の結婚話で原作を踏まえた点もあるが、最終幕で「江藤侯爵ハルビン停車場に於て負傷」「遂に薨去せらる」の号外が届く場面は原作と大きく異なっている。「江藤は立派に、血をもつて君国に酬いてくれた」「俺は、長州のため、日本のために悦ぶ。江藤は高槻先生の弟子だ。俺の旧友だ」と語った富岡先生が、江藤の名を呼び続け、劇は幕を閉じる。

独歩が、かつて松下村塾で教えた富永有隣《ゆうりん》を明治24年訪問し、構想された原作にも、富岡先生に「三輔」と呼ばれる、「江藤直文」侯は登場する。けれども、明治42年、伊藤博文がハルビンで暗殺される事件は、明治35年の独歩の原作では当然描かれるはずがない。

原作の江藤侯は、上京した富岡先生に傲慢な態度を示す侯爵以上の役割は担っていない。作品終末、先生の逝去後、その死を知らせる広告が東京の大新聞に掲載されるが、広告中の「友人野上子爵等の名」の中に江藤の名があったかも明示されない。

しかし、青果脚本では暗殺事件が重要な役割を果たす。長州の松下村塾に学び、維新後は明治政府の要職にあった伊藤博文。その暗殺事件を想起させる「江藤侯爵」の事件は、歴史上の大きな転換点を観客に示すことを意図して脚本に書かれたものであろう。そしてこの事件は富岡先生にとって、同郷の志士であった江藤との絆を蘇らせる契機となるのである。

（高野純子）

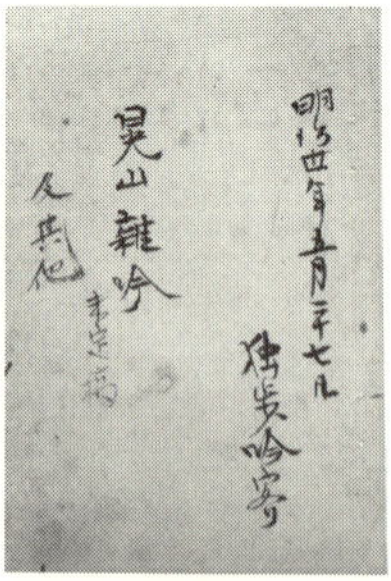

3-04　独歩原稿

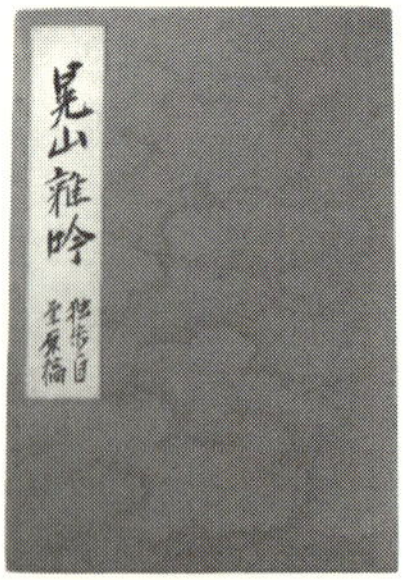

3-04　表紙

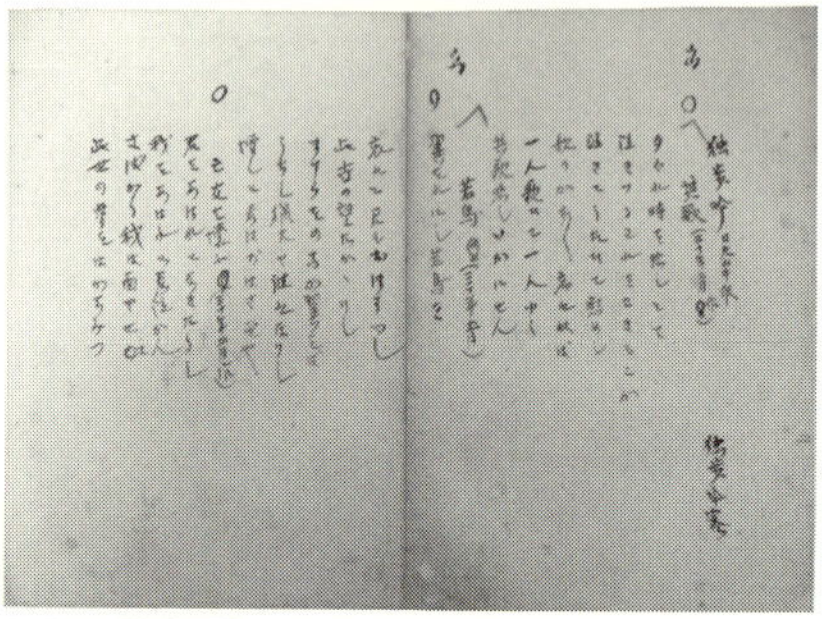

3-04　独歩原稿

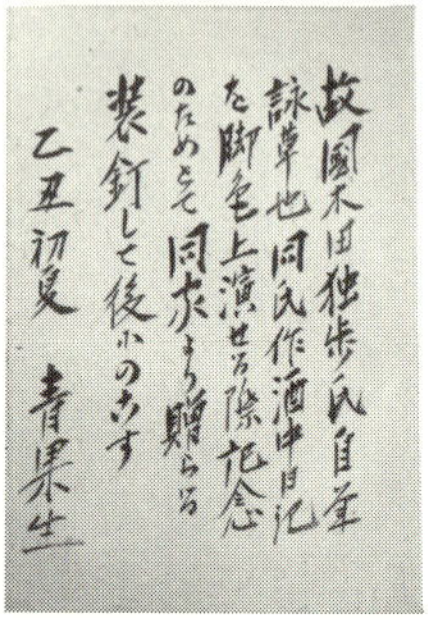

3-04　詞書

3-04　「晁山雑吟《こうざんざつぎん》」（国木田独歩自筆原稿）

国木田独歩没後、青果脚本による『酒中日記』上演の記念に、遺族から贈られた独歩自筆原稿。『酒中日記』の初演は大正8年。青果の詞書にある「乙丑初夏」は大正14年初夏、表装を行った時期を指すものと思われる。

内容は明治30年の詩作で「未定稿」と記されている。全23篇の新体詩の多くは、その後『山高水長《さんこうすいちょう》』（明治31年1月、増子屋書店）、『独歩遺文』（明治44年10月、日高有倫堂）等に収録されたが、改稿された詩もある。本資料により、その草稿段階の内容を確認することができる。また各詩には制作年月が付されており、独歩の新体詩研究においても貴重な資料といえる。

青果は、独歩亡き後、夫人やその子供たちとの交流を永く続けた。後掲の［昭和四年・五年日記］（3-06）、[Note Book]（3-11）などにも、その名が記されている。未亡人治子は『真山青果全集』（旧版）刊行時に寄せた「その頃の独歩」（大日本雄辯会講談社版全集月報第12号、後に講談社版全集月報第8号に再録）の中で「真山先生」と親しく呼びかけ、青果の病の快復を喜ぶ心情を綴っている。

遺族が大切に保存していた独歩の原稿や遺品は、昭和20年7月疎開先の岐阜で空襲に遭い、数点の遺品を除き、焼失してしまった。昭和38年に編集委員会が発足した学習研究社版国木田独歩全集は、左久良書房の柴田流星から佐野敏夫氏に譲り渡された『欺かざるの記』草稿、小川五郎氏、本間久雄氏、塩田良平氏ら研究者所蔵の草稿、編集中に発見された新資料等をふまえて編纂された。しかしながら、草稿に遡ることが叶わなかった作品も多い。

「国木田の写真や原稿、手紙類遺品等、全部灰にしてしまい、本当に申し訳ないことをしてしまったと済まない気持です」と治子が戦後語った言葉が、『近代文学研究叢書』第9巻（昭和33年9月）に残されている。本資料は、大正期「酒中日記」を脚色した青果に贈られたがゆえに戦禍による焼失から免れた、貴重な自筆原稿である。

（高野純子）

column ● 真山青果と三田村鳶魚

［住所録］（3-01）にもその名前が記されているように、真山青果は市井の江戸文学研究者、三田村鳶魚《みたむらえんぎょ》と知己の間柄であった。

鳶魚の日記に青果の名前が初めて登場するのは、大正13年（1924）4月12日のことである。「真山青果氏より面会を求むるよし申越す、十四日御目に掛るべしと返事す」とあり、鳶魚の江戸時代に関する博識を頼んで、青果が相談に上がった形となっている。

青果とその家族への親近感が、鳶魚の日記には散見される。大正15年（1926）8月9～11日には、青果の家族と仙台松島ホテルで落ち合い、塩竈《しおがま》などで一時を過ごしている。夜には「真山君より林子平の父の話を聞く、頗る面白し」と江戸談義に花を咲かせた様子も記されている。また青果が熱海で保養していた昭和13年（1938）3月24日には、鳶魚が見舞いに訪れている。日帰りのつもりであったが、「真山氏の芳情を思ひ一泊」したとある。同年10月7日には新婚一年目の青果長男、零一への贈り物を妻の八重に持って行かせている。

彼等の交情は、井原西鶴という共通の関心事で以て、より強固なものとなっていた。

明治の後半から西鶴に傾倒し始めていた青果は、昭和2年（1927）6月から始まった鳶魚主催の「西鶴輪講」にも参加していた。これは昭和9年（1934）6月までの7年間、ほぼ毎月、中野の鳶魚の自宅で行われた定例会を指し、そこでは『好色一代男』など西鶴の10作品が順次取り上げられた。必ずしも7年間絶え間なく、また西鶴作品だけを対象とした研究会ではなかったが、山中共古《やまなかきょうこ》や水谷不倒《みずたにふとう》、森銑三《もりせんぞう》、忍《にん》頂寺《じょうじ》務《つとむ》など当代一流の研究者が集っており、意見交換の場として、重要な意味のある会であった。

青果の出席は昭和2年9月25日『好色一代男』巻4、昭和3年4月21日『好色一代女』巻3の2回のみだが、「筆記原稿に就てあとから意見を追加された」（『西鶴輪講』3、三田村鳶魚編、青蛙房、昭和36年〈1961〉）とあるように、手紙での参加は続けていた。

両者の学問的交流の証拠は、『好色五人女』巻4に登場する「八百屋お七」に現れている。青果は『東都古墳志《とうとこふんし》』（国立国会図書館蔵、写本）を参考資料として、お七の家を駒込願行寺付近と特定しているが（「八百屋お七」『冨士』昭和8年〈1933〉9月・10月）、これは鳶魚が「八百屋お七歌祭文」（『日本及日本人』明治43年〈1910〉7月）で記したお七の住居場所と同じである。『東都古墳志』は他に引用されることのほとんど無い資料であり、その「レア度」から考えても、青果が鳶魚の学識を認め、敬意を払っていたことがわかる。

（丹羽みさと）

沢田正二郎

3-05　沢田正二郎書簡

新国劇の創立者沢田は筆まめで、日本各地を巡業中、長男の正太郎へ送り続けた絵入りのはがきは『パチパチ小僧』として書籍化された。早稲田大学演劇博物館にも多くの書簡が残っている。

青果宛の本書簡は、作品を上演中に観客席から「眞山青果！」と、作品の作者をほめる声がかかったことを報告するものである。付属する封筒の消印と裏書きには昭和2年10月17日とあるが、文中の「魚品《うおしな》の場」が戯曲『坂本龍馬』の第3幕であるとすると、『坂本龍馬』の執筆と初演は昭和3年のため日付が合わない。別の書簡の封筒が混入したものかと推定される。本書簡はすでに旧版全集の第11巻月報で紹介され、広く知られた資料であるが、自身が主役をつとめた青果作品の上演が観客に好意的に迎えられた沢田の喜びと、作者本人への親しみを生き生きと伝える重要なものである。（寺田詩麻）

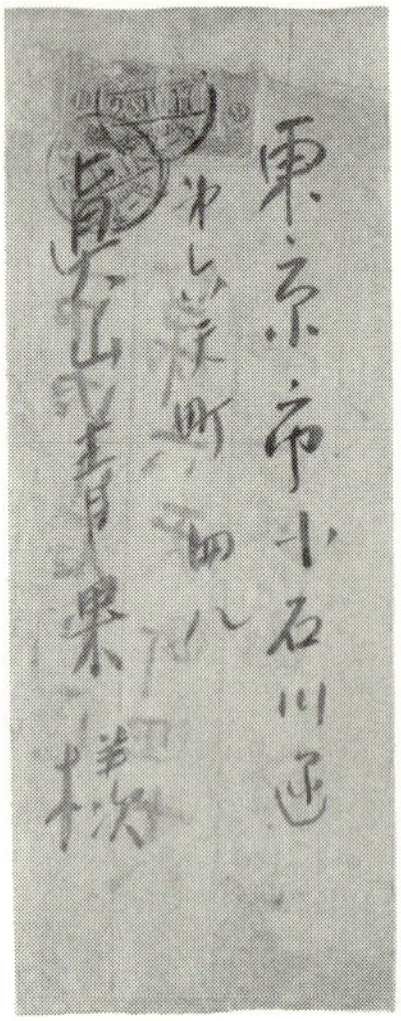

3-05　封筒

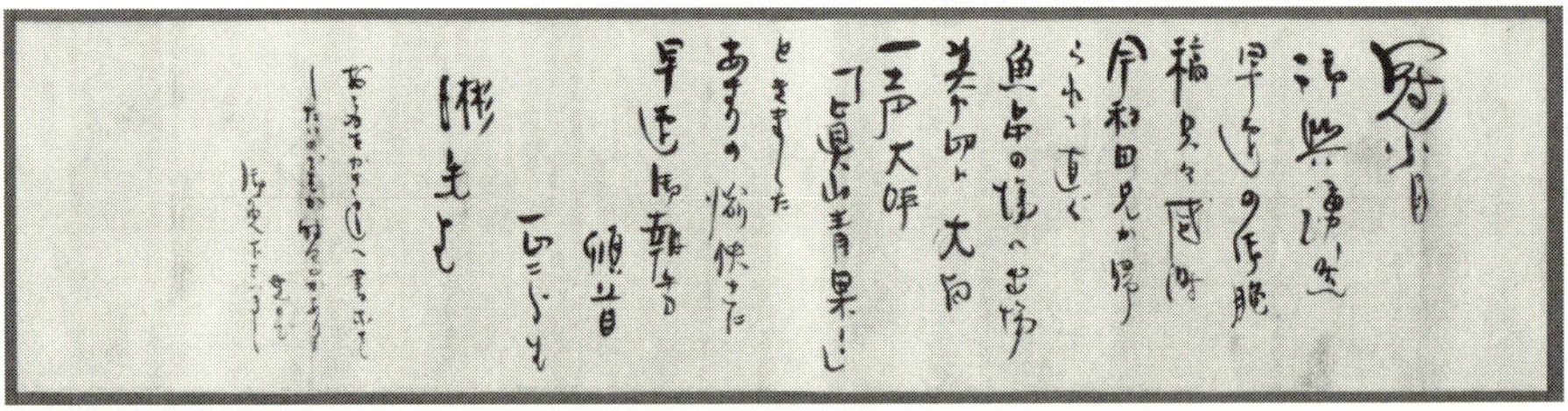

3-05

〈翻刻〉

冠省
御興湧然
早速の御脱
稿只々感謝
今和田兄か帰
られて直ぐ
魚品の場へ出場
幕切に大向
一声大呼
「眞山青果！」
ときました
あまりの愉快さに
早速御報告
頓首
正二郎生
彬先生
お名をかき違へ書なを
したいのですか時間かありま
せんので
御免下さいまし

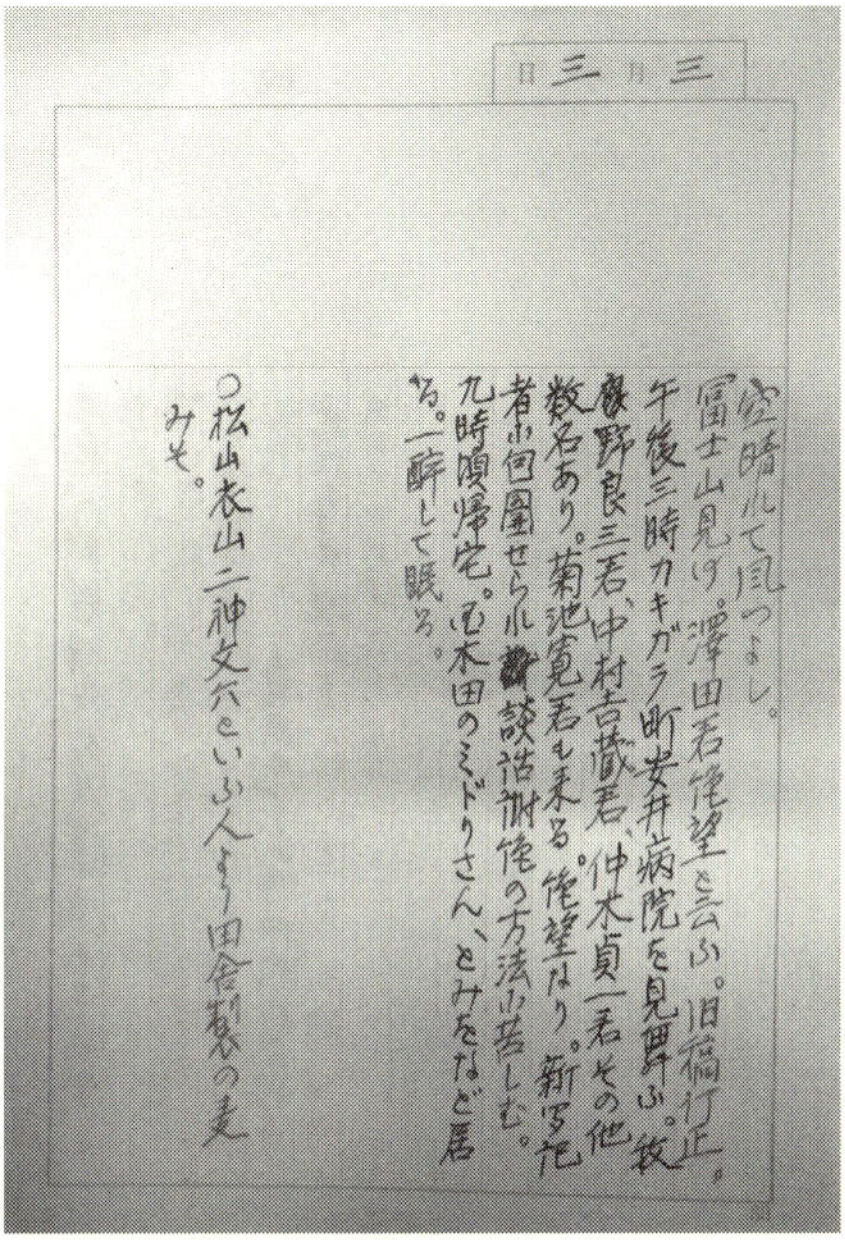
三月三日
空晴れて風つよし。
富士山見ゆ。澤田君絶望と云ふ。旧稿訂正。
午後三時カキガラ町安井病院を見舞ふ。牧
野良三君、中村吉蔵君、仲木貞一君その他
数名あり。菊池寛君も来る。絶望なり。新聞記
者に包囲せられ談話謝絶の方法に苦しむ。
九時頃帰宅。正木田のみどりさん、とみなど居
る。一酔して眠る。
○松山衣山二神文六といふ人より田舎製の麦
みそ。

3-06　昭和４年３月３日

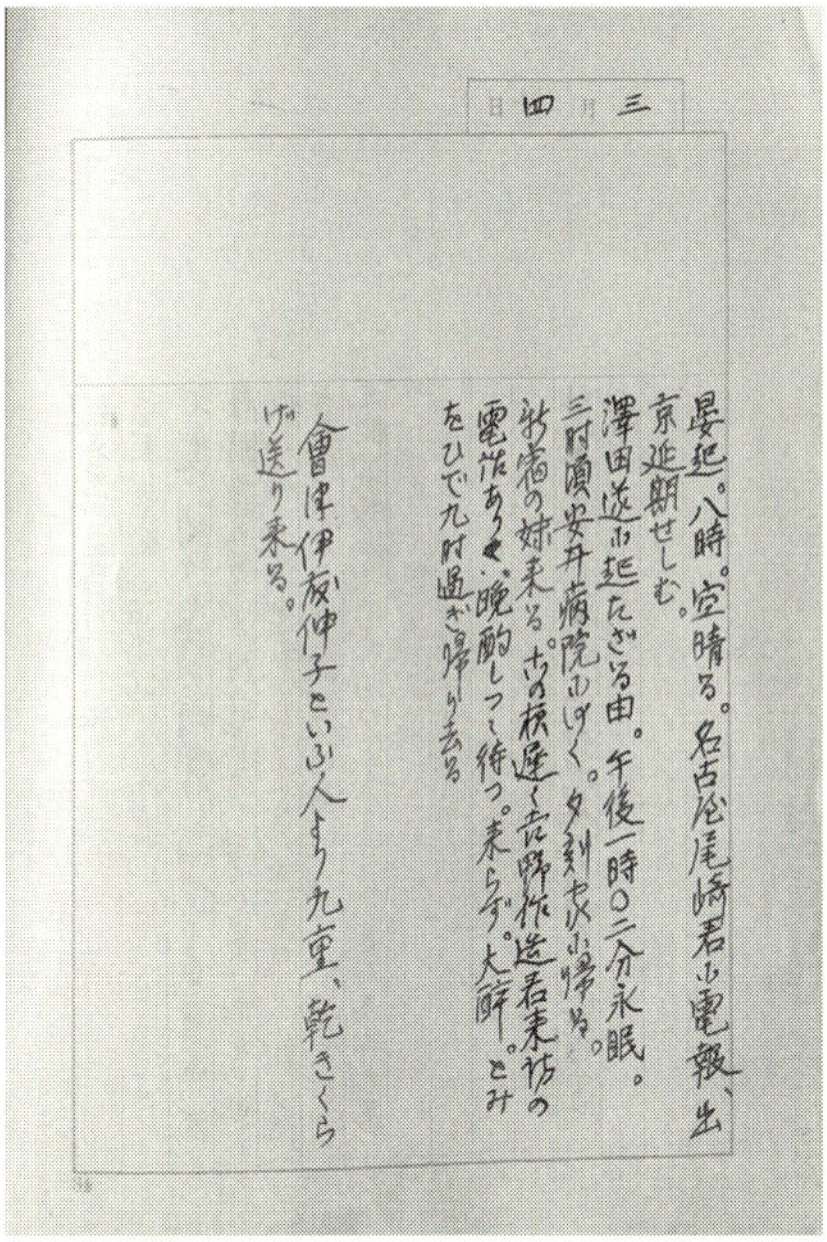
三月四日
晏起。八時。空晴る。名古屋尾崎君より電報、出
京延期せしむ。
澤田遂に起たざる由。午後一時○二分永眠。
三時頃安井病院にゆく。夕刻にて帰る。
新富の妹来る。
電話ありて、晩酌して待つ。来らず。大酔。とみ
をひで九時過ぎ帰り去る
會津伊友仲子といふ人より九重、乾きくら
げ送り来る。

3-06　昭和４年３月４日

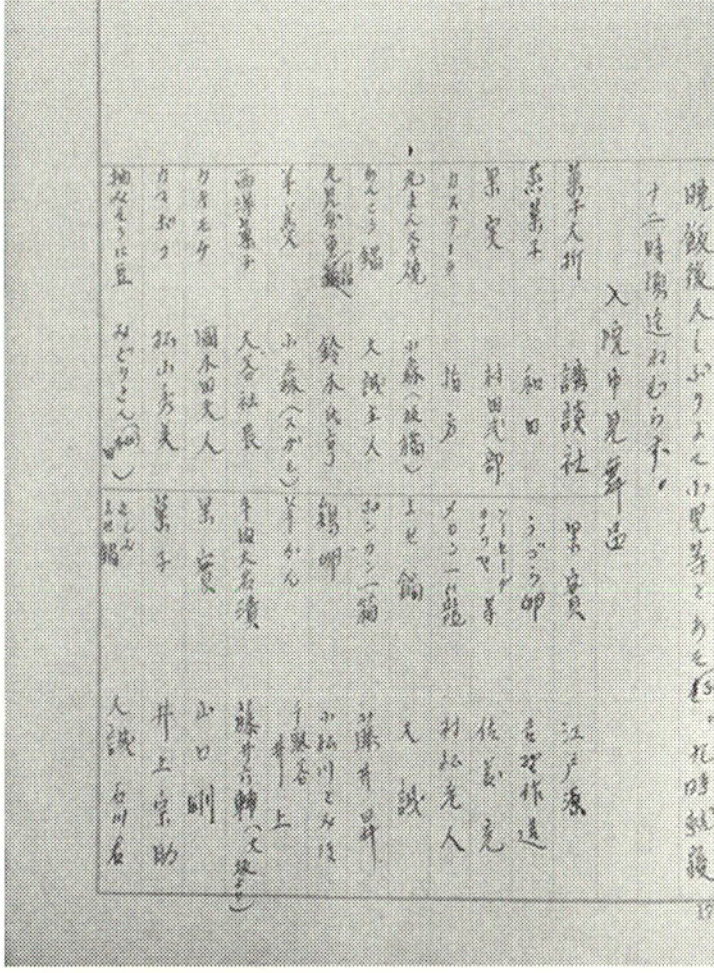
晩飯後久しぶりにて小児等とあそぶ。九時就寝
十二時頃迄ねむらず。
入院中見舞品

3-06　入院中見舞品

3-06 ［昭和四年・五年日記］

第一書房「自由日紀　我が生活より」に記される。青果の日記は複数残っているが、いずれもあまりまとまった形ではない。本冊も昭和3年（1928）12月28日から記述が始まっているが、4年6月ごろにはほとんど記述がなくなり、12月20日でいったん途切れる。5年1月5日からあらためてはじまり、3月31日の記述後、入院で贈られた見舞品の一覧を書き付けたところで中絶している。

その状況から見ればほぼ偶然と言ってよいが、この日記には4年3月4日に死去した沢田正二郎に関する、かなり生々しい記述があることが注目される。作品をいくつも書き下ろし、会えば演劇論を戦わせる厚い信頼関係を築いていた沢田は、青果にとって無二の自作の表現者だった。沢田の壮絶な最期は当時の新聞でも詳しく報道されてよく知られているが、その死に際して「新聞記者に包囲せられ談話謝絶の方法に苦しむ」（3日）「沢田遂に起《た》たざる由」（4日）と記すところに、青果の感情の一端が読み取れる。

（寺田詩麻）

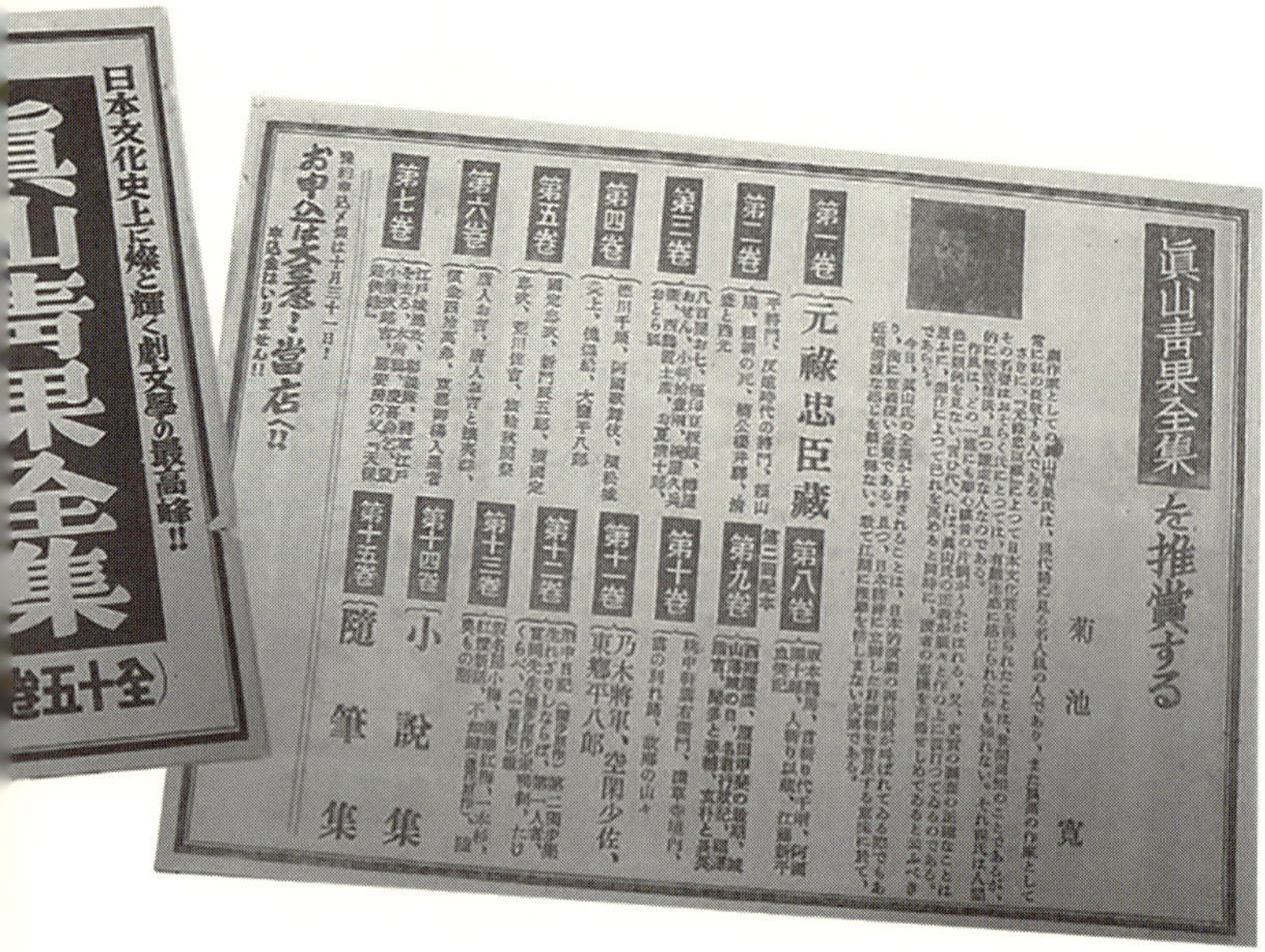

『真山青果全集』をめぐる人々

3-07 『真山青果全集』(旧版)・同チラシ

『真山青果全集』は戦前に一度全15巻のもの(旧版)が出ており、戦後大幅に改訂増補した全25巻のもの(新版)が出版されている。旧版の装丁は小村雪岱《せったい》による。版元の大日本雄《ゆう》辯会《べんかい》講談社の初代社長、野間清治《のませいじ》は青果の後援者の一人で、青果は大正9年から同社の複数の雑誌に頻繁に寄稿した。青果の傑作で昭和期の新歌舞伎の代表作でもある『元禄忠臣蔵』は、「大石最後の一日」以外の全てが、初演と前後して同社の看板雑誌『キング』に掲載されている。昭和15年までに発表した9編の書籍化は、旧版の第1巻がはじめてである。『全集』の出版は青果から野間に申し入れたという。売れても3千部ぐらいであろうと難色を示す意見も社内ではあったが、野間が押し切って出版が決定された。結果は初版2万部で、最も少ない巻でも1万部を越えたという。創刊74万部とされる『キング』が青果の知名度を上げたことが全集の出版と売れ行きを後押しし、青果の晩年の研究と闘病生活を支えた。

(寺田詩麻)

第十一回配本(昭和16年12月8日)の第15巻は、『随筆滝沢馬琴』と『仙台方言考』を収録。単行本『随筆滝沢馬琴』(昭和10年11月29日、サイレン社)では、その「あとがき」で「挿入の口絵は、島田筑波氏・森潤三郎氏の好意により、鈴鹿三七氏御所蔵の馬琴肖像を拝借し、また尾崎久弥氏の蔵書を借用し得たことを厚く感謝したい」と述べているように、2枚しかなかった図版が、全集第15巻収録時には7頁にわたる「随筆滝沢馬琴 挿図目次」があり、図版頁は66頁に増加。図版を提供した所蔵者も大幅に増え、その名を列挙してみると、鈴鹿三七、鈴鹿雄太郎、武藤一郎、小石川茗荷谷深光寺、九段中坂・世継稲荷社、日暮里九丁目青雲寺・俗に花見寺、早稲田演劇博物館、早稲田大学図書館、三村清三郎、狩野亨《こう》吉《きち》、横尾勇之助、金子孚水《ふすい》、帝国図書館、吉田直吉、滝沢邦行、帝室博物館、広田健一郎、広瀬辰五郎、三沢栄之助のようになっている。『真山青果全集』刊行時のチラシ裏には、全集監修者の一人、菊池寛による推薦文が載る。

(青木稔弥)

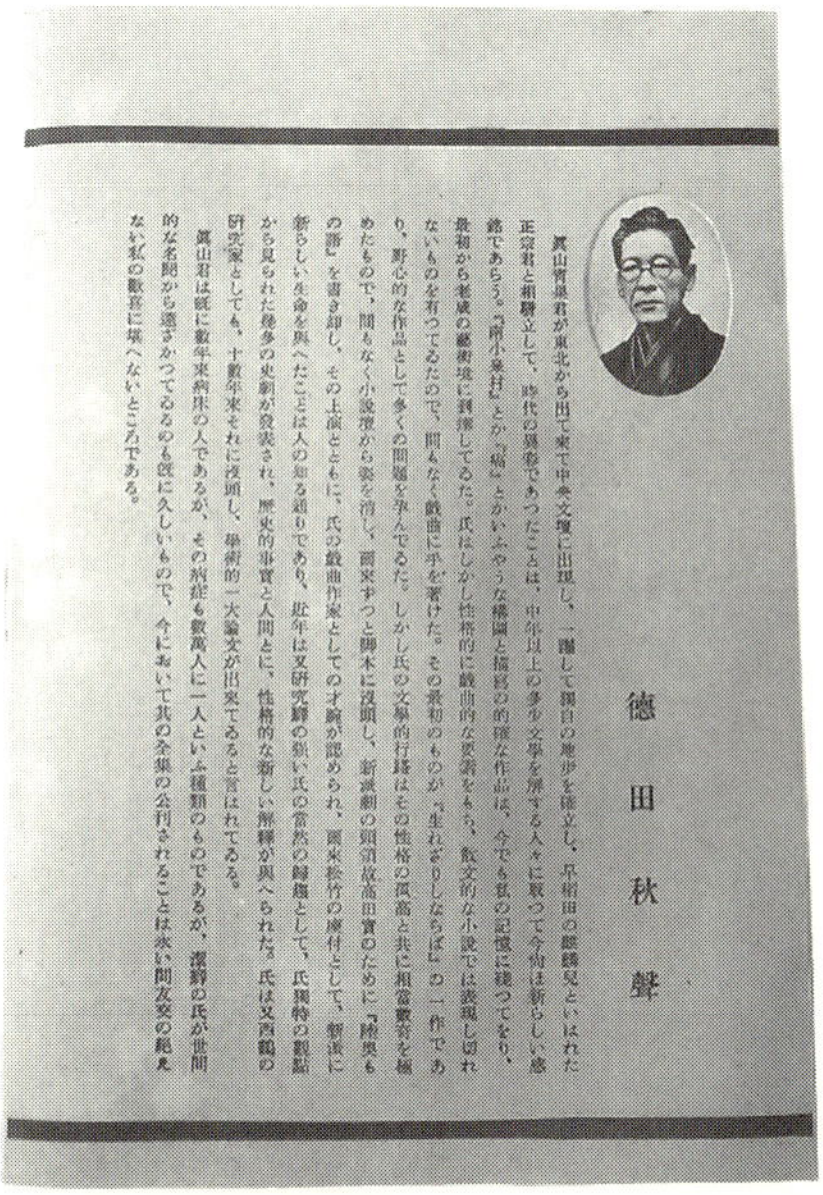

3-09　内容見本（裏表紙）

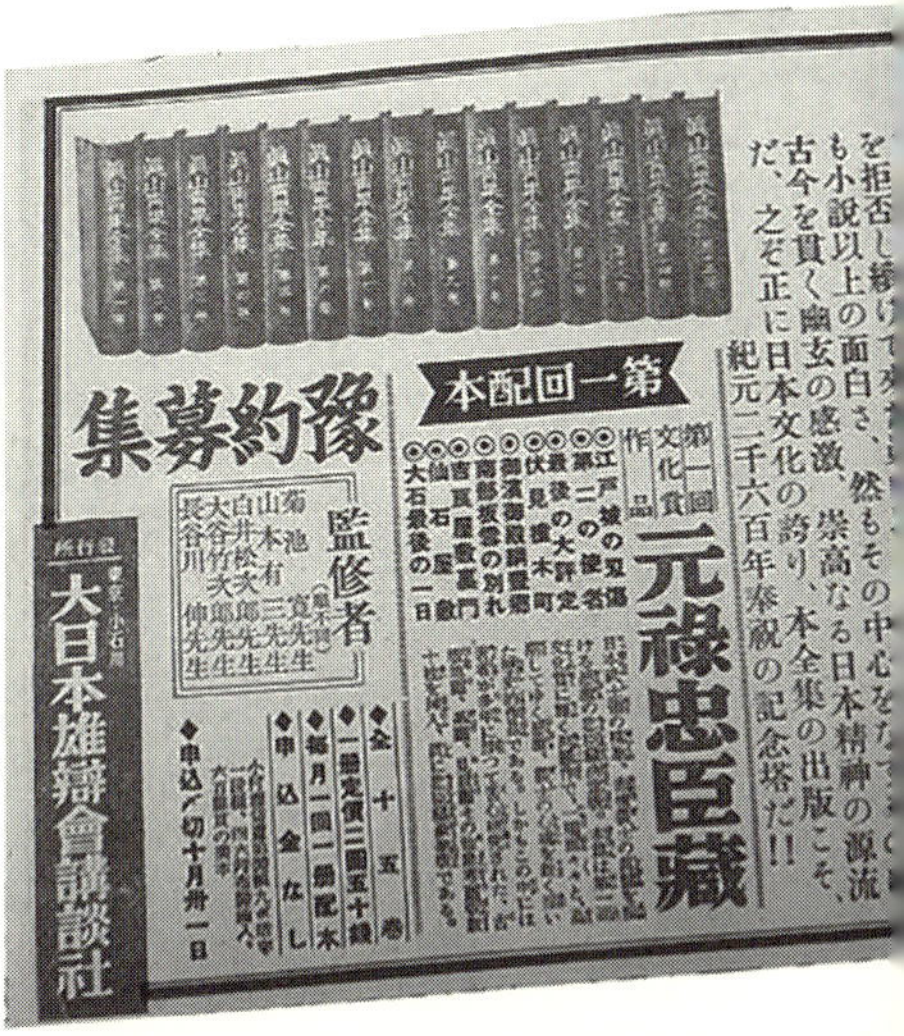

3-07　全集刊行時のチラシ

3-07　全集第1巻（函）

3-09　内容見本（表紙）

3-08　月報5

3-07　全集第11巻（表紙）

3-08/09『真山青果全集』（旧版）月報・内容見本

文学者や芸術家というものは、得てして社交的でなく、人間関係に問題を抱えることが多いというのは、しばしば言われることである。青果は、間違いなく処世下手だったようで、例えば、「自信《おし》の強いのに先づ、度肝を抜かれて」「苦笑し」「真山氏は今少し読者を尊敬し玉へ」（徳田〈近松〉秋江「文壇無駄話」『読売新聞』明治41年4月12日）と評されるような個性の強さと相まって、様々な軋轢を起こしている。

小説家、劇作家、研究者の3つの顔に付随しての知人、友人は多彩なものがあるものの、彼ら、彼女らと安定した関係を続けることは容易なことではなく、とりわけ、原稿の二重売り事件（青果自身は陥れられたと考えていた）で追放された感のある文壇関係者とのそれは難しいものがあったのであるが、徳田秋声とは「案外淡々たる交友であつた」（徳田秋声「思ひ出す事」「真山青果全集月報」5、昭和16年3月17日）。徳田秋声は「真山青果全集後援会」に名を連ね、真山青果全集の内容見本に推薦文（「真山青果全集月報」1、昭和15年10月3日に「真山青果全集を欣ぶ」のタイトルで再掲）を寄せている。（青木稔弥）

3-10　「東京通信」第七百六十三号（書店版）

大日本雄弁会講談社、昭和15年10月10日発行。『講談社の80年』（平成2年7月20日）によれば、大正13年、「「書店面白誌」（書店向け宣伝用小冊子。のち「東京通信」と改題）を発行」、昭和4年「11月より月刊」となった。昭和15年10月31日に予約〆切りの『真山青果全集』の販売を促進するために配布された。第一回配本の第1巻発行直後で、この内容見本で予告された収録予定書目は、翌月の第二回配本の第9巻から早くも変更が生じ始める。「毎月一回一冊配本」との予定も、翌年以降は守れないことが多くなり、『真山青果全集』は結局、五ヵ月遅れで完結した。

（青木稔弥）

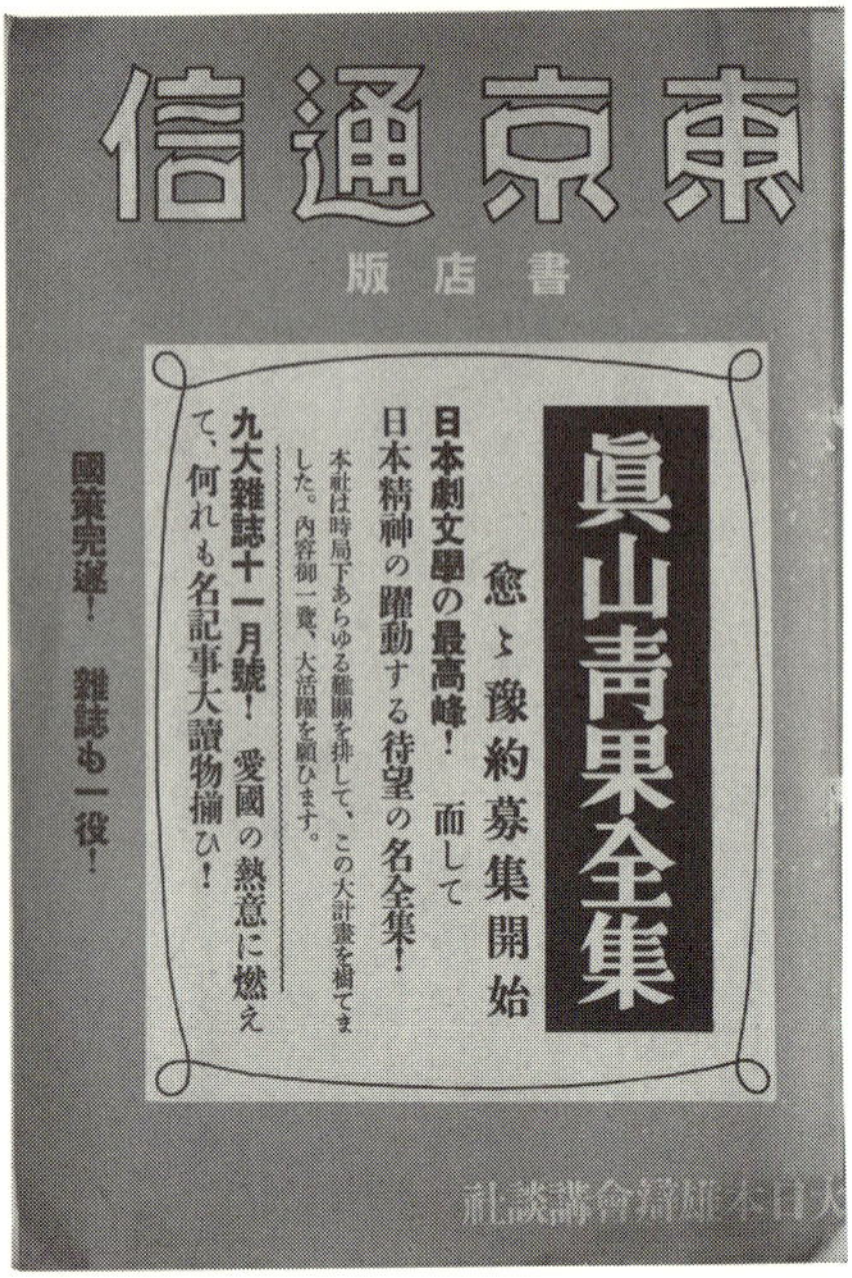

3-10　表紙

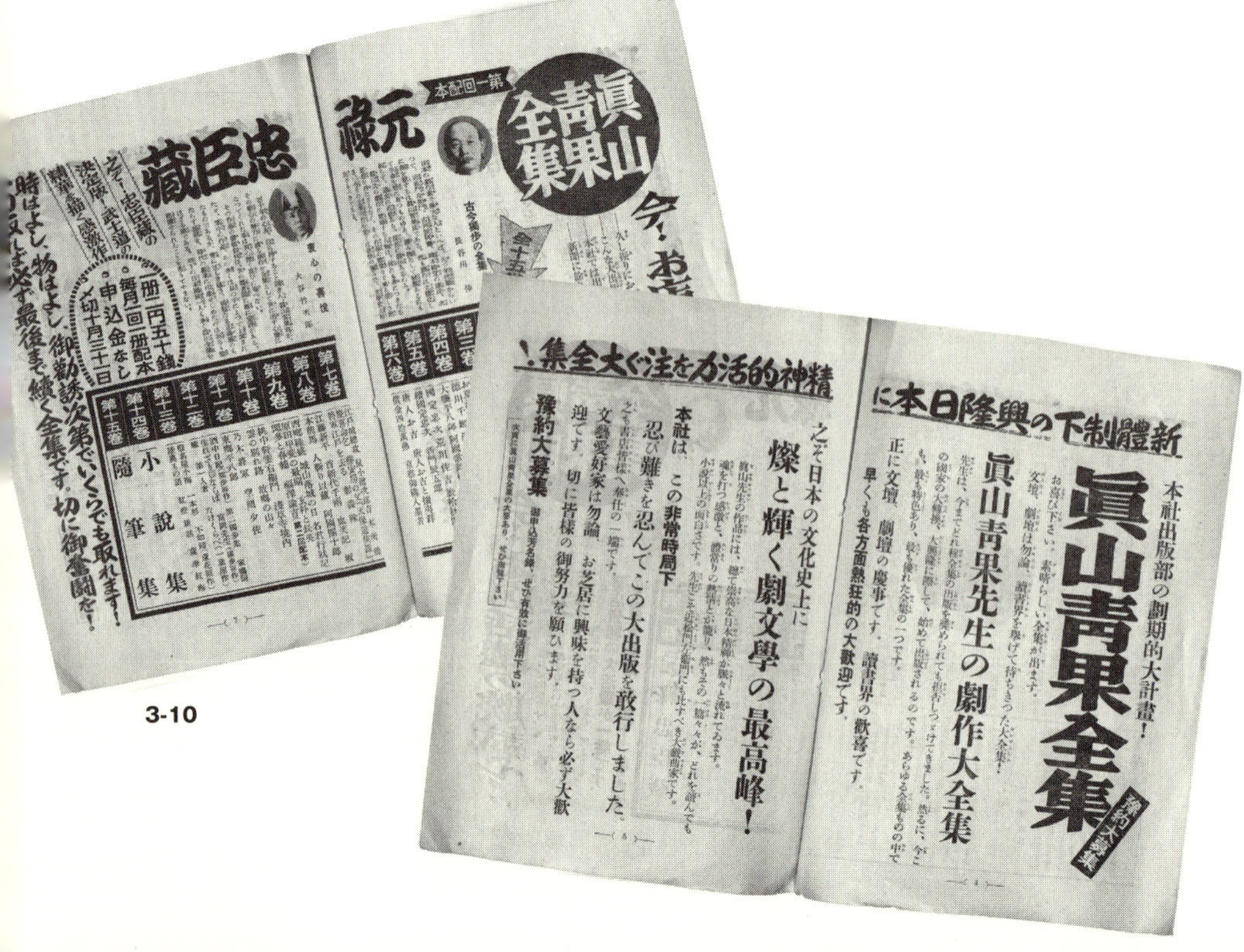

3-10

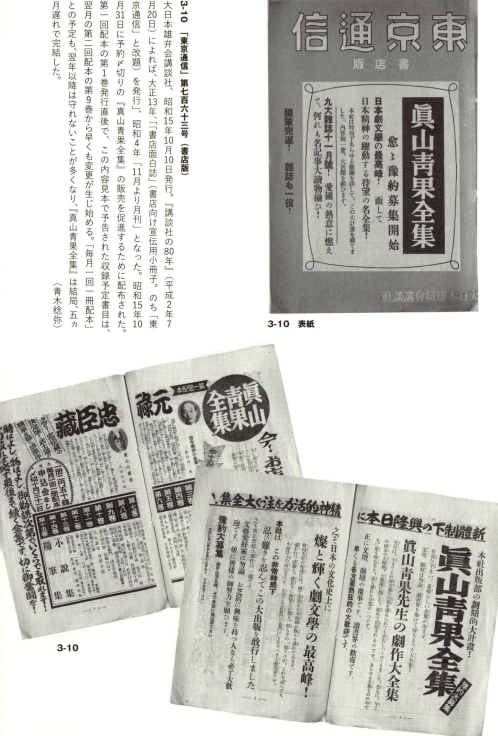

交友録2

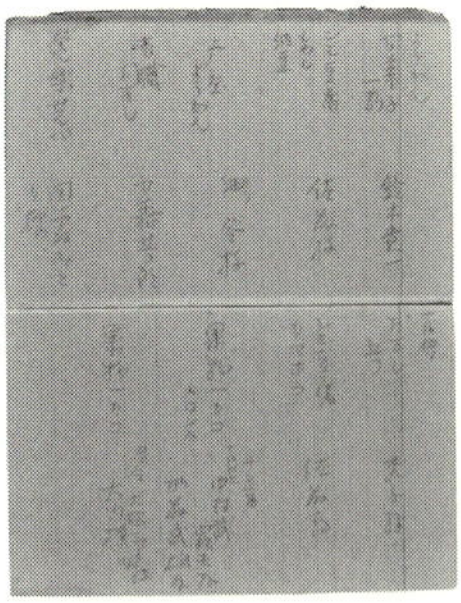

3-11

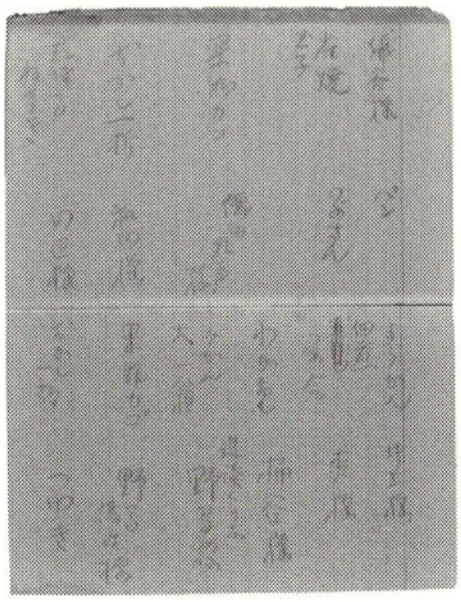

3-11

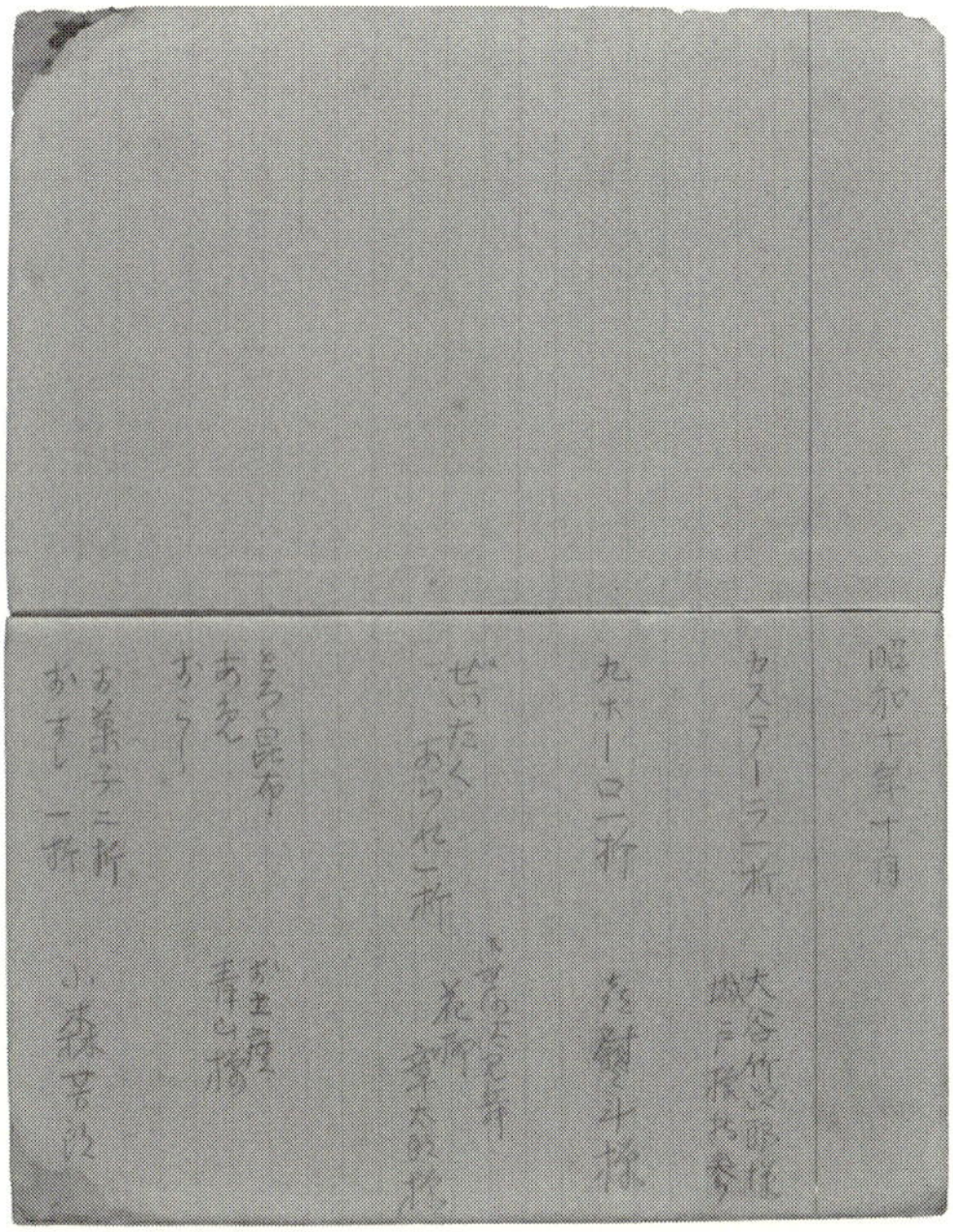

3-11　ノート冒頭

3-11　[Note Book]

表紙に「Note Book」と印刷された糸綴じ製本のノートで、背テープは黒（平織り綿布ヵ）。筆記具は主に鉛筆（一部ペン書き）で、書き手は、［昭和四年・五年日記］（3-06）の青果日記と比べるに筆跡が異なっており、青果の妻・いねによるものと推察される。

ノートの前半は到来物メモで、「昭和十年十月」に始まり「御歳暮」の記述を経て翌年3月まで続く。9年秋に心臓病を発症し病臥する日々にあった青果のもとへ、見舞品や手土産として届けられたと思しき種々には全て贈り主の名前が書き留められ、交友関係を知る上で貴重。また進物の文化史的視点からも興味深い記録といえる。以下、品名を抜粋する（表記ママ）。

カステーラ一折、丸ボーロ一折、ぜいたくあられ一折、とろゝ昆布、あめ、おこし、お菓子二折、おすし一折、チヨコレート一折、梨一箱、シクラメン一鉢、仙台味噌一樽、西洋菓子一折、千枚漬一樽、黒まめ、支那まんちゆう、花かご果物付、お花、鯖寿司、最中一折、バタ、黒あめ、柿、バラノ花、着物、人形、玉子、おさしみたい味噌漬、サルマタ、メロン一つ、きんつは、りんご、はせ一折、羊かん一折、佃煮一折、みかん一箱、甘栗、うに、甘鯛五つ、ザボン、バナヽ、海苔、牛肉一樽、水菓子一かこ、石鹸二箱、シミ豆腐、カマホコ、支那料理、奈良漬、お赤飯、梅の花桃の花、干物二カコ、いつう料理、ビスケツト、おはぎ、パイナツプル鑵詰、おしる粉、パン一折、空屋最中桜餅、カラスミ、ポンカン、成田様お札守、雀焼、たほる、ねまき、わかめ、干菓子、京都かま風呂かし。

（御歳暮）ビール、フロシキ、とひん木皿、シヤツ、コーヒー茶わん、文房具、鮭一尾、つまみ物一筋、いか塩から、小鯛かす漬、帯あげ、虎屋ようかん、はまくり一箱、植木鉢、めぬけかす漬、スまめ、干柿一折、ホタテ貝、クルミ、浜焼鯛、うば貝、たはこ、紅梅、寒玉子二折、うつら玉子、スツホンスープ。

空白頁を挟んでノート後半は、メモ書きや簡単な出納簿として使用。医者や八百屋等への支払および電車代・新聞代等の出費、原稿料などの収入が記され、某年（昭和10年頃ヵ）7月〜8月にかけての真山家の家計を断片的にではあるが、うかがい知ることができる。

掲示した頁には、「カステーラ一折　大谷竹次郎様城戸様持参」「ぜいたくあられ一折　御無沙汰見舞　花柳章太郎」「亀楽せんべ　国木田みとり様」「果物一カコメロン入　千疋屋十円以上　中村武羅夫様加藤武雄様」「果物カコ　徳田秋声様」などの記載あり。（青田寿美）

［参考文献］
・『真山青果全集』月報（大日本雄辯会講談社、昭和15・10～17・5）※旧版全集
・『真山青果全集』第12巻（講談社、昭和51・1）
・野村喬編『真山青果全集』別巻1「真山青果研究」（講談社、昭和53・7）
・真山青果研究会編『真山青果全集』別巻2「真山青果戯曲上演・舞台写真集」（講談社、昭和53・5）
・大山功『真山青果・人と作品』（木耳社、昭和53・12）
・昭和女子大学近代文学研究室編『近代文学研究叢書』64巻（昭和女子大学近代文化研究所、平成3・4）
・野村喬『評伝 真山青果』（リブロポート、平成6・10）
・田辺明雄『真山青果 大いなる魂』（沖積舎、平成11・8）
・「独歩会と独歩デー」（大正8・5・9『読売新聞』朝刊7面）
・「独歩デーは今日」（大正8・5・16『読売新聞』朝刊5面）
・「隠れたる維新の志士　富岡先生を澤田が上演」（大正15・4・24『読売新聞』朝刊5面）
・尾澤良三『女形今昔譚』（筑摩書房、昭和16・6）
・井上正夫「『酒中日記』上演」（『化け損ねた狸』右文社、昭和22・9）
・「ステージ　浅い『或る女の生涯』　新橋演舞場　井上正夫追慕公演」（昭和31・2・21『読売新聞』夕刊2面）
・真山美保『決定版 日本中が私の劇場』（有紀書房、昭和36・11）
・竹野静雄『近代文学と西鶴』（新典社、昭和55・5）
・国木田独歩全集編纂委員会編『定本国木田独歩全集』（学習研究社、第1～10巻・別巻1　昭和53増補版刊、再刊及び別巻2刊行　平成12）
・『松竹百十年史』（松竹株式会社、平成18・2）

※画像掲載について、星槎ラボラトリーより御高配を賜りました。記して感謝申し上げます。

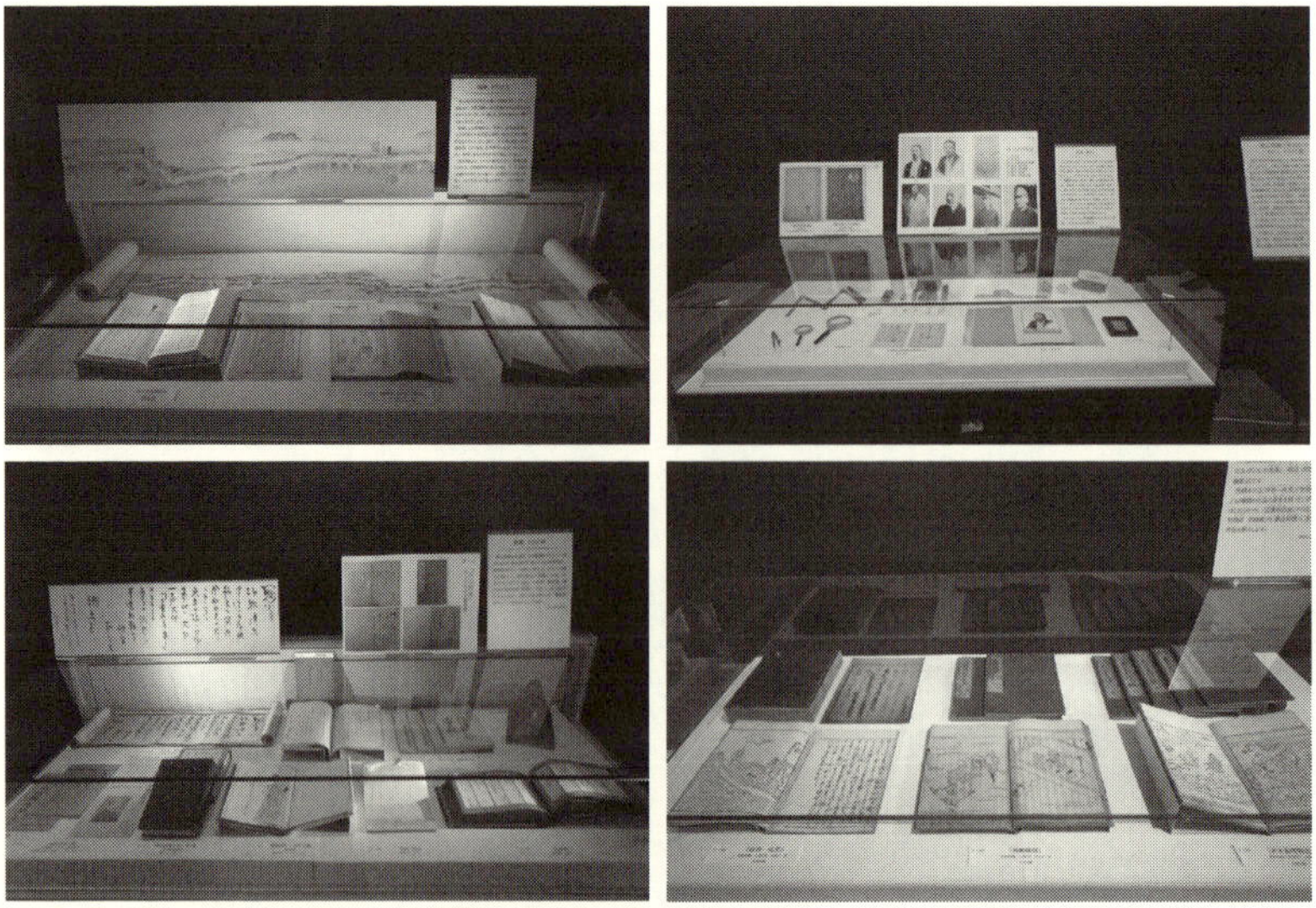

2016年度国文学研究資料館展示室・特設コーナーでの展示の様子

附録　真山青果略年譜

西暦	元号	年齢	事項	作品【小事典番号】	初演	初出
1878	明治11年	1歳	9月1日、宮城県仙台区に生まれる。本名、真山彬			
1879	明治12年	2歳				
1880	明治13年	3歳				
1881	明治14年	4歳				
1882	明治15年	5歳				
1883	明治16年	6歳				
1884	明治17年	7歳	仙台市立東二番丁小学校尋常科入学			
1885	明治18年	8歳				
1886	明治19年	9歳				
1887	明治20年	10歳				
1888	明治21年	11歳				
1889	明治22年	12歳				
1890	明治23年	13歳				
1891	明治24年	14歳				
1892	明治25年	15歳	宮城県尋常中学校入学			
1893	明治26年	16歳				
1894	明治27年	17歳				
1895	明治28年	18歳	宮城県尋常中学校、修了できず退学			
1896	明治29年	19歳	上京。日本中学校に編入し通学。父死去			

1897	明治30年	20歳	日本中学校卒業。仙台に帰郷し、官立第二高等学校医学部入学			
1898	明治31年	21歳				
1899	明治32年	22歳	二高医学部の学業を怠り、小説・詩の習作に熱中			
1900	明治33年	23歳	進級試験に落第。薬局生、私塾の代用教員をつとめる			
1901	明治34年	24歳				
1902	明治35年	25歳				
1903	明治36年	26歳	12月に上京。徳冨蘆花を訪ねるが、師たることを拒絶される			
1904	明治37年	27歳	佐藤紅緑のもとに寄寓。習作『かたばみ』が『新潮』7月号に掲載される。新潮社の臨時記者となる。「青果」の雅号が、佐藤紅緑と矢口親平により与えられる			
1905	明治38年	28歳	小栗風葉の「脚本金色夜叉」の筆耕を手伝う。風葉門下の一員となる			
1906	明治39年	29歳				
1907	明治40年	30歳	小説『南小泉村』が『新潮』5月号に掲載。出世作となる。風葉を追って戸塚に転居。戯曲『第一人者』が『中央公論』10月号に掲載	南小泉村【01】		『新潮』5月（～『中央公論』明治41年10月）
				敗北者【02】		『中央公論』8月、『新潮』9・10月
				茗荷畠【03】		『中央公論』11月号
				第一人者【04】	明治44年2月	『中央公論』10月号
1908	明治41年	31歳	原稿二重売り事件を起こす（小説『妹』と小説『弟の碑』）。田山花袋と国木田独歩の懇請により茅ヶ崎館に滞在。読売新聞に『国木田独歩氏の病状を報ずるの書』を掲載。独歩の「病牀録」のノートをとる。国木田独歩死去。通夜の席上の口論がきっかけで、風葉に絶交される	市川左団次氏に与ふ【05】	1月	『新潮』2月号
				癌腫【06】		『新潮』1・2月号
				家鴨飼【07】		『早稲田文学』4月号
				喜多村緑郎【08】		『新潮』5月号
1909	明治42年	32歳		新しき種子を播け【09】		『演芸画報』2月号
1910	明治43年	33歳		五人女【10】		8月（『元禄巷談』と題して新潮社より刊行）

1911	明治44年	34歳	二度目の原稿二重売り事件を起こす。徳富蘆花の媒酌により伊藤京子と結婚			
1912	明治45・大正1年	35歳	長男誕生。原稿二重売り事件以来、仕事が減少。妻京子喀血			
1913	大正2年	36歳	喜多村緑郎により新派脚本をすすめられる。喜多村を通じ、大谷竹次郎に松竹入社の希望を告げ、入社決定			
1914	大正3年	37歳	新富座の新派興業に作者見習いとして出勤。妻京子死去	松井須磨子の芸【11】	1月	『演芸画報』4月号
1915	大正4年	38歳	本郷座興行の伊原青々園原作『緑の糸』で、はじめて亭々生の筆名を使用			
1916	大正5年	39歳	本郷座の『青海波』に亭々生作・舞台監督真山青果の表示がはじめて出る			
1917	大正6年	40歳		七色珊瑚【12】	11月	『真山青果全集』（補巻三、講談社、昭和52年3月）に作者の自筆原稿を定本としたテキストが収録
1918	大正7年	41歳	新派脚本以外にも戯曲活動をひろげる	椀屋久兵衛【13】	大正9年11月	『新小説』1月号
1919	大正8年	42歳	東京日日新聞に長編小説『焰の舞』連載。つぎつぎと新聞連載をするようになる	酒中日記【14】	5月	9月（『脚本酒中日記』新潮社）
				仮名屋小梅【15】	11月	『女性』昭和2年8月～10月号
1920	大正9年	43歳	小森いねと結婚			
1921	大正10年	44歳	次女、美保が誕生			
1922	大正11年	45歳				
1923	大正12年	46歳		歴史小説の本領に就て【16】		『都新聞』1月12・13日
				西鶴置土産【17】	昭和12年5月	『婦人公論』4月号
				浅草寺境内【18】	12月	大正14年（単行本『玄朴と長英』新潮社）
1924	大正13年	47歳		玄朴と長英【19】	10月	『中央公論』9月号

1925	大正14年	48歳		平将門「私闘時代の将門」【20】	昭和2年2月	『中央公論』1月号
				平将門「叛逆時代の将門」	昭和50年11月	
				随筆滝沢馬琴【21】		『中央公論』3・8・12月号
				富岡先生【22】	大正15年5月	『苦楽』4月号
				仙台方言考【23】		『宮城県人』8月号（以下4回連載）
1926	大正15・昭和1年	49歳	小栗風葉死去。葬儀の出席して弔文を読む。『江戸城総攻』を歌舞伎座で市川左団次らが上演	江戸城総攻「江戸城総攻」【24】	11月	『文藝春秋』3月号
				小判拾壱両【25】	昭和9年5月	『演劇新潮』5月号
1927	昭和2年	50歳	徳冨蘆花死去	桃中軒雲右衛門【26】	4月	『苦楽』5・6月号
1928	昭和3年	51歳		坂本龍馬【27】	8月	『女性』1月号～5月号
				颶風時代【28】	11月	『文藝春秋』12月号
1929	昭和4年	52歳	研究随筆『井原西鶴の江戸居住時代』が『中央公論』3月号に発表	井原西鶴の江戸居住時代【29】		『中央公論』3月号
				乃木将軍　初篇【30】	6月	『朝日』4月～6月
				血笑記【31】	7月	『現代』8・9月号
				江藤新平「江藤新平」【32】	未上演	『新潮』12月号
1930	昭和5年	53歳	1ヵ月入院。心臓の持病が「心臓ブロック兼アダムストーク症候群」と診断される	江藤新平「首斬代千両」	2月	『講談倶楽部』1月号
				江戸城総攻「慶喜命乞」	昭和8年11月	『キング』3月号
				乃木将軍　中篇	昭和7年1月	『講談倶楽部』7月号
1931	昭和6年	54歳	病臥生活が続くようになる			
1932	昭和7年	55歳	暉峻康隆が山口剛を仲介し、研究助手になる	頼朝の死【33】	4月	『講談倶楽部』2月号
				荒川の佐吉【34】	4月	『キング』昭和10年8～11月号
				乃木将軍　終篇	昭和12年11月	『講談倶楽部』11・12月号
1933	昭和8年	56歳		新門辰五郎【35】	昭和18年8月	『経済往来』7・8月号。『講談倶楽部』昭和14年5・6・7・9月号で改稿の上、全三幕を発表。

1934	昭和9年	57歳	野間光辰が研究助手になる	八百屋お七【36】	10月	『冨士』9・10月号
				江戸城総攻「将軍江戸を去る」	1月	『経済往来』1・2月号
				元禄忠臣蔵 大石最後の一日【37】	2月	『日の出』3・4月号
				樽屋おせん 上の巻【38】	昭和10年5月	『文藝春秋』9月号
1935	昭和10年	58歳				
1936	昭和11年	59歳	野間光辰が研究助手を辞し帰阪			
1937	昭和12年	60歳		乃木将軍 凱旋	4月	『講談倶楽部』5月（増刊号）
				江藤新平「司法卿捕縛」	昭和14年10月	『講談倶楽部』11月号
1938	昭和13年	61歳	暉峻康隆が助手を辞す			
1939	昭和14年	62歳		樽屋おせん 下の巻	昭和17年6月	『現代』6月号
1940	昭和15年	63歳	『真山青果全集』第1巻、講談社より刊行	元禄忠臣蔵 御浜御殿綱豊卿【39】	1月	『キング』春の特別号
				江藤新平「敗残司法卿」	未上演	『講談倶楽部』5・11・12月号
1941	昭和16年	64歳				
1942	昭和17年	65歳				
1943	昭和18年	66歳				
1944	昭和19年	67歳				
1945	昭和20年	68歳	太平洋戦争終結を蓼科で知る			
1946	昭和21年	69歳				
1947	昭和22年	70歳	『真山青果選集』全6巻が講談社より刊行開始			
1948	昭和23年	71歳	『西鶴語彙考証・第一』が中央公論社から刊行。3月25日、心臓麻痺のため逝去。葬儀委員長は大谷竹次郎	西鶴語彙考証【40】		1月（中央公論社から単行書として出刊）

本書成立の経緯――あとがきに代えて

❖ 飯倉洋一

一読者としての私にとって、真山青果とは、レーゼドラマとして読んでも一級品の『元禄忠臣蔵《げんろくちゅうしんぐら》』を書いた劇作家であった。また近世文学の学徒としての私にとって、青果とは、西鶴《さいかく》作品の注釈に必須の『西鶴語彙考証』を著した研究者であった。西鶴本をはじめとする和書の蔵書家であるということもうっすらと知っていた。しかし、青果作の劇を見たことはなかったし、青果その人に興味をもつようなこともなかった。

ある時、大学の同僚で日本古代史研究者の武田佐知子先生から、某所に真山青果の旧蔵書が保管されているという情報をはじめて伺った。友人でいらっしゃる星槎グループの上田真理先生から、自分が所属する学園に西鶴の本がたくさんある。大阪大学に、これらの本を調べていただけるような方はいないかと、武田先生に問い合わせがあったのだという。

場所は星槎大学湘南大磯キャンパスだった。西鶴本を見せていただくためにはじめて参上したのは、二〇一二年の夏であった。たしかに『好色一代男《こうしょくいちだいおとこ》』『日本永代蔵《にっぽんえいたいぐら》』『本朝桜陰比事《ほんちょうおういんひじ》』『西鶴織留《さいかくおりとめ》』など十点を越える西鶴本を確認することができた。もちろん、旧蔵書はそれにとどまらず、古地図・地誌類をはじめとする多くの和古書があり、さらにはこれまでほとんど知られていない、真山青果の西鶴作品の注釈書や、西鶴研究の草稿などが残されていることを知った。

いったいなぜここに、青果の旧蔵書があるのか。本書の「【インタビュー】真山家と新制作座の現在《いま》」における真山蘭里・桑原寿紀両氏のインタビュー記事を読んでいただければわかるのだが、青果の旧蔵書・資料・原稿類は、青果の娘である真山美保さんが率いる新制作座が管理していた。それらは劇団の拠点である八王子の高尾にあったが、管理が困難なため、特に貴重と思われる資料を、星槎グループが大磯に移して管理することになったという経緯があったのである。

星槎グループの桑原寿紀氏から、まずこれらの資料を専門家に調査していただいた上で、なんとか世に紹介したいという熱心なお話を伺い、私もどういう方法があるかを考えた。まず、西鶴研究の専門家をお誘いする必要があるし、近代文学・演劇史上の巨人である青果の資料を扱うには、近代の書誌学に通じている研究者、そして何よりも青果そのものに関心をもつ研究者に来ていただく必要があった。

まず大磯の近くにお住まいの西鶴研究者である広嶋進氏にお声がけした。偶然にも広嶋氏は真山青果と同じ仙台市の出身であった。縁を感じた。また、資料調査の専門機関である国文学研究資料館にお願いすべきだと考えた。大阪大学の忍頂《にんじょう》寺《じ》務旧蔵書の共同研究を一緒にさせていただいた同館の青田寿美准教授にご相談をした。

さて、八王子には、なお多くの青果旧蔵資料が残されていた。私たちはそれを視察に出かけた。膨大な自筆原稿類、校正紙、さらには眼鏡などの遺品もその中にはあった。なんでも取っておくまめな人（もしかすると捨てられない人）だったのだ、とその時確信した。それを処分しなかった美保さんもすごい。文字通り青果研究者にとっての宝である。段ボールが八百箱から九百個くらいあり、半数以上は青果が、時代劇を書くために収集したと思われる近代以降の洋装本だった。大磯の資料と合わせ約九千点と見積もり、国文研の調査事業に新規で加えていただくようにお願いをした。

青田氏と相談の上、チームを編成した。近代チームには青木稔弥氏をご紹介いただいた。国文学研究資料館での古典籍調査担当は高橋則子氏が引き受けて下さった。真山青果の西鶴受容についての論文を発表しておられた丹羽みさと氏にも入っていただいた。さらにそれぞれの方が、相応しい調査メンバーを紹介して下さった。

調査していると、面白い資料が次々に出てきた。中には当代の著名作家との生々しいやりとりの手紙や、住所録、創作・研究に関わるメモなども出てきて、生前の青果の息づかいが感じられるほどであった。とりわけ未刊の『好色一代女』『好色《こうしょく》五人女《ごにんおんな》』『西鶴織留』をはじめとする注釈ノートや、西鶴地名索引・西鶴語彙索引などの研究ノートの緻密さには非常に驚かされた。自ら本業は西鶴研究で、物書きはそのための資金調達手段だというだけあって、その執念は尋常ではなかった。

私自身の、近世文学研究という狭い視野からでも、青果は十分恐るべき先人であることが実感された。しかし、もちろん西鶴研究者という顔は、青果のいくつもある顔のひとつにすぎない。その全貌を明らかにすることは困難でも、「真山青果とは何者か？」を、多面的に映し出すことはできないものか。

ここにもうひとつの縁が関わってきた。私の山口大学時代の同僚である鬼頭秀一氏が、東京大学を退任後、二〇一四年に星槎大学の教授になっていたことを偶然ＳＮＳで知った。鬼頭氏は環境倫理学者で、社会的に数々の活動をしてこられた方である。山口大学時代には親しく付き合わせていただいていた。二十年以上の年月を経て、星槎という場で再会するのはどちらも予想もしていなかったことだった。二〇一五年の夏、再会を祝し、立川の小料理屋で一献を傾けていた時のこと、どちらからともなく、「なにか一緒にやれるかも」と意気投合した。真山青果文庫調査を「可視化する」。それが「一緒にやれること」だった。たしかに、それは「真山青果とは何者か?」の答えを導く契機になるのではないか。鬼頭さんを含む星槎グループのチームはすぐに動き始める。このチームには演劇の専門家が必要だった。私は新進気鋭の日置貴之氏にご無理をお願いした。日置さんを含めて作戦会議が開かれた。やることは三つ。

第一は、遺品を含めた旧蔵品の展示である。第二は、青果をめぐるシンポジウムの開催である。第三に、それらを元にした、青果の紹介本の出版である。

第一の展示は、二〇一六年一二月から翌年一月にかけて国文学研究資料館で行われた「真山青果旧蔵資料展――その人、その仕事――」。特に青田寿美さんの献身的な働きによって実現した。本書の第V章は、その時の図録を再掲したものである。

第二のシンポジウムは二〇一六年一二月に「真山青果の魅力――近世と近代をつなぐ存在」と題して行われた。本書の青木稔弥・広嶋進・神山彰氏の各論考は、その時の講演・発表を基にしたものである。

第三の真山青果本(すなわち本書)の出版は、桑原氏と日置氏を中心に構成が練られた。真山青果の人物を照らし出す真山蘭里氏のインタビューと、青果の劇の魅力を語り合う中村梅玉丈らの座談会は、関係者ならではの迫力で青果の仕事に肉薄するものである。

それ以外にも、コラム五本、そして、四十におよぶ主要作品解題と、展示図録再掲で、真山青果の魅力を届けることができたのではないかと思う。本書を出発点にして、読者各位が「真山青果とは何者か?」を考えていただければ幸いである。

あとがき

❖ 真山蘭里

「真山青果とは何者か?」の出版が実現し興奮し歓喜している。真山青果に繋がるものとしてというより一真山青果のファンとしてである。

日置貴之先生の「はじめに」を読んだ私は、この本の構成が素晴らしいことは勿論だが、その端々に見え隠れする真山青果に対する愛を感じ目頭が熱くなった。

青木稔弥先生の「青果の多彩なる人脈」では、生きた人間としての青果がほうふつと眼前に現れ、広嶋進先生の「青果の西鶴研究」では、研究者として緻密な考察をする姿をといちいち挙げては紙面がなくなるほど感心して読ませていただいた。神山彰先生の引用された、正宗白鳥《まさむねはくちょう》の真山青果論では、白鳥の作家としての目の冷徹さと鋭さを感じるとともに、ライバル視された作家同士の当時の関係性を感じ、「愛とは理解だ」と言っていた美保先生の言葉を思い起こした。

わが師・真山美保から聞いて育った青果は尊敬し愛する大先生であるが、この本の中に現れる青果は、また違った印象を与え深く青果という人を考えさせてくれた。

真山青果の演劇は現在も上演はされているものの、一般の方々、特に若い世代の方々に知られていないと思われる。それは、私たち演劇人の力不足もあるが、文学界の不振また、本から人々が離れている昨今の時流もあるに違いない。

飯倉先生の「本書成立の経緯」を読んでいただければわかることだが、人の繋がりがこの本を生んだ。この本をきっかけにまた若い世代の人々の繋がりと理解が広がることを願ってやまない。

最後になりましたが、この本を出版するにあたり大きなお力をお貸しくださいました、星槎グループの宮澤保夫会長はじめ星槎グループの皆様、飯倉先生とそのご縁を繋いでくださった上田真理さん、武田佐知子先生（大阪大学名誉教授・星槎大学客員教授）、本の企画にあたった桑原寿紀さんに心から感謝いたします。座談会にご出席いただいた中村梅玉丈、織田紘二先生、中村哲郎先生、神山彰先生にも御礼申し上げます。編集者の岡田圭介さん、西内友美さんありがとうございました。この本に関わってくださった全ての方々に感謝してあとがきといたします。

執筆者一覧

❶所属（専門）❷著作等

飯倉洋一・日置貴之・真山蘭里→奥付
――編著者

中村梅玉・織田紘二・中村哲郎→85頁
――座談会

桑原寿紀→113頁
――インタビュー

――執筆者（五十音順）

青木稔弥（あおき・としひろ）
❶神戸松蔭女子学院大学教授（日本小説史）
❷新日本古典文学大系 明治編第18巻『坪内逍遙・二葉亭四迷集』（岩波書店、二〇〇二年）、「ゆっくりとおやすみになって下さい―うさぎとかめの話―」（『文学史研究』45、二〇〇五年三月）、「明治時代の西鶴復興」（『近代文献調査研究論集』2、二〇一七年三月）

青田寿美（あおた・すみ）
❶国文学研究資料館・総合研究大学院大学准教授（日本近代文学）
❷「『鷗外全集』第三十五巻 日記索引（人名篇）」（『森鷗外研究』9、和泉書院、二〇〇二年）、「書物を隅々まで〈読む〉―「近代書物流通マップ」「蔵書印データベース」のビジョン」（『人文情報学月報』79【前編】、二〇一八年二月）他、科学研究費補助金等による構築データベースに「明治期出版広告データベース」「蔵書印データベース」「近代書物流通マップβ版」

有澤知世（ありさわ・ともよ）
❶国文学研究資料館特任助教（日本近世文学、特に江戸戯作）
❷「京伝作品における異国意匠の取材源―京伝の交遊に注目して―」（『近世文藝』104、二〇一六年七月）、「山東京伝の考証と菅原洞斎―『画師姓名冠字類鈔』に見る考証趣味のネットワーク」（『国語国文』86―11、二〇一七年十一月）、「文化五年―異国情報と尚古知のダイナミズム」（鈴木健一編『輪切りの江戸文化史―この一年に何が起ったか？』勉誠出版、二〇一八年）

井上泰至（いのうえ・やすし）
❶防衛大学校教授（日本近世文学・近代俳句・日本思想）
❷『近世刊行軍書論』（笠間書院、二〇一四年）、『子規の内なる江戸』（角川学芸出版、二〇一一年）、『近世日本の歴史叙述と対外意識』（編著、勉誠出版、二〇一七年）

大橋幸泰（おおはし・ゆきひろ）
❶早稲田大学教授（日本近世史）
❷『潜伏キリシタン　江戸時代の禁教政策と民衆』（講談社、二〇一四年）、『近世潜伏宗教論―キリシタンと隠し念仏』（校倉書房、二〇一七年）

神山　彰（かみやま・あきら）
❶明治大学教授（近代日本演劇）
❷『河竹黙阿弥集』（共編、岩波書店、二〇〇一年）、『近代演劇の来歴』（森話社、二〇〇六年）、『近代演劇の水脈』（同、二〇〇九年）

熊谷知子（くまがい・ともこ）
❶明治大学兼任講師（近代日本演劇）
❷「小山内薫と晩年の偉人劇―『森有礼』『戦艦三笠』『ムッソリニ』」（神山彰編『交差する歌舞伎と新劇』森話社、二〇一六年）、「小山内薫『第一の世界』論―宗教信仰と心霊主義をめぐって」（『演劇学論集』62、二〇一六年五月）他

河野光将（こうの・みつまさ）
❶大阪府立大学客員研究員（国語学）
❷「『紐鏡』『玉緒』再考」（『鈴屋学会報』32、二〇一五年十二月）、「近世後期係り結び研究史―『てにをは紐鏡』『詞玉緒』の受容と展開―」（『待兼山論叢』49、二〇一五年十二月）、「『詞玉橋』の学説展開について―北野天満宮本『詞玉橋』の特徴―」（『語文』108、二〇一七年六月）

後藤隆基（ごとう・りゅうき）
❶早稲田大学坪内博士記念演劇博物館助教（近現代日本演劇・文学・文化）
❷『高安月郊研究―明治期京阪演劇の革新者』（晃

洋書房、二〇一八年）、「企業が〈演出〉する渋谷の劇場文化」（神山彰編『興行とパトロン』森話社、二〇一八年）、「占領期東京の小劇場・軽演劇・ストリップ」（井川充雄・石川巧・中村秀之編『〈ヤミ市〉文化論』ひつじ書房、二〇一七年）など

高野純子（たかの・じゅんこ）
❶国文学研究資料館　管理部学術情報課　非常勤職員（日本近代文学）
❷安藤宏編『日本の小説101』（新書館、二〇〇三年）所収「国木田独歩　春の鳥」「金達寿　玄海灘」「小島信夫　抱擁家族」「司馬遼太郎　空海の風景」、「『奇警』なる表現との出会い―花袋と *Thérèse Raquin* 英訳本―」（『田山花袋記念文学館研究紀要』28、二〇一六年三月）、花袋研究学会編『田山花袋「近代の小説」注釈書』（花袋研究学会、Ⅰ巻 二〇一六年、Ⅱ巻 二〇一七年既刊。全三巻刊行予定）

寺田詩麻（てらだ・しま）
❶龍谷大学文学部講師（近代の歌舞伎）
❷『歌舞伎登場人物事典』（共著、白水社、二〇〇六年）、「歌舞伎の映画―記録の側面を中心に」（『能・狂言映像史研究序説　啓蒙・教育映画《Noh Drama》《狂言》を中心に』武蔵野大学能楽資料センター・二〇一六年）、「歌舞伎座そして田村成義」（『興行とパトロン　近代日本演劇の記憶と文化7』森話社、二〇一八年）

仲 沙織（なか・さおり）
❶佛教大学非常勤講師（日本近世文学）
❷「「執心」への対処をめぐる物語―『新可笑記』巻四の一「舟路の難義」考―」（『語文』100・101、大阪大学国語国文学会、二〇一三年十二月）、「『新可笑記』の描く「油断」―巻五の二「見れば正銘にあらず」考―」（『近世文藝』99、日本近世文学会、二〇一四年一月）、「『新可笑記』における〈眼〉の機能」（『待兼山論叢』50、大阪大学文学会、二〇一六年十二月）

丹羽みさと（にわ・みさと）
❶立教大学江戸川乱歩記念大衆文化研究センター助教（日本近世・近代文学）
❷「江戸川乱歩の半生と近世資料」（『立教大学日本文学』95、二〇〇五年十二月）、「山崎紫紅の八百屋お七―戯曲「お七吉三涙橋」の趣向と反応―」（『国語国文』85―10、二〇一六年十一月）、「真山青果の『好色五人女』解釈―八百屋お七の「匂い」―」（『立教大学日本文学』118、二〇一七年七月）

広嶋 進（ひろしま・すすむ）
❶神奈川大学教授（井原西鶴研究）
❷『西鶴研究　町人物の世界』（ぺりかん社、二〇〇四年）、『大晦日を笑う『世間胸算用』』（清文堂、二〇〇五年）、『西鶴新解　色恋と武道の世界』（ぺりかん社、二〇〇九年）

福井拓也（ふくい・たくや）
❶東京大学大学院博士課程（日本近代文学）
❷「久保田万太郎「朝顔」論」（『国語と国文学』二〇一六年十二月）

宮本圭造（みやもと・けいぞう）
❶法政大学能楽研究所教授（能楽史）
❷『上方能楽史の研究』（和泉書院、二〇〇五年）、『近代日本と能楽』（編著、法政大学能楽研究所、二〇一七年）、『金春家文書の世界』（編著、同、二〇一七年）など

村島彩加（むらしま・あやか）
❶明治大学兼任講師（近代日本演劇）
❷「近代歌舞伎と宝塚歌劇の交流」（吉田弥生編著『歌舞伎と宝塚歌劇―相反する、密なる百年』開成出版、二〇一四年）、「表情をめぐる冒険―明治時代末期、新旧俳優の挑戦と挫折―」（神山彰編『交差する歌舞伎と新劇』森話社、二〇一六年）

山中剛史（やまなか・たけし）
❶中央大学大学院文学研究科兼任講師（近代文学〈三島由紀夫、谷崎潤一郎〉）
❷『決定版三島由紀夫全集42年譜・書誌』（共著、新潮社、二〇〇五年）、『混沌と抗戦―三島由紀夫と日本、そして世界』（共編著、水声社、二〇一六年）、『谷崎潤一郎と書物』（秀明大学出版会、近刊）など

監修者

星槎グループ

「共生社会の創造」を目的として、幼稚園から大学院をはじめ、その学びにつながるさまざまな法人を全国に展開。現行の学びだけに囚われず、社会に必要とされる新しい学びや、その人に必要な学びを創造し、0 歳から 90 歳まで約 35,000 人が学ぶ。グループ全体を貫く共生理念、星槎の 3 つの約束「人を認める・人を排除しない・仲間を作る」の日常的な実践と、共感理解教育「身近なところから学ぶ・命のつながりを学ぶ・仲間と共に学ぶ」の学習環境における実践を通して、社会と共同した未来創造に挑み続けている。https://www.seisagroup.jp/about/group

編者

飯倉洋一

大阪大学教授。専門は日本近世文学。著書に『秋成考』(翰林書房、2005 年)、『上田秋成　絆としての文芸』(大阪大学出版会、2012 年)、『前期読本怪談集』(校訂代表、国書刊行会、2017 年)、『文化史のなかの光格天皇　朝儀復興を支えた文芸ネットワーク』(共編、勉誠出版、2018 年) など。

日置貴之

白百合女子大学准教授。専門は日本近世演劇(歌舞伎)。著書に『変貌する時代のなかの歌舞伎　幕末・明治期歌舞伎史』(笠間書院、2016 年)、論文に「河竹黙阿弥作「水天宮利生深川」における新聞の機能」(『演劇学論集　日本演劇学会紀要』62、2016 年 5 月)など。

真山蘭里

真山青果の長女、真山美保が創立した劇団　新制作座代表。3 歳で初舞台。真山美保作・演出『泥かぶら』の三郎兵衛、真山青果作『坂本龍馬』の高松太郎等を演じ、現在は『泥かぶら』の老爺と太郎兵衛の二役を演じている。舞踊名　藤間晃保として新制作座の研修生の日本舞踊の指導に当っている。

真山青果とは何者か?

2019(令和元)年 7 月 31 日　第 1 版第 1 刷発行

ISBN978-4-909658-15-9　C0095

発行　星槎グループ　SEISA GROUP

編集・制作　株式会社 文学通信

発売　株式会社 文学通信

〒 115-0045　東京都北区赤羽 1-19-7-508

電話 03-5939-9027　Fax 03-5939-9094

メール info@bungaku-report.com　ウェブ http://bungaku-report.com

印刷・製本　モリモト印刷

ご意見・ご感想はこちらからも送れます。上記のQRコードを読み取ってください。

※乱丁・落丁本はお取り替えいたしますので、ご一報ください。書影は自由にお使いください。